中国报业『十佳广告工作者』

中国传媒广告年度『贡献人物』

全国地方报业『十大广告杰出贡献者』

湖北省首届十大『荆楚广告名师』

报纸广告经营管理的匠心之作

一纸光芒

构建纸媒广告守正创新格局的“三峡样本”

● 罗文全 著

中国广播影视出版社

图书在版编目(CIP)数据

一纸光芒 : 构建纸媒广告守正创新格局的“三峡样本”/ 罗文全著. -- 北京 : 中国广播影视出版社, 2023.9
ISBN 978-7-5043-9065-3

Ⅰ. ①一… Ⅱ. ①罗… Ⅲ. ①报纸—广告—研究—湖北 Ⅳ. ①F713.8

中国国家版本馆CIP数据核字(2023)第126673号

一纸光芒：构建纸媒广告守正创新格局的“三峡样本”
罗文全 著

责任编辑 宋蕾佳
封面设计 易志刚
内文设计 沈 静
责任校对 张 哲

出版发行 中国广播影视出版社
电　　话 010-86093580 010-86093583
社　　址 北京市西城区真武庙二条9号
邮　　编 100045
网　　址 www.crtp.com.cn
电子信箱 crtp8@sina.com

经　　销 全国各地新华书店
印　　刷 宜昌雅江印务股份有限公司

开　　本 710毫米×1000毫米 1/16
字　　数 379(千)字
印　　张 26
版　　次 2023年9月第1版　　2023年9月第1次印刷

书　　号 ISBN 978-7-5043-9065-3
定　　价 78.00元

序一

实践出真知、出人才、出成果

◎ 袁永军

罗文全同志把他的《一纸光芒》电子版传给我，我一下子被这本充分凝聚着地方报业工作者实战经验和创新成果的书吸引住了。前不久刚刚去了一趟三峡融媒体中心，因此看到本书，又是讲“报业广告守正创新”的内容，便自然而然格外沉浸其中。报界写书著述者不少，但深耕报业广告经营且卓有成效的并不多见，文全同志则无疑是其中的佼佼者。

相逢何必曾相识！ 2023年6月中旬，中国报业协会举办的“第二次党报绿色印刷认证获证单位颁证会暨报业双碳路径方法研究课题开题会”在宜昌召开，文全同志作为这次会议协办单位的分管领导，我们有了“第一次握手”并一见如故。他还与三峡融媒体中心(三峡传媒集团)临时党委书记、三峡日报社社长覃进同志一起，百忙之中抽时间陪同我到他们中心(集团)进行了参观调研。

在参观调研中，三峡融媒体中心(集团)在过去报业时期取得的突出成绩，在推进媒体深度融合过程中做出的创新探索，都非常令人振奋。作为中宣部确定的首批60家地市媒体融合发展国家试点单位，三峡融媒体中心(集团)由原来的三峡日报社、三峡广播电视台整合而成，按照“中心+集团”“事业+产业”的改革模式，已全面完成了人员机构整合、宣传媒介融合、资源要素聚合等工作，正进入一个崭新的融媒体时代。

他们的融合之路之所以能够在先行先试中走在全国同类媒体的前列，得益于三峡日报社和三峡广播电视台长期积累的人才力量和产业基础支撑。文全同志撰著的这部三十多万字的作品，即是一个生动的例证。

三峡日报社是宜昌市委机关报社，也是中国地市报研究会创始单位之一和现任会长单位。虽然地处鄂西，没有东南沿海发达地区的自然禀赋和经济优势，但他们在长期的报业实践中，逐步探索出一条适合自身实际和特色的发展之路，坚定不移地打造媒体经营守正创新大格局，孜孜不懈地抓好事业发展和产业经营的“正道”。近30年来不要财政“供养”，秉持“自主经营、自负盈亏、自我发展”的原则，自始至终在“围绕中心、服务大局”中不断发展壮大。他们先后9次获得中国新闻奖，连续三届获得湖北省政府出版奖，连续两届荣获全国文明单位称号。这是一份足以让业内艳羡不已的出色答卷。

文全同志是一位优秀的基层报业工作者。他曾长期在部队服役，主要从事新闻宣传工作。1996年退役后来到报社，先后当过要闻记者和驻站记者，做过版面和内参编辑，办过市场类报纸，搞过报业发行，40岁时就晋升为高级记者。后来，文全同志又在“天将降大任于斯人”的报业广告领域打拼了十多年，积累了丰富的实战经验，创造了傲人的经营业绩。十八般武艺样样精通的他，可谓“神威能奋武，儒雅更知文”。我品读了文全同志这本《一纸光芒》，不仅切身体味到基层报业经营工作的艰辛，更能深刻感知到报业经营守正创新绽放的光芒，也不禁为三峡日报社广告经营团队的集体智慧和力量喝彩。

“物有甘苦，尝之者识；道有夷险，履之者知。”我国报业工作特别是地方报业工作，具有很强的实战性和极大的挑战性，无论是内容生产还是经营运作，都需要在干中学、在学中干，做到实践与认识的相互促进和有效推动。当前中国报业协会正在倡导各级报业同仁，以开展学习贯彻习近平新时代中国特色社会主义思想主题教育为契机，学思想、强党性、重实践、建新功，使媒体工作更好地服务于经济社会高质量发展。

文全同志的这部著作，个人感觉是报业实践的总结和升华，相信对报业同仁也会有一定的启发——

实践出真知。在报业一线工作的同志，谈起报业的话题多有真知灼见，远比那些教科书上的东西精彩和管用。文全同志在从事报业广告经营这十余年间，出版和发表了上百万字的专业论著、论文，提出了许多独创性观点和见解，如党委机关报要营造“干净广告”的文化氛围，创造“借题发挥”的广告价值，再造超越期待的服务流程，打造“报”在一起的职业团队等，这些理念和方法运用于报业经营实践后成绩斐然，硕果累累。他“广而论道”的很多论文，刊发在国内顶流传媒刊物如《中国报业》《新闻战线》上，有的还登在了头条显著位置，论文被百余次引用，足见其专业水准和学术造诣，即便是一个科班出身的研究人员在同期内也难以企及。文全同志在报业实践中边呕心沥血经营，边笔耕不辍写作，真正实现了“双丰收”。

实践出人才。有人说，中国报业是一个竞争激烈的战场，也是一个锻造人才的考场。火热的报业实践，勇毅之举，拼搏之为，创新之法，成为衡量高下的标尺。我国报业领域人才辈出，百花齐放，如三峡日报社这样的一个地市级机关报社，同样也是人才济济，仅正高级职称专业技术人员就有十多人，在新闻生产、产业经营、技术研发、媒体管理等各方面都有出类拔萃者，文全同志就是其中一个杰出代表。他曾获得中国报业协会授予的“十佳广告工作者”提名奖、中国报业经营管理创新成果奖和湖北省首届十大荆楚广告名师等荣誉，在行业内的成就和影响可见一斑。

实践出成果。在我国报业的不同时期、不同地方、不同领域，都因高擎改革开放伟大实践的大旗而取得令人瞩目的成就，也推动了中国报业持续向前发展。“绳短不能汲深井，浅水难以负大舟。”任何一项突破性成果的取得，都是报业人努力奋发的结果，正如文全同志笔下所呈现的这个“三峡样本”。三峡日报社广告经营取得的成功和经验，对地方报业而言，可学可用，颇有借鉴与示范意义。中国报业随着时代变迁而不断发展，“一张报”顺应移动化、可视化、智能化、社群化的新需要，从而实现全媒体、全天候、全方位的“一直报”，已成为新的传媒常态。这也鞭策传统报业人时刻不忘与时俱进，在不断学习和实践中做出新探索，创造新荣光。

“一纸风行，尽显光芒。”《一纸光芒》一书为激情燃烧的岁月留住了可触摸的记忆，很高兴先睹为快。文全同志嘱我作序，既让我忐忑不安，又深感却之不恭，只好“知其难为而勉力为之”。《一纸光芒》显隐兼备，彰往知来。向文全同志表示热烈祝贺，同时，也很愿意将文全同志这一成果推荐给报业同行，特别是地方报业广告经营者，或许这束光也能照到你那里，为你带来一些惊喜和收获！

恭言数语，赧为序。

（作者系中国报业协会秘书长）

序二

守正创新绽放智慧之光

◎ 梁勤俭

罗文全同志的新著《一纸光芒:构建纸媒广告守正创新格局的“三峡样本”》即将付梓,嘱我在前面“写两句”,受托之时,诚惶诚恐,不敢贸然允诺。及至捧读这部颇具时代感和创新味且字里行间无不映射出睿智光芒的匠心之作,才觉得有许多话应当好好说说。

这本书的内容,道出了报纸广告经营中令人叹服的战略战术,也讲了许多广告之外的事理情由。在中国报刊经营从业者诸多著述中,本书既对传媒经营理论有深度思考与用心研究,又有丰富实战经验与可资借鉴学习的成功案例,文全之作可谓上品,其可读性、实用性、指导性可谓俱佳也。感佩之余,特别想将该书推荐给传媒从业者尤其是报业广告人一读,相信在思想观念、工作方法、经营管理等各个方面对大家会有所启迪和帮助。

捧读倾注文全同志心血和汗水的这部30多万字力作,我又一次深深体会到,一个行业的发展,有赖于一些敢为人先走在前列的探索者和引领者。在一些看似平凡的岗位上,总会有奋不顾身去追求与众不同去打造非凡业绩的开拓者和实践者。三峡日报社地处鄂西,是一家地市级机关报,却会聚了诸多勇敢的报业经营者和优秀报人,走在全国地方报发展的前列。文全同志用自己的实践证明,他是这个优秀群体中的杰出代表。

改革开放之初的中国报业，有许多在广告业界开先河领风气的创举。40多年的发展历程，每个阶段也都在广告业界和人民生活中产生了举足轻重的作用和影响。地方市委机关报的广告经营，亮点尤多，在经营中逐渐形成了自身鲜明的特色和个性，为报业经济的发展做出了重要贡献。在相当长一段时间里，广告都是报社最重要的经济支撑和生存发展助力之一。很多报社对广告经营十分重视，有的甚至提出广告是“报社事业的经济基础、报纸宣传的经济保障、员工收入的重要来源”。有不少报社明确规定，报纸广告是“总编辑工程”，是“一把手工程”，上上下下都必须全力配合支持广告经营。

广告是市场经济的“晴雨表”，是经济发展的风向标，也是人民生活的指南针。这些年来，我国广告业受到各种新媒体的轮番冲击，不同媒体争相分享广告这块蛋糕，传统纸媒的日子确实“不好过”。但我一直不主张提报业“寒冬论”，更反对报业“消亡论”。互联网时代，“四全”媒体形态加快演进，报业广告面临着新形势、新要求、新挑战，在承受更大困难和压力的同时，也注定要担当起更重要的使命与责任。传统媒体特别是机关媒体，权威性、公信力、影响力优势仍是其他媒体无可替代的。任何时候，报业的经营发展，靠的是从业人员的智慧，所以必须在机制体制上下功夫，千方百计调动从业者的积极性、创造性，以保持队伍经久不衰的学习能力、创新能力、资源转换和变现能力。因此，做好报纸广告经营，关键在于正确认清和充分发挥自身优势，深度挖掘和优化整合资源，做好要素配置，盘活存量，做大增量，跨域开拓项目，这才是经营制胜的法宝。

三峡日报社的“广告样本”，是一个很好的例证。他们从20世纪80年代中期开始，就与财政“断奶”，放下了“供养”碗，坚持走“自收自支、自负盈亏、自我发展”之路，在党中央各项方针政策的指导之下，咬定目标不放松，成功探索出一条既符合自身宣传规律，又具有市场经济特色的广告经营新路径。他们做好报业经营的核心之道，就是坚持构建守正创新的发展格局，以广告为助力，把机关报的政治优势凸显出来。守正是坚守正道，固本培元。创新是推陈出新，打破常规。三峡日报社的广告实践给我们报业经营者提供了极其有益的启示：只有坚守宣传的正道，才能巩固舆论导向的根本阵地。随着互联网的兴起，媒体市场格局发生了巨大变化，但无论怎么变，党管媒体的原则没有变。舆论阵地延伸到哪里，党管媒体的原则就会落实到哪里。广告宣传也是媒体宣传的重要内容，“广告宣传也要讲导向”是党中央提出的明确要求。因此，媒体广告经营必须坚持以马克思主义新闻观和习近平新时代中国特色社会主义思想为根本遵循，以党对新闻宣传工作的要求为基本“准星”。始终坚持党管媒体、党管宣传、党管广告的原则，牢牢把握宣传工作鲜明的政治方向、正确的舆论导向和高尚的价值取向是毋庸置疑的。

作为中国地市报研究会会长单位，三峡日报社在这方面创造和积累的宝贵经验表明，只有坚守经营的正道，才能创造媒体品牌的更大价值。这些年来，由于报业市场遇到较多困难，有些地方在经营上曾一度“剑走偏锋”，虚假广告、低俗广告等时有出现，这不仅损害了受众利益，更损害了广告业和媒体自身的形象与根本利益。三峡日报社对各种违规违法广告敢于“亮剑”，报纸广告始终坚持正确导向，保持高尚品格，尊重受众感受，彰显了机关报广告的品牌价值。

我与文全初识于早几年举行的中国报刊广告价值排行榜发布会。当时他们报社首次进入全国百强榜单。这个榜单的评定由中国广告协会报刊分会联合央视市场研究、清华大学新闻与传播学院等机构共同完成。测评指标客观、精准、权威，权重考量科学合理，充分体现了既尊重市场实际又全过程坚持公平、公正、公开的原则。业界高度认可这个榜单，上榜媒体都是中国报业的佼佼者。《三峡日报》的品牌价值和经营实力由此可见。2021年在哈尔滨举行的中国报刊广告年度总结会上，文全同志又同我谈到关于报纸经营的品牌和价值话题。他是一个有思想、善思考的经营管理者，作为湖北省首届十大“广告名师”，也作为地方机关报广告经营界少有的高级记者，他提出了很多独创性的观念和见解，如“打造机关报广告文化”“做干净的报纸广告”“用机关报价值创造客户价值”“广告不是做生意而是做服务”等，这些运用到广告经营实践中，都产生了比广告本身更好、更高的价值。

小胜靠智慧，大胜靠团队。媒体经营能不能做大做优，关键看团队管理够不够科学。文全同志对我说，他们报社广告经营不惧风雨，连年逆势增长，不断创造新的业绩，并不是他个人的能力，而是团队形成的合力。我当然知道这是他太谦虚，因为团队能力强，无疑是管理者科学管理的结果。我们协会每年都会评选表彰一批优秀团队，目的就是鼓励和褒奖广告经营中的突出贡献集体。三峡日报社多次获得这项荣誉，在业界很有口碑和影响，说明文全同志确实“经营好了经营队伍”。一个优秀的团队必须是职业团队，要能“抱”在一起，方有势不可当的力量。打造团队的核心，在于把握好价值创造、价值评判和价值分配。管理团队的关键，是由粗犷型转向精细化，由传统经验型转向科学规范化。这些都是文全同志探索出来的管理经验，很值得借鉴。

守正是创新的前提和基础，创新则是守正的目的和手段。三峡日报社广告经营的守正，就是为了更好的创新。这从他们的实践中不难窥见全貌。他们善于在经营理念上创新，打破传统媒体人的老模式、老办法、老套路，不断与时俱进，把互联网思维、用户思维、价值思维等有机融入报业经营之中，从而让广告经营生机勃勃，始终拥有较强的创造力和执行力；他们善于在项目策划上创新，以别出心裁的个性化项目拉动报业广告经营，很多项目都是大思路、大谋划、大手笔、大成果，有的甚至在全国业界产生较大影响；他们善于在服务方式上创新，把广告的逻辑起点定位于“全心全意为用户服务”，非常用心、贴心、真心，而这正是少数报业广告经营者常常缺失的重要品质；他们善于在融合传播上创新，运用日新月异飞速发展的新技术、新媒体，抓住传播形态的多元与开放，注重广告传播的个性化表达、智能化推送和互动化传播，把传统报业广告融入了新的产业体系，形成了新的传播生态，成功走出了一条独具特色的产业发展之路。这些都是文全同志广告经营实践的创新亮点，很值得学习。

全媒体时代，互联网革命浪潮正重塑整个广告行业，但传统媒体尤其是报刊媒体，仍然是核心价值传播的主阵地。报业经营的形态虽然正发生着巨大变化，但我们依然要信心百倍地迎接各种挑战，开启广告事业新的征程。我坚信，在守正中创新，在创新中守正，在守正创新中融合转型，中国报业经营一定会迎来高质量发展的新时代！

（作者系资深媒体人，著名传媒经营专家，现任中国广告协会报刊分会会长、中南大学湖南红色文化创作与传播研究中心执行主任、首都经济贸易大学特聘教授、重庆师范大学新闻学院兼职教授）

目录
CONTENTS

第一章　广而论道

第二章　守正笔谈

第四章 刊言序语

附 录

第一章 广而论道

习近平总书记指出："新闻舆论工作各个方面、各个环节都要坚持正确舆论导向。各级党报党刊、电台电视台要讲导向，都市类报刊、新媒体也要讲导向；新闻报道要讲导向，副刊、专题节目、广告宣传也要讲导向。"这是党和国家最高领导人首次提出"广告也要讲导向"，为报业广告从业人员守正创新指明了前行的方向。

用优秀文化提升机关报广告竞争力

——论“机关报广告文化”的构成要素

阅读点：广告是一个文化范畴。三峡日报社把优秀的广告文化融入广告经营，探索机关报经营的可持续发展规律，具有现实指导价值。

关键词：机关报；广告文化；竞争力

三峡日报社坚持把优秀的“广告文化”融入广告经营实践，创新性地探索机关报广告经营可持续发展规律，倡导文明经营理念，不断强化诚信经营意识和自律意识，为广告业持续健康发展提供有力的保障，取得了经济效益与社会效益的同步提升。报社广告部门连续两次被评为“全国广告行业文明单位”，连续四年被评为湖北省行业自律先进单位，连续三年被表彰为宜昌市新闻工作先进集体。近几年广告经营总额、增长幅度和经营质量均居于湖北省地市州报首位，被省新闻出版局称为“湖北市州第一报”。

一、坚持媒体主流导向，加强行业自律，彰显主流媒体的品牌价值和社会责任感

我们始终认为，广告同新闻一样承载着社会责任，对受众特别是消费者具有重要的引导效应。因此，在广告经营活动中，我们始终坚持自愿、公开、公平、诚信的原则，重视培养员工法治法规观念和诚信守法意识，严把各种关口，坚决抵制品位低下、粗制滥造、消极庸俗、内容虚假的不良广告，以高品质的广告产

2015年，三峡日报社首次进入中国报刊广告投放价值排行榜百强，荣获“全国最具创新活力城市报十强”，罗文全荣获中国报刊广告经营卓越贡献奖。图为作者(右二)领奖现场。

品，彰显主流媒体的品牌价值和社会责任感。

一是从机制上构筑有效“防线”。建立健全广告业务承接登记、审核、档案制度，配备熟悉法律的广告审查人员。制定严密的广告刊登审批制度，对任何一笔广告哪怕是分类信息广告都需要“过五关”，即广告审查员、广告出版编辑、广告部主任、编辑部编委和值班总编辑的“五级审批”。每一环节都做到程序清楚、责任明确、审查到位。通过这五道审查程序，各种政治导向有问题、违反法律法规、手续不全、表现形式怪异、内容不真实、格调情趣低俗、可能引发侵权纠纷等“带病”广告，被坚决拒之门外，从源头上遏制了虚假违法广告的发布，保障了市委机关报的权威性和纯洁性。

二是从制度上规范广告经营行为。先后出台《广告审查制度》《广告存档制度》《广告合同制度》《广告承接制度》《广告发布规则》《专刊专版出版管理规定》《广告导向责任追究制》《广告人员考勤管理细则》《房地产业务管理细则》

《重点客户联系责任追究制》《行业专刊稿件评分细则》《创意设计人员管理规定》等15项制度，明确提出了“十种不良经营行为”，包括发布“三无广告”、承诺低价广告、发布价格与合同价格不符、无偿广告和有偿新闻等，这些管理规定和制度，规范了广告经营行为，节约了广告成本，为广告经营提供了可靠保障。

三是从内容上圈定防范重点。广告质量良莠不齐，大量的虚假、违规、违法广告已成为坑害老百姓生活的消费“陷阱”。为了更好地为市民服务，给消费者提供更有用的信息，我们积极配合工商、宣传、新闻出版等部门联合开展广告专项整治工作，把重点锁定在医疗、药品、食品、化妆品、美容服务和金融类等12种广告虚假违法行为上，坚持做到不为“利”所惑，不为“病”所困。切实加大审查力度，规范广告发布流程，坚决彻底将各类违规广告全部“拿下”，从而构筑了虚假违法广告的防范体系，全面实现虚假违法广告零刊发，有效维护了机关报的良好形象。

二、探索机关报经营规律，构建优秀“广告文化”体系，用“三高”广告赢得客户尊重和青睐

坚持构建优秀的机关报广告文化，用高品质、高品位、高水平的“三高”广告赢得客户尊重和青睐，绝不用低价格、低质量、低俗化的“三低”广告争夺市场。

2010年，我们在全省地市州报中首次提出了广告活动和广告产品的三条标准：一是不以损害机关报品牌形象为代价，而要坚持广告的正确导向和高端取向，做“最干净的广告”；二是不以单纯创收赚钱为唯一目的，而要着眼于可持续发展，力争把大客户做强、把好项目做优；三是不以个人某种私利为广告借口，而要以客户满意和为客户创造价值为准则，实现合作多赢。

我们把“做职业的广告人、做敬业的传媒人”作为广告经营人员的职业理想，把“忠诚、智慧、激情、奋进”作为广告人员的信念支撑，用“有效沟通、尊重客户、务实创新”作为经营理念，推行“忠于职守，诚信做人；永远进取，充满激情；创造价值，合作共赢”的职业行为，倡导“快乐工作法”，让每个人都有快乐的工作状态，并让这种快乐化作事业成功的源泉。把“共同奋斗的目标、顾全大局的意识、敢于担当的责任、步调一致的行动、团结协作的作风”归纳为广告团队精

三峡日报社广告部连续两届获得全国广告行业文明单位称号。图为作者(右一)接受中国广告协会领导颁奖。

神，用这种精神打造一支有思想、有秩序、有业绩的团队。

同时，把提升全体广告人的文化素养和经营境界作为适应报业发展需要和未来广告竞争需要的“抓手”。我们积极打造职业化的广告经营队伍，组织广告人员参加广告专业技术人员职业水平考试，鼓励广告人员参加各类专业培训考试，努力提高广告队伍的业务能力，使团队拥有了一批高级记者、高级工艺师、广告师和策划师等高端人才。

优秀广告文化体系的建立为打造一支综合素质好、营销能力强、策划水平高的广告经营队伍提供了支撑。近年来，广告经营人员中涌现了大批优秀业务骨干群体，20多人次先后获得全国、全省、全市各类奖励。广告团队经营作风实，执行力强，成效显著。

三、针对地方机关报特点，树立鲜明“广告价值”理念，实现广告的可持续发展

报纸广告不是简单的“卖版面”，也不是庸俗的“拉关系”，而是通过广告人提出的新概念、新思想、新项目，为客户创造有效的市场需求。这是我们提出的

新的广告价值理念。

结合地方机关报自身特点，主动承担社会责任。根据不同时期报业广告的不同发展要求，提出了鲜明的"广告价值观"，不断突破广告经营的传统观念，真正从理念、意识、思路上实现转变，把广告人的智慧和力量换成广告财富。这种"广告价值观"，包括广告人价值观、广告客户价值观和广告产品价值观。"广告人价值观"就是广告人要从单纯"拉广告"的低层次争夺，转变到"做广告"的高层次服务，在服务中体现机关报广告人的价值；"广告客户价值观"是要让广告承担起提高引导力和影响力的社会责任，用物超所值的更高回报体现广告的客户价值；"广告产品价值观"是指广告产品要达到主流、高端、独特的品质，用优秀广告产品创造机关报的品牌价值。

在这三个价值观中，客户价值是广告的核心价值。我们认为，广告经营活动想到的不仅是报社能收取多少广告费，还是客户的广告到底能不能通过报纸传播而产生相应的市场效果，这样才能用开放的视野做广告，也才能运用价值的规律做广告。因此，要着力培育广告人的新闻素养，锻炼广告人的社交能力，提升广告人的服务水平，增强广告人的诚信意识和规矩意识。

正是有了鲜明的广告价值观，广告经营活动真正摆脱了单纯报纸广告的限制，跳出版面做品牌，跳出广告做策划，跳出策划做经营，让广告更多地走向参与社会、影响社会、活跃经济、融入文化的广阔空间。比如，近年来联合有关政府职能部门开展的"宜昌经济年度人物暨贡献奖""宜昌首届杰出女企业家""宜昌市十大杰出青年"评选表彰等系列重大主题活动，每一次活动都成为一个关注的话题，甚至成为一种文化现象，产生了积极而深远的社会影响。

广告宣传坚持优秀的文化导向，坚守先进的文化阵地，做到了守"土"有责，防患于未然。我们"封杀"了一切违规、低俗、不良广告，表面上减少了广告收入，看似有些经济损失，但实际上品牌客户更加忠诚，消费者对报纸广告更加接受和认同，报纸的品牌形象和公信力得到更加有效提升，创造了更大的广告效益。

（原载2010年第9期《中国广告通讯》、2010年第10期《新闻前哨》，收录入2010年《中国广告年鉴》）

“借题发挥”的经营智慧

——论广告主题策划的运用谋略

阅读点：地方党委机关报充分发挥自身优势，借势发力，借力策划，借题发挥，增强广告的智慧含量，实行机关报广告的差异化竞争。三峡日报广告经营的“借题发挥”之举，创造了良好的社会效应和经济效益。

关键词：机关报广告；策划创意；经营智慧

机关报广告，特别是地市级机关报广告，由于受自身特点的制约，在与市场类报纸相比的市场竞争中，始终处于被动和不利地位。很多省会城市机关报广告的经营额难以突破亿元关，而在大部分地市级城市，机关报广告经营额也过不了千万元，相比同城的都市报、晚报、晨报或商报，存在着明显差距。随着各类新媒体的快速发展，广告主的媒体选择越来越多，因此机关报广告经营的环境和形势更加严峻。

中国广告协会报刊分会会长梁勤俭认为，机关报虽然拥有高于其他市场报纸的读者信任度，但其广告面临着很多经营发展的瓶颈。因此，新媒体环境下的机关报广告需要更多的经营智慧。

我们在广告经营中采取的“借题发挥”之举，不失为一种新的成功探索。充分发挥机关报优势，借势发力，借力策划，差异竞争，用优秀策划增强广告的“智慧”含量。近年来，报纸广告经营不断创出新业绩，继国际金融危机之年广告突破3000万元后，三峡日报社连续多年广告增幅保持在30%以上，成为全省广告经营总额和增幅最大的地市级机关报。

以活动策划为主题，放大机关报品牌效应

用活动带动广告经营，是基于机关报的公信力和品牌影响力优势。只要把握好广告诉求对象与这部分高端读者的有机契合，开展有影响、有效益的社会主题活动策划，就能放大机关报的品牌效应，创造更大的广告份额。

把策划社会活动作为一种战略行为，能有效改变机关报广告"门前冷落"的局面。策划必须抓住牵动社会的热点和焦点问题，由媒体宣传作引导，用经营的理念和行为"经营活动"，从而让更多的广告主参与活动并投放广告。

因三峡工程而闻名天下的宜昌，近年来区域经济实现了跨越式发展，在中西部地区率先跻身"千亿GDP俱乐部"。我们抓住经济发展的这条主线，连续成功举办了四届经济年度人物评选活动，使之成为当地最有影响力、最具权威性、最具专业品质的品牌活动。

2009年，我们对这个品牌评选活动再次升级创新，联合当地经济和信息化委员会、工商联合会、商务等部门，推出了"责任、奋进"主题，设置"最受尊敬企业家""年度经济杰出人物""年度经济贡献大奖"等项目，在全市上千家经济实体中，通过报纸、网络、手机短信等方式评选出12位杰出人物和20家贡献企业，举行了隆重的颁奖盛典。

2010年3月，在国际妇女节之际，我们联合市妇联、工商联、女企业家协会举行首届杰出女企业家评选活动，100多位女企业家和创业女性踊跃参评，最终确定的12位杰出女企业家成为全市女性创业的典范。

注重强化活动的社会行为，淡化纯粹的广告行为。这种"强化"和"淡化"，不仅提高了活动的层次和影响，而且创造了更好的经济效益。

2010年6月，我们在对全市107个乡镇进行了调查研究后认为，乡镇经济仍然是区域经济的重要力量，因此独家策划了大型系列报道"魅力乡镇"，把全市最具综合实力、最具投资价值、最佳生态环境的乡镇在报纸上进行全面展示。主要内容有人物访谈、发展模式、荣誉名片、魅力点评等，既有报道深度又有形

策划专题，研究广告，成为《三峡日报》广告人的一种工作习惯。图为作者(左一)带领经营骨干们研究报纸广告版面。

式创新，两个月内刊发30多个“魅力乡镇”专版，创收上百万元。

以会议策划为主题，拓展机关报广告空间

当今，会议正在形成一种产业。而以会议策划为主题的广告经营也成为机关报广告的一种新尝试。各级各种行政会议、现场会议、学术会议、行业会议、推广会议等为机关报广告提供了不同程度的经营机会。

会议广告策划实质就是对目标顾客的锁定和开发，是全方位宣传与会议相关的主题内容、企业形象、产品知识，甚至隐性推广销售。对会议主办方而言，宣传推广是会议成功的重要环节。对报纸而言，策划会议广告是抓“会议经济”的最佳平台。

地方“两会”是一年一度的盛会，具有很高的关注度。2010年宜昌“两会”期间，我们抓住宜昌在金融危机之年实现经济发展“弯道超越”的亮点，精心谋划，组织出版了《超越·跨越》大型特刊，“两会”开幕当天隆重推出48版精彩

报纸。策划内容与会议主题一脉相承，广告版面与新闻版面交相呼应，显示出机关报广告与众不同的政治优势和思想高度。当地著名企业和实业争相利用报纸“向两会报喜”，各种产品和品牌纷纷登报亮相，单日广告创收100多万元。

2010年3月，全省县域经济工作会议在宜昌召开。我们经过深入分析认为，宜昌大力发展县域经济的创新实践为全省县域经济发展积累了宝贵经验和有益启示。经过与大会组委会和有关部门联系沟通，我们决定在会议期间组织出版了大型特刊，充分展示全省特别是宜昌市的县域经济发展的成果。3月29日，重磅推出了42版《聚焦全省县域经济工作会议》特刊，创造了全省地市报单项会议活动广告发布的最高纪录。

针对各种会议进行的广告策划，可谓机关报优势的独特运用。地方党委机关报具有党和政府喉舌的属性，是权威信息发布、正确舆论引导和先进文化传播的核心媒体。机关报的公信力和机关报新闻工作者的党性原则，使其享有很高的威望与声誉。我们正是最大化地运用和发挥了这种优势，才有效地拓展了广告经营的空间。

近年来，我们还先后成功策划了“全国创建环保模范城现场会”“中国屈原端午文化节”“全国合作社产品(湖北)推介洽谈会”“全省第七届少数民族运动会”等大型会议的广告招商活动，产生了良好的社会效应和广告效益。

以概念策划为主题，提升机关报增值价值

“概念”是命题的基本元素，是营销过程中占据消费者心智的一种资源。在很多企业里，有一种说法叫“会做广告的做概念，不会做广告的做产品”。可见，广告主对概念营销非常重视。一个新产品和一件新事物，如果缺少概念，很难唤醒人的内心深处潜在的认知欲望。

正是基于此，广告能够恰到好处地运用各种“概念”，围绕概念策划出具有创意的项目，有效提升报纸广告的增值价值。

这里所说的用“概念”策划广告，与当下流行的某些广告主打出“概念产品”有本质区别，既不是“玩概念”，也不是“炒概念”，而是将广告策划注入新的活力和内涵，延续广告所服务的广告主和广告产品的价值。

我们在进行概念策划时注重引导市场和消费，突出机关报“概念广告”的权威性。

近年来，养生成为人们最热的议论话题和自觉行动，但同时，各种打着养生招牌的伪科学的东西也大行其道，致使养生领域里乱象纷呈，张悟本、李一、胡万林等人趁机“浑水摸鱼”，你方唱罢我登场地大牟钱财。

2010年8月中旬，我们在进行广泛市场调查的基础上，决定在“养生和健康”上做文章。经过一个月的筹备，在全省首次以养生概念为内容推出大型特刊《百姓养生读本》，从饮食、医疗、卫生、运动、保健等10个方面进行正确引导和权威解读。当天42版“读本”出版后，吸引了大批广告客户和养生健康产品，先后有35家企业和品牌在报纸上投放广告。报纸上摊后被抢购一空，又临时增出一万份精装单行本，受到读者和消费者的广泛欢迎。

机关报的“概念广告”必须找到客户需求的契合点，才能产生强力的拉动效应。湖北华祥集团投资50亿元拟建百万平方米的都市综合体，建成后堪称湖北乃至华中地区规模最大、业态最丰富的都市综合体典范，中国第一家居建材品牌“红星美凯龙”等纷纷落户华祥商业中心。开业前夕，先后有8家媒体争相报送策划方案，其中不少广告公司和媒体采用“找关系”“低价格”等办法，志在必得广告发布权，但我们匠心独运，以高水平的概念策划而中标。开业当天，我们独家出版8连版的《大城崛起——华祥商业中心新闻特刊》，气势磅礴，风靡全城，华祥集团加印5万份报纸投放市场。

（原载2010年第11期《今传媒》，2010年第11期《广告大观·媒介版》）

不卖版面卖"创意"

——论报纸广告诚信自律的体系建设

阅读点：报纸广告不是简单的"卖版面"，也不是庸俗的"拉关系"，而是通过广告人提出的新理念、新思想、新项目，为客户创造有效的市场需求。这是《三峡日报》提出的全新广告价值观。

关键词：广告创意；诚信自律；报业经营

近年来，我们广告部门连续多次被评为"全国广告行业文明单位"和"全省广告行业自律先进单位"，广告经营总额、增长幅度和经营质量均居于湖北省市州报首位。2012年5月，我们构建诚信自律广告体系的做法和经验获得中国报业协会评定的"中国报业经营管理创新成果奖"。

强化广告自律，保持"洁身自好"品质

我们始终自觉接受行政部门的管理、广告协会的指导和社会舆论的监督，增强诚信守法意识，强化广告自律自觉。坚持严格把握各种"关口"，抵制品位低下、消极庸俗、内容虚假以及粗制滥造的不良广告。坚持用导向正确、引导有力、品质高尚的广告产品体现主流媒体的品牌价值和社会责任感。

一是把好"五道关"。严格广告审查，建立健全广告业务过程中的各类规章制度。任何广告要出现在报纸版面上，都需要过"五道关"：即广告审查员、广告出版编辑、广告部主任、编辑部编委和值班总编辑的"五级审批关"。这

样，将各类“问题广告”“带病广告”拒之门外。

《三峡日报》创意十足的各类特刊版面。

二是构筑“防火墙”。广告诚信自律，“人防”是重点。我们明确提出“十种不良经营行为”，包括发布“三无广告”、低价承诺广告、无偿广告和有偿新闻等，提出广告人的行为准则，规范广告人员的经营行为，为广告经营提供可靠保障。

三是对症“开药方”。为了让广告更好地为市民服务、为经济服务、为大局服务，给消费者提供更真实、更有效、更有用的信息，我们积极开展广告专项整治工作，对社会敏感度高的医疗、药品、食品、化妆品、美容、金融等重点领域进行“打假行动”，开出“治病处方”，治理虚假广告，加大审查督查力度，彻底“拿下”各类违规广告，有效维护了机关报的良好形象。

树立“价值”理念，实现广告良性发展

结合地方机关报自身特点，主动承担社会责任。我们根据不同时期报业广告的不同发展要求，提出了鲜明的“广告价值观”，不断突破广告经营的传统观念，真正从理念、意识、思路上实现转变，把广告人的智慧和力量变成广告财富。

客户价值是广告的核心价值。我们始终认为，广告经营活动，不仅要为报社争取广告，更要为客户创造价值，让客户或产品通过报纸传播产生物有所值甚至物超所值的市场效果。因此，我们特别注重培育广告人的新闻素养，锻炼广告人的社交能力，提升广告人的服务水平。

正是有了鲜明的广告价值观，我们的报纸广告经营已经真正摆脱了单纯报

纸广告的限制，让广告更多地走向参与社会、影响社会、活跃经济、融入文化的广阔空间。近年来，我们联合有关政府职能部门先后开展的“宜昌经济年度人物暨贡献奖”“宜昌首届杰出女企业家”评选表彰等系列重大主题活动，每一次活动都成为一个关注的话题，甚至成为一种文化现象，产生了积极而深远的社会影响。

应坚守机关报广告的价值观，让广告真正走出“卖版面”的传统方式，走向“卖创意”“卖价值”“卖服务”的新境界。读者对报纸广告更加接受和认同，报纸的品牌形象和公信力则得到更有效的提升。

把握广告导向，传递公益宣传力量

公益广告是一种公益行为，是对公益事业传播方式的补充和完善，它是以推广社会道德观念、行为规范和思想意识为目的的广告传播活动，是文化价值观传播的载体。而任何形式的商业广告，都不同程度地传达着相应的价值观、生活观、道德观等内在倾向。

作为市委机关报，我们严格把握商业广告和公益广告的比例，找到市场和公益之间的平衡点。宜昌连续三届获得全国文明城市称号，《三峡日报》作为市委机关报更需要发挥精神文明的宣传导向作用，主动承担社会公益责任。

因此，我们每年拿出大量的公益广告版面，无偿刊发各类社会公益广告，策划以文明、科学、发展等为主题的系列广告专题，提升公益广告对文明社会的推动力和影响力。2010年至2012年连续三年组织出版的“文明的力量”大型宣传，在社会上引起了强烈反响。

“公益价值观”已潜移默化中成为我们广告人的一种理念。2012年3月，我们组织开展了持续一个月的“机关报广告人献爱心”捐助活动，广告从业人员捐赠300件衣物，将温暖送给了四川省阿坝州壤塘县贫困山区。2012年6月，我们报社在宜昌市“关爱他人、关爱自然”志愿者服务活动启动仪式上，向中国志愿服务基金会捐款100万元，表达了机关报人的浓浓爱心和深情。

（原载2012年第9期《中国记者》）

地方机关报在重大事件中的广告突破

——论建党90周年144版典藏特刊的成功经验

阅读点：在中国共产党成立90周年之际，三峡日报社挖掘重大新闻事件蕴含的宣传价值，寻找具有机关报经营特色的广告商机，实现了广告经营的重大突破。三峡日报社的实践成果为报纸广告经营提供了有益借鉴。

关键词：地方机关报；新闻事件；广告突破

2011年7月1日，是中国共产党成立90周年的纪念日。这既是一个历史节点，又是新闻媒体的一个重大宣传主题。这一天，三峡日报社隆重推出以“捷报献给党”为主题的纪念特刊144版，当期组织祝贺单位超过200家，广告版面达134版，创收近400万元。这是地方机关报献给建党90周年的一份厚礼，也是机关报新闻工作者和经营者用智慧在重大新闻事件中书写的广告“捷报”。

这个特刊的成功出版刷新了湖北乃至全国地市报业界多个纪录：当日出版总量居全国地市机关报之首，单项活动一天创收额在全国内陆地市机关报中独树一帜，当天广告客户数量在全国同类报纸并不多见。同时，采编业务、印刷规模、投递发行等在全国纸质媒体中也属罕见。这体现了党委机关报无可替代的引导力和影响力，反映了机关报广告人较强的策划实力和创造力，为地方机关报探索在重大新闻事件和宣传主题中实现广告突破提供了有益借鉴。

2011年7月1日,《三峡日报》出版144版纪念建党90周年特刊,印刷厂连续加班三昼夜,创造全省报业单日出版量、广告额等多项纪录。图为忙碌的印刷厂车间。

挖掘重大新闻事件蕴含的宣传价值

纪念历史是为了今天和明天。中国共产党成立90年来的每一项成就和辉煌,都诠释着共产党非凡的政治能力和中国特色社会主义道路蓬勃的生命力。庆祝建党90周年,是全党的大事,也是各级党组织高度重视的盛事,因此更是机关报关注的重要事件。

2011年6月,时任中央政治局委员、中央宣传部部长的刘云山同志强调指出,宣传思想文化战线要紧紧围绕中国共产党成立90周年广泛深入地开展宣传教育,用党的光辉历程和宝贵经验启示人,用党的辉煌成就和奋斗精神鼓舞人,坚定人们走中国特色社会主义道路的信念信心。为此,全国各地媒体特别是各级机关报,纷纷采取各种不同的形式进行专题宣传。

我们报纸从1月份开始,在全国率先推出了“讲个故事给党听”新闻专版专栏，以讴歌党的丰功伟绩为红线，以建党90年来波澜壮阔的发展历程为时空，由读者深情讲述各级党组织和共产党员从事革命、投身建设和参与改革开放的感人故事。但光讲故事还是“言犹未尽”，在做好新闻报道的同时，更应深度挖掘其蕴含的更大宣传价值。

中国共产党成立90年来，各地各条战线取得了巨大的成就，这为机关报进行成就报道提供了丰富的素材和广阔舞台。

2011年5月，以三峡日报广告部为主，联合编辑部、专刊部、县市新闻部、视觉中心等组成专班，围绕纪念建党90周年确定了“捷报献给党”的宣传主题。随后起草了活动方案，召开动员大会，提出建党90周年出版特刊超100版的目标。我们发出“动员令”，活动要精心策划，宣传要浓墨重彩，结果要形成声势产生效益，力争把特刊打造成“三峡日报历史上标志性项目”，打造成“全国全省地方机关报广告经营的样板项目”。

寻找具有机关报经营特色的广告商机

此活动启动后，宜昌各地党委和宣传部门高度重视，表示要利用庆祝建党90周年的契机，用发展成果向党“报捷”。很多地方党政“一把手”和宣传部部长认为，红色主题可以穿越时空、凝聚力量、启迪人生，因此借助权威机关报的宣传平台，展示地方发展成果和经验，也是献给党的最好“生日礼物”，即使花钱也值得。

对广告经营者来说，这就是难得的商机。我们通过前期调查，决定将活动定位在“全景式反映各地各界各行业建党90年来特别是改革开放以来所取得的重大成就及发展变化大型主题宣传”。确定的宣传内容包括五个方面：一是各县市区党组织加强和改进党建工作的重大部署、重要活动和重点成果；二是大中型企业在新时期创新发展的主要成就；三是各行业实现科学发展的成果和案例；四是全市各级优秀党代表中的先进典型和模范人物；五是基层(乡镇、街办、居委会)党组织“创先争优”推动事业发展的先进经验。

同时，我们对组稿提出了三个标准：一是把握政治导向，高举中国特色社会主义伟大旗帜，以马列主义、毛泽东思想、邓小平理论和“三个代表”重要思想、科学发展观为指导，认真总结建党90年来的光荣历史、丰功伟绩、宝贵经验和重要成果；二是突出宣传主题，站在"报捷"的角度，宣传各地各行业各单位的重大成就，回顾和总结近年来改革发展的宝贵经验，展望"十二五"规划的美好愿景；三是创新宣传形式，充分发挥机关报、大报、权威主流日报的优势，从体裁、内容、手法等进行创新，力求内容清新、形式活泼、图文并茂、可读可藏。踊跃"向党报捷"的单位越来越多，不到一个月时间预订报纸版面的单位达200多个。

7月1日，《三峡日报》以对开144版的巨量篇幅，隆重出版纪念建党90华诞特刊，分"党史篇""企业篇""县市(区)篇""行业篇"等28个篇目，全方位、多视角、大规模反映了宜昌各地各界各行业在党的领导下所取得的建设成就。

当期特刊成为各地展示形象和提升企业品牌影响力的"捷报"。全国先进基层党组织、全国国有企业创建"四好"领导班子先进集体湖北宜化集团，全省非公企业"双强百佳党组织"长江高科电缆集团，华中第一都市商业综合体"华祥商业"等一大批重点企业和重点建设项目，宜昌教育、政法、城建、科技等一大批重点系统和行业，分别以文字和图片形式展现了科学发展的成果和经验。《湖北宜化：筑牢科学发展坚强堡垒》《长江高科：非公企业党建一面旗帜》《宜昌城管：中部崛起的城市名片》《三元地产：为这座美丽的城市增辉》《远安：奋力打造全省山区经济第一县》等大型报道，均以通版篇幅震撼推出，气势磅礴，构成了一幅多彩的成就画面，引起全社会的共鸣。

整个特刊热情讴歌了建党90年来的光辉历程和取得的伟大成就，充分展示了当地各级党组织带领人民群众科学发展跨越发展的辉煌成果和历史风采。设计大气，图文精美，资料翔实，内容全面，解读深刻。

7月2日，我们出版了精装合订单行本，放大了特刊的史料价值和收藏价值。

重大活动实现广告突破的运作经验

分析其成功因素，我们认为有以下几点——

精心策划是前提。从2011年5月上旬开始，我们抓住建党90周年这一重大历史机遇，着手策划宣传专题，确定了"捷报献给党"的活动主题，并起草了活动方案，进行"战前动员"。活动策划时机恰当，方案可行，目标具体，对活动背景、宣传内容、组稿要求等进行了周密部署，对报纸的优势做了重点推介。

充满信心是基础。信心是对行为抱有必定成功的一种信念。我们设计的出版规模是一个前所未有的高度。要达到这个高度需要必胜的信心。信心源于以下两点：一方面是对建党90周年活动本身有信心，宣传好全党的大事是机关报的使命和责任所在；另一方面是对报业经营团队充满期待，相信经营队伍倡导的"团结在先、团队在前"理念，相信有这个团队奋发向上的凝聚力、"报"在一起的战斗力和争创一流的创新力，再有一个认真负责、脚踏实地的过程，就一定能够达到预期目标。

落实责任是关键。方案再好执行不好等于零，抓落实是活动成功的关键。我们实行分工负责，提出了明确的工作目标要求。从采访组稿到编辑组版，环环相扣，层层负责，执行坚决，落实到位。

沟通协调是手段。良好的沟通和协调是成功的一半。一是加强同各县市区党委政府和宣传部门的沟通，所属的秭归县、枝江市、远安县等主要领导都对活动做出了明确批示，宣传部门牵头负责；二是加强同客户的联系，对200多个单位客户进行了上门沟通，取得了客户的大力支持；三是加强报社内部协调，编辑部、专刊部、广告部、县市群工部在整个广告组织过程中，协调共进，合作共赢；四是加强同编辑、组版、设计、校对、印刷、发行等各个生产环节的协调。

全力协作是保障。在新闻采写方面，编辑部各部门通力协作；在广告开发组织方面，广告团队发挥主力军作用；在协调沟通方面，各县市区驻站记者发挥独到优势；在印刷发行方面，印刷厂和发行部提前做好预案，加班加点，日夜印发，确保了正常有序出版。

（原载2012年《中国广告年鉴》）

打造地方机关报广告“诚信版”

——论报纸推行“干净广告”的现实意义

阅读点：真实诚信是广告的灵魂。广告同新闻一样承载着社会责任，对读者具有重要的引导作用。《三峡日报》首倡“干净广告”，打造报纸“诚信版”，有效促进了机关报广告经营。

关键词：地方机关报；广告经营；干净广告

中央宣传部和国家广电总局等九部门联合开展的专项“打假战役”，是一次治理各类新闻乱象、打造媒体公信力的正本清源之举。广告作为媒体的重要组成部分，诚信度的缺失同样损害媒体公信力，甚至给社会经济造成更大的危害和损伤。在新的媒体环境下，报纸广告如何不为利益所惑，不为乱象所害，从容应对广告减少、读者流失、发行下降、市场萎缩等诸多困境？

我们三峡日报社始终将社会责任放在第一位，在全国地方媒体中率先倡导做“干净广告”，打造“诚信版”，体现“以诚立报、以诚兴报、以诚强报”的价值魅力，以强大的舆论引导力和产业推动力树立媒体诚信标杆。2013年，报社广告部获得首批全国广告行业诚信经营单位。

用诚信铸造机关报广告文化

真实诚信是广告的灵魂。广告固然重要，但是媒体的底线和尊严更重要。因此，广告要着力为各类客户提供优质诚信的经营服务，用诚信和自律的广告文化推动整体经营发展。

一是把握鲜明的政治导向。导向正确是广告刊发的根本原则。《三峡日报》以强烈的“洁身自好”意识和社会责任感，对涉及敏感事件、国家主权和领土完整、宗教和民族事务、非法集资和传销等内容的广告，做到严防死守，绝不“忽悠”过关。

二是把握健康的消费导向。各种违法医疗广告一度是报纸的“重灾区”。一边是市场蛋糕和利益的诱惑，一边是主管部门的严格监管，在“要与不要”的两难选择中，报社始终立场坚定，旗帜鲜明，无条件地“拿下”各类违规医疗、药品、保健品、美容广告，每年因此拒绝的医疗广告费达数百万元。

三是把握高尚的精神导向。任何形式的商业广告，都不同程度地传达着相应的价值观、人生观、道德观等内在倾向，我们因此提出“做有精神灵魂的广告”“做干净的报纸广告”，防止各种带有宣扬物欲、倡导奢侈、贬低人格等不良广告内容的出现。

我们把诚信视为广告的生命。虽然广告也经常遇到各种各样的诱惑，但是我们以高度的政治觉悟和敏锐的洞察力，将“糖衣炮弹”挡在了门外。2012年7月，广东某大型企业派人来报社刊登软文广告，标题为《×××起诉××侵犯红罐包装装潢权》，客户希望通过高价付费的形式，按新闻格式刊登这篇1500字的软“新闻”，但广告审查员和部门主任态度坚决地拒绝了。客户说：“湖北多家报纸都刊登了，为什么你们就不可以？”我们的回答是：“真实和诚信是广告的生命，一篇不实或有争议的软文，会伤害报纸的‘命’。”

我们认为，媒体的舆论导向不仅体现在新闻中，同样体现在报纸的每一个广告里，而且这种导向更难把握。因此，对一些“踩红线”、打“擦边球”的广告宁缺毋滥，不当虚假和违法违规广告的“代言人”。

新媒体的迅猛发展使传统纸媒广告受到了冲击，很多报纸广告大打价格战，搞恶性竞争，用各种不正当竞争手段来拉拢客户。但我们坚持广告产品标准，坚决做到不以单纯创收赚钱为目的，不以损害机关报品牌形象为代价，不以个人私利为广告借口，不用“低价”广告来争夺市场，也不用“高价”来区别对待客户，为客户打造一个主流、权威、公平、公正的战略广告平台。

用品牌提升广告传播价值

广告品牌的核心价值不是知名度，而是美誉度。我们为扩大报纸广告品牌影响，不断优化广告结构，在"高尚、高端、高质"上下功夫，使得客户广告随着报纸品牌的延伸而提升。

湖北枝江酒业是一家由传统手工作坊发展而来的老字号企业，有着近200年历史。但在20世纪90年代中期前，其只是一个名不见经传的小厂，在社会和经济形势的大变革中风雨飘摇，险遭强者蚕食。企业要做强，就要形成一套完善的企业文化体系，而企业形象宣传是企业文化形成的基础。我们在枝江酒业开始探索文化创牌之路时，对其进行研究分析，以打造良好的企业和产品形象为根本点，立足创牌、竞争、效益和发展后劲，从产品形象、企业形象、市场形象、公共形象方面加强宣传，撰写了长达数十万字的系列宣传，相继在报纸上刊登，全国数十家媒体对其进行了重点推介，企业销售量连年翻番。

优质的广告宣传往往能超越客户预期的价值回报。枝江酒业连续十年位居全国十强，先后获得中国十大新名酒、中国驰名商标、中华老字号、中国500最具价值品牌等100多项国家级荣誉。

正是基于为客户创造价值的经营理念和实践，《三峡日报》成了品牌广告聚集的首选媒体。

2009年，中国商业地产航母万达集团投资20亿元建设宜昌万达广场。在得知万达即将来宜昌考察的消息后，我们组织专班，提前做好服务工作，为万达集团入驻宜昌提供宝贵的市场信息，得到万达集团的信任，使三峡日报社成为唯一见证万达广场各类重大活动的本地媒体，也成为万达广告投放最多、信赖度最高的媒体。

用思想服务地方建设大局

做有思想的广告，是我们坚持的经营原则。在纸媒广告的一片"唱衰"声中，我们的广告却连续多年逆势上行，屡创新高，正是源于坚持做有智慧和思想的广告，服务地方中心工作和经济建设大局。

我们以策划作为广告经营的生命，以创新作为广告策划的灵魂，关注时代背景，关注经济形势，从大环境下寻找广告点，从大策划里寻找切入点。我们将广

三峡日报社图绕广告诚信建设的探索，分别获得中国报业协会和中国广告协会理论创新奖。图为作者(左三)2020年在哈尔滨参加全国传媒经营总结表彰大会时上台领奖。

告做成“卖”策划、“卖”思想、“卖”智慧，创造有效需求，从而赢得人无我有的竞争优势。

从新闻出彩到广告增效，我们把创新策划作为重大抓手，以规模效应带动社会效应和经济效应的连锁反应。广告人用创新、多变的思路为客户量身打造合适的方案，将小方案寓于大策划，力求宣传效果最大化。

在新闻报道中，会议往往是难以出新出彩的。但小至一个村，大至一个国，建设发展总是离不开会议的讨论、规划、部署、动员、推进等。我们充分发挥机关报优势，将会议内容对接到相关的城市发展，用策划丰富会议内涵，以百姓喜闻乐见的形式传递会议信息。

2012年3月，湖北省县域经济工作会议在宜昌召开。我们组织出版了大型特刊，推出42版会议特刊，充分展示全省特别是宜昌市的县域经济发展的成果，为县域经济的下一步发展提供了经验，受到省市领导和与会人员的高度评价。

用服务赢得良好市场口碑

与产品的售后服务不同，报纸服务不只是单一的广告思想形成、文案写作、版面设计、校对印刷、宣传效果等过程，更体现在如何围绕广告量做大而进行的客户维护、深化关系、信息跟踪、投放建议等方面。

我们的报纸之所以成为众多事业单位、企业投放广告的媒体首选，除了依靠机关报的权威性及影响力，还在于广告人坚持“客户至尊、服务无限”的理念。

怎样才能赢得客户的信任，进而帮助客户取得预期的宣传效果，真正实现合作共赢?我们认为,唯有贴近客户需求,真心感知客户需求,想客户之所想,忧客户之所忧,才能真正做到为客户创造价值,维持长久合作关系。致力于与客户做真正的朋友,着眼于每一个微小服务,提倡动真情、用真心、负责任,与客户相互支持,共同发展。

在个性化服务抢占"制高点"的今天,市场不断发展,客户需求也在不断变化和提高,因此广告服务也要因时而变、因势而变、因人而变,在"变"中不断创新和优化。

为此,我们不断优化服务流程,提高服务水平,提升核心竞争力,以"广告就是服务""服务就是最好的营销"等先进理念,从基本服务做到客户"无怨言",维持良好的客户关系;到附加服务定期对客户进行满意度回访和调查,提高客户"满意度";再到超越期望值的服务,培养客户"忠诚度"。

怎样在日趋激烈的广告市场竞争中突围?提升客户忠诚度无疑是一把利刃。如何达到第三层服务,也就是超越期望值服务?我们积极探索"以服务创造价值,用营销升华广告"的策略,以超越客户需求的服务赢得客户的尊敬与信赖。

我们的广告人员在为中石化宜昌公司服务的过程中,多次进行走访调查,询问出租车、客车司机和部分运输车队,认真听取记录他们对中石化加油站的看法,包括质量、服务态度和有待改进的地方,并及时反馈给该公司领导。当年年底,中石化宜昌城区销售额创全省第一,公司领导特地打来电话感谢,称三峡日报社不仅宣传好,更是帮了公司大忙。

除了为客户提供专业服务,我们还帮助客户解决在市场营销中遇到的问题,这就是客户需要的附加值。为了提升服务质量,我们实行重点客户定人、定量、定责的"三定"服务管理,根据规模大小、市场潜力对客户资源进行高效分配,实行定人联系,以优质、持续、个性化的服务满足重点客户的特定需求。细节服务和超越期望值的服务,为三峡日报社赢得了大批忠诚的广告客户,也赢得了良好的市场口碑。

(原载2014年第9期《新闻战线》)

对得起用户和客户的广告选择

——论新媒体环境下的机关报品牌价值

阅读点：我国报刊广告投放价值排行榜是报刊经营的风向标。三峡日报社作为一家地方机关报，通过发挥机关报政治优势、塑造机关报传播品牌、放大机关报宣传效应、融汇机关报多元价值等实践，探索出新媒体环境下地方机关报经营发展的新路子，跻身全国排行榜百强之列。

关键词：用户客户；广告选择；品牌价值

在第八届中国报刊广告大会暨2014—2015中国报刊广告投放价值排行榜发布会上，《三峡日报》首次入榜中国报刊广告投放价值排行百强，荣膺“全国最具创新活力城市报社十强”称号，这是该排行榜发布以来湖北地市州报首次获此殊荣。为此，湖北省新闻工作者协会主办的《新闻界动态》第6期刊发文章，推介了《三峡日报》的成果和经验。

中国报刊广告投放价值排行榜是我国报刊经营的风向标，由中国广告协会报刊分会联合央视CTR、北京世纪华文、清华大学新闻与传播学院等权威机构发起组织，是对中国报刊广告年度投放价值的全面评估和权威发布。作为中西部地区的一家地市级机关报，《三峡日报》能在中国年度报刊广告价值百强排行中占有一席之地，充分说明其在媒体转型融合发展中的创新智慧，在转变经营

坚持服务到一线。作者(左二)带队到宜昌弘洋集团调研企业文化建设。

方式上体现出的价值成果。

聚合政治优势，塑造机关报战略品牌

作为党委、政府和人民群众的“喉舌”，机关报在引导舆论方面一直都处于核心位置。在新媒体环境下，《三峡日报》不仅局限于用文字和图片传播，还用多种媒态如手机网络、微博微信、音频视频等与受众“说话”。

机关报媒体“说”什么话？怎样“说话”？三峡日报传媒集团负责人认为，机关报就要“说大事要事、说好人好事、说急事难事”。所谓“大事要事”，要当推动科学发展的建设者，以党委、政府和人民群众的视角和立场，把党和政府的声音传播好；说“好人好事”，要当推动社会进步的建设者，坚持始终传递社会正能量，弘扬人间真善美；说“急事难事”，要当提升百姓福祉的建设者，触摸社会脉搏，了解民间忧乐，帮助百姓解难。

报纸广告也是新闻之外的另一种形式“对话”。我们提出，做“最干净的报纸广告”，打造报纸广告“诚信版”，体现机关报以诚立信、以信立报的价值魅力，用强大的舆论引导力和产业推动力，树立媒体诚信品牌的标杆。

在广告业界提出“干净广告”,需要的不仅仅是勇气,更是作为。我们对“干净”的理解,就是“版面清正纯洁、内容健康向上、形式丰富多彩”。着力塑造全新的“广告价值观”,即广告人价值观、广告客户价值观和广告产品价值观。让广告人从单纯“拉广告”的低层次争夺,转变到“做广告”的高层次服务,在服务中体现机关报广告人的价值;让报纸广告承担起提高引导力和影响力的社会责任,用物超所值的更高回报体现广告的客户价值;让报纸广告宣传达到主流、高端、高尚的品质,坚决拒绝低俗、低质、低档广告。

在读者、客户和用户心中,三峡日报社力求打造出一片“精神家园”。

为了“精神家园”的纯洁,我们长期以来加强行业自律,坚决抵制品位低下、粗制滥造、消极庸俗、内容虚假的各种不良广告,坚持以高品质的广告产品彰显主流媒体的品牌价值和社会责任。

读者评价说:《三峡日报》就是干净、好看、有用。广告客户说:在《三峡日报》投放广告就是有效、放心、值得。

策动宣传资源,放大机关报品牌效应

机关报的公信力和权威性是其他任何一种报纸无法替代的政治优势。我们利用优势资源放大机关报的品牌效应,推动互赢合作,开展有影响、有效益的社会主题活动策划,构筑了机关报战略品牌价值提升的实现路径。

抓经济和发展主线,扬企业和创业美名。我们连续成功举办大型“宜昌经济年度人物评选表彰”活动,这成为宜昌最有影响力、最具权威性、最具专业品质的品牌盛事。党的十八大召开前夕,我们策划的专题报道“喜迎十八大、推动新跨越”,被评为中国地市报2012年度重大专题及案例策划一等奖。2013年,策划的“宜昌中国梦”项目荣获“中国报业广告优秀案例提名奖”。

注重把宣传的着力点放在宜昌区域内的重大活动和事件上。宜昌提出打造省域副中心城市和建设现代化特大城市,我们围绕这个“大城梦”,先后策划出版了“筑梦大城”“青春大城梦”“巾帼大城梦”“大城梦、双拥情”“凝聚共识筑大城”等一系列特刊共计200多个版面,从各个层面反映了宜昌共筑大城梦

为深入了解客户宣传需求和期待，三峡日报社经常组织广告经营人员到客户企业开展联合党建。图为作者(前右四)现场与企业员工互动交流。

的奋斗足迹。为推动宜昌房地产业的健康发展，我们联合宜昌金融机构，连续组织了十届房地产企业资信20强评选表彰，成为宜昌房地产业最具影响力的活动品牌。近年来，还先后成功策划一系列重大活动专题宣传。仅2014年以来，就出版了“走在前列”“劳动光荣”“祖国您好”“致敬教师”“宜昌新作为”等大型特刊，产生了良好的宣传效应和社会影响。

创新价值内涵，融汇机关报多元经营

中国报刊广告投放价值排行榜在评审中，首次将新媒体传播指数包括微信传播指数、网络二次传播率等纳入评价系统，突出创新转型和权重考量科学合理特色，更全面地反映数字化时代纸媒的广告价值。

中国广告协会报刊分会对《三峡日报》的评价称：“在应对传媒格局变化、提升整体实力和核心竞争力，转变传播模式、经营模式和发展模式中，成为最新潮流典范。”

在媒介数字化时代和各种新型媒体激烈竞争的背景下，我们努力探索传统纸媒与新媒体的融合发展，以报纸内容为依托，以机关报品牌为支撑，以创新求变为指导，着力强化和拓展微信、微博、手机报、网站、新闻客户端等传播互动途径，打造了一个全新的现代媒体集群。

我们走在了媒体融合发展的前列。以《三峡日报》为主体的中国宜昌网跻身全国政府网站综合考评二十强，连续五年在全省排名第一；三峡宜昌新闻网日点击量超过20万，三峡手机报用户达40万，官方微博微信粉丝分别达到20万和8万，新媒体指数位居全国同类报纸前列。新媒体的快速广泛渗透，进一步拓展了报纸品牌的内涵和传播，真正实现了新兴媒体和传统媒体的融合互动，实现了信息的多媒体共享与全媒体覆盖，实现了传播价值的最大化，在广大读者、客户中引起了热切关注，取得了非常好的宣传效果。

2014年年初，我们全力打造的房地产全媒体传播平台正式亮相，形成了《房产周刊》及其微信、三峡日报官方微博微信、宜昌房地产网、掌上楼书手机客户端等“10媒一体”的全媒体传播格局。通过重新整合集团采编和经营力量，构成报纸的市场深度报道、网络的咨询互动平台、微信微博的信息快速传播渠道，搭建地产商与购房者、全媒体三者互通的桥梁，以创新传媒形态的方式，提供更加全方位、立体化、多媒体的房地产动向传播。

与过去传统的单一传播方式相比，《三峡日报》全媒体传播平台拥有最广泛的受众群体，受众对象包含了社会各个年龄各个阶层，既有报纸原来的公务商务和大中企事业单位读者群等精英阶层，又有网站、微信、微博等新兴媒体所拥有的青年读者群，还有三峡手机报等媒体所覆盖的广泛读者群，从而真正实现媒体与读者无缝对接。事实证明，三峡日报社的广告通过全媒体报网联动传播，覆盖更加广泛的客户群体，投放价值也呈几何式增长，达到“一次投放、事半功倍”的效果。

面对市场化和数字化进程的加快，我们充分发挥机关报品牌的社会效应和经济附加值，大力实施品牌战略，为机关报价值最大化探索出了一条“行得通、走得好”的新路子，为自身发展找准了新的价值坐标。

（原载2015年第6期《中国传媒经营》、2015年第7期《新闻前哨》）

今朝有酒“报”为媒

——论枝江酒业品牌宣传的“文化含量”

阅读点：以湖北枝江酒业为研究对象，分析酒类企业打造具有鲜明特色的企业文化、以“报”为媒进行品牌形象策划与推介的现实意义和成功经验。

关键词：企业文化；品牌形象；宣传策划

俗话说，“酒香不怕巷子深”。可是在竞争激烈的信息时代和文化多元的财富时代，如果缺乏让人“闻香知味”的渠道和手段，那么“酒香也怕巷子深”，“深巷”里再好的酒也可能无人知晓。在我看来，任何一个企业的品牌战略，其实就是用“文化养分”滋润企业产品，让人“闻香而来”。

“枝江大曲”作为一个地方白酒，能走出枝江区域，“香”飘全国，植入广大消费者心田，除了产品本身过硬，企业的品牌塑造与策划宣传也是重要的成功因素。

这些年来，我坚持以“报”为媒，深度参与枝江酒业的文化宣传和品牌推介，成为企业信赖的“编外宣传员”。品牌的背后是故事，就像枝江大曲广告“我们都是有故事的人”一样，我“以报为媒”讲了很多关于枝江酒的故事。

从1998年至2008年，十年间我先后撰写了长达100多万字的企业宣传文案和品牌策划稿件，在《三峡日报》《武汉晚报》《楚天都市报》《湖北日报》《中

2018年4月25日，作者(右二)带领三峡日报社部分员工，在枝江酒业股份有限公司党委书记张华(右一)陪同下调研企业文化建设。

国企业报》《经济日报》等国内重点报刊上，推出了一系列专题专栏专版文章，策划了多个品牌推介活动，出版了《今朝有酒》《楚天神曲》等报告文学专著，为区域“酒文化”传播尽了一份媒体人的微薄之力。

深入挖掘“酒企业”的地域内涵

枝江酒业原是一个传统的县办国营小酒厂，有着180多年历史，由传统私家“谦泰吉”酒坊发展起来，堪称当地“百年老字号”。在20世纪90年代中期以前，名不见经传，自给自足，与“市”无争。随着社会和经济形势的变化，这个“国老大”也曾负债上千万元，几度濒临倒闭，甚至差点被强者某民营酒厂“蚕食”。

但进入2000年之后，企业得以跳跃式发展，迅速“长大”成名，跃居湖北最大的白酒生产企业，成为傲视群雄的“鄂酒先锋”，连续八年名列全省产销量第一，跻身全国同行业前列。

1998年，乘全国企业改制的东风，枝江酒厂由“厂”成“企”，变“酒”为“业”。过去最好的年景，企业产值不过几百万元。但改制当年，产值首次突破亿元大关。接着连年翻番，三年后年产值分别超过5亿元、10亿元，连续迈上新台阶，发展成为湖北同行业增长速度最快、经济效益最好、市场占有率最高、生产规模最大的白酒企业。

2007年，枝江酒业产值突破25亿元，创造了十年增长35倍的酒业神话，“枝江大曲现象”为全国经济界和白酒界所关注和学习。

2008年，正值中国改革开放三十周年，也是枝江酒业改制十周年之际，我与三峡日报社总编辑范长敏合著了《楚天神曲——中国新名酒枝江大曲的崛起内幕》一书，全书用近30万字的篇幅，以纪实报告文学的手法，首次全面揭秘了枝江酒业的“前世今生”。湖北人民出版社作为当年重点书目出版推介，湖北省副省长、省振兴酒业领导小组组长任世茂以“愿枝江大曲香溢四海”为题作序，称该书“不仅记录了枝江大曲的发展历史，也是全省酿酒业传承鄂酒文化、锐意改革创新、不断探索发展的现实缩影。祝愿枝江大曲在未来发展中，始终傲立潮头，香溢四海，不断创造新的辉煌”。

在当年3月18日至23日成都全国糖酒商品交易会上，新书首发，成为全场比知名糖酒更受关注的“抢手货”。2009年，这本书获得中国作家协会纪实文学研究会评定的优秀作品一等奖。

枝江酒业董事长蒋红星说，枝江大曲能够迅速“长大”，这一“神奇现象”，离不开品牌形象的精心策划和有效推介。而我作为枝江酒业品牌形象的重要推手和策划人，也因此很是欣慰。

品牌是企业文化形成的基础，是优化生产经营环境的重要前提。我曾与蒋红星多次探讨过企业文化的话题，也达成过很多共识。

我们认为，企业文化是以企业人为对象，以文化为手段，以激发人的自觉行为为目的，是一种管理思想，同样也是一种经营方法。企业文化与企业经济一样重要。一个有文化的企业，形象不会差，能够吸引优秀人才为企业发展贡献才智；一个有文化的企业，产品更有竞争力，能赢得消费者认同，立于市场不败之地；一个有文化的企业，能增强合作伙伴对企业和产品的信心，促进企业内部

作者撰写的《楚天神曲》《今朝有酒》分别由湖北人民出版社和中国经济出版社出版发行，均收藏于中国国家图书馆。《三峡商报》曾全文连载《今朝有酒》。

有序有效运作，把无形资产变成有效的经济收益。

枝江“谦泰吉”糟坊有着极其深厚的文化底蕴，但长期以来，企业对其文化价值的挖掘和运用不够，导致文化与经济严重分割。蒋红星是一个文化型的儒商，他认为企业文化是企业的精神支撑，没有文化的酒，淡而无味。他因此积极探索文化创牌之路，制定了长期“文化经营”的发展战略。

“社会责任、企业振兴、职工利益”，这是枝江酒业改制之初提出的企业文化价值观。他们把“争当振兴鄂酒排头兵”作为企业的一种社会责任，把“让百年老字号焕发青春”作为实施价值观的有效路径，把“为职工谋取最大利益”作为企业的根本利益，提出“为社会创造效益、为消费创造市场、为职工创造机会”的企业宗旨。

为了深入挖掘枝江酒业的文化内涵，我们先后专门采访了14位曾经或正在枝江主政的党政主要领导，专程采访了中国酿酒工业协会理事长王延才、湖北省酒业协会会长程业涛、著名白酒专家陶家驰等十多位业界领导和专家，专题搜集整理了20多万字来自枝江地区的各类“民间酒话”，深入挖掘枝江酒业厚实的文化底蕴。

有道是，品牌的一半是文化。而酒类企业和白酒品牌更需要文化养分。正如王延才理事长所说，"枝江大曲现象"的本质是一个企业的产品创新和文化升华，他认为"文化"具有与产品创新同等重要的作用。

优秀企业文化可以为企业"强筋健骨"。企业文化对企业的快速发展产生了深刻影响，为企业带来了持续发力的硬支撑。枝江酒业把文化注入产品，用文化滋养企业，使"枝江"成为枝江区域文化的重要标识。

2007年，枝江酒业被评为全国企业文化建设先进单位，董事长蒋红星获得全国企业文化建设先进个人称号，在山西举行的颁奖大会上做了典型交流发言。

深度策动"酒市场"的品牌传播

很多企业对产品的宣传过于随意和随性，总是针对某种新产品出来后，就用广告"轰"一下。这样虽然也有一时之效，但缺乏对产品品质及文化内涵的深入研究，因此产品的竞争力没有持久性。

我曾给蒋红星建议："枝江"品牌的打造，要围绕"酒市场"做文章，把主攻方向锚定在文化的挖掘和形象的塑造上，运用多种形式"策动"品牌宣传。比如，枝江酒业要有自己的"企业史"，要有自己的"创业志"，要有自己的"人物传"。这些建议都被采纳，成为企业文化建设的重要内容。

2002年，我提议枝江酒业借助地方媒体创办了《枝江酒报》。虽然是依托当地报社，并非独立办报，但作为地方媒体中的一个组成部分，随报纸公开发行，产生了广泛的传播力和影响力。接着建立企业网站，成立品牌宣传部门。开始组织专班编写企业史，出版企业志，收集人物传。开展各种形式的征文比赛，注重树立先进典型，弘扬各种正气，总结推广新成果新经验。广泛动员社会和外界媒体力量，为"枝江酒"扬名助威。凡是宣传枝江酒业的，都以见报稿或网文下载为证，在企业兑现领奖。仅此每年都有数百上千篇新闻见诸全国媒体。

为了"拾珠成串"形成枝江酒业文化体系，我用了大半年时间，对枝江酒业进行了全面深入调查研究，撰写了《老字号厚重的历史缩影》《香飘百年的酒旗下》《对月只恨酒来迟》《美酒的追求与酒美的魅力》《科技创新品牌不倒》《好酒跟着市场走》《从质量管理到管理质量》《解放思想改变了企业》等20多篇深度解析文章，每篇以一万字左右的篇幅，连续在《三峡日报》《武汉晚报》等具有影响力的报纸整版刊发。《武汉晚报》用8个整版刊发文章时，同时刊发了《枝江酒业的历史其实才刚刚翻开》和《我歌一曲唱“枝江”》的长篇评论，产生了强烈的“枝江酒冲击波”。

2005年，枝江酒业因此获得一项重要荣誉——“中国最佳媒体形象品牌”称号。在由中国社会科学院等权威机构举办的“影响中国2005传媒盛典”大会上，枝江酒业连同中国移动、中国平安、五粮液酒等国内著名品牌，赢得了传媒盛典的高光时刻。

得人心者得天下。据中华全国商业信息中心数据显示，当年全国白酒市场销售品牌前五位依次是五粮液、茅台、红星二锅头、泸州老窖、枝江大曲。尤其是中南地区，枝江大曲更是深受消费者青睐，以27.5%的市场占有率遥遥领先。

2003年，我撰著的新闻体企业报告文学《今朝有酒——枝江大曲“长大”之谜》由中国经济出版社出版发行。这是枝江酒业历史上第一本公开出版发行的书籍，汇集了我几年来对枝江酒业文化的研究以及对外品牌宣传的成果。该书出版后，全国新华书店、全

枝江酒业首任董事长、全国劳动模范蒋红星(左)与作者(右)近影。

民阅读门户读书网、当当网、京东读书、豆瓣读书等数十家图书网站重磅推荐。当年年底，《三峡商报》以连载的形式每期四分之一版面篇幅，分100期刊登全书内容。这是地方媒体首次连载"企业文学"，也创造了企业文化宣传的全新模式，在读者中和市场上产生较大影响。

企业的根本在产品，产品的终端在市场，市场的关键在效益。枝江酒业加强市场宣传，注重精心策划、合理布局，做到因地制宜、因时而异，针对不同的市场情况采取灵活多变的宣传办法。产品走到哪里，报纸、电视、广播的宣传就跟到哪里。在传统市场上做品牌美誉度宣传，在关键市场上大手笔进行知名度宣传，在新开发市场上进行导入式公益形象宣传。

这些匠心独运的品牌宣传有效提升了企业形象的价值高度，成为枝江大曲"高歌猛进"抢占全国市场的重要法宝。

深刻揭示"酒文化"的内在价值

当今企业的品牌竞争，开始从质量、价格、服务等物质因素，转向了一种非物质因素即文化竞争。企业文化是文化概念在企业特定领域的延伸，是企业在长期生产经营过程中形成的管理思想、群体意识和行为规范，是企业经营之道、精神风貌、内外形象及产品价值的高度升华。

2009年，枝江酒业战略引入维维股份，"酒文化"也因此打开新的空间。维维派驻枝江酒业首任总经理张春雷认为，优秀的企业文化和企业形象，是一种永恒的无形资产，是公众在选择产品时发自内心的信赖感、可靠感与安全感。

我高度认同这个观念。因此在宣传枝江酒业的企业和产品时，我始终坚持真实可信、正确导向、服务消费和形式创新，深刻揭示酒文化的内在价值。

宣传真实可信。企业文化宣传重在揭示企业和产品的内在价值，而不是盲目的"自吹自擂"。诚信是金，信誉是本。企业的宣传活动是一个有计划、有目的、有组织的系统过程，必须在大量的市场调查基础上，通过公共媒介把产品信息传递给消费者，把企业形象介绍给社会。企业的形象宣传与新闻一样都属于意识形态领域，其性质、特征、功能有许多相似和共同点，第一要素是传播真实的、有用的、新鲜的信息。就传递信息的方式及手段而言，甚至比新闻更丰富、更灵活、更广泛，有利于企业自我形象的塑造与产品推销，达到长远的目标和实用效果。即使是企业付费的广告宣传或形象宣传，都不得发布任何有“水分”的信息，更不能用违反真实的文字表现去误导消费者，或用哗众取宠的“作秀”宣传推动产品销售，或玩花样“文字游戏”以求急功近利。在我采写的所有关于枝江酒业的宣传文案中，“真实”和“可信”是最基础和最核心的两个标准，即使是写风云变幻的“酒市”和竞争激烈的“酒战”也不例外。2005年，我写的反映“曹生武卖酒经”的《敢用脑袋赌市场》稿件，被国内发行量最大的期刊《特别关注》重头选载。2006年，我撰写的枝江大曲开发市场的长篇纪实报道《逐鹿中原》，被武汉大学主办的中国教学案例网作为重要案例全国推介。

宣传导向正确。企业宣传都是市场竞争的需要，具有明确的利益目标，但这种利益目标必须受到社会规范的制约。因此企业形象宣传，不容许出现丝毫有悖社会政治、文明、法治、道德、伦理等内容或观点传播，要具备义不容辞的社会责任。即使是一种广告形式的宣传，也在于推介优秀产品，引导消费时尚，鼓励正当竞争，对社会发展和市场培育起到积极作用。枝江酒业系列形象宣传或产品推介，都始终坚持正确的政治导向和高尚的价值取向，体现现代文化思想与消费理念，因此备受社会肯定和好评。

宣传服务消费。企业的形象和产品宣传是为消费者服务的，应让消费者通过传媒的真实宣传，了解认识和熟悉企业及产品，从而更理性地选择自己所需。我对枝江酒业的宣传，跳出了一般企业常规的“以我为主”的宣传套路，而是始终站在为消费者服务的角度。比如，我在《枝江大曲快速“长大”之谜》系列宣传中，对其传统工艺、健康要素、美学功能、技术改造、质量管理、市场营销、经营哲学等进行了客观介绍，人们通过读枝江大曲的宣传文章，可以了解中国酒的历史渊源，懂得各类酒品对人体健康的危害，掌握很多“酒学问”。我觉得企业形象宣传的重点不在于取悦或娱乐消费者，而是为了更好地适应市场竞争更好地服务消费者。如今酒类竞争可谓进入了一种极其残酷的“拼杀状态”，因此酒业文化要以消费者为受众，与社会环境保持密切的联系，必须符合时代特征和人文心态，达到与受众情感和心理上的相融。枝江酒业十分注意突出奉献爱心、家庭温暖、节日喜庆、民间习俗和风土人情，跳出了纯商业化的圈子。我采写了枝江酒业一系列故事，如报恩的故事、诚信的故事、助学的故事、友爱的故事、舍己救人的故事、见义勇为的故事，等等，展现了企业和企业家们的社会责任和奉献价值。

宣传形式创新。创新是吸引消费者眼球的重要手段，即使是广告推广也不能“旧瓶装老酒”，而要不断推陈出新。2003年国庆节期间，我围绕枝江酒业新广告语“越来越好、越来越近”，策划了一组系列散文主题广告，分别以《祖国越来越好，奥运越来越近》《日子越来越好，关怀越来越近》《生活越来越好，目标越来越近》《枝江越来越好，大曲越来越近》等8个整版宣传，多层面表达了现代社会人们的向往和追求，传递了枝江酒业对生活的美好祝福和价值期盼，树立了湖北白酒第一品牌的新形象。一段优美的文字，一幅亮丽的画面，某著名演员展现一个鲜活的夸耀动作，把枝江大曲“越来越好、越来越近”的内涵表现得淋漓尽致，把“好事喝喜酒、好运天天有”的“枝江祝福”深深烙入消费者心中。当时正值国庆期间，很多消费者认为这完全不是商业广告，而是有品位有文化的公益宣传，称这组产品推介紧跟时代，站位高远，立意深刻，像一支十月的颂歌，把一个地方白酒品牌与国家兴盛紧贴在一起。广告内容集奥运申办成功、三峡工程通航发电、神舟五号发射升空、党的十六大胜利召开等，这些具有重大历史意义的事件，无不记录了“祖国越来越好”的辉煌，表达了枝江酒业人“即使我们从事最平凡的劳动，只要一想到我们是在自己祖国的土地上生活耕作，是在为千百万人民的幸福而努力奋斗，我们心里就会有伟大而美丽的诗意”。正是这种博大胸怀和民族气节，孕育了枝江酒业优秀的企业文化。

这些，正是我挖掘和宣传“枝江酒文化”内在价值始终坚守的写作准则，我因此而感到“写有所值”。

（原载2010年第10期《中国广告》）

报业转型的“融会贯通”之策

——论地方机关报媒体融合的组合方略

阅读点： 地方报业转型发展是一种前无先例的探索。三峡日报传媒集团立足于报网相互融合，着眼于产业转型升级，以融合、汇聚、打通之策，进行了成功尝试。融合就是实行业内多种媒体的有机互动，汇聚就是注重社会各种资源的有效利用，打通就是做好运行机制体制的有序推进。

关键词： 报业转型；融合互动；机制保障

在日新月异的移动互联网时代，传媒领域迎来了颠覆性的重大变革。习近平总书记就我国媒体融合发展做出了重要指示，中央着眼巩固宣传思想文化阵地、壮大主流思想舆论做出了重大战略部署。面对媒体融合的新浪潮，作为传统媒体重要方阵的地方报业，该如何“有所为”或“有所不为”，成为报业决策者面临的新难题和新课题。

地方报业主要是地市州级机关报和机关报集团，既没有中央、省部级机关报的权威性，也不像各种行业报、专业报媒那样具有独特的资源优势，因此在转型过程中常常会遇到很多“拦路虎”，如技术短板、资金紧张、人才缺乏等。不过，地方报业也有“船小好掉头”的便利，能及时“移动”，快速“互联”，把传统媒体阵地有效拓展到新的空间。三峡日报传媒集团在推进报业转型发展中，争当区域舆论领袖，勇做文化产业旗舰，立足于报网相互融合，着眼于报业升级转型，走出了一条具有探索意义的“融会贯通”之路。

融合：业内多种媒体的有机互动

媒介融合，是在数字技术推动下不同媒介生产者、内容、渠道、接收终端之间，传统边界日渐模糊、趋于融合的轨迹日益清晰的现象和过程，所呈现出的是一种传统媒介与新媒介向同一轨道靠拢和并合的变化趋势，也是一种各类媒介的传统边界日益模糊的发展状态。[1]三峡日报传媒集团是以创刊60多年的三峡日报社为班底，成立于2009年的湖北首家地市州报传媒集团。当初，集团旗下拥有《三峡日报》《三峡商报》《中国地市报人》《新闻选刊》和三峡宜昌网、宜昌政府门户网、三峡电子音像出版社、三峡手机报等八个媒体，在内陆地市级传媒集团中媒体类别最为齐全、媒体结构较为合理，报刊发行总量已超过25万份，日总印刷能力达到80万对开张。实行报业经营的30年来，报业经营收入增长了28倍，利润增长了22倍，国有资产增值21倍，是湖北省地市州实力最强的传媒集团。

但面对高速信息和移动互联网的迅猛冲击，地方报业如何“抱团”应对？三峡日报传媒集团选择了“融合”，把多媒体融合作为转型的突破口。机关报长期以来形成的传统“报”，必须适应不断变化的新的传播形态。该集团的主报《三峡日报》作为中共宜昌市委机关报，首先“变脸”和“换腔”，在全省同类报纸中最先创建了网站形态、微博形态、微信形态等。2011年5月，正式开通三峡日报官方微博，三年多来发布微博近4万条，拥有13万粉丝。官博推出的“美丽宜昌随手拍”“早安宜昌”“老城记忆”等微博专栏阅读人数都在200万以上，先后获得“湖北最具地域人文情怀媒体微博”“湖北媒体微博年度风云榜”荣誉。随后开通了官方微信、网络新闻报料台等移动媒体，以手机短信、微博新闻、微信口播、现场视频等多种形态，第一时间、第一现场传播新闻和信息。打破传统的新闻传播模式，要求记者一专多能，一稿多传，由过去的“本报记者”变为“全媒体记者”，实现了一人一次采集信息、全媒体多形态即时传播的转型。

把集团内部分散的网站、微博、微信和户外屏媒等进行有机融合，克服了过去“各自为政”和“单打独斗”状况，形成了多种媒体生产和发展、多种媒体相

武汉工程科技学院党委副书记、校长助理、学工处处长唐军国(左二)一行,到三峡日报传媒集团商议校媒共建实习基地事宜,与作者(左一)等合影。

互促进、多种媒体相互补充的全新格局。强力推行报网互动,要求所有记者既要为《三峡日报》《三峡商报》采写稿件,也必须为网站、官方微博微信和其他新媒体提供新闻,而且稿件提交入库后由新媒体选编首发,然后再由各报系选编采用。集团的报网互动、新老媒体融合逐渐进入常态,“纸媒微报”成为主要报刊的新形式。目前已拥有了报刊纸媒、网络媒体、视频媒体、手机媒体、户外屏媒、音像媒体等全媒体。新媒体受众在800万人以上,其中三峡宜昌网日点击率超过100万人次,三峡手机报惠农版用户超过50万人。通过融合业内多媒体,扩大了机关报有效覆盖,提升了机关报影响力和引导力,使受众获得了更加及时、更多角度、更好视觉满足的媒介体验。

汇聚:社会各种资源的有效利用

未来的传媒业,一定会是以传播为介质的配置社会资源、商业资源及一切社会生活资源的整合架构。[2]

机关报品牌是一种最重要的优势资源。三峡日报传媒集团在推进报业转型过程中,注重汇聚和利用一切有效资源,实现机关报资源的配置优化和总量增加,从而加快非报产业的快速发展,为机关报集团的转型拓展更大空间。该集团提出了“巩固纸媒、做强网媒、突破性发展移动互联网、推进多元化产业经营”的转型目标,坚持把新媒体所拥有的时效性高、互动性强、辐射面广等优势,与机关报公信力强、权威性强、影响力大的优势,以及市场类报纸贴近性好、可读性强、亲和力高的优势进行有效嫁接，实现"报纸、网络、移动终端"的强强联合。

利用机关报资源拓展覆盖新渠道。该集团投资1000多万元，建成了19块大型户外LED彩屏、50台智能售报机和LED屏幕转播车，创建了覆盖宜昌中心城区和主要县市的大型城市联播网，成为三峡区域第一户外媒体。2014年年初，推出了大型视频节目《微播大宜昌》，以"微言大益、播惠民生"为主旨，通过音、画、字幕等形式，对集团当日出版的报纸、期刊、网站、官方微博、官方微信等内容进行二次整合传播，与三峡都市传媒联播网同步播出，节目时长10分钟，每个整点滚动播出，在社会各界引起了良好反响。目前，该集团形成了爱淘珠网、宜昌房产传媒网、三峡视觉网、三峡频媒、宜昌家政服务中心、三峡数字出版等新兴媒体集群，业务涵盖纸媒印刷、网络传播、音像出版、移动出版、网络视频、电子商务、户外广告、家政服务等十多个领域，构建了传统报刊、互联网、移动媒体、数字出版、户外媒体一体化的新型产业形态。

利用政治资源培育非报产业。作为湖北省首批文化体制改革试点示范单位，三峡日报传媒集团在推动多元化战略转型和文化产业发展上迈出了实质性步伐。投资扩建的数字出版印务中心已经完成，形成了年产200万对开张报纸、1000万件彩色包装的生产能力，成为三峡区域最大的数字化纸质出版、数字化电子音像出版综合基地。

通道：运行机制体制的有序推进

传播生态的变化和发展必然在媒介体制机制上产生联动效应，势必对现存的传媒管理体制提出严峻挑战。重构一个能涵盖各个传播部门的管理框架，以应对媒介融合管理中出现的各种新问题，是媒体融合需要考虑的首要问题。[3]解决问题除了抓好产品和技术的转型升级外，更重要的是机制体制的创新。

打破壁垒，运行畅通，需要配套的制度作保障。要把做报纸杂志的、做网站视频的、做社交媒体的、做产业经营的各路人马捏合在一起，不能光靠行政"捆绑"，而要用有利于调动积极性、创造性的良好机制体制。2014年年初，该集团成立了"媒体融合推进领导小组"，负责制度设计、综合协调、推进督办等工作，打破坚持了几十年的部门机构设置，成立影响力中心、经营力中心、技术力中心，明确提出媒体融合的目标是“三个一切”，即采取一切手段做大媒体影响力，采取一切可能手段满足客户需求，让一切新技术新渠道为新媒体提供支撑。这是克服体制障碍的重要举措。

在此后的融合转型探索中，集团制定了“媒体融合绩效考核办法”，每年从预算经费中拿出10%左右的比例经费，鼓励媒体融合项目；建立“媒体影响力”分析制度，增加推进媒体融合后对报刊等传统媒体自身的变化分析，从到达率、覆盖率、互动性、访问黏度等指标入手，让传统媒体与新媒体的依存日趋紧密，充分发挥“融合效应”；建立新媒体的内容数据“母体利用、母体传播”制度，对机关报、子报、杂志等媒体开设的子网站、微博、微信等平台上的网络调查、互动回馈或读者提供的热点线索，通过“深度报道”“连续报道”等形式进行母体传播；建立技术创新项目甄别与实施机制，要求技术人员工作具有前瞻性、预见性和超前性，及时解决媒体融合推进中的技术问题；实行“二级总编”负责制，所属子网站、微博、微信的总编辑负责制定内容发布管理等相关制度，内容生产管理对“母体总编”负责，确保监管到位，导向正确；设立“媒体融合好项目奖”，鼓励新媒体创意向项目转化，推动媒体融合健康持续发展。

配套的机制和制度，有效保障了集团采编业务、新闻传播、组织机构和产业经营方面的全面融合，较好解决了传统媒体业务和新媒体业务的“两张皮”“两只手”状态，探索出各新媒体产品、传播平台和转型发展的新路径。该集团的产业经营由过去广告、印刷、发行“三驾马车”变成了多个领域、多方渠道、多种盈利模式，有效化解了转型融合期的经营风险，为未来发展开辟了良好的发展通道。

参考文献：

[1]邵强.媒介融合语境下的新闻生产[M]，浙江工商大学出版社，2013.

[2]喻国明.未来传媒业转型发展的关键与进路[N]，新媒体观察网，2014-9-16.

[3]李红祥.论媒介融合下的传媒管理制度创新[J]，新闻爱好者，2009(8).

（原载2014年11月《新闻前哨》）

让基层新闻成为机关报“当家菜”

——论创办县市新闻专版的传播路径

阅读点：三峡日报社创新地方新闻宣传模式，在全省率先集中创办县市区新闻专版，探索出机关报面向基层特别是县市新农村宣传的有效办法。

关键词：基层宣传；新闻专版；探索实践

作为中共湖北宜昌市委机关报，《三峡日报》有着其他报纸无法替代的权威性、影响力和传播优势。2006年，借更名(原名为《宜昌日报》)改版之际，我们创新地方新闻宣传模式，在全省率先集中创办县市区新闻专版，推出枝江、宜都、当阳、夷陵等各个县市区版，探索出机关报面向基层特别是县市新农村宣传的有效办法。这是地市机关报贴近基层、细分市场的一次重要创新。

县市专版更加切合实际

自从国家对报纸结构进行调整以来，绝大部分县市报被撤销。宜昌市所属县市原有的4家县市报，均按政策取消了刊号。

没有了报纸载体，但是县市区依然有宣传需求。在这种背景下，发挥地市级机关报作用，特别是报社与县市级行政单位联系紧密的优势，联合创办县市新闻专版，便成为有效弥补地方传媒缺位的一种最佳选择。在县域经济发展到一定程度时，地市报的县市版将不再是一个版面，而成为一个相对完整的地市机关报的组成部分。

《三峡日报》县市专版就是顺应报业发展形势和县市区宣传需要办起来的。报社党委高度重视，组成专门部室，负责版面采编校审。建立协调机制和考评机制，保障专版有序高效运行。各县市区党委政府从人力、物力、财力上全力支持，将专版费用纳入财政预算，把新闻专版的宣传效果作为衡量宣传部门的重要工作内容。

我们的县市区新闻专版牢牢把握新闻舆论的主动权，占领思想文化的主阵地，唱响宣传工作的主旋律，取得了可喜成绩。全年先后有十多个县市区与报社联办新闻专版，共出版地方新闻专版270多个，使联办专版的采编业务从“投石问路”逐步走向了“轻车熟路”，从“生疏磨合”逐步走向了“融洽配合”，从“要我办版”逐步走向了“我要办版”，成功探索出了一条发挥县市区优势新闻资源、增强机关报地方新闻影响力的新路子。

作为这个创新实践的首倡者、推动者和主编者，我深切感受到，机关报县市区新闻专版不仅是报纸贴近基层的一个全新载体，也成为各地党委政府对外宣传的一个良好平台，同时更成为县市党委与地市机关报紧密合作、共同打造新闻文化产业品牌的一种有益尝试。

基层新闻更加贴近基层

我们认为，县市区有着较好的新闻资源优势，新闻专版可以因势利导，成为当地党委政府宣传的喉舌。

因此县市新闻专版的定位，既是县市区版，更是新闻版。要求新闻专版的采编人员必须严格遵循新闻规律，加强新闻采编业务的学习、研讨和实践，确保专版新闻的质量不低于报纸其他版面质量，版面可读性不低于其他专版的可读性，而且要力争在县市区新闻专版中出现更多让人看得来、读得进、记得住的好作品。

各县市区委宣传部以办专版为契机，加强采编人员的新闻业务学习，不断提高采编和办报水平。用版面“指挥棒”引导通讯员和记者仔细选角度，自觉挤水分，提倡体裁多样化、写作现场化，搞活版面。各个专版的大块头稿件明显减少，来自基层的短消息、小故事、特写稿成为奉献给读者的“当家菜”。

新农村建设，是现在和今后很长一个时期新闻宣传的主题。如何利用新闻专版搞好新农村报道，成为各地宣传的重中之重。2006年以来，我们先后在专版上开辟《乡村新风》等十多个专栏，即时反映各县市区新农村建设中的新人、新事、新经验。编辑部还精心策划了“重访农村致富带头人”“记者驻村新观察”等新闻活动，充分调动县市区甚至乡镇村组通讯员和驻站记者的积极性，其中《重访农村致富带头人》刊发稿件50多篇，《记者驻村新观察》发稿20多篇。这些贴近新农村、贴近新农民的稿件，受到了读者的普遍好评。

《三峡日报》成为各种大型政务会议活动的“必读物”。

基层新闻因此真正更加贴近基层。据统计，我们各县市区新闻专版中，有像《协会何以想“歇一会儿”》《莫因“笑贫”丧廉耻》等获得湖北新闻奖的精品佳作，有像《爱玲说农事》等被《中华新闻报》《中国新闻出版报》及市委宣传部阅评小组肯定和推介的新闻精品专栏，还有像《六百残疾人就业“步步升”》《万户农民受益“庭院净化”工程》等广受读者好评的力作，还有像《与“磷”为善》《不是“冤家”是“赢家”》等一批优秀标题，全年有40多件作品被新华社、中新社和《人民日报》《湖北日报》等转载。

区域宣传更加突出地域

没有特色就没有品牌。地方新闻专版相互区别的重要一点，就是要办出自己的特色，突出区域特色。特色是专版得以叫响品牌的法宝。

而特色最明显的标志，就是“人无我有，人有我优，人优我特”。

我们县市区新闻专版定位的过程，实际上正是不断寻找特色、突出特色的过程。专版走的是“区域化”的特色路子，即用特色在一定区域内发挥其“绝对”影响力。为此，各县市区委宣传部门积极开动脑筋，利用当地文化资源优势，先后在专版上开辟了《老赵讲故事》《刘德芳笑话馆》《新闻插画》《昭君风情》《当阳风物》《猇亭典故》等一系列的标志性栏目，并一直坚持下来。

这些栏目既展示和宣传了各地的历史名流、风土人情、文化瑰宝，又丰富了报纸的不同版面，增加了专版新闻的文化含量，成为吸引广大读者眼球的独特板块。如《爱玲说农事》专栏，是让全国劳动模范、著名农业专家赵爱玲在报纸上“说农事”，根据不同气候时令和生产时节，发布农作物的防虫治病、施肥管理等实用技巧和信息，她说的各种“农事”在全市农村读者中产生了较大影响。很多读者把每期的“农事要点”剪贴下来，用于指导农业生产。

各县市区专版中还出现了以区域标志物命名的专栏，如枝江新闻中的“玛瑙河”、宜都新闻中的“阅浪亭”、兴山新闻中的“楠木井”、当阳新闻中的“古城茶座”、夷陵新闻中的“晓曦漫笔”、猇亭新闻中的“猇亭人语”等，都别具一格，显现出浓浓的文化气息。

民生报道更加注重民生

俗话说，言为心声。我们的县市区新闻专版注重加强来自基层的宣传报道，坚持做到每天有内容，每期有话说，每题有观点。特别是一系列反映民计民生的言论，为地方新闻专版增加亮色。

据统计，2006年县市区专版共刊发各类言论达180多篇，刊登读者来信30多件，这些言论既有对时事的评议，也有对现实中各类话题的看法，同时更有来自基层的呼声。不少读者来信来电说，机关报县市区新闻专版“让平民百姓有了更多的话语权，为民意的表达提供了一个通道”。

如《慎防虚假致富信息坑农民》《群众对新农村建设有六盼》等稿件，从不同侧面反映了农民的心声，在基层读者中产生了良好效果。更为可喜的是，大多数言论稿件都出自通讯员之手，甚至来自乡村农民。有的直指弊端，有的为某事叫好，有的借古论今，有的善意建言，既“百花齐放”，又风格各异，既叙事陈理，又不藏锋芒，显示了新闻专版言论栏目的丰富性、包容性和旗帜鲜明性，积极正确地反映民情、民意，真正为百姓的利益“鼓”与“呼”。如言论《莫因“笑贫”丧廉耻》《低价建绿不“掉价”》《“远程服务”有远忧》等，都是一些反映民生民意的精品之作。

（原载2007年2月9日《中国新闻出版报》）

把握守正创新的“主旋律”

——论机关报主题广告的策划思想

阅读点：互联网时代，传统报纸广告因此面临前所未有的冲击和挑战。过去靠“拉关系”“卖版面”的传统套路已无路可走，三峡日报社广告经营做好创意策划的大文章，把握守正创新的主旋律，彰显了机关报广告的主流品质。

关键词：机关报广告；守正创新；主题策划

互联网时代产生了分享经济的全新模式，自媒体的高度发展衍生出人人都是广告载体，这对传统报纸广告带来了前所未有的挑战。报纸广告离不开客户和版面，但更需要创意和策划。可以说，客户是广告之基，版面是广告之本，创意是广告之魂。但如何争取客户和用好版面，并不是一个“拉”字或一个“卖”字能够实现的。在新的传媒环境下，这种“拉关系”和“卖版面”的做法不再显灵。取而代之的是坚持守正创新，把握正确方向，让“主旋律”的创意策划在广告经营中产生效益。

三峡日报社在全国报业广告连续多年大幅下滑的背景下，不断逆势增长，显现强劲动能。近年来，报社相继获得全国报刊广告价值排行榜百强、中国报业经营管理先进单位、全国最具创新活力城市报社、全国报刊广告经营管理优秀团队奖，组织策划了一系列具有独特创意的广告项目，产生了良好的社会效应和经济效益。

机关报广告宣传，必须准确把握“主旋律”，坚持正确的宣传方向，这是三峡日报社广告能够行稳致远始终坚守的“铁律”。

一、坚持导向“跟党走”

案例1：建党90周年庆祝特刊，单日出刊144版创收近400万元，创造地方机关报广告经营新高度。

2011年7月1日，我们策划并组织实施的庆祝建党特刊《捷报献给党》，以144版的巨量篇幅隆重推出，其中祝贺广告130版，当日创收近400万元。特刊全方位、多角度讴歌了建党90年来宜昌的光辉历程和取得的伟大成就，充分展示了宜昌各级党组织带领人民群众科学发展的辉煌成果和历史风采。特刊设计大气，图文精美，资料翔实，内容全面，具有较高的史料价值和收藏价值。特刊刷新了宜昌乃至湖北报界采编业务、祝贺广告、印刷规模、投递发行等多个纪录，在全国地市级平面媒体中极为少见，反映了我们作为地方机关报的广告实力和创造力，是机关报在重大事件报道中的一大广告创举。新华网、中国记协网等全国数十家网络媒体对此进行了专项宣传推介，中国广告协会将此作为当年经典案例，收入《中国广告年鉴》。

中国共产党成立90周年，正是“十二五”规划的开局之年。纪念和庆祝党的生日，充分展现宜昌各界在党的领导下取得的巨大成就，激励广大党员干部和群众奋发进取，从而推动宜昌实现新的跨越，是作为市委机关报的宣传职责。当时宜昌市委市政府下发通知，要求重点抓好党的光荣历史和丰功伟绩、中国特色社会主义理论、加强和改进党的建设、基层党组织和党员突出贡献、重要建设成就和重大典型的宣传。我们因此产生“广告灵感”。当年4月底，报社确定了广告主题为“捷报献给党”的策划项目，提出“建党90周年出版90版庆祝特刊”的目标。

我们广告部联合编辑部、县市驻站记者、各县市区委宣传部等多方力量，安排动员建党特刊专题组织工作，提出了“5432”工作目标，即五个宣传内容、四个重点板块、三个组稿要求、两个创收目标。五大宣传内容包括：突出宣传各县

中国新闻文化促进会主办的《新闻文化建设》杂志重点推介三峡日报社广告经营守正创新案例。

市区党组织加强和改进党建工作的重大部署、重要活动和重点成果；突出宣传大中型企业在新时期创新发展的主要成就；突出宣传各行业实现科学发展的成果和案例；突出宣传全市各级优秀党代表中的先进典型和模范人物；突出宣传基层(乡镇、街办、居委会、村)党组织推动事业发展的典型经验。四大板块包括“辉煌成就”“时代先锋”“发展丰碑”“创先争优”。三个组稿要求：一是把握政治导向，二是突出宣传主题，三是创新宣传形式。两个创收目标，即广告版面超过100版、创收效益超过400万元。动员会后采取明确区域分工、细分重点行业的方式，确定专人专题专区责任联系，实行统一归口管理、统一版面价格、统一设计制作、统一截稿时间的“四统一”政策。同时加强采编、组版、设计、校对、印刷、发行等各个生产环节的协调，确保了出版顺畅。

案例启示：机关报姓党，是机关报的特性。习近平总书记指出：“广告宣传也要讲导向”，这是新时期报纸广告工作必须遵循的行动准则和行为规范。广告要“听党话”“跟党走”，不是政治口号，而是必须始终坚持不变的广告经营思想。庆祝建党是全党的大事、喜事，也是各级党组织高度重视的要事，因此也是机关报广告开发的难得机遇。我们的广告实践证明，只要是每逢党的节日、党的会议、党的活动，只要精心策划借“题”发挥，就一定能做出有效益的广告文章。

二、围绕中心看大局

案例2：“宜昌中国梦”特刊，创收超过300万元，“广”写报纸筑梦新篇章。

2013年4月，我们广告部策划并组织实施的《宜昌“中国梦”》特刊，分“大城崛起”“品牌兴市”“大城金融”“文明跨越”等6个篇章陆续推出，历时3个月，创收328万元。这是把“中国梦”融入报纸广告经营的成功案例。当年，中国报业协会在全国报业系统中评选出10个“中国报业广告优秀案例”奖和13个提名奖，该案例名列其中，同时获得中国地市报优秀广告案例一等奖。

中国梦，是习近平总书记提出的重要指导思想。2013年4月，中宣部在北京召开深化“中国梦”宣传教育座谈会，要求全国各地组织开展广泛深入的“中国梦”宣传教育，引导各界群众把个人梦融入民族梦，以“我的梦”托起中国梦。当年3月，湖北省委常委、宜昌市委书记黄楚平在市委常委扩大会议上说：“建设现代化特大城市这个大梦就是宜昌梦，也是宜昌的中国梦，是中国梦的重要组成部分，要努力实现大城梦和宜昌梦。”我们因此把中国梦、宜昌梦、大城梦联系在一起，提出了以“宜昌中国梦”为主题，以“建设现代化特大城市的新篇章”为副题的策划项目。

策划方案出来后，我们以三峡日报社名义发出组稿函，印制精美的宣传手册。在实施过程中注重抓住以下三个显著特点：一是“中国梦”具有时代特色，此项目具有时代性；二是宜昌人的“中国梦”符合宜昌实情，具有亲近感；三是用“梦”一线串珠，能产生综合效益。把“中国梦”落实到传媒经营上，落实到报纸广告版面上，在全国媒体中具有前瞻性和独创性。该项目采取“整体策划、分块实施、各个击破、递进完成”的总体经营思路，分区域实施。4月26日，报纸推出“宜昌中国梦”系列专版之一“大城崛起”，此后陆续组织出版“品牌兴市”“文明跨越”等7个板块，历时2个月共刊发广告82版。

案例启示：“围绕中心、服务大局”，是习近平总书记提出的新闻舆论工作的职责使命。而报纸广告，作为舆论工作的重要组成部分，也必须贯穿这个方针。如果广告与中心脱节，与大局无关，那么广告便会成为无本之木、无源之水。只有充分利用机关报的政治优势，围绕经济建设中心、服务党委工作大局，才能从广告宣传的角度，彰显机关报影响力。通过对“中心”和“大局”的研判，精准策划，报纸广告会增加更大收益。实践证明，政务广告要“务政”，经营才能抓“中心”，任何时候都不能“走偏”。

三、关注百姓重民生

案例3:“百姓养生读本”和“健康消费指南”特刊,创收超500万元,探索机关报“策动”商业广告新模式。

2010年8月20日,我们策划并组织的全省报纸首份以“养生”概念为内容的大型《百姓养生读本》,从饮食、医疗等十个方面,进行正确的消费引导和权威解读,40多版“读本”组织了30多家企业和品牌广告投放。之后又策划了《健康消费指南》,以保健美酒、健康楼盘、品牌医疗等8卷成功出版。“读本”和“指南”这两个关注百姓注重民生的商业广告策划,创收超过500万元,搅动了机关报最为短板的商业广告市场,成为机关报开发商业广告的有益探索,获得中国地市报广告类重大策划一等奖。

2010年春天,“养生”概念十分流行。从靠“祖传秘方”打天下的张悟本,到推行道家养生的李一,都假借“养生”的招牌而暴得声名。他们把一个又一个的普通食品,包装成“灵丹妙药”,粉墨登场,疯狂敛财。而人们对“养生”片面理解,一味盲从。为了传递正确的“养生观”,推介健康的保健品,我们策划了“百姓养生读本”,后来又针对不断出现的“食品安全”“消费安全”等让百姓对很多生活用品产生“信任危机”的问题,策划了“健康消费指南”。

与“养生”和“健康”有关的策划项目,“倡导健康生活、提升生活品质、促进行业发展”,以“服务百姓、指导消费”为宗旨,用高端的创意、全景的视角,传播养生益寿知识,宣传健康生活之道,推介养生企业品牌,全面展示和推广行业和品牌形象。在项目实施过程中,报社联合市消费者协会、市爱国卫生运动委员会等12家行业主管部门,分区域、分行业、分产业组织行动。特刊推出后,在社会上和业界产生了强烈反响,省内外很多地市机关报纷纷来报社学习“取经”。

案例启示:广告是经济的“晴雨表”,民生是广告的“指南针”。没有卖不出去的广告,只有卖不出广告的人和思想。广告策划不能“闭门造车”,而要以民生为切入点,抓住读者、客户和市场关注的热点、焦点和疑点,这也就是广告的“卖点”。广告其实并不是简单地卖版面,而是卖创意、卖思想。创意和思想,才是广告的本质和核心。

四、项目主打“公益牌”

案例4：“致敬最美宜昌人”大型系列项目，赢得众多广告主和企业赞助，开启广告转型和全媒体营销新体验。

2018年5月，我们广告团队策划实施了“致敬最美宜昌人”大型公益活动。通过全媒体在宜昌范围内寻找、推选、致敬和宣传“最美宜昌人”，带动了全社会向上向善向美的文明风尚，同时也拉动企业和单位赞助超过300万元。从5月初到12月底，报社陆续举办了“致敬劳动模范”“致敬最美少年”等7场活动，以现场致敬、网上致敬、上门致敬等方式，500多万人次现场观看或参与活动。该项目被评为湖北省2018年十大优秀广告营销案例，获得中国广告协会2018年报纸广告经典案例奖。

传统媒体的经营活动，过去大多数只是找个噱头唱“广告戏”，或是以“拉广告”为目的的“独角戏”，而忽视了活动本身的价值。我们正是认识到这一核心要素对经营活动的影响，才确定把公益作为这个活动的“主旋律”。用“最美”这个城市文明的标签，以“致敬”的方式，让“最美宜昌人”的事迹和精神，像一股扑面而来的文明新风，在社会上产生强烈共鸣。这个活动社会效益是首位的，公益力量是主导性的。基于这种理念，报社邀请宜昌市委宣传部、市精神文明建设委员会办公室作为活动的主办单位，先后有30多个市直部门和单位加入“致敬”行列，10多家重点企业为公益喝彩，提供资金、物资和场地赞助，让活动产生了良好的社会效益和经济效益。

三峡日报社策划的部分广告特刊。

打好“公益牌”，赢得广泛认同。国内著名

地产企业万科集团首次进入宜昌市场，闻知此事后率先出资全程冠名。他们愿意承办活动，致敬那些各行各业的“最美宜昌人”。宜昌连续四年获得“全国文明城市”，“致敬”就是诠释这个文明城市的道德厚度和精神高度。宜昌市委宣传部、市委组织部等十多个主管部门对活动给予大力支持，分别下发文件，提出具体要求，组织“最美”人选征集和评审。报社开辟了线上线下通道，广泛征集“最美”，深度挖掘“最美”。从而很快聚集了一大批“最美人物”，包括100名“最美劳模”、100名“最美少年”、30名“可爱军人”，等等，他们都是各行各业各个时代的先进模范人物和精英代表。报社充分利用全媒体优势，将所属的“报网端微”等载体作为重要推送平台，有效弥补了报纸宣传的局限性。

案例启示：这是传统报业广告和广告人转型的一次有益尝试。采取“致敬”的方式，善用“公益”的力量，借助“全媒”的渠道，把传统的广告项目变成了现象级的社会公益活动。媒体进入互联网时代，媒体人也必须启动互联网思维，特别是传统媒体广告人也要向新媒体人“致敬”，学习他们开放、互联、共享、多赢的经营理念，真正从思想上摒弃故步自封的壁垒。要把活动的社会效益放在首位，“公益牌”其实就是“王牌”，任何时候都不能“剑走偏锋”。要学会跳出报纸版面做广告，跳出广告做经营，真正发挥机关报的政治优势和品牌优势，深谙新媒体矩阵的“互联”优势，从而实现传统报业广告的有效转型。

参考文献：

[1]温凤鸣，朱利超.地方报纸“中国梦”报道策略初探[J].内蒙古电大学刊，2015(2)：50－51.

[2]岳建辉.地市党报广告宣传导向问题浅议[J].中国地市报人，2012(6)：46.

[3]罗文全，覃燕妮.善用公益力量“撬动”广告经营[J].中国报业，2019(5)：66－67.

（原载2020年12月《新闻文化建设》）

都市报转型的现实困境及突破路径

——论机关报子媒解困的“求生转型”

阅读点：互联网对传统纸媒的冲击，使地市级都市类报纸陷入前所未有的断崖式下滑困境，“关停并转”成为一种大趋势。面对如此普遍的阵痛，“转型求生”也成为地市级都市报共同的新选择。本文从地市级都市报面临的现实困境、造成困局的主要原因和推进转型发展的方向与路径选择等方面，做了理论分析和实践阐述。

关键词：地方都市报；现实困境；转型发展

我国地市级都市类报纸的兴起，是市场经济的产物，也是中国报业深化改革的结果，源于20世纪90年代出现的区域性报纸自费订阅和广告市场。以《华西都市报》为代表的“都市报现象”，曾经持续风靡全国，渗透到各个地市州报业界，而且在很长时期成为中国报业发展的主流和主体。但是2013年以来，传统报纸特别是都市类报纸陷入前所未有的困境，“关停并转”成为传统纸媒的新选择和大趋势。

2001年，《三峡商报》应时而生。这是一份以“商”命名的都市报，是宜昌市委机关报社唯一市场类纸质媒体。在市民导向和市场理念推动下，这份报纸得到较快发展，曾被誉为湖北报业的“黑马”。但如今风光不再，报纸逐渐开始“走下坡路”，2016年以来连续亏损。“转型”成为事关生死存亡和未来方向的重要课题。那么，如何转？怎么转？转向哪？成为问题的关键所在。为此，《三峡商报》进行了一系列转型改革的探索。

一、地市级都市报面临的现实困境

地市级都市报不像中省级都市报那样，背靠“母报”大树，相对安全。由于城市经济、人口等诸多局限，报纸一旦遇到市场风险，便面临极大的生存困境。主要体现在以下四个方面：

（一）报纸发行异常艰难。都市类报纸的办报定位，是为读者提供快捷的新闻资讯和生活服务信息，因此主要读者对象是广大市民，目标市场集中在私费客户。但目前订报困难，订户急剧流失。就《三峡商报》来说，订阅量最大的2013年6万多份，而2019年订数“拦腰折半”，而且私费订户大幅缩水。报纸征订主要依靠报社部分职工协订和邮局收订，靠关系订报成为发行的主渠道，而过去主动订报则成为历史。关系总有用尽时，这种“要我订报”模式导致发行一年更比一年难。报纸覆盖萎缩，读者市场流失，成为都市类报纸生存发展的基础性困境。

（二）广告收入断崖下滑。用“断崖式”形容地市都市报的广告，一点都不过分。自2012年开始，受市场格局、产业结构、技术环境和报业政策等多种因素影响，全国报纸广告连续六年大幅下滑，2018年与2012年相比，降幅达70%以上，报业广告回暖的“拐点”一直没有出现。《三峡商报》广告收入高峰时超过3000万元，而近三年大幅下降。单个广告业务员过去每年最多能做300多万元广告，如今很多人几个月都没有收款。不少广告人员无事可做、无钱可拿、无计可施。很多地市都市报撤销了广告部门，叫出了“忘记广告”“远离广告”的口号。如果说报纸读者的流失只是表象，那么广告目标群的流失才是最致命的危机。

（三）多数员工“心神不宁”。地市级都市报的人才流失严重，人员流动频繁，人心惶惶不安，成为一种常态。在一次报社职工问卷调查中，反映最为突出的三个问题：一是员工收入低待遇差，二是没有职业归属感和发展通道，三是报纸前景黯淡“跳槽”意愿强烈，约有42%的职工有离职意向。加上一些报纸内部管理上的随意性、临时性、多变性，导致不少员工队伍人心不稳、人心不顺、人心不齐。这也是困扰和阻碍都市报转型发展的重要因素。

(四)竞争缺乏核心产品。都市报相比机关报，缺乏政策红利，读者群体、客户群体大量流失。相比新媒体，服务功能被网络替代，除广告发行之外新的盈利模式没有根本性突破。从报纸内容来看，同质化严重，缺少风格特色。从报纸形态来看，又似“千报一面”，没有个性特征。找不到新的盈利模式，缺乏核心竞争力的产品，是造成报纸生存困境的关键。

二、造成当前“困局”的主要原因

目前地市级都市报的困难局面，有新媒体对传统媒体冲击的客观原因。市场类报纸被各种形态的新媒体“挤出市场”，数字化、移动化带来了报纸客户的迁移，互联网加剧了报纸广告的大量流失，特别是商业类广告逐渐逃离了报纸。

但从主观分析，都市类报纸自身存在的问题，是造成“困局”的重要内因。

(一)自我消极“唱衰”，员工斗志不足。传统媒体特别是都市类报纸再也回不到黄金时代，这是既成的事实。社会对纸媒的一片“唱衰”其实并不可怕，但都市报人消极的自我“唱衰”，没有坚定地唱出报纸“好声音”。在对记者的问卷调查中，认为“报纸大势已去、我们无能为力”是一种普遍心态。很多人认为，报纸衰落是大势所趋，遇到的困难和亏损“情有可原”，甚至“理所当然”。更有人认为，现在报纸停刊成为常态，连续亏损就可能关门停办。因此，很多人失去改革转型的信心，失去奋发拼搏的动力和斗志。这种消极心态导致报纸员工不钻研业务、不用心办报、不专心经营，“等靠要”思想严重，工作积极性、主动性、创造性受到极大影响。其实，报纸不是被“唱衰”，而是被“做衰”的。“唱衰”和“做衰”成为地市级都市报最为可怕的负能量。

(二)经营模式单调，创收结构失衡。在地市级都市报中，传统的盈利模式就是广告，很多报社甚至是唯一的收入来源。大部分报纸的发行处于亏损状态，各类活动也不赚钱。而不合理的报纸广告结构，过度依赖于房地产、汽车、医疗三大行业，导致广告具有明显的系统性风险。长期靠人脉关系拉广告的经验失灵，长期单一的广告结构失衡，让报纸经营无法适应这个用户需求和传播多元的时代。

三峡日报社子报《三峡商报》全面推进转型，承办的大型会展活动产生良好社会效益与经济效益。图为2021年承办的首届“宜荆荆恩”城市妇女儿童产业博览会主会场。

（三）忽视媒体变局，错失融合机遇。在新媒体异军突起的背景下，很多报社依然“抱守纸媒”，错失了第一轮新媒体发展机遇。2014年“澎湃新闻”的“走红”，标志着都市类报纸转型发展的启航。此后很多都市报不断探索转型之路，主要方向是依靠专业化新闻生产团队打造自己的微信公众号、客户端等。但大部分仍由“原班人马”执行，缺乏具有新媒体思维和技能的人“操盘”，因此质量低、粉丝少、影响小，既没有对报纸传播形成传播补充，也没有让其长大成为独立媒体。不少都市报新媒体依然“弱不堪言”，有些甚至不如个人自媒体。2019年6月，《三峡商报》入驻抖音平台，全力打造具有地方媒体特色的抖音号，仅一年时间粉丝量突破360万，一批作品阅读量过千万级，进入“媒体抖音榜”全国第六位。

(四)专业人才流失,整体能力欠缺。纸媒下行趋势加速了人员流出,特别是人才离职。人才流动本属正常现象,但核心骨干和专业人才的流失,就会给媒体带来极大损失。在离职人员中,不乏优秀人才,很多人离开报纸后"改行"也干得非常出色,比如有的在当地知名的峡州集团、鑫鼎集团、稻花香集团等担任高管或中层领导;还有一些新闻人才选择自主创业,如创办新媒体、自媒体等,围绕媒体从事相关产业经营。专业人才的流失,导致报纸线上采编、校对、经营、策划、管理等岗位严重缺乏有能力的人。

(五)母报支持不够,依赖"单打独斗"。由于传统媒体整体处于下行趋势,很多报社对都市类子媒"拉一把"的力度不够,亏损严重的往往采取减人降成本、停刊减版或整体转型的办法,很少真正从人才、技术、资金、政策上给予扶持。有的从内部"抽血"严重,将部分优秀骨干调到报社其他部门。长此下去,让子媒子报变成"报业寒冬"中的"孤儿",只能"孤军奋战"。

三、推进转型发展的方向与路径选择

互联网时代,唯一不变的就是变。地方都市报必须在转型与转变中,全力攻坚克难,才能找到生存和发展之路。

2019年下半年,《三峡商报》开始"断臂求生",提出"做美好生活向导"的服务理念,从形式到内容、从办报思想到发展战略、从组织架构到生产方式,进行全面改革。

(一)重组内容生产力,打造多功能媒体平台。组织架构由"分"到"统",重构采编流程。发挥报社"中央厨房"的"分桌上菜"功能,有效整合资源、打通渠道,实现"一次采集、多种生成、多元传播",共享报社新闻资源。这样既避免新闻内容的同质化,使媒体资源得到重新配置,又可降低内容生产成本,把一部分记者从重复劳动中解脱出来。

报纸内容由"杂"变"专",调整版面结构。减少综合新闻资讯、商业文摘、网络评论等内容,加大原创本地新闻、深度报道和行业专刊份额,做有消费目标市场的内容。一张"薄报"其实承载不了太多杂乱内容,只需要做足做好重点板块文章,就能把报纸办活。

采编人员由多变少，促进全员转型。编辑部保留少量的时政编辑、专刊编辑和专刊记者，其他人员转型为新媒体人员和市场营销人员，“逼”向市场一线。

（二）重构宣传影响力，打造专业化服务平台。我们提出办报“小众化”、内容“专刊化”、传播“视频化”、管理“精细化”的总思路，用“四化”提升媒体影响，创造媒体价值。

办报小众化。探索面向小众化群体的办报路子，把受众群体由“面向大众市民”转到“服务社区居民”。根据当下“全民康养旅游时代”的背景，把报纸功能由“提供都市新闻”转为“服务康养生活”。对报纸进行专业化、实用性、服务型转型，全面调整优化现有报纸的内容、结构、版式等，力争与市场主体接轨，与受众需求接近。

内容专刊化。按“行业细分、垂直深耕”的理念，报纸实行专刊化出版。除综合时政新闻和深度报道外，重点办好行业专刊，包括《宜昌社区》《健康宜昌》《三峡文旅》《教育在线》《宜昌暖新闻》等服务性核心专刊。探索专刊与相关部门或机构联合办刊方式，用专刊聚集受众，服务群众，拉动市场。

传播视频化。推进媒体移动化和作品视频化，成立移动视频部，配齐人员和设备，重点经营好官方抖音号和户外屏媒，着力打造一批“爆款”，研究抖音变现营销渠道和模式，探索抖音电商营销，在短视频传播和经营上率先实现重大突破。《三峡商报》抖音探索直播带货，创造了良好经济效益。

管理精细化。彻底改变敷衍式办报、粗放型经营、随意性管理的问题，实行精准化、细节化、规范化、制度化管理。除执行报社有关规定和原来有关制度外，新出台“专刊管理细则”“会展活动管理细则”“重点客户服务管理细则”等制度，把管理的核心集中在制度和人身上，通过精细管理促进整体采编和经营能力提升，获得更高劳动效率、更好经济效益和更强市场竞争力。

（三）重获经营竞争力，打造职业化营销平台。快转快主动，慢转就被动，不转会走向“死胡同”。那么，抓好转型的重点在哪里？《三峡商报》注重抓好以下三块。

会展活动。报业与会展本质上是信息媒介，是为客户提供服务而获取收入。报社拥有丰富客户资源、政府资源和市场资源，在会展承接、活动营销等方面具有天然独特优势。《三峡商报》提出打造“宜昌第一展”。2019年下半年，连续三个月举办了10余场大中型会展，包括承办宜昌三峡国际旅游节、宜昌农民丰收节等活动，创造了可观经济效益。2020年疫情之后，与福建海峡导报社联合举办“海峡连三峡、宜鹭爱相随”大型系列爱心活动，分别组织厦门爱心企业为宜昌残疾儿童、贫困大学生、受灾农户等，开展“送爱心大礼包”“资助上大学”“橙心橙意助柑农”等跨省跨界善举，产生了强烈社会反响。

全案策划。充分用好报纸专刊为重点行业、重点企事业服务的优势，介入做品牌、形象、产品、营销、活动的全案策划推广，把客户做深做透，把营销做细做精，把效益做大做好。《三峡商报》与深圳广电集团联手成立湖北运营中心，围绕“品牌打造、教育公益、网红孵化、活动策划、电商平台”等，发挥各自平台、渠道优势，开展绿色环保农产品销售、企业个性化品牌输出、网红直播基地培育等多项业务，全面推介湖北文化、旅游、电商、农业等各领域产品和品牌。

户外屏媒。《三峡商报》拥有300余户外屏媒，包括LED大屏、BRT数字电视、楼宇视频等，以数字传送方式与传统媒体宣传形成有效互补和紧密互动，进行内容精准传播，创造融合效应和整体效益。

参考文献：

[1]孙鹏飞，华睿.当代都市报经营的困境与转型[J].哈尔滨社会科学学报，2016(4).
[2]尚军梅.新媒体时代报纸转型的路径探析[J].编采之友，2018(5).
[3]陈国权.中国报业转型十大可行模式[J].新闻论坛，2018(6).
[4]张军.兴新时代地方都市报如何向特色化转型[J].新闻研究导刊，2018(6).

（原载2020年11月《科技传播》）

善用“最美”公益力量“撬动”广告经营

——论“致敬最美宜昌人”活动的公益价值

阅读点： 如何破解新媒体时代传统报业广告经营的困局？三峡日报社策划的“致敬最美宜昌人”大型系列公益活动，是一次经营转型的创新探索。该案例启示：报业广告经营要抓好项目策划，注重把活动的社会公益性与广告经营的效益性有机结合；要跳出报纸版面做广告，聚集资源做经营，充分发挥机关报的品牌优势和全媒体矩阵的宣传优势。只有这样，才能真正抵御报业“寒冬”的侵袭。

关键词： 公益力量；致敬活动；报业广告

在新媒体时代，传统报纸广告面临巨大困难，很多客户即使是长期的重点客户或大户，在投放报纸广告时都很“谨小慎微”，总是“捂紧钱袋子”，不轻易“出手”。客户似乎有很多拒绝报纸广告的理由，经营人员也很难找到“撬动”客户和市场的办法，这便成为困扰报纸广告的重要制约因素。

2018年5月以来，我们广告部策划了“2018致敬‘最美宜昌人’”大型系列公益活动，拉动企业和单位赞助超过300万元，在社会各界产生了良好反响。该活动被湖北省广告协会评定为2018年十大广告营销案例，获中国广告协会报刊分会2018年经典案例奖。

从2018年5月到12月底陆续举办了7场活动，分别是“致敬劳动模范”“致

"致敬最美宜昌人"成为2018—2019年宜昌城市最为瞩目的媒体活动，图为《三峡日报》报道活动的版面。

敬最美少年""致敬最美教师""致敬最美人民公仆""致敬可爱军人""致敬最美离退休老人""致敬最美农民工"，以现场致敬、网上致敬、上门致敬等方式，400多万人次现场观看或参与活动。

这是传统报业广告人主动转型全媒体经营的一次有益探索。活动用公益的力量、用致敬的方式、用全媒体的传播，有效拉动了报纸广告经营。从活动的过程和效果来看，对做好新媒体环境下的报纸广告经营有诸多启示。

机关报经营要打好"公益牌"

传统媒体过去也做过很多活动，但大都只是找个噱头唱"广告戏"，包括各类评选、表彰、比赛、榜单等，都是以"拉广告"为目的。而现在的客户，更看重活动本身产生的影响和价值。我们广告团队在策划"致敬最美宜昌人"活动时，正是抓住了客户的这种心理，确定把公益作为活动的主题。

"最美"是一个城市文明的标签。通过寻找、致敬、宣传"最美宜昌人"，让人们感受到一股扑面而来的文明新风，在寻找活动中产生共鸣和认同，在致敬仪式中传递关爱和温暖，在潜移默化中接受熏陶和教育，激发起广大市民对真善美的渴望和追求。基于这种活动理念，我们邀请市委宣传部、市文明办作为活动主办方，众多企业和单位纷纷给予赞助，为公益喝彩，确保了活动有声有色，达到预期效果。

刚进入宜昌的著名企业万科集团非常认同活动的公益性，率先出资全程冠名。宜昌万科公司总经理陈然说，万科历来重视社会公益事业，在追求业绩增长的同时，恪守社会价值理念，履行社会责任，在弘扬时代精神、精准扶贫、儿童健康、健康运动、生态保护等多个领域用爱心回馈社会。万科愿意通过致敬那些为城市美丽默默奉献的最美宜昌人，诠释宜昌作为全国文明城市的道德厚度和精神高度，弘扬社会正能量和积极向上的企业精神。

由此可见，践行公益既是媒体，特别是机关媒体的责任，也是凝聚和传递公益力量的过程。无论是各级党委政府，还是各类社团群体或企业，都希望围绕社会主义核心价值和社会责任感的主题，展示对公益活动的身体力行，体现自身的社会责任感和公益精神，突出社会责任的影响力。企业或产品更愿意通过各种公益活动，树立公益形象，用公益营销带动企业发展。

开展活动要建好“资源库”

机关报在媒体中的影响力、公信力和权威性，是其他任何媒体无可替代的政治优势。充分运用好这种政治优势，可以建立起独有的广告资源库。

“致敬最美宜昌人”活动在以下四个方面积累了宝贵的资源：

一是上级领导和宣传主管部门对活动高度认可。宜昌市委副书记、市长张家胜，宜昌市委常委、宣传部部长王国斌，宜昌市委常委、副市长刘爱玲等相继出席不同场次的活动并发表讲话。王国斌在活动启动暨“致敬劳动模范”仪式上说，每一个最美人物，都是一本鲜活的教科书，都是一面引领追求真善美的旗帜。让宜昌涌现出更多凡人善举、更多“最美人物”，推动形成礼敬“最美”、弘扬“最美”、争做“最美”的良好风尚，让“最美宜昌人”精神在宜昌永久绽放。宜昌市委组织部、市委宣传部在联合下发的《关于在全市知识分子中深入开展“弘扬爱国奋斗精神、建功立业新时代”活动实施方案》中，将“致敬最美宜昌人”同“宜昌楷模”和“宜昌好人”一起，作为挖掘选树典型的内容和形式。

二是相关部门对活动大力支持。宜昌市委宣传部、组织部、文明办、宜昌军分区、总工会、教育局、民政局、人社局等部门对活动提供了大力支持和帮助，多个部门分别下发文件，组织“最美”人选征集和评审。宜昌市委宣传部副部长、市文明办主任邹正海全程参与活动的致敬仪式，并对每期方案都亲自过问甚至把关。宜昌市委组织部副部长、市人社局党组书记兼局长李柏红对活动充分肯定，提出增加“致敬最美农民工”专场。宜昌市教育局党组书记、局长覃照称赞“活动举办得很有特色”，连续共同举办了“致敬最美少年”和“致敬最美教师”两场活动。西陵区政府、宜昌军分区、宜昌市一中、夷陵中学等提供活动场地，协助组织活动现场。

三是聚集大量“最美”人物。通过线上线下寻找征集“最美宜昌人”，聚集了一大批各行各业的最美人物，如致敬的100名“劳动模范”、100名“最美少年”、30名“可爱军人”、20名“最美农民工”、10名“最美人民公仆”等，他们都是各行各业各个时代的先进模范人物和精英代表，既是致敬和学习的对象，也是媒体宣传的人物资源。

四是吸引众多企业关注的目光。“最美”活动的影响力吸引了一大批企业的注意力。宜昌万科、长江三峡旅游、人福药业、湖北三宁、三峡工行、宜昌联通、宜昌电信等20多家企业踊跃出资赞助活动。他们表示，愿意为公益事业出钱出力，愿意通过这种方式在报纸上投放广告宣传企业、展示品牌。而且有些企业是首次在机关报投放广告，成为新的重要合作伙伴。

事件传播要用好全媒体

为了弥补传统报纸影响力不断下降的劣势，“致敬最美宜昌人”活动注重集团内外新媒体资源和整合利用，收到了较好的传播效果。应该说，此活动是由广告部“搭台”、全媒体“唱戏”的成功案例。

三峡日报传媒集团主要负责人在活动启动之前就要求全媒体全力支持，中途又召集集团各个部门负责人开会，明确各媒体的责任，要求合力推动开展。在活动过程中，集团新媒体公司积极配合宣传推广，表现出良好的合作精神。

该集团所属的三峡宜昌网开设“致敬最美宜昌人”网络专题，星云影视连续进行多场现场手机直播，累计400万人次线上观看并点赞。

中新网、凤凰网、荆楚网、今日头条、一点资讯等30多家中省媒体和网站跟踪报道，使致敬活动影响深远。传递社会正能量传播“最美宜昌人”精神成为

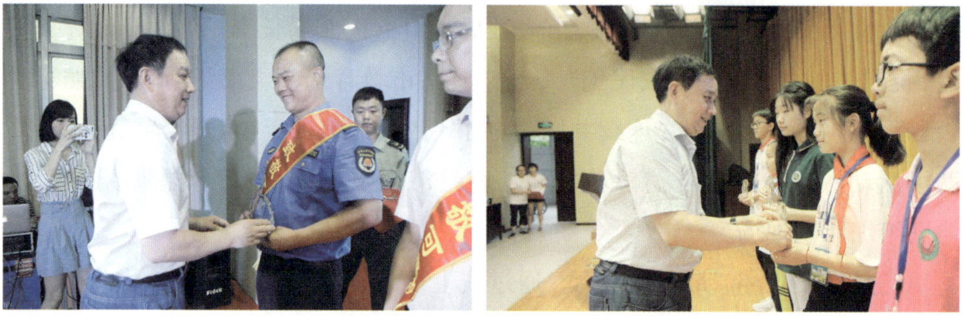

三峡日报社作为“致敬最美宜昌人”活动的策划和组织媒体，作者(左)作为现场颁奖嘉宾，全程见证了“最美宜昌人”的荣耀场面。

三峡日报社党委书记、社长覃进(左五)与作者(左三)为“最美宜昌人”三峡日报社时政记者雷鹏程(左四)颁奖合影。

2018年宜昌最美风景。此活动被推举为湖北省2018年网络公益年度典型项目。

传统媒体与新媒体要真正做好“融合”，才能形成推广合力。报社充分运用全媒体传播优势，将集团“三网、两端、一报、一社、七双微”，即中国宜昌政府网、三峡宜昌网、宜昌文明网，宜点通、云上宜昌，三峡手机报，三峡电子音像出版社，宜昌发布“双微”、三峡日报“双微”、三峡商报“双微”、宜昌头条微信，作为活动的重要推送平台，从而弥补了报纸宣传局限性的劣势，取得了传播效果的最大化。

全媒体时代融合是真正发挥优势、创造效益的关键，而融合重点在于各媒体之间的良好配合。传统媒体人与新媒体人要真正从思想上摒弃壁垒，从心理上消除隔膜，从行动上步调一致，才能有效展现传统机关报和新媒体的强强联合优势。

“致敬最美宜昌人”是报纸广告人经营观念和行动的一次转型，也给未来的报纸广告工作指明了一个方向。这就是，要创新思路，做好项目策划，把活动的社会公益性与广告经营的效益性有机结合，跳出报纸版面做广告，聚集资源做经营，充分发挥机关报的品牌优势和全媒体矩阵的宣传优势。唯有这样，报纸广告才能逆势走出“寒冬”，创造新的经营业绩。

参考文献：

[1]张雪.凝聚爱心力量引领社会风尚——江西日报新媒体部以公益活动传播正能量的启示[J].新闻战线，2018(21)：118−119.

[2]司春杰，沈馨艺.公益力量[J].浦东开发，2018(10)：6−9.

[3]汪莹.公益需要无数人指尖上的力量[N].嘉兴日报，2018−01−05(001).

（原载2019年9月《中国报业》、2019年3月《新闻前哨》）

疫后重振机遇中的“逆行”突围

——论产业经营走出新冠肺炎疫情危局的路径选择

阅读点：本文针对新冠肺炎疫情后地方机关报经营面临的诸多困境，提出了如何突破转型“传统模式”、破解经营“制约瓶颈”和解决发展“后继乏力”问题的路径，从而推进机关报产业经营走出危机实现高质量发展。

关键词：机关报经营；产业发展；疫后重振

对中国报业来说，2020年是一个极不寻常之年，新冠肺炎疫情让传统报纸遭受重创。因为大面积“封城”和长时间“禁足”，各类报纸备受“冷落”，很多报纸因此纷纷减量、推迟或暂停出版，产业经营更是处于“停滞”或“断档”状态。难，几乎成为所有地方报社特别是湖北媒体的普遍痛感。克难求生，也成为疫后重振背景下地方报社产业经营的共同选择。

疫情影响是重大公共危机，而疫后重振，尤其是对湖北媒体来说，则是一个新的机遇。中央确定了支持湖北经济社会发展一揽子政策，这其中也包括给传媒业特别是传统报业带来疫后重振机遇和推进转型发展的动力。那么，地方机关报产业经营如何在全国支持湖北“搭把手、拉一把”背景下实现逆势突围？我认为，需要用更加开放的发展思维、更加务实的产业政策、更加有效的资源整合，突破转型的“传统模式”、破解经营的“制约瓶颈”和解决发展的“后继乏力”

问题，从而推进机关报产业经营走出危机实现高质量发展。

一、强化更加开放的发展思维，突破媒体转型的“传统模式”

互联网给传统媒体带来颠覆性革命，转型成为一种必然，而新冠肺炎疫情“倒逼”报业加快转型步伐。作为典型“传统媒体”的报纸，长期以来习惯于传统的“办报思维”，坚持以广告、发行、印刷“老三样”为主要内容的“传统经营”，已经不再适应现有媒体格局、舆论环境、用户理念、传播方式的深刻变化。在高速发展、高度发达的互联网信息时代，老思想、老办法、老经验全然失灵，报人的思维、理念和行为必须跟进互联新时代，不能停留在曾经辉煌的过去。

很多地方机关报社没有财政供养，全靠“自收自支”或“差额补贴”。面对新一代信息技术和新媒体对传统报业形成的巨大冲击，在全国经济形势持续下行和全球疫情空前不利的影响下，产业经营“爬坡过坎”难度更大。正因如此，报社的经营和产业发展需要更加开放的思路和更加创新的办法。

思路决定出路，出路决定未来。传统媒体虽然面临各种困难，但只要突破传统思维，创新经营思路，依然能把以机关报为阵地的主流媒体办好。

一是要有超前化的媒体观念。研究掌握现代传播规律和新兴媒体发展规律，注重运用互联网思维，做好报社内外各种媒介资源与生产要素的整合。切实运用好一体化发展理念，构建信息传播、内容生产、技术应用等方面的共享融通。围绕报业资源优势，如政治优势、政策优势、资源优势等，做到用户在哪里产业的重点就在哪里，受众在哪里传媒的触角就在哪里，有的放矢，经营不偏离报业。

面对危机，“疫”势前行。三峡日报社党委组织专班分别到浙江、江苏、山东、河南等地考察报业发展，谋划报业经营未来。图为作者(左二)在考察学习现场。

二是要有现代化的经营模式。机关报具有独特的政治优势，既要当好党委和政府的喉舌，又要做好自身产业经营，因此要充分运用好机关报的社会舆论引导力和主流群体影响力，构建现代化的经营模式。我们三峡日报社近20年来首次上调广告价格，涨幅达60%以上，恰逢疫情来临，很多人因此产生担忧。但"逆行"的机关报广告，展现其独特的机关报传播价值，疫情期间广告实现了近千万元的突破，带来可观的直接收益。同时，报社尝试新媒体运营12345市民热线、市民e家生活等项目，首次成功承办"宜昌惠民电子消费券"发放等，拓展媒体服务的市场空间。这些项目，有效改变了传统报业广告"单边走路"的被动局面。

三是要有产业化的运营谋略。注重在产业上谋篇布局，这是疫后重振给媒体产业发展带来的重要机遇。三峡日报社争取中宣部、中国记协、中国报业协会同意，在宜昌成立"全国新闻工作者长江经济带教育实践基地"，并因此首次启动产业园区建设。2020年8月，该项目被纳入宜昌市疫后重振"十大工程"三年行动方案(2020—2022年)新基建重点工程，为推进报社产业转型迈出重要坚实步伐。

二、研究更加务实的经营政策，破解媒体经营的"制约瓶颈"

地方机关报社的常规经营，主要集中在广告、发行、印刷、物业、新媒体技术输出等方面，由于过去媒体政策红利减少，传统经营效益不高，很多项目并没有实质性地创造利润。因此，要研究更加务实的经营政策，切实破解各种"制约瓶颈"：

一是破除体制上的障碍。现行管理体制、文化体制不能与市场对接，就谈不上文化进入市场。市场开放最基本的要求是突破限制，包括地域、领域、业界等多种因素。市场的开放才是报业产业化的催化剂，突破限制是产业化的重要前提。因此，如何在现有的市场经济体制框架内，在履行好主流媒体宣传主责的同时，探索有效的报业体制模式，抓好经营主业，让具有公益性事业性质、意识形态特征和经济属性的传媒走向市场，是报业新体制建立的核心，也是报业发展的关键。很多报社一直过着"自求生路"的日子，既要把报纸办好，又要自找“财路”，而且既要按企业方式经营，又要用事业单位办法管理，其实非常艰难。发展报业产业，需要从政策上给予扶持，从而减少媒体经营“摸着石头过河”带来的风险。

新冠肺炎疫情期间，三峡日报社与福建海峡导报社联合举办“海峡连三峡、宜鹭爱相随”活动，组织福建爱心企业和人士对口帮扶宜昌困难学生和企业。作者(下图左四)陪同海峡导报总编辑陈胜利等一行走访点军区贫困学生家庭。

二是破除竞争上的“短板”。竞争是市场经济最显著的特点，是实现资源合理配置的重要手段。完善的机制必须引入合理的竞争。地方机关报的经营，除了机关报发行和广告具有不可替代的独特优势外，其他经营都需要参与社会竞争。而在市场竞争中，无论从体制上还是从管理规则上，都有很多“限制”。比如一些重大项目招标，民营企业或私营业主可以用较高比例的“攻关费用”，甚至用一些商场“潜规则”，同时具有比较灵活的机制和应变手段，在同等条件下却很容易取得经营权。而且报社在有些经营项目上“非专业化”，在很多程序上却是“准行政化”，因此往往失去经营竞争力。

三是破除管理上的“多头”。做经营要尊重经济规律和市场规则，但更重要的是，要尊重新闻规律、宣传纪律和各种制度规定，因为经营安全大于一切，管理责任大于一切。一些报社在经营管理中，参照行政单位的各种办法，并不利于经营活动，让很多经营人员产生畏惧心理。有的政出多门，多部门过多过滥管理经营，导致有的人甚至宁愿少做或不做，也不愿为了经营去承担风险。做经营本身就有风险，没有风险就不可能有收益。但有风险并不代表就是不安全，就会出问题。因此，尊重经营规律，制定既不违规又能激发经营动力和潜能的管理规定，需要决策者和管理者的经营智慧。要针对经营工作的实际特点，制定一些切实有利于经营发展的政策。《华为公司业务管理纲要》一书中说：“一个企业活的灵魂，就是坚持因地制宜，坚持实事求是。”“一个企业管理变革的目的，是提升一线作战能力，提高土壤肥力，多打粮食。”可见，因地制宜制定适合报社特点的经营管理政策，特别是经营激励政策、人才引进政策等，才能更好激发报业经营内生动力。

三、凝聚更加有效的资源力量，消除媒体发展的“后继乏力”

运用媒体最强的社会公信力和资源整合力，是机关报经营的显著特点和优点。今年的疫情影响深远，很多经营项目一直无法正常进行。而经营缺乏向前的推动，必然导致媒体效益持续下行。要解决好经营“后继乏力”的问题，笔者认为需要更加合理、更加高效地整合报社内外资源。

一是集中优势兵力做强广告主营产业。当前，各地方机关报广告虽然持续减少，但在报社纯营业收入中的占比仍然很高，很多报社占比高达70%以上，而且是成本最低、优势最大、效益最好的部分。有的报社特别是地市级机关报，依然是集中优势兵力狠抓广告开发，比如我们考察过的《河南日报》《长江日报》《洛阳日报》《焦作日报》等，都充分用好具有客户优势和宣传优势的采编人员及驻站记者的力量，承担了更多的经营职能和任务，扛起了广告经营的“大头”。比如浙江嘉兴日报社，在8000多万元的年度广告收入中，驻县市记者站或分社约占“半壁河山”，各站或分社创收超过千万元。2020年疫情期间，三峡日报社调整、充实、扩大县市区驻站队伍，将一批年轻采编骨干下沉到相关经营部门，提出“当好各级党委和政府的服务供应商、城市资源整合的运营商和新型社区服务体的建设者”，不断探索广告主业主动发力增效的新路径。

二是抓住优质资源推动报社多元经营。文化产业是与报业最近的领域，也是最好拓展、最好操作的项目，做起来相对比较得心应手。《三峡商报》因疫情影响长达三个月时间没有出版纸质报，为此提出解决困难的唯一办法就是推动经营转型，跳出单纯的“广告圈”，以报纸为平台延伸“产业链”，把户外屏媒、文化创意、会展活动等作为经营创收的主攻方向。2020年7月，《三峡商报》同深圳广播电影电视集团移动频道成功合作，借助前沿移动频道资源，谋划“助力湖北、网红宜昌”首届直播电商节、明星网红直播带货季等大型项目。与福建《海峡导报》合作，联手举办“海峡连三峡、宜鹭爱相随”大型跨界公益活动等，拓展多元经营的赢利渠道。

三是不断优化服务推进经营健康发展。报社经营关系到报纸、报人和报社的生存与发展，因此不只是经营部门的事，更不只是经营人员的事，而是全报社、全体报人的大事，每个人都责无旁贷。做好各种相关服务，是推动经营发展的重要保障。服务要提高站位，站在报社经营和发展的全局，不能站在本部门利益的角度。提倡“经营的小事都是大事”“你的事就是我的事”的服务理念，让各个职能部门心贴经营、服务经营、支持经营；服务要防止缺位，严格履行服务和管理的双重职责，该管的一定要管，该做的必须做，需要相关部门配合的就要形成服务合力，共同把事情办好；服务要防止错位，不能该做的事做不好、该管的事管不了，各个职能部门要了解、理解、熟悉和尊重经营，少指责、多指导，少讲“不可能”，不说“不能办”，发扬“店小二”精神，真正做到“有呼必应、无事不扰”，为经营创造良好环境。要坚决防止排斥贬损经营、部门和人员争抢客户、媒体间相互打击诋毁等经营乱象，切实解决经营人员信心不足、情绪不高、动力不大的问题。要把危机和压力传递到每一个人、每一个部门、每一个流程，把责任和力量凝聚到我们每一个管理者、每一个经营者、每一个员工身上。这样，上下齐心，把报社疫后重振时期的经营工作推上新台阶。

参考文献：

[1]夏静，张锐.湖北：在疫后重振中谋篇布局[J].光明日报，2020(07).
[2]陈良飞.新冠肺炎疫情“重塑”新闻生产机制及启示[J].青年记者，2020(07)上.
[3]高中山.新时期地市党报转型发展分析及思考[J].中国报业，2018(07).

（原载2020年10月《中国报业》）

报业资本经营中的问题与对策

——论地方报业集团经营的市场运作

阅读点：本文重点分析我国报业集团资本经营中面临的各种主要问题，提出了报业集团实施资本经营的新对策和新思路。

关键词：报业集团；资本经营；问题对策

中国报业集团是一个特殊的行业和产业集群，是报业进入市场化“抱团”发展的结果。我国报业集团十多年的实践证明，资本经营是报业集团发展形态上最具有核心作用的经营方式，也是报业集团实现可持续发展的重要经营战略。

我国报业资本经营还处于探索性实践阶段，有许多值得研究和解决的问题。

【问题一】文化体制改革的影响

国家《“十一五”时期文化发展规划纲要》对新闻事业提出，要推进报业的体制机制创新。

主要内容是：新闻媒体要坚持正确舆论导向，确保党和人民喉舌的性质，按照增加投入、转换机制、增强活力、改善服务的要求，创新体制机制，推进内部人事、收入分配和社会保障制度改革。规范和完善新闻单位采编业务与经营业务“两分开”。积极推进报刊业结构调整，适度控制报刊规模，减少数量，提高质量，注重内涵发展。继续做好报业集团改革工作，扩大党报的市场覆盖率。

加强对子报子刊的管理，发挥子报子刊的优势，使之成为党报党刊的补充和主流宣传阵地的延伸。进一步加强和改善对都市类报刊的调控和管理，发挥其贴近生活、可读性强、丰富多彩的特点，提升报刊格调和品位。依托新闻媒体的资源优势，积极发展相关产业和产品，不断提高科技应用水平，壮大综合实力，提高核心竞争力。

但是，目前文化体制对报业经营有着不容回避的难点，主要表现在：

1.文化的公益性、经营性与市场接轨的尺度难以把握。报业是党的新闻文化事业的重要部分，具有很强的公益性，但经营必须讲利益，这就造成了公益性与利益性的矛盾。

2.报业的产权结构亟待改革。传统的事业单位性质，决定了产权的国有化，与报业资本经营的产权结构格格不入。

3.报业的现代企业制度及运行机制没有建立。很多报业集团虽然有企业化管理之说，但离现代企业制度与运行机制相差甚远。

4.文化市场机制尚不完善。并不完善的文化市场机制，往往成为制约报业经营发展的绊脚石。

【对策】尝试报业产权制度改革

文化体制改革的核心是产权制度改革。报业集团产权改革的方向和形式有：

1.剥离改制。即将广告、发行、印刷等部分剥离出来，组建为相关公司，成为新的市场主体。

2.整体转制。主要是一些非党委机关报系列的报业集团和一般性的专业或行业报纸，要整体转制为企业，直面市场。

3.引进战略投资。这是在政策框架内对报业集团进行股份制改造的一种形式。一般由具备较强实力的其他企业出资或投资报业经营，成为一个利益共同体。

【问题二】现代企业制度与报业管理体制的矛盾

1978年，国家财政部批准了《人民日报》等报社要求试行“事业单位、企业化管理”的报告。1979年4月财政部在颁发《关于报社试行企业基金的实施办法》中，明确报社是党的宣传事业单位，在财务管理上实行企业管理的办法。从此,"事业单位、企业化管理"的经济运行方针和管理体制,在全国报业普遍推广。这被称为中国传媒业第二次市场化进程的起点,标志着我国媒介走上了"自我发展、自我约束、自负盈亏"的产业化经营道路。

然而30年前提出的这一经济运行方针,与当前正在建立和完善的现代企业制度相比,已经有了许多矛盾的地方。主要表现在:

1.报业产权不清。我国的报纸是全民所有性质,即所说的事业单位,主要由各级宣传部、新闻出版局等党政部门创办和管理。报社领导层特别是党委机关报领导都由组织部门任命,也就是说由党政机关授权其管理和经营报社。因此,在这种既有事业单位属性又有企业化经营任务的双重结构下,最大的问题就是产权关系不清晰,从而导致报业在资本经营过程中无法把握资产的所有权、使用权和支配权。

2.行政级别和区域管辖障碍。国家通过宏观调控正着力解决地方报业盲目扩大和同质化竞争问题。主要办法是鼓励和支持有实力的报业集团实行跨区域、跨媒体、跨行业的重组、收购和兼并,从根本上解决优胜劣汰的问题。但是报业集团在资本经营过程中,由于许多报纸都有行政级别,如中央媒体相当于省部级,省级媒体相当于厅局级,地市级媒体相当于县处级。而且各类报纸都是属地主管,报社相当于一个区域性的行政部门,因此级别和地域成了难以逾越的"门槛"。

3.报纸多头管理问题。目前国内的报纸都是多头管理,宣传内容和舆论导向由宣传部门负责,报纸出版由新闻出版部门管理,广告经营由工商行政管理部门监管,因此媒体资本经营往往要看多个部门的政策规定,受到很大制约。

4.报业负责人和经营人员责、权、利难以体现。报业资产属于国有资产,负责人和经营者都是上级授权经营。但由于行业特殊性,报业资产增值后其利益分配难以真正按企业办法实行,目前来说既不能分配股权期权,也很难享受高薪高酬或按一定比例奖励。

【对策】推进报业由"事业"到"企业"的转变

真正改变目前对报业集团事业单位性质的定位,从传统的事业单位向以资产和业务为纽带的现代法人治理结构转变,让事业员工变成企业员工。建立起

作者(前右三)作为三峡大学硕士研究生导师,与受邀前来讲学的著名军旅作家肖思科将军(右五),三峡大学特聘教授、三峡日报社原总编辑范长敏(左五),同该校文学与传媒学院领导和师生合影。

适应市场要求富有活力的体制及运营机制,全面推行企业化的管理,组建报业集团编委会和经营管理委员会。建立资产运营中心,用资本和市场的力量增强报业集团综合实力。

【问题三】报业法人地位和法人治理结构的问题

法人是指拥有独立的组织机构和独立支配的财产、能以自己的名义参加民事活动,享受权利和承担义务,依法成立的社会组织。报业集团作为自主经营、独立核算、自负盈亏的经济组织具有法人的地位。

但是在具有双重属性的报业管理体制下,报业的资本经营活动受到很多限制，缺乏充分的经营自主权，独立处理人、财、物的权力很小，对报业的财产和资本不具有独立支配的权利，因此真正的法人地位也是“名不副实”，法人治理结构自然成为难题。法人治理结构是股东、董事会、经理层以及其他利益相关者之间围绕法人财产权展开的一种制度。缺乏相对独立的法人地位和不明晰的产权结构下，其实很难构建有效的法人治理结构。

【对策】构建富有特色的报业法人治理结构

在报业集团拥有的全部资产基础上，要组建具有传媒特色的国有独资报业集团有限公司，并作为集团企业的母公司，由上级有关政府职能部门授权经营，使报业集团拥有法人产权，成为市场主体。以报业集团公司控股方式，对内部经营单位进行改制，建立以资产为纽带的母子公司法人治理结构。建立企业法人主体后，要妥善解决好事业性质与企业法人之间的关系，采取党委会、社委会、董事会三位一体的运行体制。经营形式上完全融入市场体系，在具体原则上确保“四个不变”：党和人民喉舌的性质不变，党管媒体不变，党管干部不变，正确的舆论导向不变。

【问题四】报业意识形态属性与产业属性的冲突

我国的新闻传媒具有意识形态属性。1957年7月，毛泽东同志明确指出：“报纸，这是属于意识形态范围的。”邓小平同志在有关新闻工作的论述中，把新闻看作精神产品，将新闻业列入意识形态部门。江泽民同志1996年9月在视察人民日报社时指出：“新闻舆论，作为上层建筑、意识形态的一个重要组成部分，由于其自身的特点和优势，同社会政治、经济、文化生活的各个领域都有密切的联系，都会产生广泛而深刻的影响。”我国报业意识形态属性的根本点在于，为人民服务是最高宗旨，服务受众、满足受众的需要是最高追求。坚持政治家办报，是对我国报业意识形态属性的最根本要求。

我国报业又具有产业属性。按照我国1985年颁发的国民经济产业分类，把除第一产业、第二产业之外的各业统归第三产业。把第三产业分为流通、服务两个部门和四个层次，其中第一层次是流通部门，包括交通运输业、邮电通信业、商业饮食业、物资供销、仓储业、金融、保险业、房地产、公用事业、居民服务业、旅游业等，第二层次是为生产和生活服务的部门，第三层次是为提高科学文化水平和居民素质服务的部门，包括教育、文化、科学研究等事业，第四层次是为社会公共需要服务的部门，包括国家机关、党政机关、社会团体以及军队和警察等。由此可见，报业属于第三产业。报业集团具有产业属性体现在满足社会事业需要的公共服务。报纸作为发布新闻的机构，直接影响公众舆论、社会稳定和国家安全。作为信息传播的载体，对提高全体国民的综合素质特别是科技文化水平，发挥着重要作用。1992年6月，中共中央、国务院《关于加快发展第三产业的决定》指出："随着经济的发展和收入的提高，人民群众不仅在衣、食、住、行、通信、卫生和生活环境等物质生活的各个方面提出了更多更高的要求，而且在文化娱乐、广播影视、报刊出版、体育康复、旅游等精神生活方面也提出了更多更高的要求。只有加快发展第三产业，才能适应人民群众日益增长的物质和文化生活的需要，促进社会主义物质文明和精神文明建设。"由此看出，国家在做出加快发展第三产业的战略决策时，将新闻传媒所提供的精神产品摆到了提高人民群众的生活质量这样一个比较高的层次上，而且已将新闻传媒划出了党政机关的行列，归属于第三产业的范围。

从我国报业的现实情况来看，报业的意识形态属性决定了必须坚持社会主义意识形态，坚持把社会效益放在第一位。而报业的产业属性，要求追求经济利益的最大化。但是在报业资本经营过程中，两者难免发生冲突。

1.意识形态属性被片面放大。把新闻报业的工作看成某种意志的宣传某种政治色彩的渲染。

2.产业属性被片面误解。对于报业的产业属性有一种错误理解，就是把报纸版面作为资源加以经营，实行完全的市场导向。这就会让报业的舆论导向出错，出现"一切向钱看"的错误经营理念。

3.新闻受到行政干预。主管部门往往按传媒的意识形态属性，对报业集团下达指令或进行行政干预，而很少考虑到传媒的产业属性和市场要求。

【对策】坚持"政治家办报、企业家经营"方针

办报要讲政治，牢固树立"政治家办报"的观念，自觉在思想上、政治上与党中央保持高度一致，增强从业者的政治鉴别力、政治洞察力和政治敏锐性，把握新闻宣传的全局。企业家经营，是要积极探索既保证党的领导，又能充分体现产业发展要求的经营管理体制，大胆创新，取得良好的经济效果。

【问题五】报业内部编辑权与经营权的“分割”界限

2003年开始，我国推行文化体制改革试点工作。从八家试点报社的实践看，资本经营的探索仅仅局限在以广告、发行、印刷等经营资产方面，或进行剥离，或引入社会资本，或到资本市场融资，但在编辑业务这一报业核心环节上，仍然采取分割的态度，不允许其他资本干预内容生产环节。

2004年，中宣部、国家新闻出版总署《关于对管办分离和划转报刊加强管理的通知》指出，报刊实行管办分离的具体要求是，人员分离、财务分离、发行分离。但事实上，编辑业务与经营业务却总是“难舍难分”。采编人员通过提高新闻的信息量和信息种类，为读者提供更多更好的新闻，让报纸版面美观、信息丰富、内容客观，从而引起读者关注，吸引广告客户。经营人员用报纸的新闻资源作为有形产品，把报纸的影响力和品牌效应作为无形资本，采取不同形式的创收经营。

但问题是，这二者更容易“搅经营的局”。更重要的是，报社内部从人员聘用、管理机制等多方面，常常是采编与经营不分家，编辑记者抢着拉广告、卖报纸、搞经营，报纸版面上常常出现“广告稿”“发行稿”“有偿稿”等。而经营者乱打“记者牌”“舆论监督牌”，降低了新闻质量和公信力。

【对策】“两分开”更加有力量

将报纸的采编与经营相剥离，实行编辑权与经营权的“两分开”，即将报纸的经营性业务如广告、印刷、发行等分离出来，进行商业化经营，对新闻核心业务和经营业务都有好处。可以将这部分业务交给其他的公司代理，也可以设立专门的公司进行经营，也可以兼营其他业务。这样报纸不仅拥有了市场主体资格，也可以对资本进行有效的经营和管理。对符合采编从业资格条件的人员，应按照《劳动合同法》等法律签订劳动聘用合同，及时为采编人员申领新闻记者证。经营人员要与采编人员的身份严格区分开来。不得向采编部门及采编人员下达经营指标，经营人员不得以采编人员名义开展活动。采编经营工作要做

2020年6月，三峡日报社党委组织产业考察组，到湖南长沙晚报社、常德日报社、马栏山V谷产业园、湖南文心广告产业园等地，考察学习先进的产业经营理念和产业发展经验。作者全程随同考察学习。

到部门分开、岗位分开、人员分开。将编辑业务与经营业务相对分开，进行分别管理、分别运营，使采编人员更加集中精力办好报，不受经营影响。使分散的资源能够按照专业化、市场化需要进行整合，面向市场集中运营，降低管理和经营成本。

【问题六】报业集团上市面临的障碍

国家新闻出版总署署长柳斌杰2009年初透露，国内49家报业集团将在完成经营性资产转型改革后逐渐都推向市场，2009年大约有10多家准备上市。可以预见，在政策和市场的双重影响下，我国报业集团真正进入市场的前景一定会更加广阔。

然而，在现有的机制、体制和政策背景下，国内报业集团上市仍有许多障碍性问题。主要包括：

1.扶持政策不明朗。报业作为一个特殊行业，其整体上市不仅要依照现有的资本市场政策，但更需要有与其特殊性相适应的特殊政策。即使在国际资本市场上，其他国家对特殊行业同样实行特殊政策。因此，我国鼓励报业集团整体上市的政策，要有其特殊性。如让报业资本享有收益的同时，更要保障政府对报业主要领导干部的任免权、重大事项决策权、资产配置控制权、宣传内容终审权等，才能真正从政策上为报业集团整体上市开辟通道。

2.投资与融资能力不对称。报业是一个知识密集和资金需求量大的行业。但报业的多元投资和多线运作，往往容易造成资金链紧张，而上市公司对资金的需求更为迫切。加上报业集团的融资渠道并不太多或偏于保守，大都以自有资金投资。不少报业集团在外部资金的利用能力上也有所不足，因此形成了投资与融资能力的不相对称。

3.公司股权结构不完善。从目前国内五家报业上市公司的股本结构看，政府国有资金主导报业集团与报业市场，有待进一步改善。上市公司的非流通股原来占据了绝对比重，向社会公开集资的比例很小，只有报业集团中的一小部分流通股。这种股权结构的单一和偏重，容易让企业经营的独立性受到行政力量的“控股”，从而导致资本运作过程中媒介资源配置的不合理和利用效率的低下。

4.报业的市场感应力不强。国内报业对市场极其敏感。整体经济景气度高时，报业广告形势好，反之则处于低迷状态。新闻纸价格波动，对报业影响巨大，效益也随之波动。2008年，我国新闻纸价格经历了一个罕见的“倒V形”曲线。

上半年，受国外纸浆提价、原油价格暴涨、人工成本抬升、雨雪冰冻灾害及北京奥运会等因素的影响，新闻纸价格飞涨，至6月前后到达历史最高点。进入10月后，随着国际原油价下跌及国际金融危机等因素影响，新闻纸价格逐步回归理性，迅速降到年初水平。面临复杂多变的市场环境，报社要减少损失，就需要敏锐的市场感应力。可见，报业经营的市场感应能力，对报业上市公司提出了更高要求。

【对策】有效提升报业自身资本经营能力

实现国内报业集团整体上市，是推动我国报业产业化进程的必然选择。实现国内报业整体上市，必定给报业经营带来前所未有的变化。在各种利好政策的驱动下，作为报业本身要练好内功：

1.提升报业品牌价值，让报业集团的无形资产增加对投资者的更大吸引力，更好地放大报业品牌效应。

2.丰富报业集团经济增长方式，让报业资本经营的实际增长能力在市场上得到全面体现。

3.创新报业经营机制，最大限度地解放报业生产力。

4.实现产业经营与资本经营的共融合作，实现产业规模和资本规模的有效扩张。

如何克服这些障碍，为报业集团整体上市铺平道路，是当前业界急需研究和解决的课题。加快报业体制改革，实施现代化企业管理，尽快让国内报业与国际媒体市场基本接轨，是解决问题的根本方向。

我国是世界报纸大国，也正在走向报业强国。要做大做强我国报业，就必须走集团化、产业化、资本化之路。否则，报纸大国未必能成为报业强国。报业集团资本经营是当前业界关注的焦点，也是需要用实践去探讨和证明的现实课题。

报业传媒机制面临着与国际接轨的问题。就我国的报业现实来说，虽然数量多，但竞争实力不强。国家新闻出版总署署长柳斌杰认为，中国媒体的弱势在于体制没有跟国际媒体接轨。在过去计划经济体制之下，国内媒体的部门设置都是按照行政级别设定的，无法参与市场竞争。他指出，国家将采取有效措施，大力进行国内媒体的体制改革，加快国内媒体的开放力度，借鉴学习国外媒体的经营管理经验，提高中国传媒在国际上的影响力和竞争力。

报业必须更快更好地进入资本市场。资本市场是现代市场经济的核心，兼具资金融通、体制培育和资产重组等多种功能，而资金缺乏、体制落后和资源配置不合理正是我国报业和以机关报为龙头的报业集团面临的最重要的问题。实践证明，资本经营是一种成效明显的运营手段，是报业集团未来的核心经营能力。这种运营手段和经营能力，将推进我国报业集团全面实现市场化、产业化和规模效益化的进程。

我国报业正面临文化体制改革和国内资本市场空前发展的大好机遇。在机遇面前，报业集团只要坚持不断改革创新，按市场机制调整布局结构，加快经营性资产的优质运行，建立高效的现代化报业体制，借助资本市场效应，增强报纸的宣传力和权威性，就能真正确立中国报业在国内外市场上的竞争优势。

参考文献：

[1]杨步国.时代的机遇和挑战[J].新闻前哨，2006(07).

[2]徐熙玉.报业集团的组织属性初探[J].新闻战线，2000(06).

[3]丁柏铨.试论我国新闻传媒的产业属性[J].江苏社会科学，2003(05).

[4]黄梦阮.从上市公司经营看中国报业集团的资本运作[J].传媒，2008(05).

[5]罗文全.感应传媒——新闻与传播的理性思考[M].北京：中国广播电视出版社，2003.

（本文系作者2009年湖北省委党校经济管理专业研究生毕业论文《我国报业集团的资本经营研究》第三部分内容节选）

第二章 守正笔谈

著名管理大师罗伯特·凯利说："企业成功靠团队，而不是靠个人。"工欲善其事，必先利其器。广告经营越是复杂，作为管理者越要运用改善心智的方法，勤于学习，善于思考，敢于破题，以创新的思维方式和理论武装，最大限度发挥团队力量，增强广告管理工作的科学性、预见性、主动性和创造性，确保工作善作善成。

报纸广告要“光芒四射”

——谈机关报广告的导向价值

谈论点：广告作为报纸内容的重要组成部分，承载着引导社会舆论的导向作用，必须是一张“干净的报纸”。只有消除各种认识误区，理顺各种关系，报纸广告才能行稳致远。

关键词：报纸广告；价值导向；党性原则

媒体是社会舆论的导向器，而舆论导向是媒体的生命线。作为报纸内容重要组成部分的广告，同样承载着引导社会舆论的导向作用。一张好看和有用的报纸，必须是一张“干净”的报纸，广告也必须“光芒四射”。

广告的光芒，来自守正。“守正”，就是恪守正道。《说文解字》说：“正，是也。”其本义为平直、平正，正气、正道，代表一种正义精神和力量。

要守正，必先正心，心正则言实，身正则行端。守正，实际上就是守住责任与担当，守住原则和底线，守住良知及高尚。

广告与钱有关。凡是与钱沾上点关系了，很多标准就会发生偏移，比如报纸广告，要“纯粹”起来还真有点难。于是，只要“有偿”，只要“给钱”，什么都敢登，再“离谱”的内容也能“亮相”，有些医疗、药品、性病之类的广告，甚至“不堪入目”，但仍不时出现。

不洁广告、不雅广告、不干净广告，往往成为一张报纸的“污点”。而导致广告“污点”的原因，无非有这样几种：

一是对广告“导向作用”认识不深。有人重视新闻的导向，但觉得广告只是特定的消费者接受，对社会影响不大，因此认为广告就是以利益和效益为中心，打个“擦边球”无所谓。也有的认识停留在“不出政治问题”“不犯政治错误”的层面上，认为只要不在党的路线方针政策上犯自由主义和发生偏向就行，而没有真正认识到格调低下、虚假宣传、负面引导、物欲渲染等广告内容，就是报纸上的“不干净”，就是对读者和消费者的“不负责”。

二是对读者“读报需求”把握不准。读者读报当然也会读广告，因为广告是报纸的重要内容和组成部分。读广告是一种文化产品和精神产品，对读者来说既有消费需求，更有精神影响。作为精神产品的消费者，读者自然不同于进市场选物购物的人，那么随心所欲，因此需要媒体的“精神引导”。在市场经济环境下，各种层次读者的需求不同。读者层次的差异化，决定了读者需求的多样化。有时我们太注重把读者当“上帝”去看，总想用能够满足某种需求的东西去迎合，投其所好，而不认真研究读者心理和情趣，缺少正面引领和导航，这样造成了广告思路上的偏差。

三是对报纸“走向市场”探索不够。过去很多人认为，报纸的市场化，就是娱乐化、低俗化、性趣化和“非主流化”，就像一段时间市场类报纸，满纸灰色的、血色的、黄色的“花边新闻”，以为这样就是“走市场”，这样就能“有市场”。我们的广告，特别是我们机关报的广告，必须守住阵地，把好方向。无论是市场营销的手段，还是广告宣传的路径，或是呈现在读者客户面前的内容，都要是正面的、健康的、文明的、高尚的，因此要在探索走向市场的方法上多下功夫。

四是对广告“生产环节”把关不严。我们的报纸广告稿，同新闻生产一样，也有写稿、改稿、审稿这些重要的生产环节。关键的审稿画押，就像一个足球场的守门员，是广告导向的“最后防线”。这需要从流程和机制上建立规范有效的体系。我作为报社广告经营工作的负责人，深感重任在肩，不可有丝毫的松懈，必须严管真管，慎防各种形式的“踩坑”和“越雷”。

2008年6月20日，胡锦涛同志在《人民日报》创刊60周年之际发表重要讲话时，就提高报纸舆论引导能力强调了“五个必须”，第一个就是必须坚持党性

《三峡日报》始终坚持守正创新的经营原则，有效放大机关报广告的传播价值。2015年首次进入中国报刊广告投放价值百强排行榜，获全国城市报创新十强。

原则。他指出：“党报必须坚持党性原则，牢牢把握正确舆论导向，把坚持正确导向放在新闻宣传工作的首位，更加自觉主动地为人民服务、为社会主义服务、为党和国家工作大局服务。”

那么，怎么样把握广告的正确舆论导向，发挥更好为人民、为社会、为大局服务职能，创造更好的社会效益和经济效益？我认为需要理顺五个关系——

一是理顺“主旋律”与“三贴近”的关系。党的新闻事业必须自觉纳入党的建设和政治建设的范畴，用党性标准指导一切宣传工作，这当然包括广告宣传。唱好主旋律，打好主动仗，传递正能量，是机关报的政治责任。忠实履行这份政治责任，就必须在贴近生活、贴近群众、贴近实际这“三贴近”上下功夫，广告宣传也不例外。

二是理顺“走市场”与“正导向”的关系。导向是报纸的生命和灵魂。任何报纸只有导向正确，才能行稳致远。导向不正，就会把读者往邪路上引，把报纸往死路上引。其实走市场与正导向并不矛盾，而是辩证统一的。只有坚持正确的舆论导向，为读者提供高格调、正能量的广告产品，报纸才真正有立足之地，也才有深受欢迎的广阔市场。

三是理顺“找卖点”与“讲政治”的关系。市场类报纸非常重视新闻的“卖点”。一个时期以来,很多办报人片面认为,杀人、死人、情人之类的东西是读者最关心的,是市场最抢眼的,其实恰恰相反。最感人至深的报纸,却是正面、正义、正气的报道,低俗的东西难以迎合大众“口味”。广告也是这样,虽然广告也需要“卖点”,但必须把讲政治作为第一责任。机关媒体最大的优势在于其权威性、真实性和服务性。因此,抛弃了优秀文化,偏离了宣传导向,把“猎奇”当“卖点”,报纸只能是“自寻短路”。

四是理顺“创特色”与“守纪律”的关系。报纸要办出特色,广告要富有创意,当然需要大胆创新。但“大胆”不能随心所欲,“创新”不能破坏纪律。我们的广告专刊和特刊的设计内容,要推陈出新,防止推陈出“奇”,更要防止推陈出“丑”。纪律是“红线”,守纪是责任。任何形式的广告,都不能游离于国家新闻出版管理法规。否则,所谓的“特色”就会变成“灰色”。

五是理顺“求近利”与“谋发展”的关系。报纸要发展,广告是重要支撑,但不能急功近利。广告人不是对当前利益负责,而是对报纸长远发展负责。广告不是谁给钱就可以刊登,不是谁需要就可以随意刊登,必须过好“审核关”,否则会产生不良影响,甚至纠纷不断、官司不断、风波不断。

报社的广告人是一个特殊群体,不是社会性广告公司的业务员。报纸工作是一项政治工作,我们的广告经营当然就不是纯粹的经济工作,而是政治工作的一部分。因此,必须坚持“政治家办报”思想,防止广告市场化带来的“市俗化”和“问题化”。

守正创新是党的思想原则和思想方法,必须根植于我们广告经营工作的全过程。如果广告出了导向错误,那就不是纯粹的“经济问题”,而是重大的政治问题。所以我们要以“一失万无”的忧患意识和责任,确保“万无一失”。要坚持唱响主旋律,绝不能制造低格调。要坚持净化版面,让正向、积极、健康、高尚的广告“当家”,报纸广告发展才能行稳致远。

(2009年10月)

广告里的“文化”含量

——谈广告文化建设的必要性与重要性

谈论点：报纸广告应该有更多的“文化含量”，形成完整的广告文化体系。这是推动产业升级和事业发展的内核。

关键词：广告文化；认知误区；经营管理

任何一个企业，主流意识永远是其组织形态的灵魂。而这个灵魂，必定形成一种文化，这就是企业文化。

企业文化由主流意识形态塑造形成，是企业共有的思想意识、价值观念、职业道德、行为规范和准则的文化体系。作为担任党委重要宣传使命和处于重大体制转型期的党委机关报，也需要用优秀的企业文化，来推动产业的全面升级和事业可持续发展。

我觉得，报纸行业要创造学习文化，营造文化环境。真正有文化的企业才会更有生命力，真正有文化的报业才会更有竞争力。

报纸广告里应该有文化，应该形成完整的企业文化体系。当然，消除认识上对企业文化的种种误区，是构建机关报文化的前提。

这些误区主要有：

一是认为“报社不是企业”，是市属行政或事业单位。事实并非如此。《三峡日报》早在20世纪80年代中期，就已开始了企业化经营管理的探索，实行了采编与经营“两手抓”、社会效益与经济效益同步行的企业运行机制。报业传媒集团的建立，更是从组织管理体制上明确提出了符合市场经济规律和现代企业制度的新要求。

二是认为“报社有文化”，因为它本身就是文化单位。报业确实是典型的知识密集型文化行业，从事着意识形态和文化宣传工作，但这与报社本身的文化内涵是两回事儿。

三是认为“文化是虚化的”，不能“化”出经济效益。报社如果一天没广告收入，领导可能会发愁，但十年不提文化则无关大局。况且搞企业文化建设需要投入，花钱“不值得”。然而文化看似无形，其实有形，而且有力。企业文化是“软实力”，而“软实力”恰恰是最硬的。

或许正是基于上述这些错误认识，我们的企业文化建设处于“真空”状态。从报业发展的现实来看，缺乏良好的企业文化，虽然没有给报社带来直接损失，但隐性的“负效应”不能不引起重视。

《三峡日报》坚持办报正确的政治方向、舆论导向和价值取向，为经济社会发展凝聚强大力量。图为作者(左一)同报纸夜班人员研究报纸出版。

企业文化缺失，会降低品牌影响力。从现代经济学的角度说，报纸产业经济是一种注意力经济和影响力经济。品质决定注意力，品牌决定影响力。党委机关报这个特殊性质，可以让我们的报纸在领导者或行政领域享有很高地位，但在社会、受众和读者心中，要靠“注意力”和“影响力”来实现。报纸品牌是巨大的无形资产，品牌建设需要企业文化支撑。优秀的企业文化可以向社会展示企业独特的管理风格、良好的经营状况和高尚的精神风貌，从而为企业塑造完美的整体形象。

企业文化缺失，会削弱群体归属感。对于兼具知识型、文化型、经营型的三峡日报社员工来说，物质上的满足远远不再是大家非常重要的追求。“马斯洛需求层次理论”认为，人的需求由低到高分五个层次，即生理的需求、安全的需求、尊重的需求、社交的需求、自我实现的需求。当最低层的物质需求基本满足之后，就会有高层次的需求。因此，无论是作为企业还是报业，要真正研究并尽力支持每个人特别是人才的更高需求。实践证明，只有企业文化才会对他们起到很强的吸引作用。只有更多的人文关怀，才能使群体中的每个人产生强烈的归属感。南方报业传媒集团领军人范以锦说，南方报业的成功是文化的成功，因为南方报业寄托了所有报业人的理想，让南方报业人有了归属。

企业文化缺失，让管理陷于无序化。企业管理其实就是一种文化现象。有“文化含量”的管理，是建立在有效的管理沟通、体现人文关怀、贯彻人本理念基础上的，反映的是企业与员工在心理上达成的高度默契，是围绕企业战略目标而进行团结与协作。专家认为，管理的最高原则和境界是，“管理得少”就是“管理得好”。这是一种依托企业文化而建立的高效和科学的经营管理平台。然而，粗放型、无序化、权力式的管理，常常让我们的管理工作失控或失效。企业文化本身具有规范人们行为的功能。这种规范不是靠强制，不是靠权力，不是靠处罚，而是靠文化的多种要素如信仰、理想、伦理、习俗等潜移默化的作用。

三峡日报社从宜昌解放的炮火中诞生，发展至今汇聚了几代人的不懈努力，不少老同志献了青春献终身、献了终身献子孙，把报社当作自己事业和生命的归属地。如果没有一种真正的文化引力，报人就不会有自豪感、荣誉感和归属感。这些年来，“留不住人”“留住了人留不住心”的例子已屡见不鲜。人虽在岗，心思却在岗外的情况也不在少数。所以，报社的企业文化建设，是人心工程，是利报社利报人的长远大计。

我们需要以文“化”人，以文强报，以文兴业。就拿管理来说，现实中存在不少管理弊端，如管理“大锅饭”，在制定管理制度时不分对象和层次，搞“一刀切”，缺乏科学性。如管理“多动症”，个人说了算，政策朝令夕改，随心所欲，缺乏严肃性。如管理“无序化”，部门与部门之间“各拿各的号、各吹各的调”，让人无所适从，缺乏系统性等。

《三峡日报》要做“百年报业”，要做强势报纸品牌，需要用优秀的企业文化作为动力源，让全体报人“抱”得更紧密，“抱”得更有力。

报社过去也搞过不少教育，提出过不少口号，但企业文化远远不是形式上的东西。只有用一种全体人员高度认同和自觉遵循的共同意识、价值观念、职业规范和行为准则，才能增强集体的向心力，形成团结的凝聚力，开发个人的创造力，企业才能真正形成核心竞争优势，真正从优秀走向卓越。

要确立报业发展的愿景，构建报业核心价值观。比如以“关心民众、关注民生”为内容的报业价值观，“用优质新闻创造价值”的新闻写作观，以及一系列切合报业实际的人才观、道德观、经营观、发展观等。要提倡一种催人奋进的传媒精神，如同医生以“救死扶伤”、教师以“人类灵魂工程师”为标志一样，传媒人和传媒企业也要培育出自己的精神理想，让所有报人都有统一的价值观念和统一的判断标准。

我们广告部门将先行“试点”，构建一个有特色的报纸广告文化体系，搭建健康向上的文化平台。突出以人为本、以报人为本、以报纸为本、以广告为本，让全体干部职工共享报业发展成果的“广告文化”，以文化凝聚和调动全员积极性和创造性。

我们的报纸广告里，必须有“文化”含量。我愿意同全体广告人一起，为之努力探索。

(2009年11月)

新世纪报纸广告向何处去?

——谈互联网时代机关报广告的发力点

谈论点: 互联网时代传统报业广告的发力点,在于让智慧产生效应,用激励产生动力,让策划产生增量,用服务产生价值。

关键词: 经营目标;报纸广告;发展路径

2009年已经过去,连同这场席卷全球的金融风暴。21世纪的第二个十年到来了。

这是一个互联网的时代,报纸广告面临又一个未知的新的挑战。

中国广告协会报刊分会主任梁勤俭说,我国报刊业仍有巨大的市场空间和增长潜力,关键在于经营方略的不断创新和增长方式的科学转变。因此,报刊广告将在突围中获得新生。

梁勤俭主任的话,可以称得上是中国报刊广告界的权威声音。毫无疑问,我们广告经营的主题是"突围"和"新生"。

2009年是我接手报社广告部的第一年。在领导找我谈话时,在年初动员讲话时,我都提出了增长30%的目标。

为什么提这个目标?我主要基于这几个方面的考虑:

一是报社事业的快速发展,对报纸广告经营提出了新目标。

我们报社在全省地市州率先成立机关报传媒集团,这是文化体制改革的首创。报社事业快速发展，必须有强大的经济支撑。提出广告快速增长，对广告人来说，是一个既高又不高的目标。如果下决心用行动抓好落实，就不成问题。但如果叫难怕苦，失去信心，行动懈怠，即使原地踏步也会觉得“站立不稳”。完成这个目标，是我们作为广告人义不容辞的责任。

二是宜昌经济的跨越发展，对报纸广告经营提出了新要求。

2008年在国际金融危机严重冲击下，我国GDP增长8.7%，总量略逊于日本。专家分析，2009年经济增长将呈前高后稳的态势。国家刺激经济发展的政策，将发挥作用。从需求因素来看，消费增长强劲。从经济效益来看，经济增长质量和效益明显好转，内需的扩大给消费市场带来巨大的商机。近年来，宜昌经济呈现快速发展之势，实现了“弯道超越”，GDP首次突破千亿元，增长15%，近四年GDP平均增速达18%左右。但是，报纸广告发展速度显然相对滞后，因此要求我们跟上形势发展的步伐。在新的传媒集团经营体制下，在新的经营政策支配下，我们要重振精神，打破多年来徘徊不前的局面，实现广告经营的新突破。

三是广告事业的职业化发展，对报纸广告经营指明了新方向。

专业化和职业化经营，是广告未来的发展趋势。报社广告队伍经过长期的发展已初具专业化雏形，但离职业化的要求还有很大差距。因此，需要在实践中打造一支业务精、作风硬、效率高的职业化广告团队。

面对新的挑战和目标，需要广告人团结一心，群策群力。需要广告人焕发新的激情，采取新的举措，付诸新的行动。

那么，我们的报纸广告怎么办？机关报广告的发力点在哪里？

一、智慧产生广告效应

我们的报纸广告走过了改革开放的三十年，积累了很多宝贵经验。但时代在变，社会发展的要求在变，机关报广告经营的理念也必须因时而变。我们要突破广告经营的传统观念，真正从理念、意识、思路上实现“战略转变”。

我觉得，要走出“为广告而拉广告”的原始境地，用新思维、新思想、新思路进行广告营销，把广告人的智慧和力量换成广告财富。

因此，广告人要提升四种境界：

一是让广告产生价值。树立“广告价值观”的理念，是广告经营的一种新境界。这包括广告人价值观、广告客户价值观和广告产品价值观。具体来说，就是广告人要真正从单纯“拉广告”的低层次争夺转变到“做广告”的高层次服务，在服务中体现经营者的个人价值；广告活动要真正承担起提高引导力和影响力的社会责任，用物超所值的回报体现广告的客户价值；广告产品要真正达到主流、高端、独特的品质，用优秀产品创造党报的品牌价值。在这三个价值观中，客户价值是广告的核心价值。所谓客户价值，就是在广告经营活动中，想到的不仅仅是能收取多少广告费，而是客户的广告到底能不能产生相应的市场效果。这样才能用开放的视野做广告，才能运用价值的规律做广告。

二是让广告多些文化。就像做企业就是做文化一样，我们做广告同样是在做文化。企业文化是引领人们思想行为的最终决定因素。报纸广告经营，迫切需要用一种全员认可的文化来提升信心，来充实激情，来凝聚力量。因此我们要用几年时间，倡导、培育和建设一种先进的文化理念，构建具有机关报特色的“广告文化”体系。广告人要变成“文化人”，改变喝酒应酬式的“拉广告”，提倡广告营销的“文化含量”。推行“快乐工作法”，让每个人都有快乐的工作状态，并让这种快乐化作事业成功的源泉。人的一生中，快乐是应该保持的乐观境界。要努力创造轻松、高效、严谨、务实的氛围，使每个人都能在快乐中出色地完成工作，在快乐的心态中使工作得以创新。大家要把同事和客户当朋友、当家人、当伙伴，把集体当家庭、当依靠、当归宿，从而让更多的广告客户感染到我们的快乐，建立和谐亲密的沟通平台，延续报人、广告人和客户之间长久的合作与友谊。

三是让广告成为“创造”。机关报广告不同于以订单广告为主的都市类报纸，客户不会或很少会“自找上门”。因此，广告经营要增加“创造”成分。所谓广告“创造”，就是创新性地制造广告商机，用独到的智慧、精彩的创意和深刻的文化内涵，把机关报广告进行有效营销。策划是创造的前提，创新是创造的核心。我所说的策划创造不是简单地卖版面，也不是庸俗地拉关系，而是通过广告人提出的新概念、新思想、新项目，创造有效的市场需求，从而把创意和价值“销售”给广告客户。

三峡日报社注重聚合社会资源，开展丰富多彩的实践活动，提升媒体品牌影响力。报社携手宜昌市妇联举办金秋相亲公益活动，图为作者(右一)陪同宜昌市妇联主席、二级巡视员周赟鸿(右三)检查活动现场。

四是让广告体现服务。报纸版面有限，但广告人的潜力无限。这种潜力，是体现广告服务水平的“真功”。要培育广告人的新闻素养，锻炼广告人的社交能力，拓宽广告人的活动范畴，提升广告人的服务水平。只有具备了这些广告外的真功夫，广告经营才能摆脱单纯“拉广告”的限制，才能跳出版面做广告，跳出广告做经营，让广告经营更多地走向参与社会、影响社会、活跃经济、融入文化的广阔空间。

我们已经进入了一个现代集团体制下的多媒体经营新格局，报纸广告人要承载更大的事业理想。提升经营境界，需要从现在做起，从自己做起，从广告做起。这样才能适应事业发展的需要，适应未来广告竞争的需要。

二、激励产生广告动力

管理是一门很深的学问，而激励是做好管理的重要环节。

我觉得，管理的核心在于扬人之长，而不在于揭人之短。绩效考核的目的，是保证员工的付出都有回报，其本质是，严格按照全员认同的评价标准，准确认定员工的劳动付出，调动一切积极因素，达到预期的工作业绩。

让员工创造财富和价值，让员工分享利益和成果，是绩效管理的出发点和落脚点。

我认为，任何绩效考核都不能采取惯用的“一刀切”，也不能提出让人可望而不可即的高指标，而是要因人而异、因时而异、因岗而异，真实反映每个人、每个市场的贡献业绩。要重点对业务稿酬进行调整，将报酬向市场一线的人员倾斜，真正将广告业绩同个人收入紧密地挂起钩来。实行目标激励制，设立业绩递增奖，抓好项目策划奖，坚持服务质量奖，要力求公平、公正、公开、合理，做到奖罚有据。

确立全员认同的业绩评价标准，是考核的关键。这个标准不是少数人能达到的水平，而是大多数人经过努力就能实现的目标。指标不能太高，但要很实、很硬。对于目标任务，能“跳起来摘桃子”就行，这样让人尽最大责任、使最大能力，就能“摘到手”。而不会让人“有心无力”去对付，更不会“出工不出力”去敷衍。

绩效考核和过程管理是刚性的，没有人情可讲。

在岗的每一个人，不能当广告事业的“旁观者”和“局外人”，要自觉承担起为报社广告做贡献的责任。岗位和个人能力不同，但承担责任一样，都要全力以赴。

我们的部门负责人是团队的“兵头将尾”，是“关键少数”，“官”不大，权不大，但责任大。主任要真正“主事”，要真正“过硬”。不光要把自己的广告做好，更要对部门的广告负责。要围绕部门转，围绕公事干。不能“心猿意马”不想正事，不要“人在朝廷心在汉”，拿着报社的工资浪费公共资源。

多激励少处罚，这样的团队才会有活力，干起事来才会有动力。

三、策划产生广告增量

与市场类报纸相比，机关报的优势和劣势都比较明显，但优势大于劣势。

主要优势包括，市委机关报的政治优势，党政信息主渠道的资源优势，正确引导舆论导向的权威优势，受众公信力强的信誉优势，众多优秀从业人员的人才优势，等等。这些优势任何其他报纸无可替代。

但是机关报的“短处”也同样明显，如发行面比较窄，机关味比较浓，可读性比较差，离市民生活比较远等。因此我们要学会“扬长避短”，放大优势，克服劣势。寻找机关报广告的规律，才能在与其他市场类报纸竞争中处于有利地位。

我认为，机关报绝不用低价格、低品位、低俗化广告争夺客户，而要用高品质、高质量、高水准的品牌广告来赢得市场。这“三高广告”需要更高水平的策划来实现。

一是围绕支柱行业抓好重点市场开发。房地产广告具有举足轻重的位置，占有较大的市场份额。负责房地产客户的业务人员，掌握了报社广告的重要资源，这种资源不是个人资产，也不是私人关系。所以要切实维护好、利用好、开发好，要用优秀的策划、优异的版面、优质的服务，巩固和开发各类新老客户，把房地产广告的规模做大、市场做好、品牌做响、效益做优。对这类重要市场，要实行统一归口管理，不允许乱插乱窜，不允许你争我夺，以保持市场开发的有序环境。

二是围绕党政机关抓好政务市场策划。政务广告是机关报独有的“品种”，也是最大的市场。做好政务的“文章”，就要在策划上多动脑筋，在创意上独树一帜。2009年是“十一五”规划的最后一年，也是“十二五”规划的开局之年，要像策划改革开放30周年和新中国成立60周年那样，策划出高水平的政务成就报道和主题广告。

三是围绕基层工作抓好乡镇推介。把广告触角渗透到县市区和乡镇，做到机关报广告在宜昌各地“无缝覆盖”，让机关报广告传播更“广”，深度开发推出“魅力乡镇”“实力乡镇”“先锋乡镇”等项目。

四是围绕重点企业抓好专题宣传。让重要的企业和有影响力的企业家，和我们的机关报“抱”在一起。企业广告主要是产品销售广告和形象活动宣传，需要用心谋划。宜昌经济年度人物评选表彰活动是我们的独家专题，办了这些年影响大、效益好，但需要不断创新，办出更大的影响和更好效益。机关报要成为企业宣传的主阵地，成为产品和品牌营销的主推手。围绕企业的重大生产经营活动和事件，用常规以外的思路，如举办评选活动、经济论坛、企业家讲座等形式，都可以有效拉动广告。

五是围绕细分行业抓好增量广告。有的行业很大，但是广告涉入很少。比如商业、餐饮、旅游等，这些可能不是机关报广告的强项，但不能放弃。放弃的结果，就造成广告结构失衡和专业市场不全。要研究细分市场，让机关报与细分的商业接轨。要“抓大”也不“放小”，要“攻强”也要“扶弱”。加大工商公告类广告开发力量，城区和县市区同步推进，在广告量上实现新的突破。抓好土地、卫生等各类公共信息广告的开发，把机关报做成公共信息类广告资源的最大发布平台。在财经行业做出新的探索，开展金融保险服务明星、理财能手、优秀税官等评选活动。汽车市场要“开足马力”，用活动吸引车商，让车商信赖机关报。

四、服务产生广告价值

对客户服务好不好，是广告多不多的重要因素。我认为，实行重点客户服务责任制，是让服务产生广告价值的有效办法。

重点客户是报纸广告的重要公共资源，是实现报业广告经营利润增长和可持续发展的重要保障。做好重点客户的开发、培育、维护工作，为重点客户提供优质的宣传服务，建立和维系良好而持续的客户关系，对于广告事业的发展具有重要意义。

我们提出，实行重点客户定人、定量、定责的“三定”服务管理，是根据客户的规模大小、市场潜力及相对重要性，对客户资源进行有效高效分配，从战略上重视重点客户，提供较高水平的广告宣传策划和个性广告方案，从而提高重点客户在报纸广告中的份额和项目开发成功率，实现客户广告价值的最大化。

一是实行客户定人管理。为重点客户提供优质、持续、个性化的服务，满足重点客户的特定需求，建立长期稳定和融洽的合作关系，是实行重点客户定人联系制的最终目的。要对全市重点客户进行分类统计，建立台账信息，实行“三定”联系人。这些重点客户要纳入统一管理，由指定的专人作为责任人，实行“一对一”或“一对多”沟通模式，即由一个人与对方一个或多人联系，避免“多对多”即多人与重点客户之间多人联系。指定联系人承担重点客户的宣传服务、广告开发、危机攻关、关系维护等重要责任。要把那些能力强、人品好、服务优的人“指定”给重点大户，如宜化集团、稻花香集团等客户。每年对联系人进行绩效考核，实行优胜劣汰。

二是实行广告定量管理。每个行业中都有领军企业或项目成为我们的重点客户，这些客户的广告投放，具有“示范”作用。为使重点客户的广告投放产生最大辐射效应，我们要实行重点客户广告定量监控管理。很多人说这是一个创举，我觉得主要是一种探索，最终要用效果来检验。定量的基数，以上年度的广告投放水平为参照，根据客户发展前景和市场潜力，按一定比例下达增量任务，从20个百分点起步。定量的目的，是要求联系人全力做好服务，将大客户做强。定量指标纳入年度目标考核，与个人或部门业绩及分配挂钩，年终要根据结果重奖重罚。

三是实行服务定责管理。联系人的服务态度、攻关能力和宣传水平，都对重点客户在报纸中的广告投放有很大关联。因此，每个责任人必须对其所联系的重点客户负责，对报纸广告经营工作负责，否则将视情况给予责任追究。每天对同城媒体广告进行个案监测，并公布监测结果，实行“主任约谈”制。每月对重点客户满意度进行跟踪回访，主要采取个别走访、电话访问、问卷调查、客户意见反馈等形式。这样做，就是要求每位联系人经常深入重点客户中去，与客户组织结构中的关键或核心人沟通交流，帮助做好客户的新闻宣传、广告策划和其他附加服务。每季对重点客户广告发布进行实绩考评，考评的主要内容包括发布总量或增幅是否达到预期目标，广告回款是否按进度完成，单位发布价格是否符合标准，重大活动或项目策划是否积极参与。

广告是报社的支柱产业，只有这个产业的根基扎实，才能顶起报社事业稳健发展的脊梁。21世纪开启了媒体新的广告之旅。我想，没有什么可以阻挡时间的脚步，也没有什么能够阻挡报业快速发展的方向。三峡日报社的广告会迎来新的曙光，我坚信这道曙光会光芒四射！

（2009年12月）

思想破冰与广告突围

——谈参加第六届中国广告论坛的感悟

谈论点：新媒体环境下广告传媒业面临诸多困境与挑战，而广告人特别是机关报广告人，需要思想破冰，才能逆袭突围。

关键词：中国广告；思想创新；广告突破

2010年4月21日至24日，我受中国广告协会和湖北广告协会张锦妙秘书长的邀请，赴美丽的宁夏银川参加第六届中国广告论坛暨全国广告行业文明单位表彰大会。

这是一次全国广告人的“文明盛会”。全国有309家广告经营单位获得“全国广告行业文明单位”荣誉称号，湖北省共12家，我们广告部名列其中，其他还有湖北电视总台和《武汉晚报》等省级媒体。这是我们连续第二届获此殊荣，实属难能可贵，在全国地市报中并不多见。这个荣誉的获得，是集团党委对广告工作的正确决策和领导的结果，更是全体广告同人长期辛勤努力的回报，让我感受到了三峡日报社广告事业的荣耀和自豪。

这次“银川之行”最大的收获，不是领回了一个荣誉奖牌，而是在中国广告论坛上获取了很多广告业最新最前沿的知识信息，体会到了国内广告界大腕们思想与观点的激情碰撞。

中国广告论坛素有“广告达沃斯会议”的美誉。这次为期两天的论坛主题

2010年4月21日，第六届中国广告论坛在宁夏银川举行，作者受邀参加论坛并在“媒体广告创新与突破”分论坛做交流发言。

是“新环境下广告传媒业的突破与创新”。论坛邀请了国家工商总局、宁夏回族自治区、银川市等相关政府领导和国内外众多知名品牌与传媒专家，吸引了全国广告界的600多人听会。

国家工商总局副局长刘凡、中国传媒大学副校长丁俊杰、中华工商联副秘书长王忠明等做了精彩演讲。搜狐网联席总裁兼首席运营官王昕、分众传媒(中国)控股有限公司首席战略官陈岩等相继对中国广告业的发展态势等内容做了发言。论坛采取高端主题演讲与圆桌论坛相结合的形式，既有前瞻观点，又有互动对话形式，以务实的精神探讨了中国广告业当前所面临的实际问题和解决方法。

中国广告传媒业已经站在了经营抉择的十字路口，既有重要的发展机遇，更有严峻的市场挑战。

中国广告业将迎来大变之年。全球广告业已经走过了很长的高速增长期，预计2010年世界广告市场预期增长1%，国内广告市场预期增长率约10%，低于2009年13.5%。进入2010年，中国广告站在了抉择的十字路口，将在艰难的变革中前行。2010年是中国广告市场的政策元年，国家将出台一系列新的政策，包括修改后的新的《广告法》广告监管的一些新规定，将在全国范围内进行虚假违法广告的专项整治工作，这些将使广告行业面临很大挑战，或许会促进整个行业大规模的洗牌。

中国广告业将迎来创新之年。有专家指出，面对新的环境，必须创新才能找到广告传媒业新的方向和方法。现代广告不仅仅是商业推广，更需要先进的理念、思想和路径。没有创新，中国的广告业不会有新的进步和发展。变来变去不叫创新，没有方向不叫进步，只破不立不叫发展。广告要有文化，有品位，有担当，有责任。要做到这些，必须用新思想和新思维，才能取得广告业的创新性突破。比如，相对于传统广告形式，“植入式广告”将产品融入娱乐元素，以场景、道具等方式出现，将实体产品与虚拟产品结合在一起，更容易获得受众的认同和好感。所以，传统广告也要在用户体验和感觉上下工夫，找创意。

中国广告业将迎来融合之年。实行媒体融合，成为未来媒体竞争的关键。融合包括品牌、内容、资源和资本，融合可以使资源利用最大化。报业与互联网融合，电视与网络联姻，都是一种新的方向。把握传统媒体和新媒体的关系，加强报网互动、刊网互动，让传统报刊与新兴媒体资源优化组合、相互渗透、优势互补，实现以平面媒体为主的报业集团向平面与数字媒体同行共生的传媒集团转型，是2010年和更长时期广告传媒业的主基调。

中国广告业将出现新的大趋势：一是消费者的细分带来媒介更加细分，从而带来广告经营的细分；二是媒介数据化进程加快，数字传媒广告成为新选择；三是多媒体的融合与联动将发展为主要传播手段；四是社会化媒体时代到来，受众将更多地主动参与传播；五是内容营销进入广告经营更为重要位置。

参加中国广告论坛这样高层次学习，对从事地市级报纸广告经营的我来说，不是技术和学术层面上的得到，而是思想洗礼也可以说是“洗脑”的收获，是先进思想、理念和观念上的灌输。

广告是一个具有鲜活力和创造力的事业，需要创新的智慧。我想，广告要突破，思想必须有突围。那么突破和突围的关键，就在于要做一个有“想法”的广告人。

我对创新的理解，首先是要有自己的“想法”。要敢想，敢往远处想，敢往深处想，敢想别人没有想过或想到的。有些想法可能不对，这不要紧，但一定要有。有一句著名的广告词叫“思想有多远我们就能走多远”，告诉我们思想可以创造一切可能。广告是创意产业，是智慧产业。有创意才能显示大智慧，用智慧才能产生好创意。

前不久看到这样一个故事，很受启发。

说有一个穷人，在大雨的晚上到富人家讨饭。仆人见后大喊“滚开！”这个穷人说：“只要让我进去，在你们的火炉上烤干衣服就行了。”仆人见其可怜，就让他进去了，他就坐在火炉边。穷人这时请求厨娘给他一个小锅，以便他“煮点石头汤喝”。厨娘觉得奇怪，想看看他怎样用石头做成汤。于是就答应了。穷人把路上捡来的石头洗净后放在锅里煮。厨娘觉得“煮汤总得放点盐吧”，就给他一些盐。后来又给了他豌豆、香菜，最后又把能够收拾到的碎肉末都放在汤里。穷人后来把石头捞出来扔了，美美地喝了一锅肉汤。

这个穷人如果直接对富人说“给我一碗肉汤喝”，必然是什么汤都喝不到。然而他却换了一种思路，便轻易地解决了自己的难题。这种摆脱饥寒的方法其实便是一种创新。

我们做广告经营也是这样，有时找客户“讨广告”显然会被直接拒绝，但是换一个思路，换一个办法，也许最终会达到“成交”的目的。

做广告的核心是创新，而创新就要“换脑筋”，就要“有想法”，因为这样才能迸发出广告思想的火花。

（2010年4月）

眼界向上 脚板向下

——谈“百户农家行”给广告人的启示

谈论点：做新闻与做广告的“道”是相通的，要有宽广的眼界、创新的思路和务实的作风，缺一不可。

关键词：新闻行动；活动组织；广告启示

做报纸广告必须关心报纸、关注新闻。我每天有看报纸读新闻的习惯，或许这正是一个报纸广告人的职业习惯。最近《三峡日报》推出大型系列体验式报道“百户农家行”，是新闻工作者转变作风、深入基层、坚持“三贴近”的一次生动实践。

这次“百户农家行”采访活动，抽调110多名记者，组建上12个专班，进行“接力式”采访，完成“五个一”的基本任务，即“调查一个村庄、夜宿一个农家、采写一篇稿件、结交一家朋友、撰写一篇体会”，真实记录和反映新农村建设的深刻变化、民生问题和农民期待，推动新农村建设向纵深发展。

我了解到，截至目前，已刊发了十多期稿件。我每期都认真读过，很受启发。虽然这是编辑部组织的一个“新闻行动”，但很值得我们广告人学习。

一是学习编辑部在项目策划方面的好思路。我们常说，思路决定出路。做广告跟做新闻一样，如果没有好思路、好策划、好项目，很难有成功的突破。好思路，就要打开眼界，提升境界。眼界要向前，思想要超前。好策划，必须把创新放在第一位。好项目，是要得到市场认可、读者认同，要能够创造效益。在这方面，“百户农家行”给我们做了很好的示范。“农家行”既锻炼了记者，又联系了农户，还给报纸带来一股清新的文风，真正达到了领导满意、专家肯定、群众欢迎的效果。

二是学习编辑部在团队作战方面的好方法。团结就是力量，任何一个单位或部门，只要团结协作就能克难攻坚。团队就要抱成团，就要形成队，就要步调一致。团队最需要的是执行力和团结力。执行力是前提，团结力是根本。无论做活动还是做项目，首先要有统一的思想认识，然后有坚定不移地快速行动，这样才能朝着一个目标去努力并争取实现。编辑部把百名记者划分为12个小组，每个小组10人，组长由总编辑、副总编辑、编委和主任担任，组长全程指挥，团队协调作战。广告部今年活动或项目比较多，前期的年度人物评选、“两会”项目，近期的全省县域经济会议、首届杰出女企业家评选等，都体现了一定的团队精神和团结力量，但在这方面还要向编辑部学习。

区域报纸如何融入全媒体竞争时代

报道创意：全局高度和时代视野

——以三峡日报“百户农家行”报道活动为例

◎罗春烺 范长敏

新闻战线三项教育活动是一项经常性的活动，市州媒体如何在活动中常做常新，需要通过创意不断赋予其新的内涵。今年3月起，三峡日报传媒集团策划实施“百户农家行”大型采访报道活动，派出百名记者进百村、访百户。120名记者分成11个小组完成了进村住户采访，刊发稿件120余篇。这些报道引起各级干部、各地农民和广大读者的持续关注。新华网、中国文明网、中国新闻出版网、中国记协网、湖北传媒网、南方网、凤凰网等纷纷推介这一大型采访报道活动。中央新闻战线三项教育活动领导小组、湖北省新闻战线三项学习教育活动小组充分肯定“百户农家行”是一项非常有创意的活动，是记者转变作风、坚持“三贴近”的一次生动实践。

“百户农家行”大型采访报道的创意过程有哪些值得借鉴之处呢？

一、目标的确立：站在全局高度，联系时代背景

1、把握方向性原则。

成功的报道总是与时代背景、全局高度密不可分。“建设社会主义新农村是我国现代化进程中的重大历史任务。全面建设小康社会，最艰巨最繁建设打下坚实基础的关键时期，是推进现代农业建设迈出重大步伐的关键时期，是构建新型工农城乡关系取得突破进展的关键时期，也是农村全面建设小康加速推进的关键时期。2010年，是这一“关键时期”的最后一年。今年初，三峡日报传媒集团党委在研究今年新闻宣传工作时，党委书记、董事长罗春烺明确提出：伴随着社会主义新农村建设步伐的不断加快，作为党的“喉舌”，必须继续关注农村、关心农业、关爱农民，让新闻策划“助推”新农村建设。集团总编辑范长敏的思考是：建设社会主义新农村，是党中央在新的历史时期的一项重大战略决策。5年过去了，新农村建

三峡日报编辑部迅速制订出活动初步方案，报请宜昌市委领导同意后，又和多个部门沟通，完善报道方案。同时，还与市农业局制定了“百户农家行”调查问卷。最后，市委农办、市农业局与三峡日报传媒集团联合下发《关于开展“百户农家行”活动的通知》，通知确定：全市112个新农村示范、试点村为采访点；活动主旋律是“深入报道社会主义新农村建设的新变化、新问题和农民的新期待”，活动关键词是“科学发展、城乡统筹、共建和谐”。

2、坚持科学性原则。

为了使此次大型主题采访报道有可操作性，能增强引导力、产生影

2010年3月，三峡日报社编辑部推出的大型体验式新闻专题“百户农家行”，在业界产生良好反响，《新闻前哨》重点推介。

三是学习编辑部在采写新闻方面的好作风。只要认真读一读“百户农家行”稿件，就会发现很多同志不是在简单地“写”新闻，而是在用心“做”新闻。这些体验式的现场新闻，入题精巧，见闻细腻，文笔清新，思辨性强。从总编辑到部主任、从老记者到新同志，在这次“农家行”过程中表现出了机关报新闻工作者与众不同的高素质和求真务实的好作风。3月16日，总编辑范长敏第一个夜宿农家，采写了《鸡头山的乐与盼》。这个稿件，生动报道了新农村建设给村庄带来的深刻变化，如实反映了村里文化生活贫乏、金融服务缺失、“低保户”生活困难等问题。稿件见报第二天，市委副书记李亚隆在报纸上做出重要批示，高度肯定，要求市委农办和市直有关部门高度关注报道，适时对农民关心的问题做出回应。我们的经营活动，不是简单地“拉”广告，而要真正在“做”字上下功夫。

“百户农家行”，我看“真的行”！策划上的好思路，合作上的好方法，工作上

的好作风，都值得点赞和学习。同时，我也想到这样两句话：眼界向上，脚板向下。

眼界向上，是要向远看，有前瞻性。眼界是目所能及的尺度，是思想活跃的深度。我们经常讲，广告人要有大胸怀、大眼界。要站位高，视野宽，目光远。这些不是空话大话，是对我们大有益处的实话。眼界低下，目光短浅，大都只关注自己或眼前的利益。视野宽广，既能看到眼前的精彩，也能知道远方的风景，既注重走好当下的每一步，也能较好地规划职业未来。当然，我们说的眼界高远并不是"好高骛远"，不切实际。这两者有本质区别，不能混为一谈。眼观前方，路在脚下，脚踏实地走得远。

我常常想，什么叫广告人？我们应该做一个什么样的广告人？可能很多人的理解，广告人就是"做广告的人"，就是"用广告挣钱的人"。但我不这样认为。我总觉得，拥有广告思想、广告情怀和广告精神的人，才是真正意义上的广告"人"。思想是第一位的，头脑要清醒，方向要明确，还有广告情怀和职业精神，这才构成广告人的核心要义，才能成为职业广告人。

脚板向下，是要接地气，有实干劲。我觉得，广告圈是个蛮残酷的"江湖"。这个"江湖"复杂多变，不留情面。做得好的，得心应手，风生水起；做不好的，苦不堪言，一穷二白。我们身边就有很多这样的例子。有些老广告人，虽然远离了江湖，但江湖中还有他们的传说。现在我们的广告队伍中，贡献大的年收入上十万元甚至数十万元，做得狼狈的"无颜见江东父老"，只能拿到基本生活费。形成这种差别的因素可能是多方面的，但有一点非常确定，那就是"脚板底下出广告"，每一份成绩都是勤勤勤恳恳"跑"出来的。

最近，副主任郑江带领房地产工作室推出的"春探楼市——实景现房记者体验之旅"，跳出了单纯的硬广告，"钻"到房产现场，采写了一批体验式的稿件。我认真看了部分稿子和版面，写得很生动，很耐读。既有"泥土味"，也有"文化味"，还有春天"花香味"。我觉得，这是他们眼界开阔、思路创新的好谋划，也是脚板向下、务实体验的真行动，值得提倡和学习。

脚踏实地是做事的根本。我们不能坐等客户上门、坐等广告上门，要沉下去，沉到各类企业、各个行业和有潜力的客户中去。多和客户交朋友，多为客户做服务，这样才能给客户创造更大的广告价值。

（2010年3月）

弄明白你在为谁工作

——谈有效工作的“方法论”

谈论点：你在为谁工作？这是一道人生必答题。正确的答案是，为他人更是在为自己。

关键词：思想认识；人生态度；工作方法

最近，我让办公室首次发出了5份“警示通告”，对前几个月广告经营业绩落后的同志以书面形式进行了提醒、警告和督办。我也分别找这些同志谈心，帮助他们解决思想认识和工作方法上的一些问题。

我发现，除了个别人对广告工作有理解认识上的差异，从而导致行动上的懈怠以外，很多同志并没有“拖后腿”的主观故意，只是“心有余而力不足”。

这个“力不足”，其实是工作方法上的问题。

我们每个人的工作方式无外乎有三种，一是主动工作，二是被动工作，三是机动工作。

主动工作就是主动地干自己想干而且应该干的工作。主动的前提是“想干”和“该干”，工作的动力来自内心，压力也来自自己。这是一种自觉的、积极的、心甘情愿的工作状态，常常能创新出彩，超出预期效果。

被动工作是被动接受而又必须干的工作，如领导分配一项任务安排你去执行，有点“指一下动一下”的意思。被动往往受制于人、受制于客观条件。被动工作型的人常常缺乏激情和创造，被困难所吓倒，有时会为完不成工作任务而找借口。找借口就会有很多种理由，每种理由看似“很客观”，其实细究都可以推翻。

机动工作就是“见机而动”的工作状态，容易受情绪影响，情绪对头了就能“有所为”，不对头则“有所不为”。这种工作状态的人，随意性大，“定力”不够。

如果一个人缺乏主动性，会引发很多性格缺陷，如拖延、纠结、迟钝、自卑。而主动性强的人，往往很有主见，能够自我掌控身体、大脑、习惯、时间等，得到人的尊重。

广告经营是一项特殊的工作。其“特殊性”表现在：一是工作对象的不定性，各种客户分布广泛，所处行业不尽相同，服务对象也经常不断变化；二是工作时间的自由性，因为报纸广告不是“坐等上门”，广告人上班也不搞统一的“坐班制”，主要时间都用于跑市场、跑客户、跑服务，因此是相对自由的；三是工作方式的灵活性，没有人规定“拉广告”应该用什么样的“拉”法，“跑广告”应该有个什么样的“跑”法，没有“线路图”，没有“规范化”，而是各有各的“招数”，方式非常灵活。

正是因为有这些特殊性，广告经营工作才既有压力和挑战，也有动力和乐趣。也正因为有这些特殊性，广告人就应该选择一种最有效的工作方法。

我们要提倡主动工作。只有主动才能“以我为主”地做事。在广告部，凡是主动做事的、主动服务的、主动想办法的，都是业绩较为优秀和突出的，大家仔细观察一下就会发现，主动工作的人总是把事情做在“领导发话”之前，把服务做在客户广告发布之前，把建议提在问题和困难遇到之前。这些“做在前”的工作，就是充分发挥了自己的主动性和能动性，当然工作也就有了创造性。

比如我们身边的杨帆。她不事张扬，总是热情洋溢，只要看她做事就能感受到一种事业激情。她待人友善，总是坦诚相见，只要从她身边走过就能传递一种人际温暖。她的工作永远“快人一拍”，无论遇到什么困难却从不“叫苦喊难”，无论做什么事情都让人一百个放心。其实，这就是优秀广告人的职业情怀和专业素养。

又比如我们身边的向腾蛟。中国地产业航母——万达集团投资20亿元在宜昌打造万达广场，是全市“一号工程”和“一把手工程”。公司班子还没有进驻宜昌，他就提前“打进”，步步“跟进”，基本上每两天就要联系一次，协助公司做好资料收集，根据宜昌本地的习俗，提出宣传策划意见，使《三峡日报》成为万达广场广告投放的首选媒体和最大投放量的媒体。公司领导对向腾蛟的印象是“能做事、会做事、做好事”，值得“放心和信赖”。

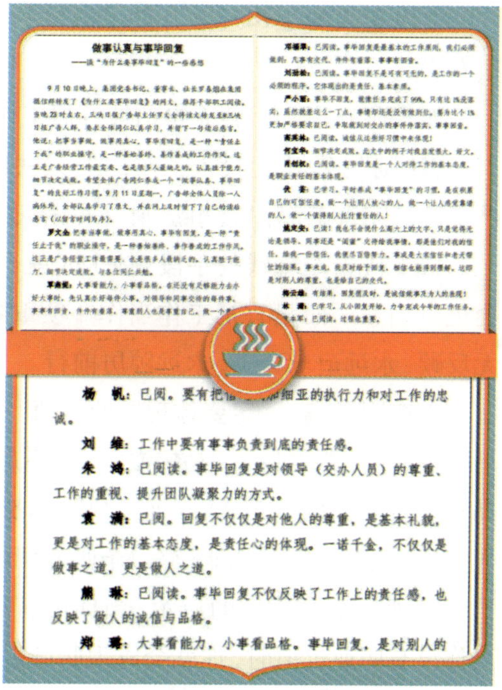
做事认真与事毕回复

杨 帆：已阅。要有把信……细亚的执行力和对工作的忠诚。

刘 维：工作中要有事事负责到底的责任感。

朱 鸿：已阅读。事毕回复是对领导（交办人员）的尊重、工作的重视、提升团队凝聚力的方式。

袁 满：已阅。回复不仅仅是对他人的尊重，是基本礼貌，更是对工作的基本态度，是责任心的体现。一诺千金，不仅仅是做事之道，更是做人之道。

熊 琳：已阅读。事毕回复不仅反映了工作上的责任感，也反映了做人的诚信与品格。

郑 琴：大事看能力，小事看品格。事毕回复，是对别人的

三峡日报社广告部高度重视员工“事毕回复”之类的细节培养，不断激发员工的工作积极性、主动性和创造性。

前不久我看到一本书《你在为谁工作》，觉得很受启发。这本书深刻阐释了世界500强企业推崇的优秀员工思维理念，书中提出了一个重要的人生问题：“我们到底是在为谁工作？”也告诉人们一个极其朴素的道理：“我们在为他人工作的同时，也在为自己工作。”

你在为谁工作？这是一道人生必答题。

为国家、为社会、为集体、为单位、为领导、为他人，为钱财、为名利、为荣誉，答案千奇百怪。但我更坚信，“为他人也在为自己”。

在我们身边，为什么有的人总是对工作充满激情，无论是平凡小事还是克难攻坚，都总是全力以赴，做到精益求精，就是因为他们把工作当作自己的事，从中享受工作的乐趣。而有的人总是抱怨条件艰苦，或环境恶劣，或待遇低微，成天得过且过，做事敷衍塞责，最关键就是存在“为谁工作”这个认知上的误区。

比尔·盖茨连续多年被《福布斯》杂志评为世界首富，但他为什么还要工作？

他的这段话就是最好的注释：“如果只把工作当作一件差事，或者只将目光停留在工作本身，那么即使是从事你最喜欢的工作，你依然无法持久地保持对工作的激情。但如果把工作当作一项事业来看待，情况就会完全不同。”

他以超人的工作理念开创了微软的神话，总结的“十条工作法则”对我们很有启迪。

如“独立法则”：独立自信地开展工作；“时间法则”：惜时如金地有效工作；“心态法则”：积极地投入工作；“行动法则”：激情满怀享受工作；“律己法则”：严于律己完善工作；“处事法则”：和谐人际润滑工作等。

把工作当作赚钱的手段，钱少时就会放弃。把工作当作应付的差事，就不会把事当事。而只有把工作当作一项重要事业，你才会永远充满激情，永远义无反顾，永远追求完美，永远踔厉前行。

人在职场，就一定要体现职业价值。有一则寓言故事讲，两匹马拉货车，一马飞奔向前，跑得快，一马慢慢吞吞，不赶路。于是主人把后面的货全搬到前面马车上。后面的马窃喜，笑道：“嘁，越努力越遭折磨，幸亏我走得慢。”谁知主人一想，既然一匹马就能拉车，干吗养两匹？最后懒马被主人宰掉吃了。

这则故事给我们的启示，当你可有可无时，你离被踢开的日子就不远了。当你没有职业价值时，你就会成为职场负担。

我经常跟同事们讲，广告是一个行业，也是一种职业，但对我们来说更是一项事业。君既爱之须纵情。投入自己的全部情感，就会感到广告事业带来的无限的乐趣和价值，而不会成为一种累赘。

我们要有一个清醒的认识，那就是在工作中出了问题，首先是自身的问题，在岗位上不履职尽责，就一定会被问责。当下的广告，专业性并不强，还没有哪个敢说自己是不可替代、不可或缺的。你不做别人一样会做，你做的市场换成别人一样做得好，甚至做得更好。所以不要把自己想象的那么“不可动摇”，要少些“胡思乱想”，努力去做“最好的自己”。

如果有了这种认知，工作就会时时处处保持主动状态。主动的人，步步为营；被动的人，步步难行。真正从思想上“动”起来，从行动上“快”起来。避免工作被动、少动甚至“无动于衷”，不至于做工作总是“抓瞎”。

行者方致远，奋斗路正长。愿我们每个人都在奋斗的路上一步一个脚印，留下无悔的足迹！

（2010年5月）

经营好我们的“经营队伍”

——谈广告团队建设的着力点

谈论点：经营好一支“经营队伍”，是一个比经营本身更重要的课题。

关键词：经营队伍；广告人才；管理经验

建设一支好的经营队伍，比抓一时突飞猛进的经营业绩更重要。所谓好的经营队伍，就是一支职业精神强、敬业作风硬、专业技能好、事业贡献大的优秀团队，是一支有凝聚力、有执行力、有战斗力的优秀团队。

经营好经营队伍，是一个比经营本身更重要的课题。

那么，如何经营好我们的经营队伍？我觉得，要从文化建设、作风建设、业务建设等方面，用重锤、使猛劲、下大力。

抓广告文化建设，增强团队凝聚力

报社是一个文化单位。但很多人说，广告部门是这个文化单位里“最没文化的”，也是“人心最散的”。每次听到这样的议论时，我心里很不是滋味。这也是我们提出构建“广告文化”体系的最初原因。

不可否认，广告经营人员素质参差不齐，不少人学历较低，综合素质不高，做广告习惯于“搞关系”，崇尚传统“酒文化”。在那些笔头硬、学历高、本事大的同事眼里，广告人总是“低人一等”“矮人一截”，很多人因此非常自卑。

三峡日报社坚持每年举办职工运动会，以此凝聚人心、增进团结、锻造作风，广告团队连续多年在集体广播操、拔河赛等团体项目上夺金摘银。

我们倡导“做职业的广告人、做敬业的传媒人”，把“忠诚、智慧、激情、奋进”作为广告人的信念支撑，推行“创造客户价值，体现机关报价值，实现自我价值”的经营理念。

我们要让每个人都有快乐的工作状态，并让这种快乐化作事业成功的源泉。努力创造轻松、高效、严谨、务实的工作氛围，使每个人都能在具有凝聚力的集体里出色地完成工作。要开展经常性的文体娱乐活动，让打球、健身、户外成为八小时之外的主题。这些不仅能强身健体，充实业余生活，使团队充满生机活力，而且可以成为同客户交往的重要方式，增强我们同客户的黏度。在报社举办的首届职工运动会上，我提出要“抱团取暖”，要“团结拧成一股绳，团队就像一个人”。结果我们取得团体总分第一名，拿到广播体操等三项最有含金量的金牌。

培养员工的忠诚度很重要。当然绝不是要求对领导忠诚，而是对广告忠诚、对事业忠诚、对岗位忠诚、对单位忠诚。忠诚的背后，包含每个人的专业精神、职业理想和敬业态度。忠诚岗位和事业，就是要做好自己该做的事情，尽好自己该尽的责任。做不到这两点，一切“忠诚”都是空谈。

过去报社有很多人把广告部当成“火坑”，不愿意到这里来工作，怕“引火烧身”。因为广告部没有底薪，工资全靠自己挣。

但广告并不是什么人都可以做到的，做不到广告完不成任务就会很惨，所以大家都“敬而远之”。报社领导也很伤脑筋，挑不到合适的人做经营，是个“老大难”问题。后来一段时间，报社采取过一个“狠招”，就是只要愿意到广告部工作，可以优先提拔“解决级别”。但还是没有什么吸引力，因为个别“试过水”的人，一年下来还是没“讨到好”。

无法实现职业发展，是很多员工离职的主要原因。但很少有管理者愿意为员工的职业发展投入时间和精力，特别是经营部门的领导，因为这往往与管理者的绩效评价指标相冲突。

我想把广告部经营成一个“与众不同”的经营部门，不光“谈钱”和“挣钱”，更多为员工的职业发展创造条件，铺设通道。要把广告部建成一个人才辈出的地方、一个财富集中的地方、一个最具磁场效应的地方，让来了的人不想走，走了的人还想来，不来的人特想来。

这个地方和这个团队，需要用一种力量凝聚人心，用一种精神指引方向。所以我们提出建设“广告文化”，希望通过文化“引人”“育才”“筑魂”，打造一个全新的经营团队。

抓经营作风建设，增强全员执行力

执行力就是抓落实的能力，是一个人重要的工作能力。提高这个能力，要靠过硬的作风。作风表现在平时，体现在细节，关键在养成。

抓好管理制度的严格执行。各种广告经营管理规定和管理细则，都是要求大家共同遵守的办事规程或行动准则。要坚持用制度管人，用流程管事，这样既能规范经营行为，也能有效化解各种经营风险。

抓好经营行为的文明规范。我们提出广告活动的“三不”标准，现在看来绝大多数人做得比较好，但仍然有个别人有不规范的行为。比如，同一个内容或同一个单位广告，有你争我夺互不相让的现象，也有恶意降低价格争取客户

不忘初心，牢记使命。三峡日报社广告部党支部在远安县瓦仓起义纪念碑前举行爱国主义教育。

的现象，甚至还有在客户面前贬低同事或同行的行为等。这样的事情必须从根本上制止和杜绝。我们提倡内部竞争，但反对利用任何不正当手段的“恶意竞争”。提倡“比学赶超”，但反对任何通过损害他人利益而获得的“恶意追逐”。凡是不正道、不光明、不和谐、不道德的“竞争”和“超越”，都是“违规行为”，广告也是“不当得利”，有损于个人形象、报人形象、广告形象和团队形象。

抓好日常工作的令行禁止。有令不行，有禁不止，松松垮垮，随随便便，就不像一个团队。做事无精打采，遇事推三拉四，只要组织照顾，不要组织纪律，就不像一个广告人。这样的不良习气和习惯，要坚决克服。我是军人出身，对此深有切肤之痛。做经营要有咬钢嚼铁的精神和雷厉风行的作风，“咬钢嚼铁”就是要不惧怕困难，敢于克难攻坚。“雷厉风行”就是像雷电一样猛烈，像飓风一样快速，说了就动，说到做到。

我们常常可以通过小事看人品，从细节看大节，从会风看作风。开会总是迟到的人，可能就是一个不守时、不守纪、不守信、不履约的人。办事总是一催二问三请最后还是不落实的人，必定就是一个爱讲客观理由、不做主观努力、把事不当事的人。虽然不是绝对的，但至少有这种倾向。从平时做起，从小事做起，养成令行禁止的好作风和好习惯，对经营工作来说极端重要。

抓骨干队伍建设，增强团体战斗力

我认为，一支队伍战斗力强不强，“关键少数”起决定作用。

我们这个团队最重要的支撑就是骨干力量。部门主任、党员干部、劳动模范、先进个人，都是我们的“精英层”。这些人中既有新闻专家，也有策划行家；既有广告高手，也有攻关能手。骨干以老同志居多，要做好“传帮带”，新同志要尽快“学赶超”。我们组织的“结对帮扶”活动，很有意义，让骨干带徒弟、传经验，帮助年轻人迅速成长。

部门主任要当好责任人。各部门各工作室主任，既是部门的负责人，也是市场的领头人，“官”不大但责任大，“权”不重但压力重。一个部门任务多则上千万元，少的也有上百万元，承载着年度目标的重任。负责人的薪酬和津贴明显高于其他人，有“责任含量”。所以不仅要把自己的事做好，还要“管好别人的事”，负责其他人员的日常管理、项目策划、计划落实、广告组织和任务完成。

我常说，主任要真正“主事”，骨干就要“肯干”，要把全部精力投到工作中，全部心思放在岗位上。主任不是一个人，而是代表一群人。优秀和称职与否，不完全是看个人能力，而要看其带队能力，包括组织水平、合作意识、协作精神、整体业绩等，要对集团党委负责、对广告事业负责、对部门员工负责。

中层干部要有责任感、危机感和焦虑感。责任感不用说，大家都很强。很多人缺乏危机感和焦虑感。其实这两种意识对中层干部来说并不是坏情绪，而是一种自我增压的状态。我常常处于这两种情绪中，每天都有“做不好”“做不到”“做不成”广告的危机，每天都有完成任务、冲刺目标、再创新高的焦虑。因为我知道自己不能四平八稳过日子，不能无所作为占位子，那样的话就是中层的“鸡肋”。

党员干部要当排头兵。我们团队中党员干部占大多数，是经营的主力军。党员要走在前、干在先、做表率，始终有个“党员的样子”，做什么都要“像那么回事”，而不是“当副班长”。“副班长”就是队伍中站在最后一个的人。我过去经常讲，要“把最优秀的表现献给岗位”，而不能把最差的一面留给身边的群众。

党员是一面镜子，要经常用镜子去“照一照”，优劣便一目了然。要像胸前佩了党徽一样，亮明身份，时刻提醒自己要在急难险重的时候冲在前，让群众“跟我上”，而不是关键时刻躲在人后，指手画脚叫喊“给我上”。

凡是党员干部做不好工作、完成不了任务，都要追责问责。对这一点我会说到做到，绝不会简单地“拍拍肩”“挥挥手”，若无其事。因为我要对党委负责，对这个团队和团队中的每一个人负责。

先进劳模要做贡献者。业绩优胜者是报社经营的功臣，劳动模范或先进工作者是全员学习的榜样。我们每年每次表彰奖励的，只是优秀代表中的极少数，而大部分人同样做得很出色，大家从内心都充满敬意。每到年底时，各单位总是要搞“评先奖优”，其实这个说法不准确，因为先进劳模不是“评”出来的，不是票选“投”出来的，而是日复一日“干”出来的。所以我觉得“评”出来的先进，不一定真正具有“先进性”，但“干在实处”的人才真正值得敬重。

我们的劳模和先进要用业绩“说话”，用数字“对标”，实打实，个顶个。集团领导称赞我们是一个“英雄集体”，因为我们中有的受到国家级行业表彰的先进，有的在全省堪称典范，有的是全市楷模，还有的是部门标兵。但这些不重要，重要的是要保持奋斗激情和奋进状态，不能坐在功劳簿上“啃老本”。

珍惜荣誉，保持干劲，乘势而上，更有作为，才是劳模和先进“应有的样子”。

落后同志要当“赶路人”。暂时落后不可怕，怕的是丧失信心、自我气馁和甘落人后。业绩较差要成“追赶者”，当“赶路人”。要分析“差的原因”，拿出“赶的勇气”，寻找“补的办法”。

见贤思齐，见不贤而自省。要向先进同志看齐，不能拿更差的人比。要知道反观自身，知耻而后勇。如果不努力，你连输的资格都没有。

我每次对落后同志的批评处罚，其实不是目的，只是敦促把工作搞得更好的一种手段。因此，不能把批评当包袱，而要当作比学赶超的动力。

记得王阳明说“人孰无过，改之为贵”“君子改过，人皆仰之”。后进变先进，就会是迟早的事。

（2011年3月）

为客户服务是广告经营的逻辑起点

——谈用户理念与服务创新

谈论点：服务为本，服务至上。广告服务是依托报纸的信息资源和品牌资源，为客户构建功能服务和情感服务体系，让广告产生更有用更有效的价值。

关键词：服务客户；问题剖析；服务技能

动真情，用真心，真服务，会服务，全心全意为客户。这些话我几乎每天都在重复。

服务是做好广告经营的逻辑起点。因为只有做好服务，才能有效维护客户资源，更好提升广告价值和经济效益。

服务是广告经营的根本

辞典对“服务”的基本解释，是“为别人做事，满足别人需要”。由此可见，服务是追求“以人为本”的。广告经营服务，就是依托报纸的知识信息资源和品牌资源，为客户构建功能服务和情感服务的体系。

提供功能服务和情感服务，是报纸广告应对新媒体环境挑战、提升核心竞争力的内在需要，是建设服务型广告团队、打造职业广告人的必然选择。随着高新科学技术和信息产业的迅猛发展，社会已经步入一个全新的知识经济形态。知识经济对当今的报纸广告运作有着基础性支撑作用，广告经营与知识经济的服务理念、服务功能、服务方式以及媒体和客户关系都发生了根本变化。要实现新的跨越式发展，当务之急就必须加快与知识经济相匹配的服务创新步伐，强化服务功能和功能服务，提升对客户的现代服务水平。

服务不能改变一切，但没有服务一切都会改变。作为广告经营链上的一个重要环节，服务是维系广告主、消费者、市场等各方联系的纽带。如何保持和增进报纸与客户之间的紧密关系，让客户成为报纸的战略伙伴，是保持报纸广告经营持续竞争力的关键所在。因此我们要围绕客户需求，提供一切有利于广告经营的服务。

我们提出打造服务型广告团队，提高服务技能和服务水平是我们的基本要求。推行服务营销，加重服务在广告经营中的比重，必须克服思想观念上对服务认识不深的问题，解决在服务基本技能上欠缺或单一的问题。着力强化服务意识和提高服务水平，是我们加强职业广告队伍建设的重要保障。

我常讲，广告与客户是"鱼水关系"。广告是鱼，客户是水，水里可以没有鱼，但鱼儿永远离不开水。所以，对客户的服务，要带着"养分"，带着"真心"，带着"深情"。我们团队中有很多服务标兵，他们的实践证明，用心服务、真情服务，客户就能成为我们真正的朋友和利益支撑。说到底，服务是广告经营的本质和根本。

影响广告服务的主要问题

这些年，我们坚持选树"十佳服务标兵"，团队中涌现了很多优秀服务人员。他们用优质高效的服务赢得了客户赞誉和市场认可，但是服务中的问题依然存在，有的问题甚至已经影响了经营的质量和效益。我认为，主要表现为以下四种：

一是服务不勤的问题。"不勤"就是不经常，不勤快，不持续，不重视客户关系。有的人无事不登客户门，一年到头去不了几次，更谈不上服务。可以想象，你平时对客户不闻不问，关键时候别人肯定对你不理不睬。

解决这样的问题，要整治"懒"病。懒是服务的大忌。我们强调平时多联系，多往客户单位跑，每月"泡"在客户那里的时间不得少于两三天，重点客户甚至每周要光顾上门。在与客户的交往中，要做到勤动腿、勤动手、勤动口、勤动脑。

我们都要做一个踏实勤快的广告人。副主任黄本军是一位"老广告人"，他

三峡日报社同宜昌市人社局联办《宜昌人社》专刊十多年，已成为人社宣传的重要平台。图为作者组织的全市人社系统通讯员业务培训。

用自己长期服务稻花香集团的亲身经历和优秀业绩告诉大家，说服在平时，服务在平时，功夫在平时。稻花香集团在本报的广告投放长年都是最多最好的，一个重要因素就是他“服务到位”。平时不“烧香”，做广告的时候很难“抱佛脚”。客户最需要的是勤快人、勤奋人，最不愿意看到的是懒人。“服务不勤”的后果是，客户关系不融洽，在广告投放时轻视你、不给份额或少给份额。

二是服务不深的问题。“不深”就是没有深层次的服务，没有同更深层次人物进行深度交往。有的人与客户的联系，总是停留在表面、低层面，如一般办事员、销售经理等，而没有深入客户的关键领导层如党政企一把手、分管主要领导等，抓不住客户关键人，即使有再好的策划或活动，都很难得到客户上层或主要领导的支持。

解决这样的问题，要学会“取巧”。当然不是投机取巧，而是要讲究方法，提倡跟客户关键人交朋友。这个关键人可能是“一把手”，也可能是分管领导，或是客户单位实际执行人，但一定是说话算话的人、管事办事的人。如果不能经常拜访，最好要经常发个短信或打个电话。要让客户的关键人常常能够在关键时候记起你和你的报纸。

我们要做一个以巧取胜的广告人。覃燕妮是全省十佳青年记者，我认为在全集团年轻人中她也是最具有新闻服务技能、市场营销水平和经营策划智慧的人。她同客户打交道的亲和力极强，她谈广告的成功率极高，在“建党90周年百版纪念特刊”“全省一主两副现场会特刊”等重大广告活动中，两个项目个人就创造上百万元的广告业绩。我说她是“真服务、会服务、真会服务”。服务要满足顾客的需求，但不能停留在这个层面，而要力求超越顾客的期望。只有真服务、会服务、深服务，才能打动顾客，长期留住顾客。

三是服务不紧的问题。有的人服务做得不错，客户也很满意，但坚持不够，跟得不紧，三天打鱼两天晒网。我们与客户“跟紧”的标准，应该是人家在宣传策划上相信你，在遇到公关危机时依靠你，在有广告机会时首先想到你。你离客户不紧，客户必然离你很远，因此就会导致经常漏稿件、漏广告、漏活动。

解决这样的问题，要有“钉子”精神，要同客户融为一体，“扎”在客户中，“钉”在一起，“打”成一片，随时提供客户信息，把握客户宣传需求。

我们要做一个步步为营的广告人。方勇华是一个紧跟服务的典型。

他联系的楚园春酒业，产品卖到哪他就跟到哪，因此楚园春把他当作自己人，外界把他当成楚园春人。楚园春广告从过去每年几万元做到了如今年投放超过百万元。他就一步一个脚印，坚持紧紧跟随、步步为营，与企业一同成长，共享了企业发展成果。

四是服务不专的问题。“不专”就是不专业，不专注，没有效果。有的人热情很高，想法很好，但往往不知从哪儿做起，做了一些“无用功”。其实这是一个方法问题。服务客户首先要非常熟悉了解客户，包括企业的历史、发展的现状、行业的地位以及企业主要领导的基本情况。把自己变成行家，甚至变成专家。“服务不专”就会跟客户没有“共同语言”，想不到一块儿，说不到一块儿，策划不知从哪儿说起，写稿不知从哪儿着笔。

解决这样的问题，要练好“真功”。把客户当作自己的研究对象和课题，深度研判分析需求，防止对客户“一问三不知”“三问全不知”。要真正具备一些重要的服务技能，在策划、写作、文案、推广、营销、新媒体运用等方面，成为内行和专家，任何时候都不能显得力不从心或无能为力。

我们要做一个专家型广告人，让自己成为行业的“内行”和专业的“专家”。向腾蛟也是从新闻人转行成广告人的，2010年被评为全省优秀广告人，是宜昌唯一的。他肯钻研，勤学习，用专业技能服务客户。他对每一个客户都深入研究，精准分析，找到需求的共同点和平衡点，有针对性地做好个性策划。近年来服务的万达集团等重点客户，为报社带来了巨大广告效益。

造成服务问题的原因，有认识上的偏差，也就是对服务工作的重要性没有真正从职业广告人的高度去重视，没有从报社整体利益的角度去重视，没有从经营人员必备的责任去重视。还有一个重要因素，是技能上的欠缺，也就是缺乏良好而有效的服务手段。

服务不是应酬式的吃吃喝喝，而需要专业技能。无论是写新闻、搞策划，还是做公关、搞营销，都要真本领。当然也有我们管理上的不足，对服务没有硬性考核指标，口头说的多，真正严格管理考评的少。这些就是解决服务问题的关键。

全心全意为客户服务的重点

我们提出“全心全意为客户服务”，要求把“客户至上”作为服务理念的核心，把“客户需求”作为服务实践的起点，把“客户满意”作为服务宗旨的追求，把“互利双赢”作为服务客户的目标。

首先要树立服务理念，突出服务营销地位。报业广告市场的竞争，从本质上说是客户资源的竞争，但是谁拥有了客户，不一定谁就拥有了市场。因为，服务才是转化资源和产生价值的实现环节。

我们必须强化“广告就是服务”“服务是最好的营销”“以服务为本、用服务营销”的理念，充分认识到“服务是广告的根本”“服务就是广告竞争力”的道理，不断完善服务体系，提高服务水平，使服务成为增强广告附加值的重要支撑，努力通过服务营销来赢得更多具有忠诚度的广告客户，并与之结成互利共赢的利益共同体。

要做到这一点，就必须善待我们每个客户，珍惜每一个客户资源，对客户负责，对广告负责，把广告工作的重心放在服务营销上。

我们的服务要达到三个层次的要求。第一是基本服务，做到客户“无怨言”。

第二是附加值服务，提高客户“满意度”。客户的满意程度，决定你提供服务的价值，也带来增值服务的效益。第三也是最高层次，就是超越期望值的服务，培养客户的“忠诚度”。

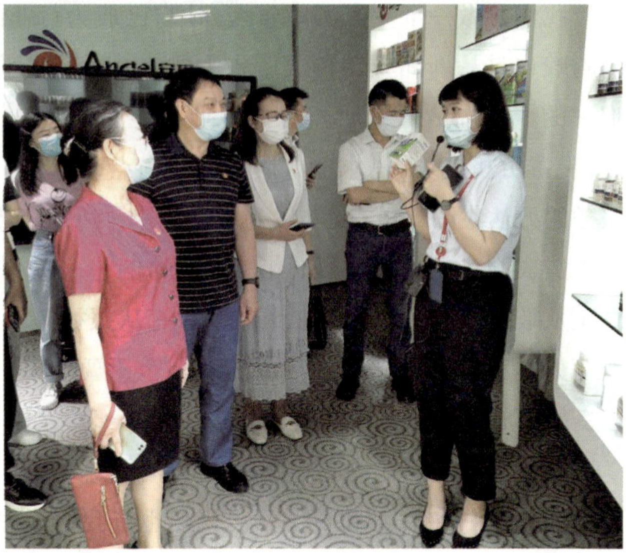

作者(左二)和三峡日报社党委副书记、副社长徐蓉(左一)带领员工走访调研亚洲最大的酵母企业湖北安琪集团。

服务领域里有一句经典话：“宁愿一人来千回，不愿千人来一回。”说明忠诚客户才是最有价值的客户。所以要切实把服务放在广告的重要位置，以客户为中心，以服务为抓手，培养一大批满意度和忠诚度高的客户，用优质服务促进广告营销，实现客户价值和广告效益的最大化。

其次要增强服务技能，提升服务营销水平。作为报业广告经营人员，我觉得在服务技能方面需要具备“三会三能”。

一是会采写新闻，能策划文案。这是其他任何纯商业广告公司人员不能具备的独特技能。每个人要加强学习，学习新闻采访和写作知识，提高写作水平，亮出行业记者的真本领，用能够让客户满意的稿件和策划文案赢得客户的尊重和支持。对待客户的每一篇稿件，每一个版面，每一次策划，都做到精益求精，做到客户高度满意。

二是会危机公关，能排忧解难。任何客户也有遇到困难的时候，如果找到我们或被我们知道，就应该主动帮助，化解困难，提供支持。在这种情况下，往往最能见真情，也最能让客户感受到你的价值。把客户的事当作自己的事，时时处处为客户的利益着想，并且总是能让客户体会到媒体的这种关怀，无形中便增加了报纸广告和广告人的影响力。

三是会感情投资，能友好相处。人都是有感情的，精诚所至，金石为开。面临各种不同的客户，身份、地位、性格、脾气、爱好、素质不一样，但要学会“交友式”相处，用包容的心态和真诚的行为，对待每一个客户。要学会“投资”，要“有所舍得”。“舍得”很重要，没有“舍”就不会有“得”。服务客户里的“舍得”含义无非有两种，一种是多投点精力、时间和情感，用在服务客户上；另一种是在物质利益上不要“一毛不拔”，更不能“贪小便宜”，将客户稿费据为己有。

再次要建立督查机制，提高服务营销实效。长期以来，服务是一个软指标，没有具体考核奖惩办法。服务态度好不好一个样，服务质量高不高一个样，服务效果有没有一个样。这不行，必须建立完善而有效的服务督查及绩效考核机制，规范全员的服务行为，确保服务效率及质量。

一方面，要明确服务责任，落实服务责任制。我们制定的“重点客户服务责任制”，要抓好执行，要管理到位，把服务软指标硬化为具体目标。

另一方面，要实施刚性执行，加大奖惩力度。抓好服务工作的日常监督，杜绝服务不到位、态度不友善等行为，对因服务问题导致广告漏稿、业务流失的人，对因服务问题引起客户投诉、业务纠纷的人，对因争抢客户给报社和广告带来负面影响的人，要严格严肃处理。最近我们对少数项目和个人漏发广告的情况进行了认真清查问责，引起了很大反响。在被处理的事件中，最重要的问题就是服务问题。要切实做好每日广告发布情况监察，认真执行“漏稿一次提醒、两次警告、三次处罚，三次以上重罚”的办法。这一点不能讲任何情面。

服务不好自己的客户，是工作失职，是职能失位，是管理失控，是广告经营中不能原谅的错误。这里面可能也有客户的原因，造成对方不满意或不投放广告，但我们必须从自身找问题。服务做不好、广告做不来，我们不能放弃客户、放弃广告，而只能用更适合的人去做更好的服务，用更有效的办法去争取更多的投放。要让全员在思想上确立“全心全意做服务”的责任，在心理上形成“服务不好心不安”的压力，从而提高整体广告服务水平和质量。

（2011年11月）

说得好更要做得好

——谈党员干部的承诺与践诺

谈论点： 承诺不是说了算了，而是一种责任动力，一种行为约束。说得好更要做得好，才是真的好。

关键词： 党员承诺；自觉践诺；动力源泉

承诺和诚信，是一对孪生兄弟，是衡量一个人品行的重要标尺。

承诺是要让党员站出来向群众表明：我是党员，请向我看齐，我接受群众监督。促使每一名党员时刻提醒自己，牢记党员身份，履行党员义务，发挥党员作用。公开承诺是一种形式，也是一种态度，更是一种责任倒逼机制。很多人说得很好，讲得精彩。但说和做不是一回事，说得好更要做得好，才是真的好。

把承诺当作一种责任动力

承诺，表明的是态度，认同的是责任。

中国台湾著名作家李敖对"责任"有过一段非常精彩的论述。他说，责任就是对自我"角色"的认知。面对父母，我们要负起赡养的责任；面对配偶，我们要负起关爱的责任；面对子女，我们要负起抚育的责任；面对工作，我们要负起忠于职守的责任。

党员公开承诺既是一个目标更是一份责任。一个人如果没有了责任，可能做什么都觉得无所谓。在"无所谓"的心态下，就会导致人的情绪低落，意志消退，工作懈怠。我们要对自己的承诺负责，对自己说出的话负责，对自己的表现负责。人只有在对自己负责的时候，才能做出有责任的事情来。有了责任感，才有了工作的内在动力。也只有源自内心和灵魂深处的动力，才能激发我们的责任感和使命感。

我相信党员的承诺都是发自内心的。在我们这个团队的党员队伍中，有些同志工作处于被动落后，不是他们没有能力，而是他们缺乏动力，特别是缺乏精神上的动力。

什么是精神动力？就是一种动机和驱动的力量，是行动的内在因素。

作为党员，动力的源泉是什么？我认为应该是信仰和责任。没有坚定的信仰或信仰模糊，就表现为思想境界低下，自私自利心重，既没有为人民服务的内在品质，也没有为群众干实事的真正本领。缺乏事业追求，缺少工作热情。关键时刻站不出来、冲不上去，利益面前却斤斤计较，生怕“吃亏”，总是“争先恐后”。这样的党员，群众不服气，大众看不起，自己往往还心安理得。

党员是一个“特殊角色”，除了必须承担起公民的责任外，还有党章党规要求的义务和责任。这些义务和责任，标准更高，要求更严。即使这些责任和义务不拿出来“承诺”，也必须无条件地履行。

让承诺变成一种自觉行动

行动是承诺的保证，兑现是承诺的核心。

说出去的话就像泼出去的水，想收回不容易。说得好还要做得更好，说得好做不好反而会产生不良影响，会有损于自己和党员的公信力。

这些年我们开展过多次的党员承诺。在每次承诺活动之前，我都跟很多同志交谈过，承诺要结合自己的实际和岗位，千万不能有应付心理，说大话、说空话、说漂亮话，最后变成说假话。所以我很当真，每次都要求一些人返工重写，有的还写了几次才“过关”。

为什么要他们重写？为什么反复写才能通过？写了还要开大会发言？我想，既然是党员对组织和群众的公开承诺，就必须是实实在在的，必须是立说立行的，必须是说到做到的。

知是行之始，行是知之成。保证承诺真正落实兑现，才是关键。我觉得不能“一说了之”“一诺了之”“一听了之”，应该采取一些“特殊办法”，比如实行公开监督制度，把每个党员的承诺书公开上墙上栏，把承诺的事项置于群众监督之下。比如可以实行备案登记制度，对全体党员的承诺建立卡片，登记在册，存档在案，进行动态管理。比如还可以实行通报评议制度，对做得好的要通报表彰，做得差的要通报批评，定期召开专题民主生活会，通报每个人承诺兑现情况，请群众对每个党员进行评议打分，评出一批“最守承诺的人”，也要评几个“最不守承诺的人”。

总之，要把党员的承诺变成一种自觉行动，而不是“空喊口号”的形式主义。

用承诺打造一种优秀品格

实际上承诺也跟人的品格有关。

诚信就是品格中最为宝贵的一个，是我们每个人的立身处世之本。孔子把

与客户交心，才能赢得信任。作者(右)深入宜昌恒之信汽车销售公司走访，听取企业经营者的心声，了解产品市场需求，帮助企业谋划产品和品牌宣传。

信、言、行、忠列为教育的“四大科目”，把信、恭、宽、敏、惠列为人的“五大规范”。可见，信列教规之首。人只有言而有信，才能得到他人尊重。

我们身边有很多优秀同志，把承诺写在了脚踏实地的行动上，用承诺塑造了优良的个人品质，用承诺创造了优秀的工作业绩。

新党员方勇华就是其中的代表。2010年是他担任县市工作室主任的第一年，而当前的县市广告市场受到了很大影响。在困难面前，他没有叫苦怕难，而是积极想办法，找新路，多创收。一个月时间，他独自完成了在长阳举办的全省第七届少数民族运动会和宜昌举行的全国合作社产品(湖北)推介洽谈会，先后下乡几十趟，联系40多家单位，组织发布大量广告。两个项目他都提前捕捉信息，主动介入联系，迅速策划方案。更难能可贵的是，这两个活动在本报的广告都是独家发布，同城其他媒体都是空白。

我来广告部工作之后，听说了一些关于他与广告的故事。他不是科班出身，没有大户资源，没有特殊背景，凭的就是一颗对广告事业的责任心，一种吃苦耐劳不怕困难的精气神。他从百元广告做起，从一个个小客户跑起，2011年提出个人目标要首次突破百万元大关。这是一个自我加压的承诺，我们相信他一定能兑现，因为他刻苦努力的行动就是践诺的基础保障。

但有些人恰恰相反，承诺时信誓旦旦，表态时热情满满，可是做起事来就动作缓缓。讲理由成为口头禅，找借口成为家常饭。这样的人要同方勇华等优秀同志比一比，看看差距在哪里，想想问题在哪里。

至诚胜于至巧。如果把开“空头支票”当成了一种习惯，就会成为一个“不靠谱”的人，就会丧失一样最为珍贵的东西，那就是信任，包括组织的信任、领导的信任、同事的信任、朋友的信任。

信守承诺，是人生的无形力量，也是一生的宝贵财富。

(2012年3月)

和你的客户“谈恋爱”

——谈广告的沟通与执行

谈论点：把客户当恋爱对象，就会始终“爱在心头”。谈广告必须学会沟通，无沟通则无广告可言。执行是沟通的有效过程，是最好的沟通结果。

关键词：广告营销；有效沟通；高效执行

做广告营销，说到底就是沟通。

把创意思想变成策划案例，把策划案例变成广告成交，重要途径就是同客户的有效和高效沟通。

任何商家做广告，都是想“告知”，让人知晓接受继而购买或消费。这种告知，其实也是一种沟通，是商家与消费对象的沟通。我们广告团队中业绩优秀的人，最强的方面是“沟通能力强”。而广告业绩较差的人，很多都是因为“不会沟通”，因此我讲沟通的话题也比较多。

“沟通”的本义，是“挖沟使两水相通”，引申意义是彼此相通。沟通是行为的基础，是人与人之间、人与群体之间进行思想和感情交流传递的过程。广告必须首先学会沟通，然后再谈广告。不然，广告始终无从谈起。

我说过一句话“把客户当恋人”，很多人认为是这个理儿。其实这是我前几年看过的一本书叫《和你的客户谈恋爱》，就把这话记在了心里，也分享给了同人。我在学经济管理专业本科和研究生课程时，有市场营销这门课，所以买过一些这方面的书籍。

这本书是专门写给业务人员的。讲了很多把客户当恋人的实战法则，比如“真爱无敌”的恋爱法则、“循序渐进”的初恋法则、“问对问题”的沟通法则等等，很有启发。

把客户当“恋人”，就会“无限爱意在心头”，就能消除很多沟通上的障碍。

广告的沟通过程，是一种双向交流。广告主将广告信息通过媒体传递给目标消费者，以求说服、诱导消费者购买商品或服务，从而让广告能发挥作用，实现广告沟通功能。我们的报纸广告，是通过媒介进行沟通和传达，不同于面对面的人际沟通。广告沟通能影响消费者的品牌态度和购买行为，让消费者愿接受广告信息，从而购买广告中宣传的产品。

让客户知道你的真实意图，是一件开诚布公的事情，必须放在沟通的第一位。要告诉客户我们策划这个活动或广告的目的，帮助客户分析广告的价值，从而取得客户从内心的支持，而不是靠“忽悠”来骗取人家的广告。

我们报纸过去开办过周末健康专版，但因为广告太少最终“关门停业”，这一市场几乎被其他报纸抢占。我们决定重新出版《健康周刊》，并把这个重任交给了覃燕妮，希望她能“打通”各个关卡，让这个周刊“健康”起来，走得更稳、走得更远。我相信她的沟通能力。

宜昌市卫生局是全市医疗卫生行业的权威领导机构，抓住了上层就抢占了先机。覃燕妮找到局领导谈合办周刊的事，一位领导开门见山就提出“我们为什么要办”的问题。覃燕妮为他分析，办一个健康专刊既能为机关“增光添彩”，又能对行业“帮助指导”，也是卫生健康系统的“科普园地”。终于把领导说“动了心”，结果卫生局党委研究同意合作办报，并下发红头文件给各县市区卫生局、城区各医疗单位，要求支持合力办好“卫生战线自己的宣传阵地”，从而拿到了“尚方宝剑”。《健康周刊》围绕“健康”办刊，面向市民服务，反映读者心声，牵线搭桥解难，构建和谐医患关系，成为“政府信赖的平台、市民健康的知音”。

其实广告是一种价值交换，我们要学会“做交换”。这个我经常讲，客户是报纸广告的唯一资源，而客户价值则是广告工作的核心要素。

世界500强企业万科集团曾独家冠名赞助三峡日报社发起的“致敬最美宜昌人”“万科城市乐跑”等大型活动，是重要的战略合作伙伴。作者(右三)带队走访万科集团总部和部分企业，深度了解客户宣传需求。

“欲取之，先予之。”这是交换价值的基本原理。想要别人的东西，你必须提供别人需要的，才能从别人那里得到自己想要的。谈广告其实也就这么简单。你不明白别人需要什么，也不能根据别人的需要提供什么，想生拉硬碰地做广告，自然是一厢情愿的事。只有为客户创造价值，你才有价值；只有你付出了，客户才会给你回报。这就是广告人必须清楚的“交换原则”。

明白了价值交换，与客户沟通起来便会相对轻松。当然，像覃燕妮、杨帆、丛桂玲等优秀广告人还有一些“必胜”技巧，值得学习借鉴。

一是把“人脉”变成沟通的优势。人脉是一种人际关系和网络，是一种重要的人力资源。一份权威的调查报告指出：一个商人赚的钱，12.5%来自知识，87.5%来自关系。这个结论说明了人脉关系在商业经济中的重要性。机关报的政治地位和资源优势，是每个三峡日报人具备良好人脉关系的基础。因此，保持好、维护好、运用好这些资源，对广告有很大帮助。同时，我们也要不断拓展人脉，提升自身素质，把人做好、把事做好，在人际圈中树立良好的信誉和口碑。把人脉资源变成广告优势，也是一种能力。

二是把“服务”变成基本的手段。无论是专业广告人员还是媒体采编人员，在与客户进行沟通时，客户一般都会提出一些宣传上的要求，比如帮助他们多做一点新闻宣传，或希望多发一些外宣报道，或通过媒体渠道反映一些问题，或进行某一件危机攻关事项等，这些对我们来说也算是分内之事。有些只是举手之劳，应该尽力答应和满足。而且一定要兑现，提供必要的服务。这样，对广告沟通有益无害。

三是把“拒绝”变成坚持的理由。有效解除客户对广告的拒绝，是沟通中最核心的问题。不做广告的理由有千百条，做的理由只有一个。客户的广告需求，有显性的、潜在的和隐性的。多数人只关注客户的显性需求，就是用语言表达出来的那一部分需求；而潜在需求，是客户想获得广告带来的好处；还有隐性需求，也是客户还没意识到而通过我们有效发问所能了解到的需求。比如，一个单位要召开一个部门或行业会议，我们针对这个会议做了一个广告方案。这个方案中，显性需求就是会议服务；潜在需求是通过宣传可以得到上级、领导或行业的认可；隐性需求是这个会议还可能向上争取到项目资源或资金支持等。这样，我们广告的价值就会得到有效挖掘和放大，也能有效解除客户的拒绝。

四是把“反复”变成有效的习惯。奇迹有时来自反复沟通。如果有一个好策划，不去反复争取，只是打个电话或发个短信，就等客户回话，那多半是没有什么结果的。学会与客户多次沟通、反复工作，不能轻易放弃。简单事情反复做，做到极致是绝招。很多人就是缺乏“反复做”的耐心和能力。

再说说沟通中的执行问题。

执行是沟通过程中的一种积极状态，是最好的沟通成果。要养成立说立行、令行禁止的良好习惯，以专业的精神、职业的理想和敬业的态度，做好自己该做的事情，尽好自己该尽的职责。

结果是第一位的。执行就是有结果的行动，执行力就是要以结果为核心。要以个人层面的自我承诺与责任为基点，把说的变成做的、把做的变成结果、把结果变成效益。执行力强的人，就会成为能成事、能成功、能成业的人。

没有执行力谈不上职业化。团队是由每个人组成的，每个人的执行力决定这个团队的竞争力。个人执行力取决于两个要素，一是个人能力，再就是工作态度。能力是基础，态度是关键。态度是行动和结果的前提。有什么样的态度，就会有什么样的行动，有什么样的行动就有什么样的结果。

沟通需要执行，而执行有时不需要“开会”。我们强调落实，并不是天天开会，也不是搞人人责备。引导比责备更有效，鼓励比批评更有效。执行是沟通过程中非常重要的一环，要有行动，要真行动，要快行动。广告工作的沟通与落实，是把项目落实到每一个人头，把内容落实到每一个版面，把时间落实到某一个期限，这样才能真正达到甚至超出预期效果。

在广告项目的策划执行上，要打破“各自为政”的自由式做法，打破部门“画地为牢”的本位主义思想，做到大事大协作、小事小协作、无事讲协作。广告看似简单实际很复杂，其中会遇到不同的客户纷争，遇到不同的利益冲突，遇到不同的资源占有，所以必须要求个人利益服从集体利益，部门利益服从集团利益，小广告服从大广告。这样才能有效地减少相互拆台、相互扯皮、相互杀价等恶性竞争行为，更好地执行策划项目。

现在迎来了报业不可逆转的困难时期，广告遇到了前所未有的转型挑战。报业融入“全媒体”时代成为一种必然。报纸的核心在“报”而不在“纸”，即使“纸”的载体消亡，“报”仍然活着，而且可能会活得更好。

在这样一个各种技术交融、渠道兼有、终端兼容、介质有机组合、媒体表现形式综合运用的时代，需要用我们的专业精神去化解难题。

不把客户看成是简单的服务对象，而是你的“恋爱对象”，或许会在沟通与合作上出现新的境界。不妨试试看！

（2012年5月）

始终做一个走在前列的人

——谈如何当好经营部门的党支部书记

谈论点：做走在前列的人，用模范行动影响和引导他人，才是令人心悦诚服的“领头人”。

关键词：走在前列；以身作则；团队管理

党支部书记是一个“多重角色”，既是一名普通党员，是集体中的普通一员，又是一个基层支部班子里的“班长”，是带动团队前进的“领头人”。我认为，作为一个支部书记和部门负责人，只有清楚自己的角色定位和岗位职责，才能做一个始终“走在前列”的人。

在学习上“走在前列”，用心提高自身理论素养

学习是提高理论政策水平的重要途径，是研究和解决问题的有效渠道。学习能力是一个人的重要能力。广告人与客户打交道，离市场近，要用文字服务广告，因此广告人比其他任何人更需要学习。只有不断学习，才能紧跟时代的发展要求，才能适应广告市场的各种变化。

在很多人的印象中，广告人是报社这个文化事业单位里没有太多文化的人，没有太大理想追求的人，不太爱学习的人。这显然是对广告人的一种误解和偏见。两年前，我就提出把“广告部建成学习型团队”，把“党员培养成学习型党员”，要求坚持“学习工作化、工作学习化、学习工作一体化”。利用每周的广告

例会，组织学习有关理论知识、研究解决经营问题、讨论安排项目策划。利用自己编印的“广告简报”，提供学习交流的园地。每天将报纸上墙上栏，公布广告组织情况，公开给广告稿件评级打分，让大家在相互学习借鉴中提高。我给党员干部和业务骨干推荐了《最新广告行业金牌策划》等书籍。目前整体学习气氛浓厚，学习效果明显。在2011年全省广告师考试中，宜昌仅4人过关，我们广告部就占2个。在2011年中国地市报广告论文和重大广告专题评选中，我们共获3个一等奖、5个二等奖和2个优秀奖，获奖数量和档次居全国地市机关报首位。

先进的思想和创新的理念，都来源于不断学习和知识更新。新媒体环境下的机关报广告，需要更新的路径、更好的探索和更强的竞争力，不论是我本人还是全体广告同人，都要把学习放在重中之重的位置。

2012年年初，我出版了自己进报社以来的第10本书《策之有道：党报广告创新策略探微》。这本书是我担任广告部主任两年多来，对经营管理工作的学习思考和实践体验。分别从理念创新、管理创新、策划创新和服务创新等方面，提出了营造“干净广告”的文化氛围、创造“借题发挥”的广告价值、再造超越期待的服务流程、打造“抱”在一起的职业团队，省广告协会秘书长张锦妙对这本书给予了高度评价，中国新闻出版报给予了重点推介。

我始终坚持在学中干、在干中学，在学习和实干中不断进步。我希望每一个广告人，能自觉学习、自主学习，用学习来提升理念素养，弥补能力短板。

在思想上“走在前列”，精心谋划广告经营项目

我认为，工作的结果由行为决定，而行为则由思想决定。如果一个人没有知识，可以求学问道，没有技能，可以拜师学艺，但一个人如果没有思想，那一切都无从谈起。

对于“广告”二字的理解，不能停留在“强拉硬要”的层面，也不能局限于“推杯换盏”的范围，随着时代和经济的不断向前发展，“广告”已被赋予了更多的市场内涵，融入更多的思想和创意。过去很多人都会把广告和新闻割裂开来，把编辑部和广告部画线为界，总觉得编辑部就是写稿子编版面的，广告部就是拉关系卖版面的。其实这些都是误解。

三峡日报社广告团队在全行业持续断崖式下滑的背景下，连续创造了逆势增长的经营业绩。2015年，被中国广告协会评为“全国报刊广告经营优秀团队”。图为时任广告部主任的作者(中)、党支部书记梅云雄(左)、常务副主任覃燕妮(右)。

美国著名广告人拉斯克就说：“广告是关于产品的新闻。”我来当广告部主任时就是正高级职称的新闻人，所以我是用对新闻的理解来领会广告的，来引导广告同人来理解广告的，而不是传统意义上的“拉广告”。新闻和广告都是对信息的传播，对信息内容的要求和表达方式有很多相似之处。广告具有新闻性，新闻也具有广告性。做新闻的理念和做广告的思想，应该是相通的，是共融的。我坚持在团队中灌输这种思想。

这种思想至少可以带来三个方面的变化：一是减少广告部与编辑部冲突和矛盾，可以形成支持广告、支持新闻、协办经营、相互包容的良性局面。二是提高广告策划水平。广告人用新闻思想做经营策划，用新闻社交做攻关，能力会明显增强。三是提升客户服务意识和传递客户价值水平。

广告创新来源于经营思想，很多时候源于某个灵感的瞬间产生。项目策划就是运用新思想、新理念和新创意，谋划报纸广告的运作行为，是有计划、有组织、有目的地整合各种资源，以报纸媒介为载体进行一系列广告活动。2011年，我们的策划广告收入超过一千万元，其中建党90周年单个项目广告创收，刷新了全省甚至全国地市机关报广告经营的多项纪录。这也是三峡日报传媒集团的一个历史高度和标杆。

2012年以来，国际国内经济减速慢行，全国报业广告形势增添了更加悲观的色彩。据《中国报纸广告市场分析报告》显示，今年1—5月，报纸广告成为唯一下降的媒体，降幅达到9.4%，其中4月份报纸广告降幅达到15%。令人担忧的是，目前依然没有好转的迹象，房地产、汽车、商业广告受到最大冲击。最近，中国广告协会报刊分会主任梁勤俭也指出：“报纸广告2012年的艰难，比想象中更难。”

面对广告困难，广告人不能叫难。困难面前有我们，我们面前没困难。这是我们必须始终保持的乐观态度和精神。

5月初，我提出了“健康消费”的广告概念。我觉得，广告需要“卖点”，在市场没有广告卖点时，就要用概念“制造卖点”。正是基于这样的思考，提出用“健康与消费”这根主线，将房产家居、酒类饮品、医疗品牌、名优特产、保健休闲等8个类别项目“一网打尽”。从5月底开始陆续分别推出特刊，一个月内发布广告80多版，创收超过200万元。

我在写这个项目的策划方案时，只用了两个晚上。在组织活动的动员部署会上，只讲了不到一小时。从攻关客户到编辑出版，也只有10多天。但这个项目策划思路的形成，我酝酿了三个多月时间，可谓深思熟虑。这个策划项目没有大操大办，没有虚张声势，没有成本投入，却取得了良好的经济效益和广泛社会影响。其成功的关键因素，就是新思想和新创意，找到了符合时代要求和机关报广告规律的宣传主题，加上高效务实和执行到位的团队力量。

在管理上“走在前列”，倾心带出心齐风正团队

如何管好团队带好人，是我作为党支部书记和部门主任的头等大事，也是主要职责。

管理不善，就会混乱，必有后患。广告经营队伍的管理有其特殊性，既不能用条条框框“管死”，又不能声色俱厉的“死管”，更不能放纵自然的“怠管”。如何加强和创新团队管理，是摆在每一个部门负责人面前的一道考题。

我曾在一次大会上说：“作为广告经营的第一责任人，我将全力带好队伍管好人，努力为每一个广告人和每一笔广告创造最有利的工作环境。”这话说出来容易做起来难。要化解这些难题，我觉得做好这几个方面最为重要——

一是优化绩效管理。我们提出“以结果为导向、以人本为中心、以激励为机制、以业绩为标准”的绩效管理体系，确定超集团任务的新目标，对各工作室、各个市场、每个人制订分目标，按季度和月份制订进度目标，形成总目标与部

门、岗位和个人相对应的目标内容。优化绩效工资制，坚持按绩取酬，将绩效工资向业务一线倾斜，向有突出贡献的人员倾斜。抓好各个目标的坚定不移执行，严格实行绩效考核，不折不扣兑现奖惩。坚持把制订、分解和落实计划作为经营工作的重要环节，做好周计划、月计划、季计划和全年总目标的合理安排，围绕计划谋措施，运用措施保计划，从而防止计划落空。

二是完善制度管理。继续完善各项管理制度，如"周例会学习"制度、"重大方案共同商讨"制度、"同城媒体广告对比监测"制度等。在广告合同管理、实物广告管理、消费接待管理等方面进一步加强，为广告经营提供可靠制度保障。

三是创新队伍管理。在党员队伍中实行"三个双向"管理，即"双向培养""双向提高""双向带动"。"双向培养"是把党员培养成业务骨干，把骨干培养成党员；"双向提高"是提高党员思想境界，提高党员工作能力；"双向带动"是党建带动团建，党员带动群众。

四是强化业务管理。我提出全体人员中必须杜绝"十种不良广告行为"，包括发布三无广告、泄露价格机密、诋毁同行同事、插手他人客户、私签低价合同、无偿广告或有偿新闻等。针对广告经营中工作作风和写作文风方面存在的问题，组织"双改"即"改善作风、改进文风"教育整顿，对四种"不良经营作风"，即态度不积极、落实不到位、办事不负责、做人不厚道，进行了重点整治，对三种"文风不正"的行为，即在读者来稿上自己署名、随意编撰稿件、网上抄袭内容的现象，进行查处，提出了"用优良作风、优秀文风和优质服务回报广告客户"的业务工作目标，举行了服务创新经验交流会，评选奖励"十佳服务标兵"。

结果是管理过程的最终体现，业绩是管理结果的最好证明。2012年年初，集团党委书记、董事长、社长罗春烺称赞广告部是一个"有思想、有秩序、有业绩"的团队。

很多外地报社同行对我们提出的"责任、忠诚、智慧、创新"经营思想给予了高度评价，称赞这八个字是取得优异成绩的重要经验，很有创见、很有智慧、很有内涵。

我们部门连续两年在集团目标考核中名列总分第一，在全省全市同行业中获得20多项奖励，实现了"量"和"质"的双飞跃。"量"的飞跃体现在超额完成集团下达的各项经营任务，“质”的飞跃体现在职业化团队的打造和科学化管理的形成。

在行动上“走在前列”，永远保持党员纯洁本色

我坚持做好“三种人”：

一是做“班子”中的带头人。带领党支部“一班人”按照“五个好”要求，抓建设、强作风、促团结、出成绩，确保党支部始终保持在集团的先进地位和荣誉。二是做政治上的明白人。把握正确的政治方向和经营导向，绝不能因为自己是经营部门负责人，或是报社经济效益的创造者和贡献者，就可以“冲昏头脑”。我们的一切经营活动都是机关媒体政治工作的一部分，讲政治、讲党性是第一位的。政治上迷失便会前功尽弃。

三是做廉洁上的老实人。在广告部主任位置上，天天与钱财物打交道，无时无刻都挺在经济和物质利益前面，也面临不少诱惑，必须保持党员品格和军人本色，经得起利益考验和组织检验，确保自己、支部一班人和全体人员在经营活动中无任何经济问题和不廉行为。

做好这“三种人”，关键在管住自己。要求别人做的，自己首先做好，要求别人不做的，自己坚决不做。以身作则，才能维护原则，才能服人服众。

党性修养是一种政治自觉，要通过一言一行来体现和实现。自己要做到了对钱财无贪占之欲，对名利无外求之心，对自己严格自律，对他人宽容以待。对能者不妒，对弱者不歧，对事业忠诚，对集体负责。

我对自己在党支部书记和部门主任这个岗位上的自我评价是，把心血用在了事业上，把才智用在了经营上，把责任用在了岗位上。而且不仅是用力，还很用情，十分用心。因为我觉得，用力只能做到称职，用情用心才能做到优秀。做“走在前列”的人，才能成为一个团队名副其实的“领头人”。

（2012年7月）

让报纸广告更简单

——谈广告经营“难与易”的辩证法

谈论点：服务为本，服务至上。广告服务是依托报纸的信息资源和品牌资源，为客户构建功能服务和情感服务体系，让广告产生更有用更有效的价值。

关键词：服务客户；问题剖析；服务技能

新闻有窍，广告有道。

报纸广告，看似一件很难的事，但可以变得更简单。世上无难事，只怕有本事。把复杂变简单，能产生颠覆的力量。找到广告的“道”，就能把人人觉得难的广告变得简单。

复杂的事情简单做，你就是专家；简单的事情重复做，你就是行家；重复的事情用心做，你就是赢家。这个道理用在我们的广告经营上，极其贴切，堪称真理。

说到广告，可能马上就有人说“好难”，因为广告是找人“弄钱”的。

有人说世界上有两件事最难：一是把自己的思想装进别人的脑袋里，二是把别人的钱装进自己的口袋里。其实我们做广告，就是做的这两件难事。你要把自己的思想让客户接受，又要把客户的钱弄到报社来。

在外人看来很难的广告，我们一直做得风生水起。近些年全国报业广告连续断崖式下滑，但我们广告依然逆势飘红，2012年创造了全省地市机关报广告新高，全口径广告收入突破四千万元，2013年继续保持总量高位运行，而且创造新的业绩。

在很多同行看来，我们的广告很简单。在报社内很多人看来，我们的广告很简单。每年都有10多人广告创收超过百万元，有的超过二百万元。副主任覃燕妮个人发布广告甚至超过三百万元。她是一个女同志，原本是做新闻的，没有一个地产客户，这样的业绩在全报社是无人能比的，恐怕在全省同行业里也是屈指可数甚至堪称第一。

但看似简单的背后，却是我们广告人的专业精神和经营智慧。

其实，我们每个人都希望能够简单面对一切。做一个纯粹的媒体人，做一名专业的新闻人，做一个轻松的广告人，总希望什么事都能简单应对，不为写稿所累，不为广告犯愁，还能有一份很不错的收入。

把大家都觉得很难的广告变得相对简单，是我作为广告部主任的最大愿望，也是每个广告人的一个真切期盼。

当然，如果我们找到广告的“王道”，就能把人人觉得难的广告变得更简单。

20世纪70年代的计算机是一个巨人，体积庞大，必须放在机房里面。乔布斯在传记里说，他最初拿着一个刚具雏形的、粗糙的个人电脑去找惠普，被惠普拒绝。因为在惠普看来，这东西顶多是一个玩具，实在太简单了。但后来，乔布斯的个人电脑全部取代了老式计算机，那就是因为个人电脑比计算机更简单。

柯达的胶卷相机在全世界有名，但最后被数码相机所颠覆。可是数码相机在成功消灭胶卷相机市场的时候，智能手机又成了新的替代品，而智能手机颠覆数码相机的理由，与数码相机颠覆胶卷相机是一样的，那就是因为数码让相机更简单。

博客曾经非常流行，刚开始的时候很多人写，但绝大多数人没有坚持下来，原因就是坐下来写博客很麻烦。到了2008年的时候，微博出现了。你只要会写短信就能写微博，140个字，门槛一下子变低了。对写字的人来说，微博是一件简单的事。读微博的人，只读一百多个字，也轻松了。于是，微博就颠覆了传统的信息传播方式。那同样是因为微博比博客更简单。

在报社工作，除了能写会编生产有影响力的好作品，还不得不与广告打交道，而且要为广告做出一份应有的贡献。真正了解和理解广告，是一门基础课，也是一门必修课。只有了解和理解过的东西，才能更深刻地感知和热爱。

从字面意义理解，广告就是“广而告之”，向公众告知某一事件或信息。从传媒学角度，广告是广告主为了某种特定的需要，通过有偿使用媒介，公开而广泛地向公众投放商品、服务、形象的一种传播活动。

广告是必须付费的，因此广告就是一种投资行为。广告的投入会给单位带来一定的收益，可以直接导致企业盈利目的的实现。广告是一种文化消费，因此也是一种商业行为，而且可以创造文化消费。有些看似与商品本身没有任何关联，但是广告能创造出来并使其成为消费导向的附加值，同商品水乳交融。例如手表与爱情的广告，咖啡与朋友之交的广告，白酒与怀乡之情的广告等，广告所推销的已不仅仅是有形商品，更是在推销价值、品牌、身份等无形资产，从而形成各种不同的消费文化。

广告大师奥格威说：我们的目的就是销售，否则就不是做广告。所以，终极销售是广告的终极目的。无论是促销广告还是形象广告，都必定以销售为落脚点。形象广告看似与销售无关，但是通过广告树立企业或品牌形象，提升价值，最终是为了让消费者通过对形象的熟知、认可和信赖，产生实际购买行为，实现其销售。

有人一直没有弄明白，自己为什么要做广告？

甚至有人说，我是记者、编辑、校对、机关干部，写稿子、编版面、校报样、搞管理是我的本职，广告与我无关。从报社层面来讲，从来没有强行要求非广告经营人员必须做广告。我们也一直遵守国家有关采编经营“两分开”的规定，但是鼓励和提倡大家关心、支持、帮助广告经营。

我觉得，一个不关心报业广告的人，就把自己当作了报社事业的“局外人”。因为，报纸广告是报社的经济支柱，是报业的发展根本，是报人的生存基础。这个“柱”、这个“根”、这个“基”，也是每个人的“饭碗”。

我们报社是在全国率先实行自收自支的地方党委机关报社，从1987年成立广告部以来开始“断奶”，30多年来就没有依赖政府的任何财政拨款，靠自负盈亏、自收自支、自我发展，不断壮大起来。所以每个人都有责任为我们赖以生存

作者分别为三峡大学、洛阳日报社、宜昌市委党校等分享三峡日报社广告工作创新实践的案例和经验。图为2017年在集团内部讲授《媒体融合背景下党报的“广告作为”》。

的广告做一些力所能及的工作。

有人始终认为机关报广告不好做，也做不好。这话有一些道理。全省地市级机关报广告超过千万级的就不多，但我们报纸广告规模遥遥领先于其他同类报纸，甚至超过两三倍，堪称全省地方机关报的一面旗帜。

无论是在报纸广告的艰难起步阶段，还是在报业形势连续大好的辉煌时期，直到目前全国报业广告遇到新媒体冲击的转型困难面前，我们的广告都有着令同行羡慕的骄人业绩，有着令每一个机关报人无比自豪的喜人数字，有着具有鲜明的“三峡特色”的成功经验。

有人说，机关报“不好看”，会议多，领导多，长稿多，没有都市报可读，商家不愿意做广告。其实这是没有真正了解机关报媒体。

机关报影响最有影响力的人。读者从书记、市长、局长、县市区委书记到县长、乡镇长、村主任，从大中型国有企业老总到民营企业老板，覆盖了各个阶层的领导和精英。这些人是最有消费力和消费决策能力的阶层，各级政府公务员、企业主、经理人、高级专业人士等，能有效提升公关潜力和品牌形象。机关报的可信度和公信力会因其特殊地位而得以凸显和强化。通过机关报可以展示形象，也可以推广品牌影响、单位影响和提升品牌认知度、企业美誉度，是让社会形象力有效渗透的权威载体。

优良的广告环境提升客户品牌价值。媒体广告环境的特性包括新闻内容、其他广告品牌的形象和信誉等，这些因素都会直接影响广告传播的效果。作为市委机关报，始终将社会效益放在第一位，长期以来坚持高端广告、健康广告和规范广告，坚决维护了宜昌第一大报的媒体品牌和形象。

所以，机关报是一流品牌的聚集高地，是企业和单位能够取得各种政治资源、经济资源、人脉资源独有的战略性媒体。

我最近看到一个有关报纸广告的有趣调查。说有85%的广告没人看，只有15%左右的广告有人看或有效果。主要原因是客户或广告主对市场的认识错误，或是广告创意或设计有问题，再就是广告媒介选择不合适，还有报纸广告的可信度问题等。

我不完全赞成，但也有同感。

现在是一个泛信息时代，我们每天都在接收海量的广告，可以说广告遍布每一个生活角落。五花八门的载体，多姿多彩的广告，每时每刻都在吸引人们的眼球，但人们真的相信了这些广告吗？

有很多人不信。不相信广告的理由很多，主要是有些广告虚假宣传、夸大其词，有些违规广告无中生有，有的假借名人、恶意炒作。所以有人就为广告编了这样一句广告："不看广告，看疗效。"

广告有太多的"虚言假语"。假广告主要以医疗、药品等为甚。国家对此有明确的"打假"措施。以违法医疗药品广告为例，有的是"假装"，以专版、专题、访谈、消息等新闻形式发布；有的使用消费者、患者、专家的名义和形象作证明，隐蔽性强，造成普通的消费者难以鉴别；有的是"假善"，以免费赠送健康养生类书籍，或以其他"善举"如助学捐资等为幌子，行发布非法广告之实；有的是"假情"，在电视、广播等媒体举办健康咨询、情感热线等沟通交流节目，雇用"托儿"拨打电话，传播虚假信息，虚情假意，误导消费者；有的是"假言"，在广告中夸大其词，宣传治愈率、有效率或不科学地宣传治疗功效，欺骗消费者。

所以，作为机关报的广告，我们必须做得真实、干净、健康，必须做得高端、高尚、高价。这也是我当初提出做“干净广告”的重要原因。

也正是因为我们的守正创新，用优秀的策划项目拉动市场，用优质的贴心服务赢得客户，才走出了一条符合机关报经营规律的制胜之路。

当然，看似简单的广告，正面临各种新的挑战。

比如报业不断受到新兴媒体的冲击，同城媒体同质化竞争不断加剧，部分媒体广告内容缺乏诚信，市场类报纸广告结构严重失衡等，给报业经营带来种种危机。

但这些，反而凸显了机关报广告的“高尚气节”，更加无法撼动机关报广告在客户心中和市场上的牢固地位。

因为，我们这些智慧的广告人，赋予了广告灵性和温度！

我看到这样一个故事很有启发。在一个小镇，有一位商人开了一个加油站，生意特别好。第二个人来了开了一个餐馆，生意也很好。第三个人来开了一个超市，很快就把这一片带繁华了。而另一个镇上，第一位商人开了加油站，生意特别好。第二个人来了又开了一个加油站，第三个、第四个又来开了加油站，相互恶性竞争大家都没得玩。

故事告诉我们，老是走别人的路，就会堵死自己的路。

三峡日报社的广告经营必须守正创新走正路，必须别出心裁抓策划，必须与众不同创特色，这样才能在同行业里赢得新优势，在激烈的市场竞争中抢占制高点。

或许，这就是我们广告经营取得成绩的“真经”。

如果你认为简单，那么请你坚持把它做好，因为把简单的事情做好就是不简单。同样一件事情，如果你能完成得比别人更简单，你就是最好的。

（2013年8月）

公益的力量穿透纸背

——谈机关报公益广告的社会责任

谈论点：报纸公益广告，是通过广而告之的方式展现媒体的公益理想和社会责任。

关键词：公益广告；社会责任；核心价值

公益广告作为倡导文明新风尚、传播社会正能量的重要载体，突出宣传时代主旋律，展现中华优秀传统美德，成为加强精神文明建设、弘扬社会主义核心价值观的媒介亮点。报纸里的公益广告，通过广而告之的方式展现媒体的公益理想和社会责任。

作为市委机关报，《三峡日报》传递党和政府的权威声音，发挥主流媒体的主渠道作用，始终把公益广告放在报纸版面的重要位置，融入服务经济社会发展的中心工作，形成了推动和谐社会的公益力量。2013年，我们报社因此入选“中国报业公益广告贡献奖”。此前我们广告部连续两届荣获“全国广告行业文明单位”殊荣，成为全省唯一获此殊荣的媒体。

我大致统计了一下，2012年至2013年，《三峡日报》共刊发各类公益广告80多个版面，价值250多万元，是全省刊发公益广告数量最多、质量最好、社会影响最大的机关报媒体。

很多人对公益广告“不感兴趣”，认为报社考核广告经营部门的重要或主要体系指标，是经营目标和创收效益，而公益广告既无收益又占版面，考核也是“软指标”，大可不必“太认真”。但我们是认真的。我觉得，公益广告能产生穿透纸背的社会力量，让受众产生内心的感动和共鸣。机关报和机关报广告人必须拥有一颗公益心和责任感，把公益广告当作履行政治责任的自觉行动。

我们要用报纸“传播文明”。宜昌是一座全国文明城市，文明是这座城市的文化底色和名片。而公益广告，则是点亮城市文明的“灯”。为培育良好的文明风尚，持续不断地把文明创建工作落到实处，这几年我们与市精神文明建设委员会办公室联合行动，对全市200多个获得国家级的“文明号”，包括文明城市、文明单位、文明乡镇等殊荣和受到省委表彰的最佳文明单位、省级文明单位，进行了系统系列的专题宣传，每个出版上百个专版，充分展示宜昌文明创建成果，推介文明创建经验，选树文明创建典型，为推动“文明宜昌”建设贡献了强大的媒体力量。

三峡日报社每年拿出100多个版面做公益广告宣传，多次被评为公益广告先进单位。

我们要用报纸“立德树人”。宜昌有着“好人之城”的美誉，从“全国道德模范”到“荆楚好人”“宜昌楷模”，好人好事层出不穷。乡村教师郑琦十多年坚持背学生过河上学，在偏远乡村守护着一个红领巾飘飞的世界。老村支书李国楚为偿还8万元村集体公债，在荒无人烟的深山过着“野人”般的生活，履行当初一句承诺，为村民找到了一条致富新路。环卫工人“公厕管家”杨自会，首创将城区公厕标示在“交通图”上，让游人“按图索厕”。这些人的感人故事，成为《三峡日报》的宣传主题，好人形象和事迹被机关报常年长期传播。宜昌因此成立“孙万清工作平台”“元成突击队”“刚毅车队”“李文英工作团”等一大批以道德模范名字命名的团体，在全社会形成了学习道德模范、崇尚道德模范、争做道德模范的良好氛围，扩大道德模范的知晓率和影响力。

我们要用报纸“全民普法”。举头三尺有“神明”，不畏人知畏己知。法是每个人心中的“神明”，机关报在全民普法中发挥着重要传播推广作用和影响。依法治国是国家基本方略，开展“五五”普法公益宣传，弘扬法治精神，培养公民法治意识，是机关报义不容辞的责任。近年来，我们以提高社会公众法律意识为重任，以促进社会和谐稳定发展为目标，开辟专版，对全市100家单位开展“五五”普法成效宣传展示，赢得了全社会的广泛好评。

我们要用报纸“倡导低碳”。人类共有的家园正遭受前所未有的环境危机，全球灾难性气候变化屡屡出现。当下的生存环境和健康安全越来越受到严重威胁，因此每个人都无不渴望“低碳生活”。加强对自然生态以及低碳环境宣传，成为《三峡日报》公益广告的重要内容。我们设计制作刊发“低碳生活从我做起”“厉行节约低碳生活”等一系列公益广告，增进社会公众的生态环保意识和可持续发展行为，使“人与自然和谐发展”的生态文明理念深入人心，不断培育绿色消费观、绿色生产观、绿色管理观，成为全市生态建设的典范。

我们要用报纸“铲除毒瘤”。毒品是一个社会化的问题，是一个全球化的背景，禁毒可以说是一场“人民战争”，是一项利国利民的公益事业。我们坚持深入开展禁毒和防治艾滋病宣传，设计刊登了20多期相关报道、专题文章和公益广告。“珍爱生活、远离毒品”“吸毒一口、掉入虎口”，这些禁毒宣传语经常出现在报上，渗透到读者心里。

如果说，商业广告代表着一张报纸的经营繁荣的景象，那么公益广告则衡量这张报纸的文明底蕴和道德高度。《三峡日报》要成为二者兼得、相得益彰的“公益样本”。

（2013年10月）

“报”在一起更有力

——谈广告经营的“抱团”力量

谈论点：小赢靠智慧，大胜靠团队。形成“报”在一起的核心战斗力，是团队取胜的核心要义。

关键词：团队力量；目标激励；团结效应

报纸广告经营的核心竞争力，其实就是人的经营能力。无论多么创新的经营战略和经营模式，都要靠人来组织和执行。凝聚每个人的力量，是提升团队核心能力的根本所在。

我们不能依靠“个人主义”和“单兵作战”，而要形成“报”在一起的团队战斗力。

一、形成统一的价值观

任何一个人，最终受文化理念和价值观的支配。任何一个优秀企业，都有统一的价值观。如果没有核心价值观或者价值观不能入脑入心，即使再好的政策或工作计划也很难落实。

价值观一致，就能产生同频共振。

团队要真正建立开放包容、积极进取、争创一流、竞争合作、宽容大气、求实创新等有利于经营发展的先进理念，并把这些理念贯穿于广告经营的始终。我们提出“打造职业化经营队伍”，不是为了喊口号。职业化就是在岗位上成为一流的能手和专家。而离开了统一价值观，就谈不上“职业化”。

一个团队，要有共同责任，要有统一的目标和标准。只强调个人工作成绩不行，更要强调团队的整体成果。小赢靠智慧，大胜靠团队。小赢是个人的事，大胜是团队的事。

团队精神是一个团队的灵魂。我把三峡日报社广告团队精神归纳为五个方面：

一是有共同奋斗的目标。一个人要有单个目标，一群人要有共同目标，团队精神就是要将个人目标和集体目标捏合在一起，形成宏观整体的奋斗方向。没有目标的团队，无以“抱团”；没有团队精神的目标，最终“无神”，目标很难实现。所以，共同的奋斗目标是团队精神的基础。

二是有顾全大局的意识。广告事业是大局，报社、报纸、报人的利益是大局。团队中的每个人都不能“过于小我”，不能当“独个英雄”。在个人利益与集体利益发生冲突时，当我们遇到某些困难和矛盾时，都要有大局意识，做到个人服从集体、小局服从大局、局部服从全局。

三是有敢于担当的责任。担当是一种崇高的思想境界，是在一事当前的时候，勇挑重担、敢于负责。把广告经营做好，是我们每个广告人共有的责任和担当。做不好广告经营，不是部门领导一个人的失责，而是所有人的失职，全员都不能免罚，这种认识必须刻在每个人心中。

四是有步调一致的行动。“步子”和“调子”，就要朝一个方向，形成和谐共振效应。要讲坚决服从、落实于行、令行禁止。行动是实现一切目标和理想的根本，没有行动一切都是空谈，没有统一的行动也是空谈。

五是有团结协作的作风。团结是保证组织高效率运转的关键，是团队形成合力的核心。要团结同心，像石榴籽一样抱在一起，而不要互相赌气、互相扯皮、互相拆台。

团队精神能凝聚具有战斗力的团队力量。个人的能力是有限的，而团队的力量是无穷的。没有人能够单凭自己的能力取得完全意义上的成功，只有融入团队、依靠团队，在团队中发挥自己的聪明才智，才能获得长久的成功。

每个人要把自己当作团队的主人，担负起为团队争光的责任。要培养同事之间良好亲善的关系，学会包容、欣赏、尊重他人，不怕别人超过自己，而要帮助别人做得更好。要配合协作，消除不必要的工作界限。要树立正义抵制各种不良风气，讲原则、讲奉献，规范自己的一切经营行为。

三峡日报社广告团队曾作为宜昌唯一的媒体代表，连续两年参加全市集体广播操比赛，均取得优异成绩。图为作者(前右二)和队员合影。

我们要养成顾大局、识大体、做大事、成大器的品性，团结和谐，包容互进。每个人要有正确的观念定位，既有自己的方向和目标，又能从最基础的工作做起，而且真正懂得团队协作的重要性。做职业广告人，是一种工作境界，职业化的核心就是要有所作为，要能够将职业、事业和当前的工作有效地协调融合。一个人的文化素养可以决定其综合素质和水平，一个人的价值观可以决定其行为走向，一个团队也是这样。

二、具有坚强的执行力

任何一个团队的成功，30%靠领导，60%靠执行，其余靠运气。可以说，没有领导力和执行力，就没有竞争力。一个优秀团队的最高境界，是具有坚强的执行力。

执行力要以结果为核心，以个人层面的自我承诺和责任使命为基点，把说的变成行动、把行动变成结果、把结果变成效益。

执行力就是全心全意立即行动，是每一个员工的基本功。关于这一点，我一直在强调。每个人要有专注于目标的定力，要有主动做事的心态，要有坚持到底的意志。

执行力的强弱，取决于个人能力，也取决于工作态度。能力是基础，态度是关键。要树立强烈的责任意识和进取精神，坚决克服不思进取、得过且过的心态。要养成认真负责、追求卓越的良好习惯，做事不消极应付、不敷衍塞责。

广告经营的实践一再证明，执行力强的人，业绩突出，成效显著。没有执行力的人，总是借口多、办法少、态度差，无所作为。每个人都要注重自我调节，把工作标准调整到最高，把精神状态调整到最佳，把自我要求调整到最严。

作为广告经营第一责任人，我要做的是，永远为每一个广告人创造最有利的工作环境，永远尊重每一个广告人的劳动和价值，并永远保持我的承诺。

每一位班子成员和中层干部，要立足全局、顾全大局，做广告团队的得力助手。要站在前沿、走在前面，做全体广告人的事业表率。要在困难面前不畏难，在吃苦之后不叫苦，勤勤恳恳做好每一件事，认认真真抓好每一个有可能产生广告效益的机会。要在不利中寻找有利因素，在劣势中开发优势资源，千方百计完成任务。

三、发挥全员的能动性

主观能动才能防止工作被动。我们要在态度上主动而且投入，在行为上充满激情而且说到做到。做好广告是我们的光荣而神圣职责，做不好广告是作为广告人莫大的遗憾。

应该时刻处于“我要做、我想做、我能做”的状态，而不是被动地推一下动一下，非得要上级和领导点拨、催促或是批评才去做。要把岗位工作当作自己的生活内容，始终做到内心有目标、行动有规划、执行有结果。工作时要用全心、出全力、尽全责，有十分的能力，就要尽十分责任。

我们每个人的工作目标，其实并不是领导和上级设置的，而是自己在内心定下的。主动工作的人，常常超越自己的能力、目标甚至极限。有几位同志在很短时间内实现了跨越式突破，他们自己都说过“没想到”。结果之所以出人意料，就是因为他们在经营过程中始终发挥着自己的主观能动性和创造性。

每个人都要靠结果生存，而不是理由活着。被动的人总是把借口当成一种习惯，把理由摆在前面。我们要提倡“结果第一，为结果努力第二”，不要让借口阻碍了我们实现目标的步伐。

发挥主观能动性需要有专业的能力支撑。比如中层干部的管理能力、业务人员的经营能力、服务客户的技术能力以及公关协调等其他方面的综合能力，这样才能让自己在职业化道路上走得更扎实、更稳健、更有效。

四、创建合适的新机制

动力机制是管理机制的重点，因为它能决定一个单位的运行方向、运行效率和竞争实力。它的根本和核心，在于激发人的积极性。

我们构建的动力机制，是以结果为导向、以人本为中心、以激励为手段、以业绩为标准，激发全体员工把实现整个经营目标与实现个人发展愿望有机融合在一起，形成事业持续发展的巨大推动力。

要有合理的收入分配机制。建立和完善与贡献相适应的收入分配激励办法，使个人收入与所付出的劳动相等，形成个人利益与集体利益的共同体。每个人的收入必须同经营业绩和经济效益密切联系，真正体现劳动、创造、智慧和服务的价值，体现多劳多得、优绩多得、少劳少得、不劳不得的合理的分配原则。优化绩效工资制度，按绩取酬，绩效向业务一线倾斜、向突出贡献者倾斜。既要注重结果评价，又要坚持过程激励，让创造财富的人尽可能多地拥有财富。

要有公平的市场竞争机制。竞争是为了报纸广告利益最大化，但竞争的前提是公平公正，而非“不择手段”，也不是为了“一己之利”。竞争不是放纵无序的争抢，是要倡导和规范每个人的经营行为更加“理性”。竞争不能“保护”不思进取的人。对长期做不大甚至越做越小的客户，要让有能力的人去做。对经常服务不到位或者到位不服务的项目，要让有水平的人去做。

要有优惠的人才成长机制。人才必须放在广告队伍建设的最优先位置。以报社事业凝聚人，以良好环境吸引人，以先进机制激活人，以较高待遇留住人。业务骨干和老同志要做好“传帮带”，要传经验、帮后进、带徒弟。新同志要做到“比学超”，要比业务、学先进、超目标。在这方面一些老同志做得很好，比如黄本军、刘劲松、孙昌伟、闫玉玲、丛桂玲等，乐于助人，是让人尊重的“大哥大姐”。年轻人要快速成长，不等不靠，像袁雪梅、朱鸿、邓福翠、郑璐、袁满、肖创权等，正在向懂经营、钻业务、会服务方向奋力前行，立足岗位成长、成才和成功。

我认为上述这些，是形成“抱团”力量的重要因素。一个有核心凝聚力的团队，就一定会无所畏惧，一定能不断创造新的奇迹。

（2013年12月）

读书的最大收获是更喜欢读书

——谈广告人的读书与学习

谈论点：提出"3231读书工程"，其实就是要解决广告人为什么要读书、读什么样的书、怎样读书的问题。

关键词：在职读书；读书方法；学习收获

知识是一个人的心灵颜值，而读书就是最好的"养颜术"。

21世纪是终生学习的时代。终生学习当然不是在学校里读书，最容易做到的，便是每天抽一点时间读一点相关书籍，学习自己需要的知识。

如果不能行万里路，那就读万卷书吧，如果读不了万卷书，那就养成一种读书的习惯。

我们提出开展以"在职读书学习、在岗建功立业"为目标的读书活动，是非常必要而且紧迫的。我把这个活动概括为"3231"读书工程，就是用三年时间，读20本精选书籍，提高自觉学习、知识运用和广告经营的三种能力，打造一流的学习型团队。

我们为什么要读书?

我觉得，要解放思想和矫正各种错误倾向，一个最有效的办法是读书。这是我始终认同的观念。

我们做经营、做营销、做广告，必须用知识统领思想和统一行动。我提出开展读书活动的建议后，得到了报社党委的高度重视和大力支持。报社给每人5000元的专项读书经费，共计30多万元。这不是一个小数目，是一项很大的智力投入。用到广告人读书上，其分量之重、力度之大，报社前所未有。

因此不能把读书活动当作流于形式的权宜之计，而要当作立足于报社广告经营发展未来和我们每个人职业未来的一项智慧工程。

很多时候，人们思想认识上有偏差，需要"矫正"。思想是行动的先导，有什么样的思想观念，就有什么样的行动或结果。对广告工作、广告岗位、广告职业的理解水平高低，决定了在这个行业里的作为大小、贡献多少。不能真正理解广告的人，是做不好广告的。这不是我个人的武断结论，而是实践检验了的真理。

当前广告人思想上主要存在这样几个认识误区：一是认为我们的广告经营已经做到了极致，达到了"天花板"，再没有上升空间；二是把做广告经营等同于普通搞关系、拉业务，把广告经营人员简单地归类为是业务员；三是认为广告是一碗"年轻饭""下等饭"，广告岗位不如其他行业或职业"高尚""吃香"。

这些认识误区，是广告经营工作的思想障碍，也是制约广告突破发展的重要原因，需要用读书的"药"来解决。

还有一个因素，就是很多广告人"先天"学习不足，需要及时"补课"。

实事求是地说，我们广告经营队伍的门槛不高、专业素质不高、技术含量不高，除一部分新进人员是正规院校毕业生外，过去很多人读书不多、文化程度不高。我认为，不读书的人，认知的范围就会始终局限在自己的思维里。习惯于读书的人，就会看到一个更长远、更宽广、更复杂的世界。

我统计分析了一下目前广告团队人员结构。整体年龄偏大，40岁以上人员超过70%；整体文化程度偏低，具有大学专科以下学历人员占56%；整体专业技能偏弱，副高级以上职称只占7.2%，中级职称占16%，无职称人员占70%。

这说明，需要提升整体文化素质和专业技能。这是广告文化建设的长远需要，也是打破广告发展瓶颈的关键所在。

文化是一个民族的灵魂，是一个企业的根本，也是一个人素质的内核。很多人过去做事靠经验、凭苦干、讲关系，也曾取得了不错成绩。但现在时代不同了，媒体环境变化了，经验和关系虽然也必不可少，但已不成为决定成败的根本。

还有一点，就是我们面临多种挑战，需要不断“充电”。

媒体整合传播营销时代已经到来，这就要求媒体广告人对自己重新定位，在知识结构、思维方式、营销能力等方面实现转型升级，否则就会被时代淘汰。从大众传播到分众传播，从传统广告到整合营销，已经是一个不可逆的大趋势。

知识更新日新月异，现代信息瞬息万变。如果我们不及时学习，就不能跟上时代对广告经营工作的需要，就没有办法做好新媒体环境下的广告经营。

有专家认为，纸媒即将迎来难过的日子，因为现在传统纸媒的广告客户正逐渐转投互联网阵营。现在或未来，社会的主流消费人群，就是在互联网中成长起来的80后、90后和00后一代，报纸广告或许会被互联网广告所吞没或取代。

所以我们不能再像以前那样机械地拉广告，告诉客户自己的读者年龄分布、消费水平、购买产品的可能性有多大，客户已经不相信我们的“说词”了。广告人要主动出击，以平台协作的方式争取媒企合作，用新思路、新策划来做广告营销，以最大化挖掘报纸传播的附加价值，达到“传播价值”向“商业价值”的转换。

可能有人会说，我们广告任务这么重，压力这么大，时间这么紧，哪有时间和精力来读书？

这种观念是错误的。时间就像海绵里的水，靠你挤出来。

常言道，磨刀不误砍柴工。读书学习就是磨刀，刀磨快了还怕砍不到柴吗？有哲学家说，读书不能改变人生的长度，但可以拓展人生的宽度。人生在世，除了物质生活之外，还应有自己的精神生活，而这往往是从读书开始的。读书能使我们的精神不再贫乏，生命不再贫弱，人生不再孤独。读书能让我们成为有信念、达情理、知荣辱的人。

我们要真正把读书学习当成一种生活态度、一种工作责任、一种精神追求，自觉做到爱读书、常读书、善读书、读好书。

有很多成功的企业家对读书都有过精辟的论述，我注意收集了一些企业家关于读书的观点。

比如华为集团董事长任正非说：“做不好工作，实质上就是没有学习好。”海尔集团董事长张瑞敏说：“我成功的秘诀是学习和读书。”平安集团董事长马明哲说:"如果不学习,去年的马明哲领导不了今年的平安。"中粮集团董事长宁高宁说:"阅读在我的生活里占据着非常非常高的位置。"

这些都是著名的成功企业家的读书观,但是毫不客气地说,我们中间有人并不知道这些人。为什么? 因为有人从来不读书,或很少读书。

我们要读什么样的书?

全国每年有上百万种新书出版,人的精力、能力和时间都有限,不可能泛泛而读,只能选择极其少量的重点图书。

我们要围绕提高专业理论水平、增强实际工作能力、完善基础知识结构、提升个人精神境界,读一些与广告经营关系密切的书,力求在有限的时间内取得最佳的读书效果。

结合广告工作的实际,我们计划在三年时间里读20本书,首批挑选了6本书,其中有4本书是讲广告文案策划写作的,如《广告文案》《金牌文案》《中国艾菲奖获奖案例集》和《房地产开发广告策划》,还有一本是讲工作方法的书《认真胜于能力》。这6本必读书目,没有高深的理论,没有空洞的说教,大都是一些成功的案例和经验,可学可用,操作性强,相关性强,适用性强。

这些书不需要你去死读硬背,只需要你认真阅读一两遍,记住其中的实质内容,明白一两个道理,就是收获。

比如《认真胜于能力》这本书,讲了一个最浅显而深刻的道理,就是"把简单的事情做得不简单,就能让平凡人变得不平凡,就能做最能挑战困难与问题的一流员工"。

书是无价之宝。认真地读,读得认真,就会学有所得,读有所值。

这些书可能不会直接给你换来多少广告收入,但学好用好了可以开启智慧,创造比广告收益更大的价值。当然如果不当一回事,不屑一读,那么这笔开支就是一种浪费。

其实作为广告人,有一些必读书就是必须要读的。比如,《广告人的自白》,这是广告教父奥格威的书,也是广告行业书籍中最有名的一本,是他从业经历的回顾和经典案例的总结,充满了真知灼见。我在来广告部工作之前,专门通读了这本书，很受启迪。

比如著名广告大咖叶茂中的《广告人手记》，这是一本国内业界畅销书。他把自己专注广告市场、成功打造200多个商业品牌的经验，以手记的方式告知广告人。他觉得“广告是一个崇高的职业”“广告人应该为奇迹而活着”。我读后也是受益匪浅。

学不知足，学无早晚。三峡日报社广告部组织集体夜学，不断提升经营人员理论水平。图为员工夜学场景。

当然还有很多，这些年我粗略读了一些。但我知道很多人没见过，更没读过。那就让我们一起多抽时间多读点书吧。

我们应该怎么读书？

古诗云：读书不觉已春深，一寸光阴一寸金。意思是说因为读书，而没有察觉到春天不知不觉快要过完了，每一寸光阴都像一寸黄金宝贵。这是惜时读书的不朽名言。

读书需要静下来，不能心浮气躁。著名学者王国维论述过读书学习的三种境界。第一种境界是“昨夜西风凋碧树，独上高楼，望尽天涯路”，第二种境界是“衣带渐宽终不悔，为伊消得人憔悴”，第三种境界是“众里寻他千百度，蓦然回首，那人却在灯火阑珊处”。

这三种境界启示我们，读书要有开阔的眼界，要有良好的心态，要有钻研的精神，要有不懈的探索。

一是勤于阅读、善于思考。勤是人生之宝，不勤劳就无收获，不勤学就会无知。古人说：“勤学如春起之苗，不见其长，日有所增；辍学如磨刀之石，不见其损，日有所亏。”说的就是要勤于读书这个道理。坚持学习需要付出时间，可能还要牺牲其他爱好，因此不能偷懒。读书还要善于思考，思考就是要想问题，想问题才能找办法，这样才能真正有所提高。

二是学以致用、注重实效。读书学习其实就是“吸收营养”，有了营养就要用于实践。读书不能同工作脱节，要有助于工作创新。读了一本书或两本书，要有一个新理念形成，或一个旧观念的改变，或一个好策划的产生，或一个大项目的突破，这样才是真正学有所获。

三是持之以恒、长期坚持。读书是一个长期积累的过程，要养成坚持不懈的习惯。时间是在每个人的内心的，就像海绵里的水，只要你去挤，总还是有的。坚持最可贵，只要坚持了，就一定会见到效果。

为提高读书效果，我们需要开展一些必要的辅助活动，比如撰写心得体会、开展主题演讲、举办读书沙龙、进行年终述学、树立学习标兵等。

从激励学习进步的角度，我们要设立专业学术奖，凡是在省级以上报刊发表专业学术论文或正式出版论著的，就给予奖励；设立课题成果奖，凡是进行专业课题研究并获得市级以上奖项的，就给予奖励；设立学习进步奖，凡是取得专业职称的，从初中级到正副高级，通过自考、函授、网络等方式取得国家承认学历的，就给予奖励。

当然读书学习不是为了奖励，奖励是为了激发我们内心更大的学习动力，增强以此带来的更多能力。

比如，自我学习能力。学习的关键在自觉，要从“要我学”转变为“我要学”，养成自主学、自觉学、自动学、坚持学的良好习惯。

比如，知识应用能力。读书在于增长知识，学习在于应用提高。要把所读到的书本知识应用于岗位实践，丰富和增长才干，提升经营服务水平。

最重要的还是广告经营能力。经营业绩是检验学习效果的重要标志。要通过读书活动，促进全员解放思想和拓展思路，促进全员提能力、上水平、出业绩。

我们做经营工作，平时忙、应酬多，这是实情；我们任务重、时间少，也是实情。不读书可以有上百条理由，但只要想读书就没有借口，只要发自内心的需要就能做到。

再说说覃燕妮，大家每天总是看到她风风火火的脚步，很多人却鲜知她勤学上进的背影。她是全报社做广告最多的人，称得上是最忙的人。我算了一下，她2013年广告收款260万元，对应广告版面近90个整版。也就是说，她在全年有效工作时间内几乎每两天多就要发布一个整版广告，而且绝大部分广告都是她自己亲自采写编，对她来说时间够紧张吧，但她依然忙里偷闲，攻读了中南财经政法大学在职研究生课程。

据说她考研期间，白天跑客户，晚上自费听课补习，几乎做到了工作学习“两不误”、家业事业“双丰收”。这是何等的励志！

我是通过持续自学取得经济管理专业本科和研究生学历的，我们身边的覃燕妮也是，还有方勇华、姚定安、余强等也都自学取得了本科文凭。

虽然学历与能力不是一回事，但这个学习的过程极其重要。没有学习，就没有知识的积累和文化素质的提升，就没有心灵的成长和精神世界的丰富多彩。

读书会让我们有一个宁静的心境、从容的心态、理智的头脑和开放的胸怀。当读书成为一种生活方式和工作状态时，我们总可以找到读书的时间和方法。

我常说，广告部门时间相对自由，有天然的读书学习条件，不能把大量的业余生活耗在吃喝应酬上，也不能把自己的业余爱好花在打牌娱乐上。趁着有岗位、有时间、有条件，多读一点书，从书中汲取知识和营养，不断提高个人素养，培育健康向上的生活方式，用更大的作为贡献自己的智慧和力量。

书是笨人的药，是通往智慧的路。读书让我们看得清自己、看得见别人、看得到未来。读书让我们拥有更富足的内心，塑造更美好的未来。

当你爱上读书时，世界就会爱上你。更喜欢读书，或许正是我们坚持读书的最大收获。

（2014年3月）

不可以这样说“不”

——谈“四风”在广告经营中的十种表现

谈论点：形式主义、官僚主义、享乐主义和奢靡之风，这“四风”也会渗透到广告经营工作中，其危害不可低估。

关键词：“四风”危害；经营管理；自查自省

在全党深入开展党的群众路线教育实践活动中，重点聚焦作风建设，集中解决形式主义、官僚主义、享乐主义和奢靡之风。这“四风”是群众深恶痛绝、反映强烈的问题，也是损害党群干群关系的重要根源。按照“照镜子、正衣冠、洗洗澡、治治病”的总要求，结合广告经营工作的实际，我认为，“四风”在广告经营活动中有以下十种“不”字表现，需要警惕——

一是不善学习，思想固化，因循守旧。有些人拒绝用新知识、新信息、新思想、新技术武装头脑。缺乏政策理论水平，思想就不进步，思维就不开放，思路就故步自封，跟不上时代和职业发展的需要。缺乏学习，对日新月异的知识和新信息知道不多，在媒体转型过程中服务客户的手段不多，在广告经营中遇到困难时办法不多。不善于学习、不勤于学习的人，终将被知识和时代淘汰。

二是不爱岗位，无心工作，无所作为。履行岗位职责，是对每个员工的基本要求。但有人不爱岗、不敬业、不作为，缺乏职业操守和专业精神，对工作和岗位没有敬畏之心，不能胜任岗位职务，不能完成基本工作任务。有的人身在报社心在外，把广告当成不屑一顾的副业，把报社当成自己做私活的平台。有人把上班当幌子，报纸广告不去做，帮私人公司跑关系、拉广告。有人上班打游戏、斗地主、炒股票。这些人中，有的是态度问题，有的是能力问题，有的是品质问题，不管是哪方面的问题，都是组织不允许的。

三是不听招呼，缺乏自觉，自由主义。在集体场合或集中活动中，目无纪律和规则。比如开会，没有纪律观念和集体观念，自由散漫，迟到早退、缺勤旷会。开会专往后排坐，为的是能开小差玩手机。有时领导在上面开大会，个别人在下面开小会，随意接听电话，自由出入会场。组织广告项目时动作迟缓，只说不动，未动先说，或全是借口，就是弄不来一个像样的结果。

四是不顾大局，强调自我，各自为政。总是自我感觉良好，好像这个团队与己无关。有的中层干部对其他同志不管不问、不帮不带，对新同志漠不关心，甚至轻视或排斥。部门与部门之间缺乏合作，同志与同志之间缺乏协作。解决问题考虑本部门利益、局部利益、个人利益多，而对报社或广告部整体利益想得少。

五是不愿担责，缺乏担当，揽功推过。有的人对工作不负责，对市场不负责，对客户不负责，做事马马虎虎，患得患失。工作向下看齐，待遇向上攀比。碰到问题往外推，遇到矛盾绕着走，处理情况往上交。对待工作应付心态重，喜欢投机取巧。

六是不够坦诚，投机取巧，胸怀狭窄。有的人对组织不坦诚，对工作不忠诚，对客户不真诚。作风漂浮，拈轻怕重。有的人对领导和客户两边“忽悠”，把广告客户当成“私有品”，不向领导报告客户的相关情况。广告做不来时，把原因归结到对方。客户不发广告时，埋怨部门没有好方案、埋怨同事没有好合作，从来不从自身查问题。

七是不搞团结，说三道四，暗中拆台。有的人脾气大、性格怪、不合群，难与同事友善相处。有的人为一个客户或一笔广告，不顾自身修养，争执不下，寸步不让，说三道四，挑事生非。更有甚者背后伤人，暗中采取不正当手段。有的人合作开发客户和项目，彼此互不抬桩，暗中反拆台。结果是既伤和气，又损形象，还给报社带来损失。

八是不守承诺，知行脱节，诚信缺失。有的人说一套做一套，说得到却做不到。言出随意，行出无果，不能信守承诺。有的人得不到领导和组织的信任，很大程度上就是空话多、行动少，说大话、不落实。每个党员每年都做出过承诺，但有的人就把“说了”当“做了”，没有真正用行动兑现承诺。

九是不怀感激，牢骚满腹，消极懈怠。有的在报社工作了多年、十几年甚至几十年，有的一家几个人甚至几代人在报社工作，但对报社缺乏感情、缺乏感恩。不爱报社，不把集体利益放在心上，不把公家的事情当回事。遇到一点不如意的地方，就大发牢骚、怪话连篇。有的不感激父母，不能正确处理家庭关系，同亲人闹得像敌人，甚至影响几代人的亲情。

十是不求上进，甘于落后，作风懒散。有的缺乏职业和事业理想，工作碌碌无为，做事无精打采。没有攻坚克难的干劲，没有干事创业的激情。有的人做事斤斤计较，生怕吃苦吃亏。工作不在状态，不求无功但求无过，没有动力和激情。有的人工作落后却不能知耻而后勇，不能奋发而有为，得过且过混日子。

以上这“十不”，是“四风”问题在广告经营队伍中的突出表现，虽然不是党员存在问题的全部，也不是全部党员共有的问题，但确实是影响广告经营的不良倾向。有问题不可怕，怕的是自己不能看清问题，不能努力去解决。

自省是涤荡心灵的清泉。反观自身，方能不断自我提升。我们要从灵魂深处受触动，从实际行动抓整改，不断提高思想认识水平，促进广告经营工作健康持续发展，才是我们真正纠“四风”的出发点和落脚点。

（2014年9月）

作风和文风是机关报广告的风向标

——谈广告经营工作中的“双改”

谈论点：经营作风和写作文风，既反映媒体经营水平，又影响媒体信誉声望，甚至关系到广告事业的兴衰，切不可小觑。

关键词：经营作风；写作文风；改进工作

我们提出在广告经营人员中开展“改善作风、改进文风”（简称“双改”）的倡议，引起了很大共鸣。进行经营作风和写作文风的教育整顿，不是针对某一个人、某一件事，而是为了解决经营工作中一些倾向性问题。

借用毛泽东同志在《整顿党的作风》中指出的“学风和文风也都是党的作风”，我们的经营作风和写作文风，也都是广告的“风向标”，直接关系到机关报广告事业的兴衰。

要建设职业化经营队伍，提升专业化经营水平，不能离开每个人的经营作风和写作文风。作风不实、文风不正的问题，影响广告经营团队的整体建设。提出“双改”要求，是适应报社事业发展新格局的需要，也是媒介竞争环境下服务客户新期待的需要。

报纸广告经营岗位非常特别，工作性质比较特殊，广告人的时间相对自由，行动相对自在。这些“特殊性”，要求我们能够“特别自觉自律”。

但现实中存在一些不良经营作风，影响甚至制约了广告经营发展。

一是工作不积极，当了和尚不愿意“撞钟”。有的人不是主动地去工作，做什么事情都处于被动消极状态，说一下动一下，推一步挪一步，还要看是什么人说的，是怎么说的，不服从安排，不听从招呼，叫不动身，听不进话，做事没心情，工作没激情。有的人当一天和尚撞一天钟，有的人只当和尚不撞钟。这是一种消极的经营作风。

二是落实不到位，把“借口”当成一种习惯。广告经营策划多、活动多，执行和落实就是经营工作成败的关键。每一次活动，总有极少数人“落而不实”“行而不动”，摆客观理由多，讲问题或困难多，真正想办法少。这是一种懒散的经营作风。

三是做事不担责，用“敷衍”塞责应付工作。把公家的事不当一回事，把广告的事不当一回事，把客户的事不当一回事，却总把自己的私事当成天大的事。所以工作没有基本标准，做事没有起码态度，对待分配的任务敷衍塞责，对待客户极其马虎。这是一种不负责的经营作风。

四是做人不厚道，有损机关报媒体人的形象。缺乏守信准则，不讲做事原则，不讲游戏规则。为一点小广告或小利益，采用一些不正当手段，说怪话、说气话、说有损于同事之间团结的坏话，有悖职业道德，有损于党媒形象。这是一种不诚信的经营作风。

经营作风不实，也会“连锁反应”到报纸版面上，谓之“文风不正”。主要表现有：

一是在来稿上署名。我们每天都要接触大量的客户软文或材料，在这上面随意署名现象比较普遍。对来稿作一些必要的修改或编辑，是我们的职责，但不经允许，自己不付出劳动就“据为己有”，就“空挂其名”，是一种有违职业操守的行为。

二是随意编撰稿件。有的人不到事件现场或客户单位采访，有的即使到了拿着材料就走，回到家里随意就编，结果不能准确表达客户的宣传意愿，差错多、问题多，客户不满意，说你写的稿子不值钱，或值不了应该付的钱。

三是网上摘编抄袭。有的人写稿“一网情深”，大段大段甚至大篇大篇地抄网上内容，有的人写稿根本就不动脑筋，迷恋于“拿来”别人的东西。有的移花接木，东边的事情转到西边来。有的照抄照搬，把别人的内容搬到本报来。因此，稿子的面孔大同小异，文章的语言上下雷同。这非常可怕，也非常可耻。

上述表现虽然只是个别现象，也许只发生在极少数人身上，或者只是一些苗头，但必须引起高度重视。这些倾向不及时纠正就可能蔓延，蔓延的结果会给报社、报纸和报人带来严重后果，带来名誉和利益上的损害。

作风是一个人在思想、工作、生活中所表现出来的态度和行为。文风是文章体现出来的风格、格调和风尚。我们是机关报的广告经营人员，有机关报新闻工作者和产业经营者的双重身份，因此作风和文风建设，既关系到报社广告利益，也涉及机关报政治声誉。

作风不实在稿件上的表现，就是文风不正。文风不正的根本原因，就是作风不实。

我们既要与客户打交道，又要与文字打交道，因此夯实作风、端正文风，根本的目的是为客户做好服务，为机关报创造价值，为自己的岗位和事业增添光彩。

在这方面我们要向袁满学习。她进入报社时间不长，是新闻科班出身，广告并不是她的专业，但她却用扎实的经营作风和清新的写作文风，展现了一个优秀广告工作者良好的职业素养。很多重要客户的重要稿件都是她写的。可以说她的稿件是客户满意率最高的，没有之一。她是这个团队中最受欢迎的年轻人，也没有之一。她能吃苦，有时赶稿通宵达旦，连续作战，有“拼命三郎”精神。她善动脑，注重研究客户需求，分析宣传角度，从不做“应付文章”，每稿都会反复斟酌修改，直到自己满意、客户满意。她肯钻研，总是以一种“归零心态”对待广告工作，不断向优秀同行专家取经，主动拜覃燕妮、黄本军等为师。因此，她很快让自己从一个“广告小白”变成了年轻的“行家里手”。

我们提出“双改”，就是要进一步强化“创先争优”意识，着力解决队伍中的“懒散浮假”等突出问题，促进人员的思想作风、经营作风、写作文风进一步转变，全面提高广告经营的公信力和执行力，打造优秀的职业化经营队伍，用优良的作风和文风服务好客户。

通过“双改”，要实现以下六个方面的目标：

一是工作态度真转变。态度决定高度，这话是真理。优秀和平庸的最大区别，不是岗位、职业和环境，而是态度和追求。世上没有卑微的工作，只有卑微的态度。当你不能改变环境时，你唯一可以改变的就是态度。积极的态度对待工作，哪怕是一件细小的工作，你就会投入很大的精力和心血，同样你会取得满意的结果。我们要提倡积极的、向上的、乐观的、充满希望的工作态度，而不能是消极的、悲观的、怨气的工作态度。有积极的工作态度，才会有爱岗敬业的意识，才会有不断进取的信心和激情，才会有极大的主动性和创造性。所以，工作的时候要全身心地投入，而不是心不在焉或三心二意。遇到问题的时候要积极寻找解决的办法，而不是有意回避或寻找各种借口。个人有不顺心如意的时候，要学会自我调节，而不是把这种低落的情绪带到工作中。

二是经营效率大提高。工作效率是评定工作能力的重要指标。我们经常说的一句话叫“效率就是生命”。提高工作效率，需要从工作作风抓起。作风懒散，办事拖沓，根本就谈不上效率，更谈不上效果。我们广告策划和活动比较多，但落实要靠每一个人。有的人在执行方案时漫不经心，领导一请二问三催，最后还是不到位，这样不行。提高个人工作效率，要有饱满的工作激情，要有良好的工作习惯，要有科学的计划管理，要懂得自己与他人之间相互支持帮助、部门与部门之间相互配合协调。

三是纪律意识再增强。纪律是对自身行为起作用的内在约束力，是要求人们在集体生活中遵守秩序、执行命令和履行职责的一种行为规则，是完成任务的基本保证。纪律的重要特征是自觉性。今年来，集团出台了一系列关于广告经营的管理规定和制度，我们必须严格遵守。在执行各种法律法纪和规章制度上，没有特殊性，没有特殊人，没有人情可讲，讲的只是按规矩办事，讲的只有人人平等。谁违纪，谁要受处罚；谁违规，谁要担责任。

四是和谐局面全打开。要和谐就要讲团结，讲团结才能产生战斗力。我们的每一笔广告都与利益相连，都与任务挂钩，都可能牵涉方方面面的人际关系。如果处理不好，就会相互扯皮，产生矛盾，甚至闹得不可开交。客户资源是公共资源，不是任何人的个人关系。新的大客户开发由部门统一安排，任何人不得以任何理由争夺或占有。自主开发的中小客户，以时间介入的先后为基本依据，已经有人在跟踪服务的，其他人原则上不得插手。我们提倡公平竞争，坚决反对不择手段。“公平竞争”是处理同事之间关系的一条道德准则。任何人不要做有损于集体利益和形象的事，要有大局观、宽容心和荣誉感，维护团队和谐的良好局面。

五是写作质量快提升。文风不单是语言风格和表达方式，更重要的是同思想和作风有密切联系。好的文风，必定是准确、鲜明和生动的文字传递。无论是服务客户的业务人员还是年轻的行业记者，都要以认真负责的态度，精心采写每一篇稿件，精心编发每一个版面。任何人不得在广告软文上面署名，署名文章必须是经过自己采写的，只做标题改编而不进行内容改写的稿件不得署自己的名。客户要求采写的稿件，要深入采访，精心写作，禁止从网上下载相同或相似内容的稿件填充版面。可以学习或借鉴别人的写作手法，但严禁抄袭。发现这类情况或接到读者客户举报，要公开严肃处理。半版以上的文字稿，要送客户审阅签字。有新闻性的软文，要实事求是，杜绝虚假报道。提倡写短稿，写新闻，少写广告稿，要用做新闻的理念做广告文章。

六是服务水平真改善。我们服务的终端是广告客户，客户满意与否是检验服务质量的重要标准。因此，在服务态度上要做到尽善尽美，在服务频次上要逐步增加，在服务技能上要不断提高。凡是客户单位主要领导对业务员不满意的，要坚决更换联系人。客户有漏稿的，要追究相关联系人的责任。广告员丢掉了客户，无异于战士丢掉了阵地。所以每一个人，要用真诚的态度、热情的服务、优质的策划，回报客户对我们的期待。这是我们“双改”的根本目的。

开展“双改”不是“小题大做”，更不是“无事生非”，而是非常必要和及时的。作风好了，文风正了，思路顺了，方向明了，我们就能达到事半功倍的效果。

（2014年11月）

不做第一就做唯一

——谈报纸广告突破“天花板”的经验

谈论点：突破“天花板”，必须找到“好办法”。这个“好”字，至关重要。

关键词：广告突破；“天花板”；成功经验

2013年，我们用一个非常漂亮的成绩单“破题”，经营总额、上缴利润均创历史新高。广告部获得“全国广告行业诚信经营单位”，这是由中国广告协会首次颁发的荣誉，称得上是一个重要的“金字招牌”。

我们自1987年独立成立广告部以来，广告经营就不断实现新突破，创造不同时期的辉煌。20多年来，分别有一百万元、一千万元、两千万元、三千万元、四千万元几个关键突破点。当年广告收入从45万元起步，1997年突破一千万元，用了10年左右时间。那一年我刚从部队转业进入报社，才真正知道什么是报纸广告。

2006年，三峡日报社广告首次突破两千万元，用了10年左右时间。当年我是县市群工部主任，也组织驻县记者协助广告经营。现在接手县市群工部主任的施友谊，过去曾在广告部工作多年，具有“抓广告”的丰富经验，每年也协办数百万元的广告创收。

2011年，报社纯广告收入首次突破三千万元。此后在报业广告极其困难时期，多年来维持在高位运行，而且逆势再创新高，2013年全口径广告收入突破四千万元。

应该说，我们这一代或几代广告人，见证、经历、创造了报业广告史上的新纪录，也实现了全省地市机关报广告的历史性突破。更重要的是，我们改变了传统“拉广告”模式。过去，很多人习惯于说我们“拉广告”，称广告部的同志为“拉广告的”。一个“拉”字，几多无奈和辛酸，真实反映了长期以来形成的广告模式和套路。靠吃喝、拉关系、给回扣、坐等上门或上门收钱的广告时代一去不复返了。媒体和广告进入了用户和客户价值时代，进入了精细化服务和个性化服务时代。现在看来，不是每个人都可以做广告，就像不是每个人都能写新闻、编代码一样。不适应新形势，不掌握新技能，不改变旧思维，不突破老观念，结果只能被淘汰。

广告其实是一门技术含量很高的职业，是一个必须创造价值的岗位。请客吃饭是一种应酬方式，但绝不是服务，更不具备广告价值。广告人首先自身要有价值，其次要为客户创造价值，然后才能为报纸带来价值。我最近看到一句网络语，觉得很适合我们：“在抱怨自己赚不到钱之前，先努力让自己值钱。”什么是广告人的价值？什么最值钱？我认为，是为客户、为企业、为产品、为市场提供优质策划创意和服务，用服务创造新的市场收益和价值回报。这才是“有价”和“值钱”的地方。所以我经常讲，要做一个“值钱”的广告人。

2013年，中国广告协会报刊分会会长梁勤俭先生和《中国报刊广告经营》杂志主编金玲女士要我们总结分享一些广告经营管理工作的经验。我思考后说了“六个好”，算是我们突破广告“天花板”的几点体会。他们也都觉得“好”！

这“六个好”就是——

建设一个好支部，是广告突破的前提。一个班子和队伍的组织能力表现，不是顺风顺水时的举轻若重，而是在困难时的运筹帷幄。一个支部的好坏，决定一个队伍的走向。我们党支部一班人始终保持一种“在党”状态，始终不游离于组织领导和纪律约束。每个人都能够以身作则，模范带头，敢说“向我看齐”。大家团结意识强，协调互助高。在工作上相互支持、相互补台、相互协作。在遇到困难时，工作方向明确，经营思路清晰，奋斗目标一致，表现出了共同的责任感和使命感，在党员干部和全体员工中产生了很好的示范效应。因此我认为，一个好支部，就是一个有较强组织能力、有过硬工作作风、有突出经营业绩的坚强的战斗堡垒。

近年来，全国各地40多家地方机关报到三峡日报社学习考察广告经营经验。图为湖北荆门日报社广告同人到报社与作者(左一)等座谈交流。

打造一支好队伍，是广告突破的基础。我们把团队建成“职业化队伍”作为目标，抓好队伍的业务培训、作风建设、文化学习和基础管理，要求自己恪尽职守当好团队的领头人，中层干部当好市场的第一责任人，党员骨干当好走在前列的人，普通业务人员争做不甘落后的人。因此，队伍风清气正，和谐融洽，涌现了一批业绩优秀的老同志、一批快速成长的年轻人、一批巾帼不让须眉的女能人、一批敢打敢拼的好中层。他们不怕困难、不讲条件，坚守职责、争创一流，是一支“有思想、有秩序、有业绩”的队伍。

培养一种好精神，是广告突破的保证。用共同的团队精神凝聚人，是我们提出并努力实践的一个理念。我把广告团队精神归纳为：有共同奋斗的目标，有顾全大局的意识，有敢于担当的责任，有步调一致的行动，有团结协作的作风，这种精神较好地付诸到每个人的实践行动中。大家担负起为共同目标争先、为经营团队争光的责任，脚踏实地，创造了一个新的业绩。因此，优秀的团队精神成为我们在危局中夺取胜利的无形力量。

组织一些好策划，是广告突破的抓手。坚定不移地遵循机关报广告规律，充分发挥机关报的政治优势、资源优势和公信力权威性优势，用优秀的策划赢得广告先机，扩大市场份额，这让我们在残酷的媒体竞争中立于不败之地。这个思路我们从来没有动摇过、没有改变过。这个思路让我们的广告做得风生水起，有声有色。广告项目靠策划，策划的灵魂是创新。每年的策划创收都超过一千万元，很多策划在全省全国同行业中都可圈可点，产生很大影响。因此，好策划是我们激活市场、带动广告、壮大经营的重要法宝。

推行一切好服务，是广告突破的关键。我曾提出“推行一切好服务、提升服务竞争力”，要求“一切服务广告、服务广告一切”，把广告服务上升到市场竞争力的高度。坚持改进服务态度、改善服务质量，要求无论是对大小广告客户，还是对协办广告的报业同人，都必须以诚相待，亲善友爱，查处了一些服务“缺位”现象，对责任人进行了责任追究。可以说，良好服务成为拉动广告增长的有力武器和关键因素。

探索一套好管理，是广告突破的根本。我们提出“以结果为导向、以人本为中心、以激励为机制、以业绩为标准”的绩效管理体系，坚持业绩优先、任务在前、贡献为重的考核管理原则，这一套管理体系得到了实践的检验，切合实际，行之有效。管理的核心在制度，制度的重点在执行，考核的关键在认真。因此，完善、科学、精细、严格的绩效管理，是确保经营有序高效运行的根本保障。

这些年来经营成绩的取得，不是天下轻易掉下的“馅饼”，也不是时来运转碰到的“巧合”，而是我们抓队伍建设产生的力量，抓市场开发换来的收获。

哈佛大学有一个营销教育案例，说美国人对第一个驾驶飞机飞越大西洋的人记得非常清楚，但第二个是谁，几乎都回答不出来。但对第三个飞越的人又记得很清楚，为什么?因为第三个是位女性，所以记住了。在广告营销方面，一定要争取做那个“第一”或“唯一”。

2013年12月31日，当我们广告报捷收官时，我在工作群里写了这样一句话：“请允许我给所有广告人一个热烈的拥抱！这一年，大家太不容易、太辛苦了！”

这是我的心里话，也是我发自内心的感激。在全国纸媒广告普遍持续下滑的情况下，我们的广告尚能如此“坚挺”，而且逆势创造新高，真的太不容易！每一笔真金白银的广告里，每一个鲜活生动的数字里，都写满了我们广告人的辛勤汗水和经营智慧。

前面有路，我们永远不要停止向前的脚步！

（2014年12月）

新常态下要有“非常态”举措

——谈新媒体环境下报纸广告的新思路

谈论点：中国经济进入“新常态”、新阶段，广告经营必须用平常心、“非常态”去应对，切不能穿旧鞋、走老路。

关键词：新常态；经营环境；超常举措

2014年，“新常态”成为一个热词。

习近平总书记说：“中国发展仍处于重要战略机遇期，我们要增强信心，从当前中国经济发展的阶段性特征出发，适应新常态，保持战略上的平常心态。”

“新”就是不同于旧的，“常态”就是日常的状态。“新常态”是不同以往相对固有的状态。这意味着中国经济已进入一个与过去30多年高速增长不同的新阶段。

全国经济增速放缓回落，从过去高速增长转为中高速增长，成为“新常态”的最基本特征。

我国报业也是这样。在收获了近30年政策红利后，传统报业广告进入“换档期”。我看到中国广告协会报刊分会、央视市场研究媒介智讯发布的《2013年度中国报纸广告市场分析报告》显示，2013年报纸广告刊登额下降8.1%，降幅超过2012年的7.5%，这表明报纸广告的衰退在进一步加剧。

在这样的背景下，我们的报纸广告却连续多年逆势增长并创出新高，但我的担忧始终压在心里。增长的脚步可以慢下来，但前进的动力不能减下来。如果广告人的动力消失了，那广告出现“断崖”也只是迟早的事。

保持或增强这种“广告动力”，需要从政策或机制层面做保障。当然，我们必须全心全力，用“非常态”的举措确保新常态下的广告经营。

于是，我提出了“12345”广告工作思路，也就是贯穿“一个主题”、坚持“两个原则”、提高“三个认识”、增强“四个能力”、实现“五个转变”，确保在深化改革之年再创新业绩。

贯穿“一个主题”：就是让广告经营贯穿“深化改革年、宜昌大城梦”这个重大主题。

党的十八届三中全会吹响了深化改革再出发的集结号。习近平总书记强调，“改革开放是决定中国命运的关键一招”，要求“改革不停顿、开放不止步”“敢于涉险滩、敢啃硬骨头”。

三中全会历史性地部署了全面深化改革的路线图与时间表，改革巨轮再次积蓄起强大动能，宜昌各地各行各业正以此为新的契机，以更大的政治勇气和智慧、更有力的措施和办法推进改革，推进宜昌现代化特大城市建设，实现宜昌大城梦。

我们要抓住这个历史机遇，围绕主题做策划，围绕中心找项目，围绕项目抓经营。要用专题宣传的视角，用机关报独创的活动，展现深化改革的举措、经验和成果，带动全年广告经营。

坚持“两个原则”：一是“专业专注”原则，二是“规范有序”原则。这两个原则是我在2012年提出来的，不是新要求，但要强化执行。

专业就要做内行，不做外行；做专家，不做玩家。不断提高广告服务水平和专业技能，能策划、会写稿、懂沟通、善服务，在本单位是高手，在同行业很优秀。

专注就要全心全意把广告当作事业的全部或最重要的部分，不能三心二意。专注目标就会成功。能不能专注于广告，是人的职业态度问题；有没有专业水准，是广告人的职业技能问题。对于广告人来说，二者缺一不可。

有专家说，中国纸媒的最大危机，不是新媒体的冲击，而是纸媒自身的各种问题。我认为，专业主义精神的缺失或衰退，可能才是报纸媒体的最大危机。

规范有序，是搞好经营的制度保障。各种经营管理规定，要不打折、不讨价、不走样地执行。任何广告都有利益关系，其中有集团利益、部门利益和个人利益，所有人员都要以集团利益为重，不允许用一些不良手段，比如降低价格、诋毁他人、私自插手客户等，以确保广告的有序经营。

提高“三个认识”：对广告职业、广告价值和当前形势三个方面，要保持清醒头脑与理性认知。

一是提高对广告职业地位的认识。广告人要有职业理想，这个话题我一直讲，一直不停地讲。我虽然是“半路出家”的广告人，但我对这个职业极其尊崇和敬畏，极其热爱和专注。我是把广告当作一门学问、一项事业来做的，所以我总是在用心研究，总是不觉得辛苦，总是能乐在其中。因为我觉得，不管哪个岗位都要凭自己的劳动、智慧和创造去实现其价值。有少部分同志不能正确认识这个职业，不愿意从事或专注于这个职业。我们要在这方面下功夫，提高站位，增长认知，改变思想，否则有人总会心不在焉。

每个人都可能归属于某个职业群体。也许有的职业光彩照人，有的职业相对弱小；有的职业让人趋之若鹜，有的职业可能乏人关注。但不论哪一种职业，都是传媒集团正常运转的有机组成，都有存在的价值和意义。只要不自轻自贱，只要履职尽责，只要养成良好的工作习惯和作风，就能赢得尊重。

我们在谈自己的职业理想时，关注的不应是工作的高低贵贱，而是感同身受的职业尊严。中国广告市场规模位居世界第二，有数以千万计的从业人员。我们应该为此而自豪，应该努力成为一个合格和优秀的职业广告人。在报社的广告岗位上，只要你勤奋实干，为报业发展创造效益，报社也会为你个人的发展创造机会，提供良好发展空间。

其实我在很多场合也谈到，从事广告经营有很多好处，比如能掌握随时应变的方法，能拥有一个有创意的灵魂，可以迸发克难攻坚的信念，还赋予自己青春无限的活力，而且最容易实现财富自由。所以，我们要忠诚职业，热爱岗位，奉献自己的能力和才华。

二是提高对机关报广告价值的认识。有的人对报纸表现出一种忧虑，认为发达的网络迟早会消灭报纸，报纸广告也就会消亡。网络媒体的优势确实很多，可能会给社会带来深刻的变革，但其本身也有劣势，也会给传统报纸的发展带来机遇。比如内容原创性不足、虚假信息泛滥、传播深度性不够，这些“硬伤”给传统报纸“重生”带来了机会。各种网络有人上，移动媒体有人用，传统报纸同样还会有人看。所以，对报纸的未来，特别是机关报的未来要充满信心。

在市场经济和传媒转型条件下，机关报一定会成为一种绝对宝贵的政治资源。党领导下的舆论工具和宣传阵地，是意识形态的主阵地，只能得到进一步巩固和加强，而绝不会有丝毫放松。因此，机关报的政治价值、社会价值、市场价值依然能得到充分体现。

政治价值是机关报价值的核心，是机关报得以存在的基石。机关报的社会价值是其社会性、文化性的展现，集中体现在引导社会舆论、关注民生民情、传播优秀文化等方面。市场价值是机关报价值在新的历史、经济条件下的延伸和提升。机关报价值决定了其无可替代的广告价值。

作为机关报广告工作者，我们要充分利用现代的经济、技术和管理手段，充分利用机关报的政治优势，弘扬社会价值，挖掘市场价值，这是我们义不容辞的责任和使命。

三是提高对当前广告形势的认识。近年来，报业广告经营进入新的调整阶段。当前报纸广告面临的主要严峻形势有：

信息传播方式和媒体业态给报纸带来影响。较之传统报纸，新媒体的时效性优势、海量信息优势、搜索功能优势、价格优势都表现得非常明显，给报纸的未来发展带来较大冲击。依靠广告塑造品牌的传统模式遭遇挑战。互联网广告与网民规模处于共生的状态，传统的品牌推介方式已经发生改变。花大钱在传统媒体上砸广告的时代过去。大数据、新技术、新平台开始颠覆传统广告业所有的环节。无论是广告主还是广告代理或是广告媒体，从作业流程到创意制作都面临竞争。

媒体同质化竞争不断加剧，让客户对广告公信力产生怀疑。宜昌市场上的多家报纸挤在同一层面争夺读者，争夺广告资源，导致无序竞争、恶性竞争，广告投放分散，广告效果下降。媒体之间的竞争加剧，有的在客户面前相互诋毁，甚至以曝光要挟客户，无节制地让价或竞相压价等。有些媒体广告内容缺乏诚信，假广告、“三俗”广告特别是一些医疗广告，对消费者权益造成损害。这些广告是以损害媒体公信力为代价的，导致人们对整体传媒行业产生不信任感。而我们提出“干净广告”理念和实践，无疑强力提升了机关报广告的公信力。

增强“四个能力”：即增强项目拉动力、策划创新力、服务影响力和团队竞争力。

一是项目作为广告增收的武器，我们要牢牢掌握在手。我每天翻开报纸，如果看不到专题或专版项目，就觉得报纸波澜不惊、平淡无奇。近些年，我们每年有 1/3 以上的广告增长是靠项目拉动的。项目从哪里来？当然不会从天下掉下来，而是在我们广告人的策划智慧里。

二是创新作为广告策划的灵魂，我们要坚持与时俱进。很多借势发力、借题发挥、差异竞争、独树一帜的策划，都是立足机关报优势的经典之作，非常出新出彩。围绕重大题材，配合报纸重要新闻宣传，实行多方联动，产生综合效应。团队要有大策划，创造大效益，产生大影响。部门要有中等策划，抓住市场主体和产业群体。个人要有小微策划，围绕一个客户一个项目做好广告增量。策划要务实创新，千万不能“赔本赚吆喝”。

三是服务作为竞争取胜的抓手，我们要做到用心用情。谁拥有优质的服务，谁就拥有优质的客户。从很大程度上说，广告就是服务，没有服务广告无从谈起。任何一个广告客户，都面临着多个不同媒体对份额的分割，因此也面临着同其他媒体的服务竞争。有比较才有鉴别，有鉴别就有选择。优质超值的服务，就有竞争力，就能胜人一筹，客户就可能选择你的媒体投放广告，甚至独家发布。要提高服务影响力，重点是提高面对多媒体竞争的强势攻关能力，面对不同广告客户的良好沟通能力，面对各种困难局面的随时应变能力，面对自己服务对象出色的宣传策划能力。

四是执行作为团队力量的核心，我们要追求完美高效。广告经营绩效的产生，是广告团队整体运作的结果。高效业绩要靠一个团队高效执行力来支撑。无论是单个项目的组织实施，还是整体目标的推进落实，执行力起着决定性作用。要增进计划的推进速度和项目执行强度，做到“说了就动、动就要快”，“说了就干、干就干好”，确保经营作风和工作干劲“加油提速”。

实现“五个转变”：是我们应对新常态经济环境和新媒体业态冲击的关键。

一是由“单纯广告”向“深度开发”转变。要依托和利用机关报的品牌优势，由单纯做广告和做单个广告，向做综合项目和深度营销转变。不仅要把版面换成广告，还要探索用版面置换成股权股份合作经营的办法，把报纸效益做到最大化。不仅要把单版或单体广告做好，还要转换成更多更大的项目创收。比如对某一个房产客户，一般和传统的做法，就是别人有开盘、卖售或推广需求时在媒体安排广告，今后要提前介入把客户楼盘的策划销售权接过来，商谈整个项目广告打包政策，用我们的思路给人家策划系列推广文案。不仅要做好报纸广告，还要同客户洽谈本集团的网络广告、手机广告、微博微信广告、户外屏媒广告等多形态广告，而且要在这方面有突破性成果。这样可以通过加强深度服务，把被动广告做成主动广告，把广告客户做成长期合作的项目。

二是由“贪大求全”向“深耕细作”转变。有不少人片面认为，只要手里客户多、项目大、时间长，就可以“广种博收”。其实无数事实证明这种观念是错的。客户再大，如果服务不好开发不够，就可能成为小客户甚至是零广告客户。即使很小的客户，只要跟得紧、走得近、服务深，就可能同客户或品牌一起成长，广告也会同客户规模一同做大。因此，广告能不能做大，不在于客户有多大，而在于服务客户的力度有多大。要提倡对每一个有广告资源的客户深耕细作。“深耕”就是要沉下身，静下心，深入其中。“细作”就是精准研究，精细服务。只有这样，才能把客户做成伙伴，做成朋友，做成三峡日报社广告的忠诚伙伴。

三是由“一厢情愿”向“双方共赢”转变。广告的实质是价值交换。天天与客户打交道，每个人总想让客户更多地投放广告，其实这是“一厢情愿”的想法。要真正懂得如何去同客户“交换”，学会“交换”的方法。交换产生价值，这是哲学观点，也是经济学观点。交换是社会再生产过程的一个环节，这个环节不可或缺，因为这个环节是连接生产、分配和消费的纽带。报纸广告是一个价值交换的过程。我们用报纸版面、报纸品牌影响力和相关服务，赢取客户在报纸上的广告投放，为客户创造新的价值，同时也为报纸创造利润。这种交换的背后是客户，只有客户才是报纸广告的重要资产。想要别人的东西，首先就看别人需要什么。你必须提供别人想要的，才能从别人那里得到自己想要的。谈广告其实也就这么简单。只有客户有价值，你才有价值；只有你付出了劳动、服务和智慧，客户才会回报以广告。这就是广告人必须清楚的“交换”原则。

四是由“人脉关系”向“服务制胜”转变。客户投放广告已经进入了理性选择时代，“靠关系”的时代已经终结。过去那种靠吃饭喝酒、生磨硬缠、人脉关系“拉”广告的方式，虽然有时还能起到一定辅助效果，但不能起决定作用。重视让客户高度满意的服务，重视广告人员自身素质的提升，已成为广告竞争的一种必然。服务好就占有广告先机，关系好也许会丧失广告机遇。任何一种品牌和企业，能不能做广告，能做多少广告，已不能由谁打招呼、跟谁拉关系决定了，而拼的是营销水平和服务实力。

五是由“单打独斗”向“抱团作战”转变。各自为政是历来广告人的习惯，这种习惯必须改变。一个人的能力有限，一个组织的能力却是无限的。比如新增的大楼盘项目，无论是谁负责联系，都需要组成一个服务团队，制订整体策划方案，提供全方位团队服务。单打独斗，表现的是个人能力，不一定能收到预期的效果。抱团作战，靠的是集体水平，只要齐心合力就一定能战无不胜。团结就是力量，团队更有力量，这是我们经营的重要优势。

有人说，做广告是“年年难、月月怕、天天愁”。这话是实情，都觉得广告一年更比一年难。有些人就怕月底“结硬账”，年终“算总账”。作为报社广告负责人，我也经常有“今天有广告不知明天广告在哪里”的愁苦。有时，收获的喜悦还没有来得及分享，新的更重的任务已经压在肩上。每年都得从零开始，重头再来，重新起步，年复一年，年年如此，这就是报纸广告的特性，就是我们广告工作的客观现状。要改变这种状况，不能怨天尤人，不能听天由命，而要靠我们坚持不懈的努力。

我愿意同所有人一道，始终保持一种积极向上的激情，自觉承担一份敬业守职的责任，努力维护一个和谐共生的环境。我认为，没有激情，我们就不能向前进步；没有责任，我们就不能奋勇担当；没有环境，我们就不能干事创业。

行动最有说服力，实干才是真功夫。让我们在经营的困局中坚定方向，一步一个脚印，积小胜为大胜，积跬步致千里，用“非常态”之举书写精彩答卷！

（2015年2月）

怎样更好地“活”在广告圈

——谈机关报如何“做品牌形象第一服务商”

谈论点：不要“赶风口”，而要脚踏实地“活下来”，做“品牌形象第一服务商”，是地方机关报广告唯一正确的必然选择。

关键词：广告环境；品牌形象；服务用户

进入互联网时代，报纸发展日益呈现出两个特征，一是“纸”数下降，二是“报”势不减。

“纸”数下降是指以“纸”为载体的报纸，种类减少、发行量减少、广告减少。2013年全国减少了96种报纸，发行量持续大幅下降，广告投放继2012年下降12.9%后继续下降5.5%。

“报”势不减是指“报”的发展并未随之衰退。从产品形态的多媒介融合，到传播模式的全媒体矩阵，从内容生产优势凸显，到多种盈利模式并行，我们都能感受到传媒业的兴盛强势。

在困境中，作为机关报广告人，我们要坚守报业阵地，坚持目标方向，做宜昌品牌形象宣传的“第一服务商”，用优秀的业绩打破“纸媒消亡论”，更好地“活”在新媒体环境下的报业广告圈。

最近很多人谈到报纸广告的未来时并不乐观，说“报纸广告不行了”，互联网将一统天下，互联网的移动快车将把传统报纸摔下山崖。

我有同感，但不完全赞同。我们做的是机关报广告，必须坚守和坚持。我看到京东刘强东的一个内部分享，他提到了互联网风口的问题，称“风来了，猪摔下来死得更快”。

刘强东认为，互联网领域很多人都说，“风来了，猪都会飞”。但任何时候，行业一旦疯狂的时候就会出问题。他很好奇为什么一定要和互联网扯上关系。猪本来就应该在地上走，干吗非要飞起来，猪飞起来有什么结果？可能也会疯狂十几秒，但摔下来死得更快。

我们不要“赶风口”，而要脚踏实地做实事，做好当下的事。

那么，我们机关报广告靠什么“活下来”？

第一，尊崇广告价值观，践行广告新理念。无论做什么事情首先要有一个正确的认识和理解。否则，什么事情都做不好、不好做。过去很多人说，做广告就是求人，低三下四地求人，就是拿一张报纸糊弄人、忽悠人。所以不少人广告做得很痛苦、很艰难、很无奈。有人因此把市场做死了，把客户做走了，把自己做得没路了。为什么会这样？主要是对广告价值认识不足，对广告工作的理解不深。

什么是广告？从大的方面说，广告是时代经济的“晴雨表”，无时不在地影响着社会和人们的生活。从小的方面说，广告是我们报业的顶梁柱，是报业发展的生命线。从更小的方面说，广告是我们每个广告人的生存圈，是养家糊口的饭碗，也是展现自我能力和价值的平台。

如果我们心怀一种职业理想和追求，掌握一些职业技能和方法，把策划项目、服务客户、开发市场当作工作中的乐趣，把创造收益、扩大市场、赢得客户当作个人的成就和价值，就会有一种新的境界。

近年来我们力求突破广告经营的传统观念，从理念、意识、思路上进行转变，提出并践行“广告价值观”，让大家真正从单纯“拉广告”的低层次争夺，转变到“做广告”的高层次服务，在服务中体现经营者的个人价值；广告活动真正承担起提高引导力和影响力的社会责任，用物超所值的回报体现广告的客户价值；广告产品真正达到主流、高端、独特的品质，用优秀产品创造机关报的品牌价值。

这些努力探索是有益有效的。为客户做一个广告，收钱是必需的，但要考虑客户的广告投放到底能不能通过报纸广告产生相应的市场效果。这样才能用开放的视野做广告，才能用价值的规律做广告。报纸广告不是简单地“卖版面”，也不是庸俗地“拉关系”，而是通过我们提出的新概念、新思想、新项目，创造有效的市场需求，从而把卖点销售给广告客户。这话我不停地重复，讲得很多人都比我还熟悉了。

正是因为我们提出一些新的经营思想，灌输一些新的广告理念，采取一些新的经营办法，广告经营才有了一些新的变化。广告不再是单纯找几个客户，不再是随意摆几次饭局，也不再是草草谈几笔业务或发几个版面，而是把服务放在前面，把策划当作大事，多站在客户的角度，多运用市场效果。让策划成为主导因素，让服务起着决定作用，让沟通产生广告价值。

第二，培养职业广告人，提振事业精气神。打造职业化的广告队伍，是我们提出的要求也是不断追求的目标。职业化的队伍必须要有职业的广告人。

职业广告人要具备高度的职业认同。无论你所从事的职业地位如何，待遇如何，前景如何，自己要有高度的认同感、责任感和使命感。敬畏广告、崇拜广告、热爱广告，你才能真正把广告事业做好。

职业广告人要具备良好的职业素养。广告是一个需要口碑的行业。作为以塑造产品、品牌或企业形象为己任的行业，广告人自身的形象显得尤其重要。从某种意义上说，广告人的职业道德素养决定一个广告人事业成败。“先学会做人，再去做广告”已成为广告人必须遵循的一句“格言”，做广告要有职业准则、经营原则和游戏规则。

职业广告人要具备过硬的专业技能。很多同事跟我说，其实做报纸广告很简单，并不是想象的那么复杂。我把他们的经验归纳起来，就是做到“三个好”：把点子想好，找到让人家做广告的理由；把稿子写好，写出来的文章让客户满意；把关系搞好，该给对方的稿费及时足额到位。我觉得这“三个好”就是“真经”，点子好是思想、思路和智慧，稿子好是技能、本领和服务，关系好是人脉、人情和资源。三者不偏颇，做好了一定会有好收获。

第三，厚植报媒新优势，深耕政务种“良田”。利用机关报的政治资源，深耕机关报广告这块“良田”，是做好经营的一个重要法宝。这些年，我们一直坚持探索机关报广告经营的规律，立足自身优势做大做强，而从来就没有跟着别人媒体后面跑，学着别人的样子走。其他地方的同类媒体和同城其他媒体，在广告上都各有各的招，有的靠活动，有的搞低价，有的送版面，有的甚至不择手段、不计后果的恶性竞争。但我们一直保持广告经营的定力，坚持正确的经营方向，始终走在了媒体经营的最前列。

我们知道，机关报是高端主流读品，服务主流人群，报道权威性强，品牌公信力高。其政治优势无可替代，经营模式不可复制。

前几年，我们提出实施“三优广告”战略，就是做“优势广告、优质广告、优价广告”。优势广告是要充分利用机关报的政治优势、信息优势、品牌优势，拉动相关产业、企业和行政事业单位广告，做好会议、活动、节点等广告。优质广告是坚持做“干净广告”、做“品质广告”、做优于其他媒体的品牌广告，坚决杜绝“三俗”广告，确保广告“洁身自好”。优价广告说的“优价”不是“优惠的低价”，而是与报纸地位和品牌相配的优级价格。长期以来机关报广告价格只紧不松、只严不宽、只高不低，广告单版价格连年大幅增加，是全省地市机关报中最高价格。

采取“抓大放小”政策，使报纸成为政务广告的“金玉良田”。“抓大”就是要抓住大客户、大项目、大广告，“放小”就是放弃那些低价位、低品位、无实力的小广告。我们因此培育了一大批年广告投放超过300万元的超级客户，一批年广告投放过100万元的重点客户和年投放50万元左右的主流客户，让这些优质客户成为报纸广告的重要支撑。

第四，绩效管理论英雄，抱团作战强合力。很多人说广告部是“一个英雄的团队”。那么，“英雄”两字的本义，是指“才能勇武过人”的人。英雄不仅体现在战时，更多地表现在平时，出现在难时。越是在困难的时候，越能体现英雄本色。

很多人对三峡日报社广告核心竞争力有不同的解释。有人说是报纸品牌，有人说是政治资本，有人说是新闻质量。这些应该都包括，但我认为这些都只是表象。而真正值得夸赞的，是有一批优秀的广告精英，是一支过硬的经营队伍。

每年能组织几十个甚至100多个广告版面、创收总额超过两三百万元的人，在全集团、全宜昌其他媒体甚至全省同类媒体，可能只有我们广告部的覃燕妮。她就是这样的巾帼能手，她因此成为“全国巾帼岗位建功标兵”。

从手无任何客户资源开始，从几十元扫街广告做起，连续七年广告过百万的人，在全集团、在全宜昌其他媒体可能不多，但我们有方勇华。他就是这样的广告高手，他因此成为“全市优秀广告人”。

像这样的精英广告人，在我们中间不是少数人，而是一群人。他们带头开发的市场有活力，服务的客户有案例，主抓的项目有业绩。他们敢于面对困局、善于克难攻坚、勇于挑战自我，能够负责任、挑大梁、扛重担。检验“广告英雄”的标准，不是以工作时间长短论，也不是以职位高低论，更不是以年龄和资历新老论，就是看其作为和贡献。他们有把报纸报人当朋友的忠诚客户，有感动客户的一系列服务故事，有一串串令人信服的广告记录。他们的每一个客户、每一版广告、每一单业务，都是脚踏实地“跑”出来的，都是用尽智慧“谋”出来的，都是熬更守夜“磨”出来的。

而造就这个优秀团队的法宝，是我们的绩效管理体系。这个管理的核心是绩效和有效，手段是管控和激励，结果是实现任务和目标。绩效管理是贯穿整个广告经营全过程的一个体系。通过设定科学合理的组织目标、部门目标和个人目标，使大家明确自己的工作重点和工作方向，以最有效的方式、尽最大的努力来“做正确的事”和“正确地做事”，从而保证业务人员的工作行为与组织目标一致。

实行绩效管理，注重量化考核标准，让大家行有方向；规范考核流程，让管理不走过场；运用考核结果，让队伍充满力量。坚持实行“目标激励”制，调动一切积极因素，创造干事创业的良好环境。

第五，项目策划有鲜招，常变常新常出彩。这些年我们接待了很多地市机关报同行前来学习考察，他们最羡慕、最惊奇的就是我们的项目策划。很多报社为此派过上十人甚至来过三四次。这也是为什么省内其他地市机关报广告与我们相差几千万元的关键所在。

广告是一个创新的事业，创新是广告和策划的灵魂。微信是QQ团队创新的结果，马化腾说过一句话特别好：“即使你什么错都没有，就错在太老了，一定要换。”我们要坚持更新思想、转换思路，这样才能不断刷新业绩。

那么，我们靠什么在广告圈里“活得更好”？

我想，就是坚定不移地“打造宜昌品牌形象第一服务商”，让机关报的主流品质更亮、权威地位更高、经营效益更好。

在新媒体的冲击下，有一大批传统纸媒面临调整转型，“关停并转”也许成为一种常态或趋势。供给侧结构性改革同样会波及传媒业，传统媒体数量过剩、内容同质、低水平重复生产等问题严重，重新洗牌是必然的，但“纸退媒进”不会变。

机关报是一个特殊的报纸群体，机关报的政治优势让其能够独善其身。在全国目前的1900多种报纸中，300多家地市级党委机关报也许会迎来一个新的春天。我们集团已形成了一个较大的新媒体集群，正在产生强大的影响力。虽然机关报读者可能有所减少，但机关报新型传媒的用户和粉丝在成几何数增加。

这也是我们新的优势所在。

在品牌与形象宣传方面，机关报具有其他市场类媒体和自媒体无可替代的传播价值。所以，我们要充满必胜信心。

我们要深耕和细作特色专版。应坚持围绕中心、服务大局，把千亿产业、百亿企业、重点行业作为攻关的重点。每年力争推出2个至3个能带动广告的政务专版。做好与广告投放大单位的深度合作，争取更多部门的支持，出专版、办专刊、做专题，成为广告创收主要途径。

我们要做大和做优县市市场。三峡日报社发行的主要市场在县市区，但目前广告份额主要在城区，这也意味着县市广告有很大空间。虽然现在有县市新闻专版，也是一笔很大的收入，但对广告并没有明显的冲击，县市广告远远没有开发到位，还有巨大的提升空间。县市广告过千万元甚至两千万元都有可能，而且报社与县市还能开展更深层次的项目合作。

我们要凝聚和裂变团队力量。什么是团队？我理解，就是一个相互间才能互补、彼此间团结协作、为共同统一目标而努力奉献的群体。团队不在人多，而在心齐。我们要坚持“团队在先、团体在前、抱在一起、同心协力”的理念，充分显现困难时期英雄团队的英雄本色。

要全面打造宜昌品牌形象第一服务商，形成“一盘棋”的思想、发扬“两不怕”的精神、增强“三服务”的意识和抓好“四落实”的行动。

所谓“一盘棋”的思想，就是要把集团广告经营当成一个大棋盘，每个部门每个人是这个盘中一颗重要的棋子。不管传媒市场怎样变化，但有一点不会变，就是广告必须存在，广告必须要靠人去做。就目前来说，广告依然是集团的支柱产业，必须牢牢树立“深耕报纸做广告、风吹浪打不动摇”的观念，下好报纸广告这盘“大棋”。

如何下好这盘棋，需要每个广告人的智慧和努力。广告团队的每个人、每一笔广告业务、每一次经营行为，都不应该游离于这个大棋盘。要始终把广告放在前面，把集体放在前面，把团结合作放在前面。树立服从和服务于广告大局的思想，围绕总体经营目标，与部门加强联系，与采编加强协作，各自履行职责，抓好目标有序推进。

每个人的岗位不一样，能力不一样，但体现的价值都一样。任何一次广告活动，每个人都应该在其中体现出应有的努力和价值。组织广告业务的人，要勤奋努力，把客户争取来，把广告做进来；采写编辑内容的人，要把每一篇稿件写好编好，力争让客户满意，让报纸出彩；创意设计版面的人，要精心制作，用心设计，不出差错；其他后勤服务保障的人，要一切围绕这些事情，尽职尽责尽力把工作做到最优最好。

发扬“两不怕”精神，一是不怕“转”，主动适应新常态；二是不怕“难”，坚持攻坚渡难关。

“转”是转变传统的广告思路，转变习惯的思维方式，转变过时的管理流程。早转早主动，不转一定会被动。抱着一成不变的思想，用着墨守成规的办法，想着靠一点人脉关系、请人打几个招呼的套路，想把现在的广告做好已经不现实。

我们要有互联网思维，做一个全媒体型的广告人。充分运用集团新媒体资源，拓展广告创收渠道。2015年有很多人分别在微信、微博、网站、手机报、户外屏媒发布广告，这就是一种“转”的尝试，对媒体融合也是一种真金白银的支持和贡献。今后，我们广告人要在新媒体发布创收方面有更大作为、更多贡献和更好突破，做全媒体经营的排头兵。

现在广告的“难”，主要是新媒体对报纸广告份额的分割，广告主对报纸广告的排斥，实体经济下行压力给客户带来资金上的困境。面对这些困难，不能打退堂鼓，特别是不能“破罐子破摔”，而要想着法子向前进，要切实克服畏难情绪，充满必胜信心，用百折不挠的勇气和争创一流的精神，攻克每一个广告难关。

增强“三服务”意识。一是重点客户的日常服务。没有服务就没有广告，服务没有最好只有更好。在每个人的心里，要牢固树立“客户至上、服务至上”的意识，做到真服务、会服务。服务要在同城多媒体竞争中产生独特而有效的

“拉动”，其实这也是一个能力的竞争，与其他媒体广告同行之间能力的比较。机关报在宜昌媒体中具有“盟主”地位，广告人也要表现出强势力量，服务要同客户保持良好而有效的沟通，这种沟通要上升到中高层，不能停留在办事人员层面上。要跟董事长、总经理、分管老总之间有良好的沟通渠道和方式。服务要在关键时刻取得关键而有效的作用，在客户遇到“坏事”或困难需要帮助时，比如有负面影响事件发生，需要媒体支持或政府力量解决某些困难，我们应该主动帮助，急人之所急、帮人之所需。像这样的事，处理好了，媒企关系、客主关系更紧密，合作更愉快；处理不好的，会因此产生隔膜，影响合作。

二是重点项目的团队服务。有一些重点项目，一两个人不能完成全程服务，需要一个工作室甚至广告部的合成力量，才能达到应有的效果。项目大，并不意味着广告就一定多，而服务在其中起到至关重要的作用。凡是大项目，都要统筹安排合适人员组成服务专班，不能搞“个人单干”。过去有很多成功案例，如万达广场、华祥商业、中建之星等，都是因为形成了强大的服务合力，才换来了巨额广告收益。

三是内部之间的保障服务。编辑部、县市部、各县市记者站和社直部门，是广告经营的重要协办单位，每年都有数百万元的创收贡献。广告不是他们的主业，而是“副业”，也不是他们的主责，而是对经营工作的支持和帮助，因此我们作为经营主体，要怀着一种感激之情做好服务保障。在签订合同、填单发稿、设计制作、开票收款等方面，要热情周到，细致入微，让人满意。在遇到业务冲突时，我们专业广告人员要以大局为重，“礼让在先”。在协调沟通无效或互不相让的情况下，要主动放弃或退出，不得做出任何伤害报社形象和广告利益的行为。违者必重罚。

抓好“四落实”的行动，一是各项管理规定的落实。集团层面的决策、部署、决定、要求和规定，要不折不扣地执行，确保政令畅通，坚决克服讲条件、摆客观、找借口的人和事。遵守广告经营规矩，遵守广告市场规则，是我们的本分。应严格执行新广告法的各项规定，把好政治导向关、内容审核关、文字校对关，确保不出差错和出版导向零失误。我们的创意设计制作要适应报纸宣传的新要求，提高组版水平。要严格执行发稿程序，杜绝无合同、无担保、无稿单的“三无”广告。服从财务、审计、法务等部门的有关管理，积极主动配合和服从相关管理工作，不能嫌麻烦、有抱怨，更不能搞“软对抗”。

二是重要策划项目的落实。项目是广告增量的抓手，落实是检验效果的关键。策划的重要广告项目，要全员参与、全程督办、全面结账。重大项目要重奖重罚。各市场负责人不能当“甩手掌柜”，放任不管。考核主任主要是考核部门整体业绩，因此抓落实抓团队应放在首位。

三是目标计划进度的落实。注重经营计划并强化执行，把制订、分解和落实计划作为经营工作的重要环节，坚持周计划、月计划、季计划和全年总计划的合理安排，不能让任何计划落空。完成每个月的进度计划，是完成年度目标任务的保障。每个人完成进度计划，是确保整个部门全面完成目标任务的重点。所以，计划要落实在每个月、每个人、每一天。

四是欠款欠票清理的落实。集团把清理历史欠款欠账列为“一把手工程”，领导亲自抓，部门追责查，取得了很好效果，隔年欠款率均控制在集团要求的3%以内。但这项工作还存在不及时、不细致、不精准、不彻底的问题。要坚持每月清一次欠票，每周收一批欠款、每天查一次旧账，避免欠款欠票积累到年底，久拖成呆账死账。

做宜昌品牌形象的第一服务商，做广告价值传播的最佳金推手，做集团转型发展的突出贡献者，就是我们新媒体环境下广告工作新的方向。

在新媒体、自媒体高度繁荣的移动互联时代，传统媒体没有退出江湖，报纸广告也没有陷入绝境。在报业广告面临最为困难的时候，我们从来就没有被边缘化，更没有被冷落过。我们要用更拼的姿态和行动，迎接报纸广告更加严峻的“大挑战”，打赢扼制报业广告下滑的“保卫战”，打好机关报广告目标任务的“攻坚战”。

我坚信，只要每个人奉献自己应有的努力和智慧，只要从思想和行动上“滚石上坡”，我们的广告和广告人一定能坚强地“活”下去，而且一定能“活”得更加精彩！

（2016年2月）

抓落实关键在“实”字

——谈报纸经营的作风建设

谈论点：转作风、抓落实，“转”和“抓”是手段，“做”和“实”是关键。只有把“实”抓好，经营工作才能打硬仗、打大仗、打胜仗。

关键词：转变作风；狠抓落实；纠风正己

转作风、抓落实，是当前宜昌市委和集团党委提出的要求，我们必须坚定不移地执行。没有过硬的作风，很难做好各项工作，更谈不上克难攻坚打硬仗、打大仗、打胜仗。

前些年，我们坚持把作风和文风整改纳入了队伍建设的重要内容，抓出了一些成效，优异的经营业绩便是最好的证明。但随着时间的推移，随着一些习惯的积累，“风气不正”问题不断滋生，有的甚至影响了阶段性的经营工作。对少数问题比较严重的人，有时过于“讲情面”，总是不想把人和事搞得“很难堪”，也就出现了管理上的“宽松软虚”。

现在，我们每个人要开展自查自纠，主动揭短亮丑，让经营作风得到彻底改进和转变，确保经营目标任务完成。

我们要把“五查、五看、五纠”作为作风教育整顿的重要抓手。

一是查思想，看“四个意识”强不强，纠正各种糊涂、麻痹、消极思想和负面情绪。

二是查作风，看执行“规矩”严不严，纠正各种自由、懒散、任性习惯和宽松软现象。

三是查纪律，看组织观念强不强，纠正各种有令不行、有禁不止问题和违反工作纪律、经营纪律的情况。

四是查服务，看工作态度好不好，纠正各种做事马虎、态度冷漠、敷衍客户的现象和内部扯皮、不团结等行为。

五是查担当，看经营业绩优不优，纠正各种不负责、不落实、不能胜任工作、不能完成任务的行为和长期不在岗、在岗不履职等问题。

对照这些，要自曝问题，下力整改。我们谁都不敢打包票说你没问题，查不出自己的问题才是最大的问题。虽然这些问题不是我们部门的主流，但一定存在，要有清醒和客观的认识。这不是针对哪个人过不去，而是为了给作风问题“把脉问诊”，推进一个单位、一个团队的建设和事业发展。自查问题要上墙公示，让大家监督，包括我在内，没有任何特殊人。

我们要从五个方面实现“抓”和“转”的效果。

在教育常态下，提高思想站位，自觉对标看齐

党内教育活动已经成为一种常态，而不再是一种形式、一个样子、一阵风、一阵雨。

党的十八大以来，党内先后开展了多次教育活动，包括2013年党的群众路线教育实践、2015年“三严三实”教育、2016年“两学一做”教育等。

集团这几年也进行过多次专题教育，如2010年“我为报社添光彩”活动、2011年“争先创优”活动、2016年“加强纪律性、提振精气神”活动、2017年“严查新闻谋私”专项活动。我们部门也做过几次针对作风建设的教育活动，如2011年“双改”（改善作风、改进文风），针对“写稿文风不正、经营作风不实”问题，我提出了“禁止十种不良广告行为”。如2014年在全体党员中开展“经营作风自查自纠”活动，我提出了克服“四风”在广告经营活动中的十种不良表现等。

应该说，这些大大小小的教育活动，我们每次都有所收获、有所进步，切实解决了不少作风方面的突出问题。

教育要从思想入手，思想要在站位上提高。站位不仅是一种方位，更是一种境界。

在政治站位上，要切实增强“四个意识”，向以习近平同志为核心的党中央看齐，向党的旗帜立场看齐。任何时候任何情况下都保持清醒的政治头脑。不讲政治的人，做不了经营，更不可能做好经营。

在思想站位上，要登高望远，胸怀全局，公心为上。广告人要有广阔的胸怀，不能是小肚鸡肠的人，不能事事以自我为中心，不能有市井小民的思想。集团的事情、部门的工作是我们广告经营人员的大局。这个思想必须明确。集团党委的整体部署、目标任务、指令指示，要在广告部门得到及时、正确、完全落实，执行时不能讲条件、不能找客观、不能打折扣。部门的中心工作、经营项目，也是我们每个同志的大局，大家要心往一处想，劲往一处使，人往一处走。这样才能形成团队和团结的合力。

在工作站位上，要向先进和优秀对标看齐。从大的方面讲，对什么标、向哪里看齐，要搞清楚、想明白，这样才能定位准确、方向正确。那么从小处看，围绕集团转型发展和经营工作思路，对照经营总目标，向五星党员看齐，向先进、优秀和模范看齐。这些才是我们应该具有的思想水平。

在勤勉学习中，增长智慧才干，解决能力恐慌

学习能增长知识、智慧和才干。习近平总书记在党的十九大报告中提出“增强八种本领”的要求，第一种就是学习本领。

学习的重要性不需要再讲，大家从上小学甚至学前班开始就在接受这种教育。从现实来看，能力不足、技能缺失、本领恐慌，不能适应媒体经营转型的需要，难以胜任工作职责要求，很大程度上是由于不学习、没学好造成的。

我始终认为，人与人之间的最大差异，不是先天智力的区别，而是学习能力的高低。在当今这个知识日新月异的时代，如果不主动学习，不努力学习，被淘汰只是迟早的事。现在的新技术、新知识、新理念每天都在更新，可是有些人却好像身在知识的“原始森林”里，坐井观天，不知天有多大、地有多广、天地变化有多快。集团组织的各种专业技能培训，有的人抱着抵触情绪，不愿意学，上课

时能躲就躲、能逃就逃。想想看，新知识不懂，新媒体不会，新技能没有，拿什么谈广告？凭什么做策划？用什么完成工作任务？

有人做了多年甚至上十年广告，但似乎还停留在过去的历史经验上，停留在早已消失的人际关系上，停留在曾经所谓的贡献上。可是这些经验、关系和办法，早已随着形势的变化和时代的发展而淘汰了。

我们不奢望每个人十八般武艺样样会，但每个人需要有一技之长，有安身立命的绝活。要么有策划的智慧，要么有写作的真功，要么有服务的技巧。如果你除了年龄工龄外一无所有，那么你工资少、待遇低、进步慢，就无话可说了。

这可能说得有点重，但这就是我们面临的现实。只要媒体还在，广告经营肯定还会继续，但能够生存下来的广告人一定是精兵强将。

在日常行为中，做到严于律己，强化“规矩”意识

这些年党内讲得最多的一个词，就是“规矩”。

习近平总书记在十多次讲话中提到“规矩”。他强调，党章是全党必须遵循的总章程，也是总规矩。党的纪律是刚性约束，政治纪律更是全党在政治方向、政治立场、政治言论、政治行动方面必须遵守的刚性约束。国家法律是党员、干部必须遵守的规矩。党在长期实践中形成的优良传统和工作惯例也是重要的党内规矩。

这些都是“大规矩”。集团制定的一系列规范性文件，也是我们每个人需要遵守的“报社规矩”。但是讲了这些年，还是有些人并没有入脑、入心、入行，缺乏规矩意识，存在不少违规违纪风险。

俗话说，无规矩不成方圆。这个“方”和“圆”就是规矩。规矩意识是要我们心有所畏、言有所戒、行有所止，不能随心所欲，无知无畏。有些人做事不讲规矩，不听招呼。比如日常活动不守纪律，集体活动喜欢自由活动，公家有事时总有私事，有私事还不请假，请假还喜欢“越级操作”。平时不假外出，有事喜欢“先斩后奏”，有的只请不销。有些人开会不守规矩，不按时到点打卡，迟到几分钟或上十分钟觉得“有范儿”。玩手机、打电话、自由出入，有的甚至连本本都不带。这些都是“没规矩”。

前不久集团领导在群里发过一篇网文，叫《为什么要事毕回复》，我组织大家进行了一次专题讨论，都认为“事毕回复”是一种基本常识、一种职场规矩。不少人在这方面确实需要加强，比如工作群里通知、要求等内容，涉及每个人的都要有回应，有些需要有态度、有说明、有结果。工作电话一律不能拒接，不方便接听的过后应该在第一时间回话，但有人就是做不到。这些虽然是小事情、小规矩，但一定不要小看小瞧。

“勿以善小而不为”，我们要用“伟大的心态做小事”，养成良好的规矩意识和行为习惯。

在经营岗位上，努力敬业奉献，倡导工匠精神

宜昌市委提出了使用领导干部新标准，叫“工匠+猛将”。我想“工匠+猛将”型干部的特质，应该是讲政治、善谋事、会创新、敢担当、能落实。

“工匠精神”是以极致的态度对待工作，精益求精，专注专业。“猛将作风”是勇猛善战、敢打硬仗、克难攻坚、善于成事。我们现在最缺乏的就是“工匠+猛将”型的广告人。

对照“工匠+猛将”的标准，我们中有闲人、庸人、懒人。这样的人，做事不用心、不认真、不负责。

有人做广告不认真，缺乏服务意识，不能沉到客户中间，靠打打电话、发发微信，就想等客户找上门来。碰到困难就绕道，弄不来广告找借口。

有人写稿子不认真，习惯于当材料的“搬运工”“剪裁工”，不肯动脑筋，把人家材料拿来东拼西凑、断章取义。因为稿子不过关，有些广告就通不过。

有人干工作不认真，大而化之，不愿意做细工，不愿反复做工作，动不动就不耐烦、就发牢骚、就说怪话。客户要求不能尽一切办法去满足，甚至推三阻四，说东道西。

在这方面我举两个“工匠精神”做广告的例子。一个是杨帆，她联系了枝江交通局一个广告，从7月份开始采访，历经4个多月，送稿十多遍，由于采访单位领导的意见和观点不统一，她一次次按要求修改，却一次次被否定，直到11月底才得到确切答复。杨帆对工作的耐心、细心和恒心，值得称赞。

还有一个是黄本军和袁满，他们为了关公坊的一个并不大的微信广告，来回到龙泉镇跑了五六次，反复同客户沟通，直到让客户满意，最后签下广告合同。

这就是广告人应有的“工匠精神”。

前些年我总结和表扬过三种“广告精神”：第一是“啃骨头”精神，只要认定了的事，不管有多难多硬，也要千方百计拿下；第二是“刨土豆”精神，从小事、从点滴、从细节做起，积小胜为大赢；第三是“钉钉子”精神，咬定目标不放松，坚定而执着，努力获得最终结果。

这些精神永远不会过时。很多事情虽然小，但要用心做，用心就能做好。不论是做服务，还是做版面，或是写稿子，都要严谨对待，专注专心，善始善终。

在狠抓落实中，推进重点工作，体现责任担当

抓落实，就是要把上级制订的目标任务和交办的事情落到实处。落而不实、落实不力、落实不够，是作风建设中最为突出的问题。

有时候上级安排的一项工作、一个任务、一件事情，老是“卡壳”，不见回音，没有结果。有些人做事行动迟缓，喜欢讲客观原因，不尽最大主观努力。

在我看来，不抓落实和抓不落实，就是做事不靠谱、办事不放心，说到底就是不能担当没肩膀。这里面有态度问题、习惯问题，也有方法问题、能力问题。

现在各种问责机制非常健全，工作抓不好，任务完不成，违规出了事，都会被执纪问责。

转作风、抓落实的落脚点，是要推动广告经营工作。现在广告市场确实有难度，这一点不假，但难度不是我们哪个部门独有的，整体行业都很难。光“叫难”不是办法，最好的办法是用脚踏实地的行动去“克难”。

越是到了关键时刻，越是不能讲任何客观条件，而要全力冲刺。要实行倒排任务、倒计时间、倒查问题，一天一天摞进度，一天一天抓督办。

作风建设永远在路上。我们要以转作风、抓落实为契机，用最佳的状态，下最大的功夫，交最好的答卷，结好全年广告经营最硬的账。

（2017年10月）

让“干净广告”成为机关报的风景线

——谈获得首届荆楚“广告名师”的感想

谈论点: 坚守阵地是一份责任,坚定方向是一个原则,坚持创新是一种力量,坚决完成任务是职业诺言。让“干净广告”成为报纸亮丽的风景,是我作为广告人的初衷和追求。

关键词: 干净广告;报媒责任;广告名师

在2018“新时代、新跨越”湖北广告峰会上,揭晓了首届十大荆楚广告名师,我有幸名列其中,成为全省市州、全省报刊业界唯一入选者。

对我来说,获得“名师”称号,是一份无上光荣的荣誉,更是一种激励前行的鞭策。

2017年6月至11月,湖北省广告协会在全省各地市州和省直部门推荐的100多候选人中,筛查初选72人入围,复评推荐16人进入网络投票。经过5天全网投票,我位居第三,最终评定10人为首届“荆楚广告名师”。

这其中包括武汉大学新闻传播学院院长、博士生导师姚曦,华中科技大学品牌传播研究中心主任、教授舒咏平等学界名流,也有武汉道森广告、湖北联投传媒等著名行业大咖老总,而我只是一个从新闻宣传岗位转型报纸广告经营不到八年的新兵。

2009年年初,我选择了一次跨界博弈,涉入报纸广告经营行列。当然我的选择是由报社党委决定的。

在全媒体、新媒体、融媒体业态下，传统的报业广告似乎已是“西下夕阳”，要“活”下来很不容易，要体面地生活或发展起来更是难上难。

宜昌是一个地市级城市，但报业广告战一直打得非常惨烈。仅以“三峡”命名的报刊有不少，而且各有其主，各立门户，哪个都得靠广告生存。这么多的报刊，在一个只有百万多人口的城市，居然都能活下来而且活得不错，也算得上是一个奇迹。当然，奇迹的背后，就是剑拔弩张的广告竞争。

上任之初，我的就职演说用“无坚不胜”作为主题，表达了自己当时的广告理想：“坚守阵地、坚定方向、坚持创新、坚决完成任务”。我认为，坚守阵地是一份责任，坚定方向是一个原则，坚持创新是一种力量，坚决完成任务是我的职业诺言。

回望这一步步艰难走来的广告路，收获最多和体会最深的，是自己作为一名机关报新闻工作者和机关报广告管理者，对广告经营思路的创新和机关报广告价值的坚守。实践证明，这种创新和坚守并不矛盾，而是相得益彰，产生互为共振和良好的社会与经济效益。

在我看来，广告同新闻一样承载着社会责任，对受众特别是消费者具有重要的引导效应。任何形式的商业广告都不同程度地传达着相应的价值观、人生观、道德观等内在倾向。

我提出了做“干净广告”的理念。要做“有精神灵魂的广告”、做“最干净的报纸广告”，打造机关报广告的“诚信版”，从而体现机关报“以诚立信、以信立报”的价值魅力。

“干净广告”，就是版面清正洁净、内容清纯健康、形式清新多彩。我坚持着力塑造全新的“广告价值观”，改变广告人价值观、广告客户价值观和广告产品价值观。

改变“广告人价值观”就是广告人从单纯“拉广告”的低层次争夺，转变到“做广告”的高层次服务，在服务中体现机关报广告人的价值；提出“广告客户价值观”是让广告承担起提高引导力和影响力的社会责任，用物超所值的更高回报体现广告的客户价值；打造“广告产品价值观”是要求广告达到主流、高端、

2017年，湖北省广告协会在全省推荐评选首届“荆楚广告名师”，时任三峡日报社广告部主任、高级记者的作者，成为全省报业界和地市州中唯一的入选者。

高尚的品质，坚持拒绝低俗、低质、低端广告，让报纸在读者、客户和用户心中成为一片“精神家园”。

传统意义上的报纸广告，是利用报纸的平面形态，为广告主组织、制作、发布广告。过去，“拉”广告、“发”广告成为最原始层面的经营方式。我认为，机关报广告应该把视野放得更宽广，充分发挥机关报的品牌优势，打造一个超越广告本身的价值传播平台。以版面为载体，以服务为手段，以共赢为目的，通过营销报纸版面，把广告主的广告有效整合成更有价值的内容，为广告主建立与客户和市场互为沟通、融合和信任的关系，使广告获得强烈的影响力、穿透力和竞争力，这才是报纸广告的新境界。

保持机关报广告“洁身自好”的品质，必须构筑“干净广告”的有效防线。我们制订了广告活动和广告产品的有关标准，要求不以单纯创收赚钱为目的，要着眼于报业的可持续发展；不以损害机关报品牌形象为代价，要坚持广告的正确导向和高端取向；不以个人某种私利为广告借口，要以客户满意和为客户创造价值为准则。

我始终坚定地认为，不讲政治、不懂政策，一定做不好广告。做广告不是“做生意”，不能一手交钱一手交货，不能做一锤子买卖。即使报业遭遇再大困境，我们也不能放弃底线和标准，必须把党性放在第一位。在很长一个时期里，各种违法医疗广告成为报纸的“重灾区”。但我们不为利所惑，坚决对那些品位低下、粗制滥造、消极庸俗、内容虚假的广告“痛下狠手”。因此，《三峡日报》成为全省所有媒体中唯一保持广告“零违法记录”的报纸，维护了机关报的品牌形象和公信力。

把诚信视为广告的生命，报纸广告才会更有生命力。我们也经常遇到各种各样的诱惑，但是始终以高度的政治觉悟和敏锐的洞察力，将“糖衣炮弹”挡在了门外。任何有损报纸形象或读者利益的哪怕是小广告，即使有人开价再高，也不会在报纸上出现。甚至有的客户很不解，称别的报纸都可以，为什么就你们《三峡日报》不可以？我认为，这样不实或有争议的广告，会害报纸的“命”，我们绝不能当虚假和违法违规广告的“代言人”。

新媒体的迅猛发展使传统媒体广告受到了巨大冲击，因此很多报纸用“买赠广告”“低价广告”等不正当竞争手段来拉拢客户。可是我觉得，虽然报纸广告也要讲求效益，但可持续赢利或多赢能力更重要。因此，我们没有跟其他媒体“拼价格”，也没有在审核把关上“降标准”，而是提出“真服务、会服务”理念，拓展和延伸更大的服务空间，给客户构建更有价值的营销宣传平台。

超越客户期望，创造客户价值，成为广告的真正内涵和魅力，这也成为机关报广告的核心价值走向。

面对报业经营困境，我们通过不断优化广告理念，提升经营管理水平，打造职业广告队伍，强化服务客户职能，使报纸广告的平面优势逐步扩展为传播的平台优势。利用机关报独有的媒体资源，深度挖掘增值潜能，留下了许多“版面广告+地面活动+互动营销”的成功案例，使《三峡日报》成为区域高端品牌和重点客户推广与营销的首选媒体和重要平台。

让“干净广告”成为机关报最美的一道风景，这是我和广告团队最真实的初心，也成为我们为之努力而换来的最大收获和成果。

（2018年2月）

守好报纸广告的“责任田”

——谈全媒体时代的经营思路

谈论点：广告人的主业和正业，是种好守好报纸广告的“责任田”。荒芜、放弃或丧失，广告人存在的价值就没有了。

关键词：报纸广告；坚守责任；经营转型

互联网时代，有很多人说“报纸不行了”“广告没人看了”，所以觉得应该放弃报纸广告。

我不这样认为，反倒觉得更要坚守好“本报”和“本报广告”。

报纸广告目前仍然是集团收入的重要支撑，《三峡日报》是这个支撑的主要平台，因此我们必须“守土有责”。这是我们广告人的主业和正业，放弃或丧失了这个，广告部门存在价值就没有了。

每年都有一个经营目标，而且目标年年往上涨。对这个目标，我们要“保”，而且要“确保”，然后力争“超”，创造超预期的结果。“保”是死任务，“超”是新高度。“保”是我们经营人员必须履行的责任所在，“超”是我们担负媒体转型跨越发展的使命所在。

一是要形成合力。一个单位、一个部门要靠每个人出力，不能有哪怕是一个人的懈怠。就像拔河比赛，光靠几个大力士不行，要靠每个人尽全力地拼。如果其中有少数或个别人分心、松劲或使倒劲，那么就会自乱阵脚，失去合力，丧失胜利。人需要相互帮衬，才能彼此成就。孙悟空厉害，没有唐僧也就是一只猴子，而唐僧没有孙悟空也就是一个和尚，他们形成团队才取得“真经”。我们每个人的能力有差异，分工有不同，但目标要一致，所有人努力程度要一样。

当前背景下，大家都觉得任务重、压力大、广告难，这个是客观事实，但我们需要主观努力，需要拼尽全力。如果就此“躺平”，放弃努力，听天由命，那么难度就会更大，报纸广告可能“死”得更快。只要大家共同分担，齐心协力，难度相对就会减小。

一百斤的担子一个人扛起来很吃力，甚至扛不动，但三五个人或更多的人齐下手，就会很轻松。所以，无论是能力强还是弱，不管承担任务多还是少，大家都要心往一处想、劲往一处使、盯住一个目标干。

俗话说，一个泥巴三个桩，一个好汉三人帮。形成团队合力，需要人与人之间的友善互助，部门与部门之间的真诚合作。要懂得“借力打力”，充分发挥和运用报社内外资源优势。不要总觉得广告部是报社的英雄和功臣，就自命不凡，这样会把广告部孤立起来，闹得别人对我们敬而远之，闹得“鸡犬之声相闻、老死不相往来”，这是对团队的伤害，有百害而无一利。

我相信再大的目标，我们一定能保住或超越。

二是要“策”动市场。只有研究市场，才能了解广告和客户需求。说到研究，很多人不太当回事。觉得自己就是做广告的，不是做学问的，没办法也没必要去研究。

什么叫研究？研究就是钻研、探究，就是寻找解决问题的方法和过程。是主动行为，也是系统方式。我们研究市场、研究客户、研究形势，说到底是要动脑筋、用心思。

用脑用心才能产生策划，有了策划才能拉动广告。这看似是一个理论问题，其实是一个行为方式。通过我们对市场的认知和对客户的了解，做出广告的研判，是策划的前提。策划必须成为我们每个市场、每个工作室创收的重要抓手。

过去我一直是主要策划人，几乎重要主要的项目都是我亲力亲为。自2017年起，我提出让每个工作室主任和每个业务人员都做策划者。有不少人在这方面做得不错。覃燕妮抓住宜昌二医院创建“三甲”这件事，策划了20多个系列专版，创收60多万元，获得了集团重大策划项目一等奖。我们要有更多的策划落到各个市场，有更多策划案例成为经典，有更多的人在策划项目方面获得奖励。

所以我们设立了策划专项奖，年度奖励额在万元以上。对工作室主任每个季度设定策划奖，下达策划任务，认真考核结账，完成策划项目就拿回这个奖。年终如果策划项目奖为零的话，不仅拿不到年度专项奖，还要给予一定数额的处罚。大家去算一算账，这一罚一奖相差有多大，看搞策划到底划不划算。

三是要全媒转型。从2017年开始，集团就提出开展全媒体经营。我们作为经营的先头部队和主力军，率先强力推进，超额完成了全媒体经营任务。虽然集团对这项工作“雷声大雨点小”，但我们按当初的承诺兑现了奖励，6个全媒体业绩突出的工作室主任分别获得一万元全媒体经营绩效奖，另有14位同志实现了全媒体创收。但是还有几个工作室没有完成分配任务。

很多人都觉得这项工作的难度和阻力非常大，特别是在新媒体协调方面存在很多制约因素。但这是大势所趋，是形势所逼，我们必须自觉自愿、自我加压。

推进全媒经营、实现经营转型的决心和行动不能变。无论是针对广告还是针对客户，都要用传统报纸和新型媒体“两手抓”的思路，用全媒体和全营销的策划模式，用真服务和会服务的具体行动，把我们的经营做得有生机。

我感到现在太需要“有生机”的广告氛围。“生机”就是有生存的机会、有生长的希望。过去我们总是提“跨越”“发展”“突破”等，今天我们提出把广告做得“有生机”，因为都清楚报纸广告的现状，也可以预计报纸广告的结果，死气沉沉、暮气迷漫，终会断送广告的未来。

我们已经明显体会到，新媒体、全媒体将成为经营创收新的主角，报纸广告“硬撑”也不会太久，不转变、不转型，我们都没有活路。这要求我们学会运用新技术、新媒体，寻找新路径，抢抓新机遇，真正实现经营华丽转型，破层出圈。

（2018年3月）

广告人的“底线思维”

——谈广告经营的意识形态问题

谈论点：守住底线，不踩红线，才能防范和化解经营风险。广告领域的意识形态，是一条“生命线”。

关键词：意识形态；底线思维；防范风险

底线思维是一种思维技巧，一种思维智慧，是要做“最坏的打算”，想到“最差的结果”，承担“最大的风险”，但仍要做出最大的努力。这种底线思维方式，会影响我们的生活态度，改变我们的工作思路和方法。

更重要的是，底线思维对我们抓好广告经营领域的意识形态工作，防范或化解经营风险，能起到极为重要的作用。

有人说，意识形态是宣传部门的事，是新闻采编人员的事，是领导干部的事，跟广告经营无关。这是对意识形态的误解。广告宣传也是机关报舆论宣传的一个重要组成部分，全体经营从业者同样担负有做好意识形态工作的责任。

因此，我们要提高政治站位，从党的舆论工作的全局出发，把握正确的宣传导向和经营方向。要坚持底线思维，筑牢意识形态的有效防线。

一是守住党纪党规的底线。

党的纪律和规矩，看似一种约束，其实是对党员干部的最大保护。现在党纪党规越来越多、越来越细、越来越严，如果不真正树立底线思维，就很容易逾越和触碰“红线”。党章是总规矩，党纪是硬约束，哪一条我们都必须严格遵守。新修订的党纪处分条例，与过去相比有很多不同之处，新增和修改了很多内容，许多新表述和新的处分种类，体现了纪律建设的时代性和针对性，我们要加强学习，真正学懂弄通做到。

比如，监督执纪“四种形态”的规定。这“四种形态”包括，经常开展批评和自我批评、约谈函询，让“红红脸、出出汗”成为常态；党纪轻处分、组织调整成为违纪处理的大多数；党纪重处分、重大职务调整成为少数；严重违纪涉嫌违法立案审查成为极少数。

又比如，条例规定在重大原则问题上，不同党中央保持一致且有实际言论、行为或者造成不良后果的，给予不同程度的处分。这要求必须牢固树立政治意识、大局意识、核心意识、看齐意识，坚决维护以习近平总书记为核心的党中央的领导地位，坚决维护党中央权威和集中统一领导，在思想上、政治上、行动上同党中央保持高度一致。

守住底线，不越红线，广告经营才能行稳致远。图为三峡日报社广告部每月开展的主题教育活动，作者(左四)带领党员重温入党誓词。

还比如，条例对党不忠诚不老实、表里不一、阳奉阴违、欺上瞒下，搞两面派、做两面人的有了纪律处理，根据情节不同分别给予不同程度的处分，这要求党员干部要严于修身、严于用权、严于律己。

新条例对收受可能影响公正执行公务的礼品、礼金、消费卡和有价证券等财物的，视情节不同分别给予不同程度的纪律处分。这个跟我们经营工作直接相关，必须提醒大家特别注意，千万不要以经营为由，打中央“八项规定”的“擦边球”。

二是守住法律法规的底线。

法律具有普遍约束力，是我们每个人必须遵守的行为规范。知法、懂法、守法、护法，是每个公民也是每个媒体人的义务。我国法律体系日趋完善，各类法律法规都同每个人息息相关，也对我们每个人的学法守法用法提出更细更严要求。集团所有副科级以上干部都必须完成网上学法课程和在线考试，可见法治已深入我们日常工作和学习生活中。

我们必须守住法律底线，特别是新广告法，堪称史上最严的广告法规，处罚尺度震动了整个广告界。对于使用极限用语的广告，一经发现违规将处以20万元以上100万元以下的罚款。那么很多人不了解哪些极限词是广告法禁止的，不知道新广告法对哪些类型的广告做了严格规定，不知道新广告法对虚假广告是怎样定义的，不知道新广告法对明星代言、未成年人代言又做出了哪些要求，不知道个人在朋友圈发广告会受到新广告法的制约。

这些都要学习补课，铭记在心。比如广告中出现“最高、最好、最大、最新、最先”等“最”字句，“第一、唯一、首个、独家”等表述词，都属于极限用语，都是违法行为。

还有一些禁止性规定，如广告中禁止含有使用军旗、军歌、军徽，危害人身、财产安全，泄露个人隐私，色情、赌博等内容，禁止在大众传播媒介或者公共场所、公共交通工具、户外发布烟草广告，禁止利用不满十周岁的未成年人作为广告代言人，禁止医疗、药品、医疗器械、保健食品广告利用广告代言人作推荐证明等。我们必须守牢这些底线，把好广告出版关口。

三是守住职业操守的底线。

媒体广告人不仅是广告业务员，更是机关报工作者，是公职人员。因此，我们必须守好自己的职业底线。

要有清醒的政治头脑。头脑是思想的发动机，是行为的指挥器。加强政治理论学习，提高思想政策水平，对媒体广告人来说显得尤为重要。我们的每一笔广告、每一个版面、每一篇稿件，都体现在机关报上，不仅仅是业务问题，还承载着严肃的政治责任。因此政治意识、大局意识、责任意识，是我们做好广告业务的前提条件。要把握什么可以写、什么不可以写、广告怎么写、广告不能哪样写。党性原则是根本原则，社会效益始终是第一位的。要坚持政治家办报，而不是广告人办报。报纸永远是新闻当家，而不是广告当家。任何广告都必须服从和服务于宣传工作和社会发展的全局。

要有正确的经营理念。我们要解决广告经营工作是“为了谁、依靠谁、我是谁”的问题，这个弄清楚了才能对自己的职业有清醒的认识和准确的定位，从而树立正确的经营观。我一直讲，广告人要有职业理想和职业情怀，把广告当作一项具有职责使命的事业来做。只有这样，才能不会厌倦工作，计较得失，敷衍塞责，才能勤奋努力，履职尽责，有所作为。

要有良好的职业道德。对广告的职业道德评价标准，是以广告行为的善恶与否来做出价值判断。广告活动是具有广泛社会性的活动，由此决定了广告人如同新闻人一样，是在进行广告信息的大众传播，而不仅仅是为广告企业或广告主服务。这对广告人的广告行为提出了更高的职业规范要求。对媒体采编人员禁止“有偿新闻”，是因为“有偿”让新闻本身“变味”，让新闻行为“变质”。而对广告人员禁止一切“无偿广告”，同样是因为“无偿”让媒体受损，让广告人的职业操守“失守”。不得“以版谋私”，是每个广告人的职业道德底线。我们广告部门办有不同内容的专刊，这些专刊版面是宝贵的公共资源，不是谁的“私有财产”，任何人不得刊发无偿广告和有偿新闻，不得刊发与行业新闻无关、与版面内容无关、与拉动客户经营无关的稿件或图片，要杜绝专刊成为关系稿或人情稿的“自留地”。

（2018年10月）

高质量广告“高”在哪里?

——谈机关报广告的价格与价值

谈论点: 价值规律告诉我们,广告价值是价格的本质,广告价格只是价值的货币表现。

关键词: 广告质量;价格调整;价值交换

2019年4月,《三峡日报》对广告价格做出重大调整,由原来3万元/版提升到5万元/版,这是近20年来首次涨价,而且涨幅达66%。

一“涨”激起千层浪,广告涨价在报社内外引起了强烈震动。很多人不理解,在传统媒体越来越不受待见的时候,在报纸广告经营仍继续下行的危机中,我们为什么要逆流而“涨”?结果会不会适得其反?

我是“涨价”的直接策动者和主要推动者,新来报社的党委书记、社长覃进是主要支持者和决策者。我们对外的宣传口径是“恢复调整价格”,为此做了深入的调研分析和研究,也做了一些必要的舆论造势。报社党委对此高度重视,提出了当年增收广告一千万、推进广告高质量发展的新目标。

对广告价格做出恢复性调整的N个理由

三峡日报社的广告经过30多年的发展,取得了令业界瞩目的成绩,也积累了很多宝贵经验。在当前的环境下,报纸广告面临新的挑战和考验。挑战就是移动媒体对传统媒体的冲击和影响,甚至是颠覆性的改变。考验就是在困难中如何寻找新的生路，如何找到重生和振兴的路径。

早在2010年，也就是我上任当广告部主任时，经宜昌市物价局批准，三峡日报社广告刊例价格为9.8万元/版。后来在实际操作中，统一按3折起执行，也就是单价3万元/版，一直未做调整。这个价格，在全省地市州机关报中是最高的，其他报社大都在1.2万元/版至2.5万元/版。我们提出“恢复性稳定执行广告刊例价5折起”，也就是达到5万元/版。我认为主要是基于以下五个因素的考虑：

一是为推进媒体融合和做大做强主流舆论提供有力支撑。《三峡日报》是市委机关报，担负着围绕中心、服务大局、引导舆论的职责使命，同时也承载着确保国有文化资产保值增值、全面推进媒体融合发展的重任。报社作为公益二类事业单位，是全省市州报社中唯一一家仍然实行自收自支的地方机关报，长期以来没有享受任何财政补贴。当前正着力推进媒体融合发展，举旗当帅做大做强主流舆论，打造区域性新型传媒集团，因此必须发挥好报纸广告的“稳定剂”作用，夯实机关报事业发展的经济基础。

二是更好地体现全国地市主流媒体的市场品牌价值。价值规律告诉我们，广告价值是价格的本质，广告价格只是价值的货币表现。《三峡日报》作为“湖北市州第一报”，是湖北市州报唯一“中国报刊广告投放价值排行榜百强”媒体，在办报质量、发行数量、综合实力等各方面居于湖北省和中西部市州机关报首位，是三届湖北出版政府奖得主，长期以来做到了“市委满意、市民喜欢、市场认可”，恢复调整广告执行价格，可以更好地体现作为全国地市主流媒体的品牌价值和市场优势。

三是缩小与中部地区地市机关报广告的价格差距。目前，中部地区同等城市《洛阳日报》、省内同等城市《襄阳日报》、江西省《九江日报》等广告单价均在5万元/版左右。而《三峡日报》的广告执行价格一直保持较低水平，恢复调整是为了更好地与区域性中心城市经济发展水平相适应。

四是适当减少报纸长期亏损和降低办报成本。近年来，新闻纸采购价一路上涨，仅近两年时间纸价涨幅就高达65.47%，《三峡日报》印刷费一项每年需增加支出数百万元。成本的逐年上升，报纸印刷、发行长期处于严重亏损状态，给机关报发展带来巨大的资金压力。通过提升报纸广告价格，能适当弥补办报经费不足。

五是有效发挥广告客户的公共经费优势实现效益最大化。目前我们广告客户和广告来源的主体部分是行政事业单位，占90%以上。这一部分是财政支付，与企业或私费商业相比，有一定保障，这也与报纸宣传的主体对象一致。作价格上的调整，我们可以让广告效益更大化。

因此决定对广告价格作一次调整。这是经过认真调查、深入分析、反复权衡后慎重决定的。

报纸广告经营的新形势和新优势

我们要用“移动思维”，来研究报纸广告变化的形势。

一是广告环境发生了重大变化。移动媒体对报纸广告的冲击和分割，使得过去一报独大的局面一去不复返，报纸特别是都市类报纸广告异常艰难。2018年，全国报纸广告下降30%，与2011年最高峰相比，已经不足当年的1/7。但各级党委机关报明显好于其他报纸，下降幅度为10%左右，很多报纸出现了恢复性增长。当前广告市场的总体趋势是，广告市场总量没有减少，仍在平稳增长，但传统媒体遇到困难，互联网媒体高速增长。

二是用户需求发生了重大变化。过去客户几乎不问广告效果，广告效果只是我们媒体说了算，客户无法考量和评价。而现在客户往往更加注重看流量、看点击、看受众、看真正能不能给产品带来收益，广告“忽悠”不下去了。

三是广告结构发生了重大变化。过去商业地产汽车占主流的广告时代已经结束，《三峡日报》地产广告最多时超过一千多万元，汽车也有几百万元，但现在占比很少。过去大型企业广告份额也很大，仅稻花香酒业，最多时一年投放广告近三百万元。当前政务公务广告成为重要力量，目前市场份额在90%左右。

四是广告经营模式发生了重大变化。原来形势好的时候人人都能做广告，很多人能做上百万，一条重要经验就是：靠关系、凭人脉、拼酒量，现在这种“套路”已经无路可走了。精英广告、能人广告、策划广告成为主流，能写稿、会策划、有思想的人，才能够谈成广告，成为广告的主力和骨干。

这些情况变化，直接影响着广告经营。过去我们提出“做职业化广告人”，坚持“真服务、会服务”等一些理念，都是适应这种形势的变化而采取的应对之举，而且因此保证了广告的健康平稳发展。

虽然媒体环境和经营形势发生了变化，但机关报广告依然有其作用和优势。

比如“三轮运转”作用。在报纸运行体系中，采编、广告、发行是三个轮子，缺一不可。三个轮子一起转，才能保证报纸良性运转。而且广告这个轮子举足轻重。转不动、转不圆，对报纸运行产生重大影响，就无法保障机关报的宣传职能。

为推动媒体经营高质量发展，三峡日报社党委书记、社长覃进(左二)，党委委员、总经理、副社长潘旺雄(右二)，与作者(右一)带队赴山东、河南等地媒体学习。图为济南报业集团党委委员、副总编辑单宝珠(左一)介绍情况。

还有“稳定剂”作用。确保机关报广告收入，一定程度上能稳定报社发展大盘。在全国的机关报体系中，应该都是这样，机关报经营关乎报社、报纸、报人的生存和发展，同每个人息息相关。做好广告经营工作，是一种责任、一种使命，而不是一种简单的工作任务，更不会成为心理负担。

所以，发挥机关报优势显得尤为重要。

一是机关报品牌的政治优势。这种资源和优势是独一无二的，任何单位和媒体无法替代。这种资源和优势就是我们广告经营的核心竞争力。习近平总书记指出：“要运用信息革命成果，做大做强主流舆论，巩固全党全国人民团结奋斗的共同思想基础。”机关报是主流舆论阵地，而主流媒体的内核就是政治影响力。机关报站到引领舆论的前列，是历史的选择，是党的领导确立了机关报的主流媒体地位。对于这一点，每一位机关报新闻从业者应该有清醒认识，应该有高度的自信。

二是团队作战的能力优势。在我们的广告经营队伍中，很多人在全市、全省或全国都是行业精英。报社广告经过30多年的磨砺，团队能打硬仗、打恶仗、打胜仗，有业界羡慕的经营成绩，有形成梯队的优秀人才，有可用可学的成功经验。这种整体优势，也是其他同类报社无法相比的。优势一旦转化为经营强势，就会创造出巨大的经济效益。

三是全媒矩阵的资源优势。现在报社拥有五大市级新媒体，网络、视频、客户端等，技术力量强大，综合实力雄厚，对用户和客户有多种媒体选择空间。最近江西九江日报社总编辑一行来报社考察，提供了一个信息很值得我们思考和学习。2018年《九江日报》新媒体广告创收900多万元，虽然我们新媒体整体收入很不错，但广告占比非常低。这说明，新媒体广告空间非常大、机会非常多。我们抓全媒体经营抓了多年，但还没有取得实质性突破。要加强统筹协调，加大市场开发，打破部门壁垒，把专业广告人员的能力和优质的新媒体资源有效利用、高效利用、无缝利用，弥补报纸广告对客户服务的短板，放大宣传效应。

认清当前的形势，抓好机关报的优势，要坚定不移地执行价格体系。无论是站在讲政治的高度，还是站在维护报社利益的角度，都要从思想和行动上坚定不移地执行政策。

推进报纸广告高质量发展的“三个点”

我们的机关报广告已经走过了原始的、传统的、粗放的几个阶段，正在进入一个新的发展时期。因此，质量和效益是发展的关键。

那么推进广告高质量的重点在哪里？我认为：

一是在政务市场上下功夫。这是发力的主攻方向，是广告的“突破点”。

当前，我们报纸广告在政务市场上占有绝对优势，称得上居于“老大”地位，但这还不够，要做得更大，要做得“一报独大”，要一统宜昌政务广告的“天下”。

最近两个星期报纸上广告比较少，有人便说是广告提价造成的，甚至有人说是广告市场对提价的回应，担心广告会流向比我们价格低很多的其他报纸上去。

我也同很多广告同人进行多次探讨，但我们得出的共同结论是，暂时广告的减少，并没有给同城其他报纸带来广告增加，近几个月全市机构改革是主要原因。从2月下旬开始，全市启动机构改革，撤销划转重建了大批职能部门，领导和人员变动大，部门和机构调整多，而且机构改革后要有一个过渡和适应期，广告“暂停”属正常情况。

而这正是我们重新谋划政务宣传的最好时机，要研究新情况，适应新需求，切实做好政务品牌宣传的“第一服务商”。

二是在宣传策划上下功夫。这是增量的重要抓手，是广告的“创新点”。

策划是一种主动出击行为，是以调查为先导、以创意为灵魂、以创收为目标的现代广告观念和运作模式。实践证明，只有别出心裁的策划，只有“人无我有、人有我新”的策划，才能胜人一筹。要把握好报纸新闻宣传与广告经营的共同点和共振点，不断创造出新的广告卖点和吸引力，让策划成为广告经营的常态化手段。

策划人人可以做，可以针对一个市场、一个行业、一次活动，也可以针对一个客户、一个群体。这样成功的例子有很多，2018年“两会”期间，我们分别为人大和政协两个会议策划出不同的专题，共出版40多个版面，内容很精彩，领导很满意，效益显著。2019年要抓好几个重大主题做好策划，包括新中国成立70周年，要围绕“壮丽70年、奋斗新时代”，争取创造历史最好的单项广告效益。

三是在服务客户上下功夫。这是提升广告质效的核心，是广告的“着力点”。

没有服务就没有广告。这句话不是一句空洞道理，而是实实在在的经验之谈。从广告经营的现实来看，服务做得好的人，会把市场越做越好，会同客户越走越近，会把份额越做越大。反之，客主关系紧张，广告无从做起。

服务不仅是一种广告要求，更是一种必备能力。这种能力主要包括，面对不同客户的沟通能力，面对多媒体竞争的“拉动”能力，面对客户宣传需求的谋划能力，等等。服务能力是广告工作的着力点，很多单位和领导希望我们帮助谋划宣传，这就体现出我们的水平，如果方案领导认可，才可能有宣传投入。我们经常遇到这种情况，方案做得好，客户一定会投广告，只是多少的问题。

在这一块要加大力度。我有一个想法，就是我们要举全集团之力，集全媒体之力，对每一条战线、每一个部门实行无缝对接，由党委成员带队，组成以新闻采写、广告经营、新媒体专员为小组的人员，深入市直部门和单位，洽谈整体宣传，包括新闻宣传、广告宣传、新媒体宣传等。这个办法不在一时一版的广告，而在于长期互利互惠的合作。

我想，这也是我们实行“走转改”的具体体现，是落实“用户连接工程”的具体行动，将会对报纸的宣传、经营和整体形象产生有益的影响。

（2019年4月）

新冠肺炎疫情下广告能“死里逃生”吗?
——谈都市类报纸广告经营的转型思路

谈论点:新冠肺炎疫情改变了整个广告环境,将市场类报纸拉到悬崖边缘,随时会摔下深渊。转型迫在眉睫,转身成功或许会“死里逃生”。

关键词:新冠肺炎疫情;责任使命;转型发展

最近有几个新冠肺炎疫情期间的广告把我温暖了。

一个是腾讯地图广告:“待到疫情结束,第一个想见到你。”

还有一个是搜狐广告:“今天也没什么特别的,就是特别想在狐友见到你。”

一场席卷全球的新冠肺炎疫情,打乱了所有人的正常生活,给媒体经营带来了前所未有的重大影响。面对疫情危机和困难,报纸广告“好难见到”了。特别是都市类报纸,连续出现“广告空白”。怎么办?这是摆在我们面前一个不容回避的课题。

疫情使广告整体环境发生了重大改变,广告投放价值因此大幅“缩水”。没人没钱的地方,广告价值变得不堪一击。比如院线广告、机场广告、高铁广告这些原本人群聚集地方,变得空无一人,广告自然也失去原有价值。手机直播、短视频等新玩法不断出现,传统广告面临更大挑战。

随着疫情持续好转,复工复产、复市复业措施不断落实,车流、人流逐步恢复,会给传统广告带来“死里逃生”的机会吗?

《三峡商报》是我们报社的都市类报纸，2021年是创刊20周年。20年来，这张报纸从无到有、从小到大、从弱到强，凝聚了全体报人的不懈努力。它成了报社宣传工作的一个重要阵营，成了报业发展进程中的一个重要力量，也成了报社人才培养建设上的一个重要基地，更是宜昌报业市场的一个重要载体。

我是《三峡商报》创刊团队核心成员之一。2000年年底，报社组成“三峡商报筹备组”，报社原党委委员、副总编辑范长敏任组长，报社广告部主任潘旺雄、都市部副主任熊笑云和枝江记者站站长的我任副组长，又从报社各部门抽调14人，开始创办《三峡商报》。我分管报纸发行。2001年1月1日，《三峡商报》诞生。

《三峡商报》过去走了都市类报纸发展的常规之路。但“红利”消失后，现在如同处于悬崖边缘一样，随时都有摔下深渊的危险。2019年，根据党委分工我分管《三峡商报》。再回首，我强烈感觉到，疫情下，这张报纸转型改革迫在眉睫，时不我待。

转型，要有“如临深渊”的危机感

就《三峡商报》来说，当前面临的主要困境有：

报纸发行异常艰难。订数逐年大幅下降，私费订户不足，发行一年更比一年难。报纸覆盖萎缩，读者市场流失，成为生存发展的基础性困境。

广告收入断崖下滑。近两三年广告下降了近六成左右。很多广告业务人员平时无事可做，月底无钱可拿，说到经营无计可施，谈起广告无话可说。如果说报纸读者的流失只是表象，那么广告目标群的流失才是最致命的危机。

竞争缺乏核心产品。相比机关报，缺乏政策红利，读者群体、客户群体大量流失。相比同城的晚报，缺乏新闻策划、项目策划、活动策划，县市区报纸和广告份额有明显差距；相比新媒体，服务功能被网络替代，除广告发行之外没有新的盈利模式。从报纸内容来看，疑似“小机关报”，缺少风格特色；从报纸形态来看，又疑似“小晚报”，没有个性特征。报纸和报人没有明确的方向，经营缺乏核心竞争力的产品和盈利项目，是造成目前困境的关键所在。

整体生产能力欠缺。员工辞职多，新生力量不足，因此整体新闻生产和产业经营能力不够，推进事业发展的难度较大。采编、校对、经营、新媒体、策划、

2021年11月，三峡日报社成立以《三峡商报》为班底的数智会展公司，承办宜昌最大招商引资项目、投资320亿元的宁德时代邦普一体化电池新材料产业园开工仪式，省市主要领导亲临开工现场。

管理等岗位上，严重缺乏有较强能力的人。

这是影响和制约商报发展的重要困境。我分析认为造成上述问题，有市场环境影响和新媒体对传统媒体冲击的客观原因，但从主观上看，其自身存在的问题也不少。

比如，员工斗志不足，自我消极“唱衰”。传统媒体特别是都市类报纸再也回不到黄金时代，这是既成的事实。社会对纸媒的一片“唱衰”其实并不可怕，但报纸人消极地自我“唱衰”，而不是坚定地唱出报纸“好声音”，就非常可怕。很多人认为“报纸大势已去，我们无能为力”，报纸衰落是大势所趋，遇到的困难和亏损“情有可原”，甚至“理所当然”。因此，失去改革转型的信心，失去奋发拼搏的斗志。这种消极心态导致一些人不钻研业务、不用心办报、不努力经营，

“等靠要”思想严重，工作积极性、主动性、创造性受到极大影响。因此，自我“唱衰”成为商报最可怕的负能量。

又比如，创收结构失衡，经营模式单一。广告、发行、活动三大块是《三峡商报》的主要收入来源，而发行一直亏损，活动又不赚钱，有利润的广告却持续下滑。广告结构失衡，过度依靠房地产、汽车、医疗等三大行业。长期靠人脉关系拉广告的经验失灵，经营缺乏策划创意，老办法已不能适用于这个用户需求和传播多元的时代。这就是我们为什么要提出经营转型的重要原因。

还有就是，错失融合机遇，忽视媒体变局。在新媒体异军突起的背景下，错失了第一轮新媒体发展机遇。2014年“澎湃新闻”的“走红”，标志着都市类报纸转型发展的启航。《十堰晚报》的成功转型，依靠的是其专业化新闻生产团队打造出高质量的微信公众号。《三峡商报》虽然也办有“双微”，但没有真正重视，没有用心经营，没有对报纸传播形成传播补充，也没有让其长大成为独立媒体。直到现在，商报新媒体依然很弱小，甚至远不如很多个人自媒体，这与作为一家具有独特文化信息资源的媒体地位极不相称。

疫情倒逼我们必须推动转型加快发展，自身存在的问题要求我们不断完善加快转型。我们不能按部就班地走老路，我们不能四平八稳地过日子。商报要转型，商报人要转变，不能停在口头上，而是要用行动来实现这个目标。

克难，要有“时不我待”的使命感

对我们来说，与报纸荣辱与共、同甘共苦，是一种使命。什么叫使命？我的简单理解，就是要在一些有意义的事情上，使劲拼命。使命感是精神核心，是凝聚团队最有效的力量。有使命感的队伍，才能战无不胜。每个人要将使命感根植于内心，付诸行动，以主人翁的心态做出应有的努力和贡献。

2020年，我们提出在总体思路上，不搞“大而全”，力求“专而精”，坚持“四化”理念，即办报“小众化”、内容“专刊化”、传播“视频化”、管理“精细化”。办报小众化，是要用小切口实现大突破。商报的受众群体已经发生了重大变化，目前主要集中在“一公一私、一老一少”中，即公职人员、私营业主、社区老年、学生少年。由于受众分化，小众化办报成为《三峡商报》的新选择，“综合都市报”

的大众化路子会越走越窄，因此要探索面向小众化群体的办报新路。我们已对现有报纸进行了全面改版，把过去提供新闻资讯转向注重提供生活服务，这是最关键最核心的改变。从一个星期推出专刊效果和市场反响来看，这个思路是明确的，方向是正确的，我们要坚定不移抓好内容生产和专刊经营的各项工作。

内容专刊化，是要用专业性提升服务力。过去也办过一些专刊，但都是以我为主，以写为主，没有考虑读者是否愿意看，市场是否有需要。所以办报经营两张皮，有的半途而废，有的市场不认同。现在要从思路上转变，从内容上创新。这些专刊不是专门提供写稿发稿的“根据地”“自留地”，它是服务广大读者的一个阵地，是汇聚行业资源的一个平台，是拉动市场经营的一个抓手。所以，每个专刊都担负着一种对商报的责任。我们要开门办专刊，深入相关行业部门，深度研究办刊办法。内容怎么设置，服务怎么贴近，经营怎么创收，都要搞清楚、研究透，不能走回到老路上。不能把专刊办得不伦不类的，新闻不像新闻，广告不像广告。专刊要专办、要办专，专业才有影响；专刊要深耕、要细耕，有耕耘

《三峡商报》积极探索转型，举办“宜昌首届电商节”“宜昌草坪音乐会”等大型活动，产生了良好社会效应和经济效益。图为作者(前左一)与深圳广电集团进行新媒体合作签约。

才有收获。可以采取联合办刊的形式，把主管部门抓在手上，把读者需求放在心上，把服务体现在版面上，让每一个专刊都成为拉动市场的重要园地。

传播视频化，是要下力抓住移动新风口。我们的视频传播有了一个良好起步，官方抖音粉丝突破400万，是宜昌区域第一大号，在全国媒体抖音号中也居于前列。抖音不能办成自娱自乐的工具，要打造成传播信息和营运创收的平台。要研究变现渠道和模式，探索抖音电商经营、抖音广告经营，争取在短视频运营上率先实现重大突破。采编人员过去拿笔、纸和镜头，现在和今后要拿手机和拍杆，转向视频传播。这是大势所趋，我们不能再次掉队，掉队了就会被甩出局。

管理精细化，是要用严管厚爱“管”出生产力。彻底改变敷衍式办报、粗放型经营、随意性管理的问题，实行精准化、细节化、规范化、制度化管理。要严管导向，在导向上任何一个小事都是大事，时刻不放松。要严管经营，依法依规，不能碰底线、踩红线。要严格考核，绩效为先，奖惩分明。要严管舆情，官方新媒体和所有人的自媒体，包括微信微博朋友圈抖音短视频和各类社区贴吧等，都要谨言慎语、遵规守纪。

从2020年起，《三峡商报》转变办报理念，我提出做“美好生活的向导”。人民对美好生活的向往，是我们党的奋斗目标。作为机关报所属媒体的子报，要顺应人民群众对美好生活向往的需求，坚持以人民为中心的发展思想，做人民美好生活的向导，是一种历史责任。运用媒体引导人民实现美好生活的目标，是《三峡商报》的价值指向，也是报纸的根本立场。商报和商报人，要做美好生活的倡导者、宣传者、创造者、引导者和服务者。做美好生活的向导，就要确保正确的政治方向、鲜明的舆论导向、高尚的价值取向，把服务做到受众的心坎上。

我们提出增强平台影响力、专业生产力和团队战斗力的目标，全面实现扭亏，全员创优进位，让商报人在报社的作用、地位、贡献和待遇都有明显提升，让全体员工更自信、更充实、更体面、更快乐地工作，力争把《三峡商报》打造成专业化、实用性、服务型的媒体平台。

攻坚，要有“功成有我”的责任感

面对商报决胜转型的艰巨任务，每一个商报人都深感背负的压力和责任重大。压力和责任是做好工作、完成任务的前提，要将压力变成推进工作的动力，将责任变成实现目标的能力，推动工作争先进位和目标任务完成。

一是要树立一种鼓舞士气的团队精神。

团队精神，是一个团队最核心的东西，是我讲得最多的内容。我觉得，要打造一种“以团队为家、以团结为本、以敬业为先、以创业为荣”的精神。这四句话说起来容易，但做起来并不简单，需要全员共同努力。

以团队为家。每个人都要把商报当作自己的家，把每一个同事当作自己的家人，一心一意爱家护家建设家，维护团队的一点一滴，而不损害团队的一草一木。我们不需要名不副实的“空心人”。所谓“空心”就是没有把全部心思放在报社的人，有其名无其实，有的甚至打着报社的牌子干着自己的私活；我们不需要麻木无情的“负心人”，就是不懂得珍惜岗位、不懂得感恩他人，在报社拿工资，由报社买社保，但一天到晚抱怨牢骚、说三道四，全身的负能量；我们不需要口是心非的“两面人”，说的调子高，真正落实少，当面一套背后一套，做什么都不靠谱，办什么都不放心。

以团结为本。团结才能形成力量。中国之所以取得抗击疫情的胜利，那就是团结一心、众志成城。团结要刻在我们每个人的骨子里。强大的团队，最重要的就是团结。团结就是要心往一处想、劲往一处使、人往一处走、事往一起干。在一个团队中，人人都有长处，要相互学习；人人都有短处，要相互包容；人人都有难处，要相互帮助；人人都有苦处，要相互体谅。不要太张扬自己的个性，要照顾团队的共性。

以敬业为先。什么叫敬业？敬业不是每天来报个到打个卡，敬业是一份责任。敬业就是当你选择了这份工作和岗位时，你要无条件地热爱，无怨言地奉献，无借口地担当；敬业是当别人不愿做不想做不肯做的时候，你能把普通的事情做得最好；敬业是在没有人监督检查你的时候，你主动去做创造性工作；敬业就是你在工作中遇到任何困难时，毫不退缩，始终以饱满的状态和向上的激情，克难攻坚，出色地完成任务。

以创业为荣。我觉得，报纸工作始终就是在创业，而不是守业。为什么这样说？《三峡商报》从创刊到现在，一直是处于创业的过程中，是在创造一项有意义的事业。商报创刊20年，几代新闻人的努力，曾创造过一些不错的业绩，但都已成为过去。我们要有归零的心态，要有重新出发的准备，做新的创业者，不做“守业者”，更不能做“败家者”。创业也许会很艰难、很痛苦、很孤独，但这些都很有价值。商报要继续发展，转型是必做题，而不是选择题。转型就意味着新的创业开始。

二是要形成一种推动发展的中坚力量。

商报领导班子、部门主任和广大党员，是商报的关键少数和重要骨干。现在的领导班子几乎是一个全新的班子，是商报历史上人数最多的班子，我希望也是最强的班子，是一个能够成就商报创造全新业绩的班子。

班子要强，需要班长和每一位班子成员都从自身强起来。班子成员，要在作用和能力上强于别人，示范作用要强、专业能力要强、落实能力要强、管理能力要强。这些作用和能力不强，与普通员工就没有什么区别。党委选你进班子当领导，不是为了解决级别待遇的，是来解决问题的。总经理、总编辑要解决商报办报经营中的各种问题，解决员工在工作生活学习中的各种问题，我要解决商报事业发展中遇到的各种问题。不是为了让你比别人多拿工资的，而是需要你承担起更多的责任，发挥更大的作用，带领更多的人做更多的事，做出更大的贡献。干部干部，先干一步，领导领导，领先引导。如果哪个人在这方面做不好，做得比普通员工都差，那一定不适合继续留在这个位置上。商报领导和主任，自己能力得过硬，能起示范作用，才能影响和带领其他人。

在政治学习上当标兵。学习是进步的前提，是增长才干的途径。日新月异的信息时代，不学习思想就会固化，行动就会落后，遇到困难就会束手无策。宣传工作政策性、政治性很强，我们每天要学习新内容、领会新精神、了解新要求、运用新知识。这样才能办好报纸、写好稿子，确保方向不走偏、导向不出错、经营不越规。

在品德行为上作示范。要为人正直、心地无私、光明磊落、知行合一。我们每个人的一言一行都被人看在眼里、记在心里。做人看修养，做事看人品。要有无私之心，无私才能无畏，自私是人的最大的短板。我们很多时候把自私自利当作小人看。作为领导，任何时候都不能与下属和同事争功争名争利。人一

媒体充分利用资源优势，大力拓展经营渠道。图为2021年《三峡商报》承办的远安县农民丰收节现场。作者(右上图左一)作为颁奖嘉宾为获奖农民颁奖。

旦太自私，你所有的能力和才华都会大打折扣，你所有的好运会随之飘散。要有利他之心，多站在别人的角度看问题做事情，绝对不能做损人利己的事，损人最终一定会损己。要有宽容之心，善于原谅体谅别人的不足、短处、过错，不要在心里把别人当成自己的对立面，不要以贬损他人的方式抬高自己。要有敬畏之心，敬畏自己的岗位、职业、职责，有敬畏才能用心用力用情去做好自己的工作。我们有时候能力可以差一点，但品德不能有缺陷。人品是最高的学位，是最硬的实力。作为领导，要有胸怀、有格局，不能沉醉在自我的世界里。每个人都要向德才兼备方向努力。

在责任担当上走在前。要一心一意抓好主业主责，自觉承担商报发展的重任。对分配的任务要不讲条件、不讲客观，不打折扣。这是作为商报领导和部门负责人应该具备的基本常识。特别是在困难面前，更显示出担当精神。任何工作都有难度，一有难度就讲理由，那什么事情都做不成。遇到困难、面对重任，首先应该是想办法，而不是找借口，首先是挑担子，而不是撂挑子。

在工作作风上带好头。要脚踏实地，不务虚名，要始终保持奋发向上的精神状态，不能消极懈怠，更不能传递负面情绪。不能投机取巧，空喊口号，坐在办公室里说三道四，要多到一线和市场。班子成员除了报纸值班时间，其余时间应该始终同分管部门的同志一起跑市场、跑新闻、跑经营，而不是当“空军司令”。

在岗位贡献上做榜样。贡献是单位对一个人特别是领导骨干价值认可的重要标志，也是个人能力的根本体现。只有你做得好，才能让人敬重、佩服、跟随和信任，大家才会跟着做。带头人的行为是无声的号令，你的样子是下属的示范，你的人格魅力是最大的领导才能。这一点非常重要，希望大家都敢说“向我看齐”，而不是说“不管我的”，希望大家都敢说“跟着我干”，而不是说“你给我干”。

三是要建设一支能打敢拼的员工队伍。

员工队伍是商报的全部财富，是创造价值和推进事业的根本所在。那么，商报在推进转型发展中，员工需要怎么办？

要热爱单位和岗位。单位是什么？是我们工作获取生活保障的平台，是我们实现个人价值的舞台，是我们与社会联络的纽带，离开了单位，你有天大的才华也无济于事。所以我们每个人要珍惜现在的单位和岗位，善待你的单位和岗位。其实这个道理不需要反复说，就像你一定要热爱国家、孝顺父母一样，这是基本良心和操守，不需要提倡，只需要无条件地践行。但我们要对商报充满感情、充满感激，不能漠不关心、事不关己、毫不卖力。要对自己的工作用心、上心，不能敷衍塞责。要么你离开商报去做自己的事，要么你放下那些私心杂念做好商报的事。

要特别专业和敬业。专业是我们每个人的立身之本，敬业是要敬重我们的专业、敬重我们的事业。我们要做内行不做外行，要做专家不做看家，要沉下心来做事，要定下心来思考，心浮气躁是做不好工作的。只有敬业才能把专业做好，无论是做新闻还是做经营，无论是写稿子还是做新媒体，都要全身心地投入其中，脚踏实地地深入其中。对的事情要坚持做、认真做、用心做，堆积的量变就会引起质变。要在本行业和本专业有作为、有成就、有影响，要做专家、做行家、做第一、做唯一。要把事情当事业做，而不是把工作当差事做。做差事是一种临时心态，一种应付行为，而事业是一种长远的发展追求。

要敢于负责和负重。敢于负责是一种能力和担当，敢于负重是一种胸怀和格局。我们每个人即使是在平凡岗位上，也要敢于挑重担、挑大梁，破难题、攻难关、不退缩、不怕苦。一个人的负责和负重能力，体现在关键时刻、危难时刻、重要时刻。而每到这些时刻，才会让有担当、有责任、有能力的人脱颖而出。有些同志在这方面存在很大差距。有一点困难或问题的时候、有一点需要担风险的时候、有一点需要负责任的时候，就往后退、往外推、往里躲。有担当有责任的人，才是一个靠谱的人，一个让人放心的人，一个可以重用的人。

四是要探索一些攻坚克难的有效办法。

用好一切资源狠抓项目。项目是办报和经营的抓手。项目靠领导策划、靠骨干组织、靠全员落实。我们每个人都有一定的创意思路，有一定的社会关系，有一定的社会资源，也有一定的攻关办法，要用于商报的转型发展。在宣传上，要围绕中心服务大局，策划一批重大主题宣传；在经营上，要围绕市场立足创收，策划一批重要经营活动。项目不是单个行为，要成立项目组，实行项目负责制。每个班子成员每年不得少于两个经营项目，这要作为一项硬性的考核指标，从绩效工资里拿出一定费用进行奖惩，不完成这个指标的从现有的绩效总额里扣除。主任要抓好项目的组织执行，其他人员要围绕项目抓好落实。商报的项目，要全员抓，不能只有领导“跳独角舞”；要全面抓，不能只盯着报纸，户外屏媒、商报抖音、会展活动，都是项目载体；要全年抓，不能松一时紧一时，忙一时闲一时。只有项目多，商报发展才有更好的未来。

集中主要力量沉入社区。社区是一个社会群体，是报纸最大的读者资源。单位人向社区人转变，这将让我们的报纸建立更好的受众社区，让报纸成为推动社区建设的重要力量。报纸要面向社区，报人走进社区，笔头镜头要对准社区。社区文化的日益丰富，社区建设的日益完善，为商报转型提供了机遇。我们要办社区文化节、社区商业节等，要分片联系街办和社区，形成宣传和经营的利益共同体，要把全市的社区牢牢地团结在商报里，要把所有城市社区领导纳入商报朋友圈，要让所有社区成为商报服务的主阵地，要以贴近民众的内容优势和服务民众的渠道优势，作为报纸的核心竞争力。

尽到一切努力办好会展。2019年上半年的会展活动已经受到一些影响，但疫情过后会有很多机遇。过去做了很多活动，但没有创造多少效益。我们做活动首先要明白做活动的目的，要会算账，会算成本账，会算效益账，会管全流程、全过程，不要做无用功，做中间商、做介绍人。我们要用好报社资源，同市直各部门广泛联络，承接各类政务商务会展活动。最近我同市文化和旅游局主要负责同志达成意向，已明确表示全力支持我们把会展业务做大。我们要加强会展活动管理，防范风险，确保安全，创造最大化的经济效益。

报纸转型改革的成绩单，现在还是一张空白，需要我们从零开始填写。写成一个什么样的成绩，是及格或不及格，是良好还是优秀，全凭我们付出的劳动、智慧和责任。我们要全力写好这份成绩单，用优异成绩迎接《三峡商报》创刊20周年。

（2019年12月）

第三章 创意案例

著名“广告教父”大卫·奥格威说：“创作成功的广告，是一门艺术。一部分靠灵感，但基本上靠知识和勤奋。”又说：“一种创意，受制于直觉，受潜意识启发，经过不断地探索和实践产生。”广告策划就是要想别人没有想到的，做别人没有做过的。创意是一个脑洞大开的点，是映射广告思想的一束光。但只是报纸广告经营中重要的一环，且仅仅只是一环，最关键的是把创意和策划抓落实、推到位、出成果。

责任与奋进

——宜昌经济年度人物评选暨颁奖盛典

创意点: 宣传表彰优秀企业和杰出企业家的先进事迹,弘扬其创新实干精神,表彰其重要成果和突出贡献。

关键词: 责任奋进;年度人物;表彰盛典

【策划背景】2009年,是中国经济的转变元年。宜昌各行各业在市委、市政府的正确领导下,在成功实现了经济发展的“弯道超越”基础上,加快转变经济增长方式,大力实施“工业强市”战略,不断发展产业集群,全市经济社会发展呈现出增长速度较快、质量效益提升、发展后劲增强、社会和谐稳定的良好局面,提前超额完成“十一五”规划目标。一年来,在推进建设经济繁荣、文化发达、环境优美、生态文明、社会和谐的进程中,涌现出一批贡献突出的优秀企业和企业家。

为了宣传表彰这些优秀企业和企业家奉献社会、服务经济、成就事业的先进事迹,弘扬他们艰苦奋斗、锐意进取、科学管理、自主创新的实干精神,表彰他们在促进社会和谐、履行社会责任、推动公益事业等方面的重要成果和贡献,市经济和信息化委员会、市商务局、市工商业联合会、市统计局、三峡日报社等决定,联合举办2009年宜昌经济年度人物评选表彰活动。

【活动主题】责任与奋进

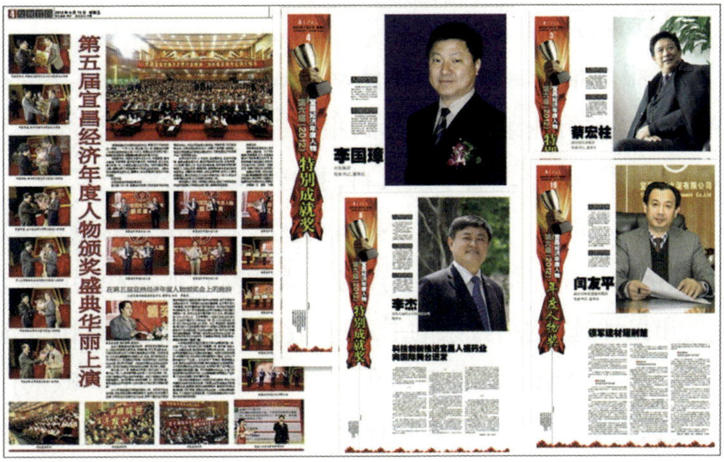

三峡日报社联合有关部门举办的“宜昌经济年度人物”评选表彰，成为促进区域经济发展的重大活动。图为2009年至2011年部分版面内容。

【评选范围】全市范围内由工商行政管理部门注册、具有法人地位的各行业、各种所有制、规模以上企业，企业的厂长、董事长、总裁、总经理等，以及对宜昌经济或行业发展有突出贡献的经济实体负责人，全市科技、金融、经济研究领域做出突出贡献的专家学者。

【表彰方式】这是一次客观、公正、权威的公益活动。按标准评选出来的获奖者将由市经济和信息化委员会、市商务局、市工商业联合会、市统计局、三峡日报社联合发文通报表彰，授予“宜昌经济年度贡献奖”相应称号。在全市经济工作会议期间召开隆重表彰大会，请市委、市政府领导颁发奖牌和奖证。

【评选标准】

1.贡献力(70分)：具有突出的业绩和效益，对国家和社会做出显著贡献，生产经营总值、增加值和利税在全市或同行业居于领先地位。

2.推动力(10分)：具有明显的经济推动作用，企业经营管理行为和产品品牌引领经济发展，是行业产业学习与借鉴的典范。

3.影响力(10分)：具有优秀的创业精神和良好社会形象，有较高的社会知名度和美誉度，精神文明建设成就突出。

4.创新力(10分)：具有改革创新理念，在制度、模式、技术和思想等方面具有创新或创造之举，企业保持旺盛生命力。

【奖项设置】1.宜昌最受尊敬的企业家。2.宜昌经济年度突出贡献企业。3.宜昌经济年度杰出贡献人物。

【参评办法】

1.报名推选。12月上旬活动正式启动，面向全市接受报名，候选人以主管单位及相关行业组织推荐形式报名，填写《宜昌经济年度人物(贡献企业)推荐表》，并附2000字左右事迹材料，报送活动办公室。

2.确定资格。由活动主办机构代表和经济学界专家组成评审委员会，采用多项指标量化评估体系，重点考评人物对行业与社会的综合贡献力，以专家评审、市民评选、网络投票的形式进行综合评估，选拔入围候选名单。

3.评审公示。12月下旬在《三峡日报》、中国宜昌政府门户网等媒体公示入围候选名单，接受社会大众评议。组委会对入围候选人物进一步复审，实地走访参选人物，报请相关职能部门征求意见。

4.定评公布。活动组委会召开终审会议，最终评选出各获奖者，在《三峡日报》集中公布宣传。

5.表彰盛典。2010年1月下旬在宜昌举行隆重的颁奖表彰大会，请市委、市政府主要领导为获奖者进行颁奖，《三峡日报》出版“宜昌经济年度人物”特刊，中国宜昌政府门户网、中国三峡传媒网、三峡手机报、《好生活》杂志等同步跟踪报道。长江出版社、三峡电子音像出版社联合出版《责任与奋进——宜昌经济年度杰出人物风采》书籍，全国公开发行。

【组织机构】此项活动是一项公益品牌推选活动，由市委机关报《三峡日报》全程承办，请市委、市政府有关领导、相关职能部门和著名经济学专家参与评选，活动具有公正性、严肃性、权威性。

主办单位：市经济和信息化委员会、市商务局、市工商业联合会、市统计局、三峡日报社

承办单位：宜昌经济年度人物评选活动组委会

媒体协办：《三峡日报》、宜昌政府门户网、中国三峡传媒网、《好生活》杂志

【实施要求】

1.认真组织推荐。各地各有关单位要充分认识此次经济年度人物评选表彰的重要性，将其作为彰显地方经济功臣、引导全社会全民创业、推动地方经济发展的具体实践和有力手段，切实做好推荐工作。

2.严格坚持标准。要严格按照推荐条件和程序，公开透明、严谨有序、好中选优，真正把对宜昌经济贡献突出、具有示范作用的人物推荐上来。要坚持客观公正、实事求是的原则，要广泛听取各界意见，凡属一票否决的坚决不予推荐。

3.加强宣传推广。按照谁推荐谁负责的精神，加强对评选活动的责任管理。此次评选成立"宜昌经济年度人物评选活动组委会"，统一宣传推介。全部材料于2010年1月20日前上报至活动组委会办公室。

【活动效果】2010年1月6日，三峡日报社广告部隆重推出2009宜昌经济年度人物暨贡献奖特刊《责任与奋进》。特刊共34版，当期创收150多万元。此活动已成为全市经济界最具影响力、最具权威性、最具专业品质的品牌评选。经过评选，评选出1名"宜昌最受尊敬的企业家"，10名"2009经济年度杰出人物"，23家"2009宜昌经济年度贡献奖"企业。

3月16日，由《三峡日报》具体策划主办的2009宜昌经济年度人物暨贡献奖颁奖仪式隆重举行。市委副书记李亚隆，市委常委、宣传部部长赵举海，市委常委、副市长胡家法，市委常委、统战部部长廖达凤，市人大副主任邹正金，市政协副主席伍卫星等市领导出席颁奖盛典，并为获奖人物和企业颁奖。

为了让观众了解灿烂奖杯背后的精彩故事，三峡日报社广告部精心策划，创新颁奖形式，在颁奖大会首次设立了"新闻会客厅"，11位经济年度杰出人物分别写下了2009年印象最深刻的关键词，并和大家一起畅谈企业和事业理想，共话宜昌发展未来。同日，由罗文全、黄本军主编的《责任与奋进——2009宜昌经济年度人物暨贡献奖风采录》由三峡电子音像出版社、长江出版社三峡图书中心正式出版发行。

《责任与奋进》开创了《三峡日报》同类体裁正式出版的先河。该书采用光碟配套书的方式，对2009宜昌经济年度人物暨贡献奖企业进行了详细记录，展示了波澜壮阔、绚烂多彩的2009宜昌经济发展，让读者强烈地感受到宜昌经济的方向、速度、力量，以及在强大经济力量中，那些备受社会尊敬的杰出人物和卓越贡献者的智慧。

（2021年3月）

超越·跨越

——2010年宜昌“两会”特刊

创意点: 抢抓宜昌“两会”召开机遇，发挥市委机关报影响力优势，做好“超越与跨越”发展的文章。

关键词: 宜昌“两会”；弯道超越；跨越发展

【策划背景】 阳春二月，喜迎盛会。2010年宜昌“两会”将于2月22日至24日在城区召开。“两会”是人民政治经济生活中的大事，是宜昌最大的政治活动。作为“两会”官方指定唯一的必读报纸，市委机关报《三峡日报》将全面覆盖“两会”会场和代表委员的酒店住所，各级党政领导和所有参会人员将在第一时间阅读这份权威机关报。为了给广大单位提供一个“借助权威媒体、抓住高端读者、提升单位影响、实现品牌升值”的宣传平台，《三峡日报》将出版《超越·跨越——宜昌“两会”特刊》。

宜昌市委四届十一次全体会议指出，2009年，宜昌在化危为机中实现了经济发展“弯道超越”，主要经济指标提前一年实现“十一五”规划，初步实现走在长江沿线和中部地区同等城市发展前列的目标。2010年是实施“十一五”规划的最后一年，是夺取应对国际金融危机全面胜利的关键之年。要动员全市坚定推进又好又快发展的信心和决心，努力在新起点上推动发展新跨越。

【实施过程】

一、宣传主题

为深入贯彻落实市委全会精神，认真总结去年在应对经济危机中实现“弯道超越”的成功经验，增强今年在新起点上实现“新的跨越”的信心和力量，本次“两会”特刊的主题确定为“超越·跨越”。《三峡日报》将用深度报道的方式和新闻回眸的视角，浓墨重彩总结2009年实现超越发展的重要成就，展现2010年推动发展新跨越的重大举措。

二、宣传内容

1.《超越·跨越》之“宜昌速度”

2009年宜昌《政府工作报告》指出，要加快推进项目建设，着力培植发展后劲。坚持以结构调整为主线，一手抓加快增长，一手抓结构优化，转变发展方式，增强发展的协调性和可持续性。

宜昌在项目建设中创造了“宜昌速度”，受到省市领导的高度肯定。因此，我们将围绕“报告”强调的重点项目建设要求，推介一批具有建设速度快、质量好、效益高的重大项目，突出宣传项目一年来取得的巨大成就和最新进展。

2.《超越·跨越》之“宜昌制造”

2009年宜昌《政府工作报告》指出，要加快推进工业强市，着力壮大经济实力。优化工业经济结构，不断壮大支柱产业。培育企业核心竞争力，提升“宜昌制造”影响力。“宜昌制造”是宜昌“实力经济”的基础和希望所在。在金融危机之年，宜昌的重点制造企业化危为机，克难奋进，让劳动、知识、技术活力竞相迸发，奏响了“宜昌制造”的最强音，其企业品牌影响力、产品市场占有率均居全省全国同行业前列。特刊将重点推介一批“宜昌制造”企业的优势品牌和成功经验。

3.《超越·跨越》之“宜昌活力”

2009年宜昌《政府工作报告》指出，要坚持用改革、开放、创新的办法破解发展难题，激发发展活力，增创发展优势，建立健全有利于科学发展的体制机制。大力发展开放型经济，坚持对内对外开放并举，以海纳百川、兼收并蓄的胸怀，营造宽松包容的投资环境。

《三峡日报》2010年宜昌“两会”特刊封面。

特刊将重点推介一批投资环境好、区位优势强、发展有活力的县市区、开发园区和乡镇，展示其优异的地理位置、优惠的招商政策、优质的服务理念以及超越发展的各项成果，重点推介一批国内外知名品牌落户宜昌后对宜昌经济社会做出的突出贡献。

4.《超越 · 跨越》之“宜昌农头”

2009年宜昌《政府工作报告》指出，要全面落实党的十七届三中全会和中央一号文件精神，把“三农”工作摆在重中之重，以促进农民持续增收为核心，着力转变农业发展方式，加快发展现代农业。农业是宜昌的优势产业。近年来，走向现代农业的宜昌，催生了一大批效益好、品牌优、实力强的农业产业化龙头企业。“两会”期间，特刊将重点宣传宜昌市农业战线、各地农村和“三农”企业以及支持服务“三农”的单位，在创建全国农业机械化示范区等方面的成功经验，推介一批在全国全省全市有影响的优秀龙头企业、农产品牌、农产品加工园区和重点农产品加工县市区。

5.《超越 · 跨越》之“宜昌捷报”

2009年宜昌《政府工作报告》指出，全面落实科学发展观，推进经济社会又好又快发展，人民期望殷切，政府责任重大。加强政府自身建设，进一步转变作风，切实提高政府执行力。建设高效务实的法治政府、效能政府、服务政府和廉洁政府。

“两会”期间，采取向“两会”汇报的形式，重点推介一批在2009年工作中取得成效的行政事业单位，突出宣传他们在服务民生、服务企业、服务社会方面的重要经验。

三、价值分析

1.报纸千人成本低、阅读率高。“两会”期间，来自宜昌各级政府、各行各业的精英代表和高层决策者聚集宜昌，探讨关系政府和民生的大政方针。“两会”的政治经济意义，将进一步提升市委机关报《三峡日报》的可读性和阅读率。紧紧围绕“两会”重大主题“超越·跨越”而精心策划的特刊，必定引起高度关注。此间报纸版面的千人成本进一步降低，传播价值进一步放大。

2.有效提升政府公关潜力和企业品牌形象。《三峡日报》的可信度和公信力，会因“两会”的特殊环境而得以进一步凸显和强化。这是通过机关报在“两会”期间向市“四大家”领导和全市人民汇报工作成就的最好形式，也是推广品牌影响、单位影响和提升品牌认知度、企业美誉度的最佳时机，更是让社会形象力有效渗透的权威载体。

3.强势覆盖决策人群和精英人士。《三峡日报》作为"两会"委员代表的必读报纸，为报道主体提供了主流社会的中坚力量读者群。"两会"人员尤其是党政界、企业界、商业界的精英高层，对于消费与投资决策、政策倾向性等均具有重要影响力。《三峡日报》则是汇聚这种影响力的独一无二的主流媒体。此间的形象展示、品牌宣传和广告投放，都直接影响具有较高决策能力的目标人群。

4.传播价值更加广阔。"两会"期间的《三峡日报》，不仅是宜昌城区"两会"会场瞩目的焦点，也是会场之外宜昌各地关注的热点，同时更是国内外了解宜昌政治与经济发展动向的重要窗口。《三峡日报》除了自身在宜昌区域10万份订户百万个读者的高效覆盖外，还依托三峡日报传媒集团的媒介资源优势，通过所属的宜昌政府门户网、中国三峡传媒网、中国三峡视觉网、三峡手机报等现代网络媒体同步传播，助推特刊的影响力实现几何级数增长。

四、组稿要求

"两会"特刊《超越·跨越》定于2月22日(农历正月初九)隆重出版。这天是"两会"开幕的第一天，也是新年上班的第二天，具有极高的社会关注度。由于之前正值春节，因此《三峡日报》将在春节前组织好特刊全部版面。从即日起开始组稿，截止日期2月12日。

【活动效果】2010年2月22日至24日，宜昌"两会"隆重召开，《三峡日报》广告部推出《超越·跨越——宜昌"两会"特刊》。特刊从内容到形式别出心裁，显得隆重、恢宏、大气而有深度。对宜化集团、葛洲坝房地产公司等大批国内著名企业，用深度报道的方式和新闻回眸的视角，浓墨重彩地总结了2009年实现超越发展的重要成就，展现2010年推动发展新跨越的重大举措。

《三峡日报》"两会"刊发广告50多版，创收近200万元。其中"两会"开幕的当天，《三峡日报》独家推出30多版的大型特刊。特刊的成功出版，引起参会代表委员的强烈反响。很多读者在来电中说，《三峡日报》大手笔对市"两会"的突出宣传，显现了机关报的高端品位和主流品质。

(2010年2月)

女杰人灵

——宜昌首届“杰出女企业家”评选特刊

创意点：首次展示宜昌女企业家风采，弘扬女企业家拼搏创新精神，表彰女企业家做出的重大贡献。

关键词：女企业家；杰出贡献；评选表彰

【策划背景】随着改革开放的深入和经济社会的全面发展，宜昌市女企业家已成为全市经济社会发展的一支重要力量，她们在实施“十一五”规划及和谐社会建设中担负着特殊而光荣的使命。

近年来，全市女企业家们在投身改革开放、共同克服金融危机、推动宜昌经济实现跨越发展的伟大实践中，努力拼搏，开拓创新，为宜昌经济建设和发展贡献才智，同时涌现出一大批懂经营、会管理、素质高、贡献大的优秀企业管理经营者。一批具有时代精神和社会责任感的优秀女企业家，成为妇女界和企业界的典型。她们求真务实、开拓创新，为我市经济和社会发展创造了可喜业绩，做出了很大贡献。

为了展示全市女企业家风采，弘扬女企业家的奋力拼搏、勇于创新精神，表彰她们在推动全市经济发展、构建和谐社会中所做出的贡献，宜昌市妇女联合会、宜昌市工商业联合会、三峡日报传媒集团联合决定，举办宜昌首届“杰出女企业家”评选表彰活动。这是全市妇女界、经济界、企业界的首次评选，因此对

女杰人灵

【宜昌市首届(2010年)杰出女企业家特刊】

她们的幸福听得见

女杰人灵

矢志不渝架『金桥』

三峡日报社策划的《女杰人灵》特刊封面。

促使全社会更加关注、关心、关爱女企业家，改善女性创业环境，激励更多女性投身创业，促进妇女创业带动就业工作的深入开展，都具有深远的现实意义和引导作用。

【活动过程】

一、评选范围

在工商行政管理部门注册、具有法人地位的各地、各行业、各种所有制、各种规模企业的主要领导人，包括在企业担任董事长、董事会主席、总裁、总经理、经理等。

二、评选条件

1.企业家本人遵纪守法，爱党爱国，认真贯彻落实党中央各项指示精神，拥有较强的企业社会责任感，重视企业文明和企业道德建设，企业运行良好，经济效益显著。

2.企业家本人具有先进的管理理念和突出的创业创新事迹，不断推动企业发展。企业符合现代企业制度规范，具有快速成长性和可持续发展前景，主要经济指标位于本行业前列。

3.企业家和企业依法纳税、信诺履约，具有良好信誉。在任期间未发生重大环境污染、质量和安全事故。注重企业技术进步和科学管理，加强品牌建设，在提高企业核心竞争力、开拓国内外市场等方面做出优异成绩。

4.企业家和企业具有良好的公众形象，注重企业文化建设，坚决维护职工利益，支持社会公益事业，为营造和谐社会做出积极贡献。

三、推荐办法

1.在自愿申请参评的前提下，由各县市区妇联、工商联及宜昌市女企业家协会推荐，市直企业可自荐和媒体推荐。

2.各单位推荐人选数额为1~2人。

3.申报材料及要求：

①推荐单位填写《宜昌市优秀女企业家候选人推荐表》，推荐表须加盖单位公章。

②提交候选人2000字左右的事迹材料。包括：被推荐人个人简历及说明(工作简历要真实、准确、连续)。本人所获得的主要成果、奖励和荣誉，在企业创业、改革和发展特别是应对国际金融危机中做出的主要贡献，在管理、经营等方面做出的突出贡献等。

③候选人需交免冠正面彩色二寸近照和彩色工作或生活照各一张，提供反映厂容、厂貌和经营水平的彩色照片3～5张(用于当选后的宣传)。

四、评选程序

1.初选。联合评选单位将成立评审委员会，首先对推荐单位的资格和推荐程序进行初审，然后按照候选人基本条件对其申报材料进行审读，产生候选人名单。

2.复审。组织有关领导和专家实地考察部分候选人及其企业，形成复审意见。

3.定评。召开专家评审会审定，确定最终名单，并进行网上公示。根据公示结果，最终确定10名宜昌市“杰出女企业家”和10名宜昌市“优秀创业女性”。

五、实施宣传表彰

2010年5月进行表彰，请市领导为获得首届宜昌市“杰出女企业家”和“优秀创业女性”称号的企业家颁发奖杯和证书。在市委机关报《三峡日报》上进行专题宣传报道，在宜昌政府门户网、中国·宜昌三峡传媒网等媒体展示入选企业家业绩，由长江出版社为获奖者出版《三峡创业女英雄》一书。

六、组织要求

1.提高认识，高度重视。本次活动是在我市女企业家中首次评选，既是对女企业家个人创业精神的宣传，更是对她们所在企业品牌的宣传，因此要高度重视，积极参与。

2.认真推荐，总结事迹。各单位要本着认真负责的精神做好推荐工作，既要体现先进性和典型性，又要实事求是，总结好成绩和事迹。

3.加强领导，注重宣传。各单位推荐的候选人要广泛征求意见，不得弄虚作假，以确保活动的公正性、严肃性和权威性。同时要做好宣传工作，让优秀女企业家的事迹广为传颂。

【活动效果】首届(2010年)宜昌市杰出女企业家评选工作得到广大女企业家的积极响应，有60多名女性企业家报名参评，分别来自各县市区和市直各个行业，涵盖了全市业绩优秀的女企业家。

评选活动通过报名、推荐、初审、终审，最终评选出宜昌首届杰出女企业家。她们分别是：周永梅、贾文琼、何民珍、吴珅、胡光芹、汪诗艳、吴平、黄大菊、梅妮娜、胡敬、马晓燕、李德兰等12人，曾丽辉等10人获得首届“杰出女企业家”提名奖。

4月12日，《三峡日报》出版获奖特刊《女杰人灵》，对每位获奖者以整版配巨幅照片进行了专题宣传，在宜昌经济界、企业界和妇女界产生广泛社会影响。女性企业为特刊提供了100多万元的冠名赞助。

◆附

展现杰出女性的创业风采

——首届宜昌市“杰出女企业家”评选组委会负责人答记者问

从3月8日起，宜昌市举办的首届(2010年)“杰出女企业家”评选活动，引起社会各界的强烈反响。截至目前，各县市区妇联、各地工商联、各有关企业踊跃推荐优秀女企业家参评参选，组委会已接收全市60多位女企业家申报材料。

5月5日，活动组委会负责人就读者关心的一系列问题接受了本报记者独家专访。

问：举办首届(2010年)宜昌市“杰出女企业家”评选活动的意义是什么?

答：随着改革开放的深入和经济社会的全面发展，宜昌市女企业家已成为全市经济社会发展的一支重要力量，她们在实施“十一五”规划及和谐社会建设中担负着特殊而光荣的使命。

近年来，宜昌市女企业家们在投身改革开放、共同克服金融危机、推动宜昌经济实现跨越发展的伟大实践中，努力拼搏，开拓创新，为宜昌经济建设和发展贡献才智，同时涌现出一大批懂经营、会管理、素质高、贡献大的优秀企业管理经营者。

一批具有时代精神和社会责任感的优秀女企业家，成为妇女界和企业界的典型。她们求真务实、开拓创新，为我市经济和社会发展创造了可喜业绩，做出了很大贡献。

为了展示全市女企业家风采，弘扬女企业家的奋力拼搏、勇于创新精神，表彰她们在推动全市经济发展、构建和谐社会中所做出的贡献，我们联合举办了此次评选表彰活动。

这是宜昌市妇女界、经济界、企业界首次评选“杰出女企业家”，因此对促使全社会更加关注、关心、关爱女企业家，改善女性创业环境，激励更多女性投身创业，促进妇女创业带动就业工作的深入开展，都具有深远的现实意义和引导作用。

问：这次“杰出女企业家”评选活动的权威性和影响力如何?

答：这是一次高规格、高水平、高质量的评选活动，由宜昌市妇女联合会、市工商业联合会、市女企业家协会、三峡日报传媒集团联合举办。

活动成立了评选组织委员会，在3月初就已联合下发正式文件到各县市区妇联和各大中型企业。组委会聘请了市政府相关部门领导、主办单位负责人、企业界和经济界专家担任评委。

整个评选活动历时两个月，经过申报推荐、审核公示、终审评选等阶段，严格程序，公开公正。市妇联、工商联、女企协和市委机关报联手评选，既有行政、行业主管部门认定，又有机关报的舆论监督，因此活动具有无可争议的权威性和公信力。

问：参评"杰出女企业家"必须符合哪些条件？

答：在工商行政管理部门注册、具有法人地位的各地、各行业、各种所有制、各种规模企业的主要领导人，包括在企业担任董事长、董事会主席、首席执行官、总裁、总经理、经理等都是此次参评人选。

同时，需具备以下条件：一是企业家本人遵纪守法，爱党爱国，认真贯彻落实科学发展观，拥有较强的企业社会责任感，重视企业文明和企业道德建设，企业运行良好，经济效益显著。二是企业家本人具有先进的管理理念和突出的创业创新事迹，不断推动企业发展。企业符合现代企业制度规范，具有快速成长性和可持续发展前景，主要经济指标位于本行业前列。三是企业家和企业守法经营、依法纳税、信诺履约，具有良好信誉。在任期间未发生重大环境污染、质量、安全事故。注重企业技术进步和科学管理，加强品牌建设，在提高企业核心竞争力、开拓国内外市场等方面做出优异成绩。四是企业家和企业具有良好的公众形象，注重企业文化建设，坚决维护职工利益，支持社会公益事业，为营造和谐社会做出积极贡献。

问：目前评选活动的进展情况如何？

答：此活动已完成了申报推荐阶段，各县市区妇联和市直相关企业推荐申报了一大批符合条件的女企业家，目前正在进入审核公示和终审评定阶段。

5月中旬将全面揭晓宜昌市首届(2010年)"杰出女企业家"，《三峡日报》将独家出版大型新闻特刊，随后将举行颁奖盛典，请有关市领导为获奖的杰出女企业家隆重颁奖。

(2010年4月)

宜昌“魅力乡镇”

——首届宜昌“魅力乡镇”评选大型系列报道

创意点：推介魅力乡镇，展示乡镇魅力。

关键词：乡村振兴；农村建设；评选展示

【策划背景】乡镇经济是县域经济的重要基础，是建设社会主义新农村的重要环节。推进和繁荣乡镇经济，是促进县域经济又好又快发展的科学举措。近年来，宜昌在推进以乡镇经济发展为主导的基层建设中取得了巨大成绩，极大激发了乡镇发展的活力和创造力，有效推进了新农村建设和城乡经济全面协调可持续发展。为了展示宜昌新农村建设取得的辉煌成就，展示全市优秀乡镇发展实力和建设风采，三峡日报传媒集团特举办宜昌市首届“魅力乡镇”评选活动。

【实施内容】此次活动得到了宜昌市委宣传部、市委政策研究室、市政府研究室、市经济和信息化委员会、市统计局等部门的指导和支持。活动评选出十大“魅力乡镇”、十大“最具投资价值乡镇”、十大“生态文明乡镇”。诚邀符合条件的乡镇(街道办事处)，结合自身区域特色，组织参评。“魅力乡镇”必将成为带动区域发展的典范。

【活动名称】宜昌首届“魅力乡镇”评选

【活动宗旨】通过“魅力乡镇”评选活动，集中展示我市乡镇建设成果、历史文化资源和优美生态环境，将乡镇的历史文化和自然资源转化为经济优势，

三峡日报社策划的《魅力乡镇》《先锋乡镇》等特刊版面。

推动经济结构调整，培育特色产业，优化招商引资环境，促进乡镇经济又好又快发展。

【活动指导】宜昌市委宣传部、宜昌市委政策研究室、宜昌市政府研究室、宜昌市经济和信息化委员会、宜昌市统计局等对此活动进行全程指导。

【推荐标准】参评乡镇要在经济、政治、文化、产业、招商引资等方面，具有突出优势和特点。

1.具有完善的农村基层组织建设阵地。有完备的农村基层组织建设制度，并能发挥应有的作用。

2.具有科学的乡镇规划。乡镇发展与自然生态保护相协调，达到人与自然的和谐；生态环境保护、资源开发利用和基础设施建设、村容村貌之间相得益彰。

3.具有充满活力的特色经济。具有效益良好的主导产业和特色经济，经济运行质量高，增长速度较快，对周边区域经济有辐射带动作用。

4.具有和谐的人居环境。乡镇中各社会集团之间、人与人之间和谐相处；乡镇道路、建筑清洁美观，卫生管理制度健全，公共卫生系统良好。

5.具有独特的民俗风情。有悠久独特的民俗，具有文化品位；社会风气健康向上，民风淳朴；有一定的历史文化，保存相关历史遗迹。

【参评办法】

每个县市区分别于5月20日前，选送4个乡镇报名参评。三峡日报社将安排记者采访参评乡镇，组织专题报道在《三峡日报》刊发，中国三峡传媒网、宜昌政府门户网等同步传播，6月下旬在报纸、网络刊登选票，组成评审组根据投票和专家意见进行综合评定。

【评选流程】

第一阶段：2010年4月20日至6月20日，通过《三峡日报》进行集中宣传展示。

第二阶段：投票截至7月20日，根据评选的有关标准进行初评筛选，由评审团选出30个乡镇进入复赛。

第三阶段：2010年8月初，综合评选出十大“魅力乡镇”、十大“最具投资价值乡镇”、十大“生态文明乡镇”，并结集出版《宜昌魅力乡镇》一书，作为对外宣传书籍。

第四阶段：年底举行盛大颁奖仪式，请市主要领导出席并颁奖。

【活动效果】从2010年4月初开始，《三峡日报》独家启动“魅力乡镇”展示和评选，在宜昌各地产生巨大反响。

活动历时4个多月，从全市108个乡镇中评选出30个综合实力强、发展环境优、投资潜力大的“魅力乡镇”。这些乡镇通过《三峡日报》宣传和展示了各自的经济实力及特色魅力。共计刊发专版30个，广告发布量达100万元。

（2010年5月）

宜昌十大重要经济事件

——首次重大经济新闻事件评选

创意点：首次推选具有新闻性、标志性、显著性的重大经济事件。

关键词：经济新闻；重大事件；评选推介

【策划背景】2009年，宜昌经济在危机中实现了“弯道超越”，成为全省经济发展速度最快的地市。这一年，宜昌各类企业和经济实体勇于担当化危为机的社会责任，坚持克难奋进，不断求实创新，取得了令人瞩目的业绩。为了翔实记录和深度宣传发生在人们经济生活中的重要新闻事件，三峡日报传媒集团决定推选并出版“2009宜昌重大经济新闻事件”特刊。

这是我市首次举行的“重大经济新闻事件”推选活动。宜昌重大经济新闻事件将真实记载我市经济界、企业界、商业界在面对经济全球化信息化的挑战和国际金融危机考验背景下，抢抓机遇促发展、强化创新增效益的运行轨迹，深刻反映宜昌企业家和实业家的优秀代表们在激烈的市场竞争中，取得技术、资本、产品、市场、管理、文化等方面的重大突破和成就。新闻事件既是当代企业精神的高度聚焦，也是宜昌经济实现“弯道超越”的形象折射。

这一意义深远的推选活动，将载入宜昌经济发展和新闻宣传史册。

【实施过程】

一、“重大经济新闻事件”评选标准

1.新闻性。重大经济新闻事件必须是本单位、本企业在应对国际金融危机背景下，发生的新人、新事、新经验、新成果，且通过各种媒介广泛传播的重要新闻。

2.标志性。重大经济新闻事件必须为推动经济发展和行业进步做出了重要贡献，或在各行各业具有标志性的典型事例。

3.显著性。重大经济新闻事件必须是全国、全省、全市或全行业最具显著影响，且引起广泛社会关注的具有主流价值的重大事件。

二、"重大经济新闻事件"评选程序

1.推荐。此次推荐工作主要由各县市区委宣传部门、各行业协会、有关研究机构、新闻媒体推荐或企业自荐。

三峡日报社策划的《宜昌工业新跨越》特刊版面。

2.评定。三峡日报传媒集团将邀请有关领导、经济学家、新闻学专家进行评选，评定一批具有重要影响的重大经济新闻事件。

3.出版。2009宜昌重大经济新闻事件最终评定结果，将在市委机关报《三峡日报》公布，并出版大型专刊；在2010年2月举行的2009宜昌经济年度人物暨经济贡献奖颁奖盛典大会上，一并颁奖。

三、全媒体支持

新华网湖北频道、中新社湖北新闻网、荆楚网、宜昌政府门户网、中国三峡传媒网、三峡手机报。

【活动效果】由《三峡日报》广告部发起组织的2009年"宜昌重大经济新闻

事件”推选活动从2010年1月底开始，至2010年2月24日结束，在社会各界特别是在企业界、经济界引起了较大反响。一个月来，《三峡日报》收到30多件来自各类企业的经济新闻事件推荐材料，经过初选、复评和审定，最后评出10件重大经济新闻事件。

它们分别是：

1.宜化集团连续八年飞速发展销售收入首次突破300亿元。

2.江苏维维集团控股枝江酒业维维股份以3.48亿元获得枝江酒业51%股权。

3.我国规模最大单条多晶硅生产线落户宜昌南玻硅材料首期纯多晶硅项目建成投产。

4.宜昌市百万元奖励中国驰名商标获奖企业。

5.宜昌电信率先引领市民迈入3G时代。

6.宜昌供电公司服务“家电下乡”刺激农村家电消费。

7.关公坊酒业八年销售收入从2000万元跃至7亿元。

8.宜都东阳光公司产品红酶素原料药占国内市场首位。

9.柑橘罐头首次遭遇欧盟反倾销调查宜昌涉案企业积极参与应诉。

10.宜昌市商业银行提出“一企一策”破解中小企业融资难题。

此活动真实记载了宜昌市企业界、经济界在面对经济全球化、信息化的挑战和国际金融危机考验下，抢抓机遇促发展、强化创新增效益的运行轨迹，深刻反映宜昌企业家和实业家的优秀代表在激烈市场竞争中，取得技术、资本、产品、管理、文化等方面的重大突破和成就。新闻事件既是当代企业精神的高度聚焦，也是宜昌经济实现“弯道超越”的形象折射。三峡日报社广告部通过对部分重大经济新闻事件进行深度回放，创造了较好的经济效益。

（2010年4月）

百姓养生读本

——全省首份“健康养生”特刊

创意点：弘扬养生文化，倡导健康生活，提升生活品质，展示企业品牌，促进行业发展。

关键词：养生文化；健康生活；行业品牌

【策划背景】健康与长寿一直是人们向往和追求的美好愿望。现代生活工作节奏不断加快，给人们生理和心理机能带来巨大冲击，处于亚健康状态的人群不断增加。因此人们对于“养生”的认识，已经超越了有关健康的概念。随着人们物质生活水平和精神文化生活的提高，养生开始成为一种积极的生活状态，养生文化也不断丰富和发展。养生是通过各种有效的方法，颐养生命、增强体质、预防疾病，从而达到健身益寿的一种健康活动。

为了给广大市民提供系统、权威、实用的养生保健指南，《三峡日报》联合有关单位独家推出全省首份大型养生保健杂志——《百姓养生读本》，为百万名读者提供高端养生指南和实用保健读品。

这是品牌食品、生态家居、健康医药、保健场所、餐饮美食、体育运动、美容机构等行业全面展示形象和推广品牌的一次难得机遇，也是养生保健相关行业发布资讯的一个权威平台。现面向养生行业和品牌企业隆重招商。

【出版刊名】《百姓养生读本》

三峡日报社《百姓养生读本》特刊封面。

【出版主题】倡导健康生活、提升生活品质、促进行业发展。

【出版意义】中国的养生理论与实践，有着古代哲学和中医基本理论为底蕴，汇集了人们防病健身的众多方法，糅合了历代诸子百家的思想精华，博大精深。当今社会，人们开始以传统理论为指导，遵循生命的变化规律，对人体进行科学调养，保持生命健康活力，从而达到保养身体、减少疾病、增进健康、延年益寿的目的。据世界保健养生协会资料显示，随着人们养生保健意识的加强，近几年我国城乡居民养生保健类消费支出以30%的速度增长，远高于发达国家13%的增长速度，养生保健品行业已成为我国新兴朝阳行业。出版《百姓养生读本》有利于弘扬传统文化，引导人们正确健康养生，符合人们的生活意愿和当今科学发展趋势。

这在全省、全市均属于首次，既能为老百姓提供日常生活必备的养生读本，又为与人们健康生活息息相关的产品或品牌搭建了一个推广、展示、交流的传播平台。

【发行方式】《百姓养生读本》将以报纸杂志形式隆重推出，一方面随《三峡日报》向全市发行，另一方面制作成精美的杂志1万份，覆盖全市百万名读者。

【出版内容】1.保健美酒。白酒有活血通络、增进食欲、消除疲劳、陶冶情操、使人轻快并有御寒提神的功能，将重点推介本地最具养生功效的健康白酒品牌。

2.生态家居。居住地是最重要的养生家园，将重点推介深受百姓青睐的高档生态地产项目。

3.健康食品。民以食为天，选择健康有益的食品至关重要，将推荐宜昌本地最具“食养”功能的土特产食品。

4.养生茗茶。茶叶已融入现代人的日常生活，成为健身益寿的必备饮品，将力推宜昌著名养生茗茶品牌。

5.美食美味。人们对餐饮有了更高要求，总想把吃出来的病吃回去，将重点推介宜昌最具生态餐饮形态的宾馆、酒店和特色餐饮。

6.运动养生。养生推动了全民健身和全民体育运动，将推介城区具有较大规模的体育运动场所和运动品牌。

7.品牌医疗。将重点报道宜昌市公立医院的技术优势、科研优势和服务优势等。

8.美容保健。重点介绍宜昌最具影响的美容、保健、足疗、洗浴、健身、休闲会所等机构，以及其他各类保健服饰、健康理疗用品、特许及连锁养生机构、健康咨询服务机构及养生保健相关内容。

【支持单位及媒体】市工商业联合会、市医疗卫生协会、市建筑业协会、市烹饪协会、三峡茶文化研究会、市体育总会、市美容美发协会、中国保健养生网、中国三峡传媒网、宜昌政府门户网、三峡手机报、《好生活》杂志。

【广告价值分析】

1.主流媒体传播主流品牌。《三峡日报》是中共宜昌市委机关报，是宜昌经济、政治、文化发展和变革的“风向标”。机关报自身所处的特殊地位和肩负的神圣使命，具有极高的“权威性”和“公信力”，广告可以快速提升企业品牌的“可信度”和“美誉度”。借助《三峡日报》的主流大媒体，其权威性、公信力快捷转移到产品或企业，放大企业自身的品牌效应。

2.影响最有影响力的人。《三峡日报》的读者从市委书记、市长、局长到县市（区）长、乡镇长、村主任，从大中型国有企业老总到各类中小企业老板，覆盖了宜昌社会各个阶层的领导和精英，他们是各自圈子里的领袖，是社会生活里最有影响力的人。这些人是最有消费力和消费决策能力的阶层，对社会消费的影响力最强，是消费的主力军和政府采购、集团消费、公务消费的主要决策者和影响者，对购买决策拥有绝对的话语权，他们引导着消费潮流，是最理想的广告投放对象。

3.权威性高公信力强。《三峡日报》是党和政府的喉舌，是宜昌传媒排头兵，是市委和政府传递信息的主渠道。报纸高度的媒体责任感、强大的舆论引导力等都是其他媒体所无法企及的。因此，《三峡日报》具有空前强大的广告传播力，堪称强势品牌的孵化器。

4.高端品牌的集中高地。高端品牌需要高端媒体支持。《三峡日报》为企业打造的是一个靠得住、有前景的品牌家园，是一流品牌的集中高地。在《三峡日报》的广告客户中，集中了当地所有知名品牌。这些品牌选择的是与机关报相匹配的品牌地位和与之相匹配的读者群及消费群。

5.优良广告环境提升客户品牌价值。良好的媒介广告环境是媒体品质的重要保证，对广告品牌有很强的提升作用。媒体广告环境包括新闻内容、广告品牌形象和报纸信誉等，这些因素都直接影响广告传播的效果。长期以来，《三峡日报》坚持高端广告、健康广告和规范广告，坚决维护机关报的媒体品牌和形象。《三峡日报》广告部连续获得“全国广告行业文明单位”称号，在全国地市报中独此一家。因此，《三峡日报》广告客户的品牌价值得到最大限度地提升。

【活动效果】2010年8月20日，《三峡日报》推出了大型特刊《百姓养生读本》，当日出版总量48版，取得了较好的社会效应和经济效益。读本以“崇尚养生”为主题，以“服务百姓”为宗旨，用高端的创意，用全景的视角，传播养生益寿知识，宣传健康生活之道，推介养生企业品牌，全面展示和推广了一系列绿色食品、生态家居、健康医药、保健场所、餐饮美食、体育运动、美容机构等行业和品牌形象。整个特刊设计精巧，制作精美，富有创新。《百姓养生读本》随《三峡日报》发行，同时以“报纸杂志”形式推出精装杂志，铺满宜昌城区各窗口单位、高档生活小区、大型宾馆饭店等公众场所。

（2010年8月）

县域经济与中部崛起

——全省县域经济工作现场会特刊

创意点：抓住全省县域经济现场会的“现场机遇”，用媒体展现的形式，“汇报”重点县市实践科学发展观的新作为。

关键词：县域经济；科学发展；成果展示

【**策划背景**】深入学习实践科学发展观，推进县域经济跨越式发展，是2010年省委、省政府和市委、市政府做出的重要战略部署。近年来，市委、市政府坚持“一手抓县域经济、一手抓城区经济”，县域经济得到快速发展，成为全省县域经济建设的先进典范。

省委决定2010年全省县域经济工作现场会3月底在宜昌召开。为了更好地配合这次重要经济工作会议，三峡日报传媒集团决定成立宣传专班，对全省县域经济先进单位和全市县域经济发展成果进行大型成就宣传，总结各单位在推进县域经济建设中取得的宝贵经验和重要成果，拟出版《发展县域经济，促进中部崛起》新闻特刊。

【**宣传意义**】省委、省政府举办全省县域经济工作现场会，规格高、规模大、意义深远，省委主要领导将亲临现场，省直相关委办厅局主要负责人、全省各市州县主要负责人参会，交流典型经验，参观学习先进，是宜昌各地向全省进行对外宣传和展示的一次重大机遇。因此，省市领导要求各级组织在推进县域经济

SANXIA DAILY
中共宜昌市委机关报
三峡日报传媒集团出版

29

三峡日報

与时代共进 与人民同行

省长“查岗”

发展县域经济 促进荆楚崛起

本报与全省市州报联手推出县域经济发展亮点特别报道

全省县域经济工作会议今起在宜召开

省委省政府推进县域经济发展的重要会议（3版）

发展壮大县域经济 全面建设小康社会
——省委省政府加快县域经济发展的重要政策措施摘录（6版）

抢抓新机遇 推进新跨越
——热烈祝贺全省县域经济工作会议在宜召开（3版）

县域经济大发展 荆楚百舸竞风流（4-5版）

黄石：“三大战略”建奇功【4版】
襄樊：逆势上扬写新篇【4版】
荆州：优势产业集群发展【4版】
十堰：由“垫底”到摘金【5版】
孝感：建设武汉城市圈副中心【5版】
荆门：“荆门模式”的新答卷【5版】
咸宁：崛起的鄂南经济强市【4版】
随州：外向型经济创特色【4版】
恩施：让“绿宝石”更璀璨【4版】
仙桃：逆势起跳大跨越【5版】
天门：天门大开满眼春【5版】
神农架：高山跃动“旅农林”【5版】

群雄逐鹿

宜都：统筹的力量【20、21版】
夷陵：谋转型 谋新翼【15版】
枝江：培植百亿产业 建设百亿园区【26、31版】
宜化：蓄势发力 一跃而起【2、7版】
宜昌开发区：以优争先 逆势而上【9、16版】
西陵：转变发展方式 振兴区域经济【10版】
兴山：统筹发展创特色【11版】
伍家岗：新城崛起再续辉煌【12至14版】
五峰：让“绿色五峰”更加璀璨【24版】
秭归：抢抓机遇 跨越发展【27至30版】

宜昌县域经济科学发展观察

全省县域经济工作会议特刊

三峡日报社《湖北县域经济现场会》特刊封面。

工作中“搞好舆论引导，加强成就宣传，确保取得实效”。《三峡日报》作为市委机关报，将以机关报的正确导向、权威报道、深远影响等媒介优势，对全省县域经济先进县市的发展成果进行全面深入地专题报道。

【宣传重点】我市各县市（区）在发展县域经济过程中，创造了很多宝贵的发展经验和成果，有的经验在全省甚至全国产生了很大影响。在新的形势下，特别是在2009年国际金融危机背景下，各地各单位采取一系列的务实和创新举措，用科学发展观统揽全局，实现了既定的发展战略目标。为此《三峡日报》拟对全省县域经济先进和全市县域经济发展经验进行解读，以新闻纪实的手法，全面、深度、客观地报道和解读各种经验和模式的科学发展内涵。

【主要内容】此专刊是对县域经济发展中的经验、成就及创新模式的一次全面深度报道，以近年来在全市、全省和全国产生重大影响的项目和成果为主要报道对象和重点内容。具体内容初步安排是：

1.强县富民经验。用科学发展的视角，重点报道在项目建设、招商引资、城市建设、新农村建设等方面的先进经验。

2.科学发展对话。记者专访市(县区)委书记、市(县区)长及相关部门负责人。

3.重点企业巡礼。对发展有着重大贡献的重点企业进行深入报道。

4.魅力开发园区。对重点开发园区进行全面报道。

5.特色品牌展示。各地特色农业品牌建设展示。

【报道方式】采取记者深入报道、重点成果展示、创新经验透析等形式。每个专题由记者深入采访写作，每个板块分别设有主题报道、记者手记等栏目，图文并茂，让报道内容更丰富，报道手段更鲜活，报道成绩更充分。

【活动效果】2010年3月27日至30日，由《三峡日报》广告部策划的全省县域经济工作会议特刊隆重出版。此特刊共刊发广告40多版，广告发布量达108万元，创造了《三峡日报》广告史上的多项纪录：开发的总广告版面最多，气势最为磅礴，参加县市的数量最多，经营与宣传的结合最完美，广告质量及特刊质量最好，整个活动的策划和经营在同城媒体中占有绝对优势。“特刊”成功推出后，受到参会领导的高度肯定和读者的一致好评。此专题无论是表现形式、视觉冲击力、市场影响力、内容充实性，还是营销效果和广告效益，都堪称经典之作。《荆州日报》《十堰日报》《恩施日报》《黄石日报》《漯河日报》《襄樊日报》《九江日报》等从网上看了我们的广告后慕名而来学习“取经”。

(2010年3月)

健康消费指南

——宜昌首部大型健康生活杂志

创意点：为读者提供健康消费"杂志"，为健康品牌提供推介展示平台。

关键词：健康生活；大众读品；消费指南

【策划背景】健康是生活的第一要素，是人的生活之基、事业之本、幸福之源。随着经济的快速发展和人们物质生活水平的不断提高，健康消费成为居民消费的首选，成为生活质量的重要指标。健康消费是人们围绕预防疾病、保养身心、增进健康，而选择、购买、使用有益于自身及家庭成员健康的消费产品，从而提高人们的健康水平，提升生活质量。为了向广大市民传达崇尚健康的理念，提供系统、权威、实用的健康生活指南，市委机关报《三峡日报》联合市消费者协会、市工商业联合会等12家行业主管部门，独家推出大型健康生活读本(报纸杂志)——《健康消费指南》，为百万名读者提供高端健康消费指南和实用健康生活读品。

【出版主题】引领宜昌健康产业，倡导百姓健康消费。

【出版意义】健康是一种人生智慧和境界，健康消费是人们生活的理性回归和必然选择。出版《健康消费指南》的重要意义在于：

1.倡导百姓健康消费。读本精选集纳了最新的科学实用、通俗易懂的优秀

三峡日报社策划的《健康消费指南》特刊部分封面。

科普内容，倾情推出全新健康生活和健康消费理念，提高公众的健康知识素养，推进全民健康生活方式。倡导并推动健康消费，是落实以人为本科学发展观的内在要求，也是机关报关注民生，维护和保障群众的健康消费权的具体行动。

2.发展健康消费市场。健康消费涉及吃、穿、用、住、行等居民生活消费的方方面面，还涉及保健、健体、体检、咨询等行业部门，形成了健康消费品生产、销售、储运和服务的行业集合体。健康消费的本质是优化消费与资源、环境、社会的关系，培育健康消费市场就是坚持和践行节约能源、保护环境的基本国策，使消费结构、消费模式有利于资源能源节约和生态环境保护，有利于改善人居环境，使绿色食品、环保节能生活设备和用品需求上升，优质的住宅、汽车、通信、家电等产品受到更多消费者的追捧，保健产品、健身运动等健康消费形式越来越多进入人们的生活。

3.推介健康消费品牌。在“消费危机”的社会背景下，企业和产品更需要用过硬的品牌让消费者重拾信任。本报将在各行业协会的指导下推介一批优质健康消费产品，这些产品展示的主要目的不是促销，而是建立信任、口碑和品牌。权威机关报不可替代的公信力，使品牌信任度达95%以上，成为健康消费品的首选。

【主办机构】《健康消费指南》由三峡日报传媒集团出版，活动由宜昌市爱国卫生运动委员会、市消费者协会、市工商业联合会、市安全生产协会、市食品工业协会、市房地产开发协会、市医疗卫生协会、市体育总会、市物业管理协会、市烹饪协会、市汽车行业协会、三峡茶文化研究会、市美容美发协会协办。主流媒体《三峡日报》、荆楚网宜昌频道、宜昌政府门户网、三峡宜昌网、三峡手机报、《好生活》杂志等全面报道。

【评价标准】

1.品牌安全性：在市场上没有发生安全事故和质量投诉。

2.品牌环保性：必须是健康的、环保的产品，拥有良好的口碑。

3.品牌知名度：在消费者心目中具备一定的社会影响力和认知度。

4.市场占有率：产品具有较高的市场占有率，企业有很强的赢利水平。

【出版内容】

1.健康住宅——推出“宜昌十大健康住宅”。居住环境是否健康，直接影响居住者的健康状况。推介“健康住宅”，在宜昌尚属首次。健康住宅紧扣与“人”健康相关联的指标框架，提高和引导健康住宅开发建设。健康住宅的主要标准包括人居环境的健康性、自然环境的亲和性、健康环境的保障性等，将根据健康住宅有关标准，推荐“宜昌十大健康住宅”。

2.保健美酒——推介“最受宜昌市民喜爱的十大美酒”。饮适量的酒，饮优质的酒，有益健康。将从宜昌本地酒类品牌和外来知名白酒品牌中，通过媒体投票和组织机构调查，评出并推介“最受欢迎的十大宜昌美酒”品牌。

3.品牌医疗——评选“宜昌最佳信赖医院”。将重点报道宜昌市公立医院的技术优势、科研优势和服务优势等，推出“宜昌最佳信赖医院”。从全市众多民营医疗机构中，推选一批“宜昌百姓放心专科医院”。

4.养生美食——推荐“宜昌十大健康酒店”“宜昌十大美味餐馆”“宜昌十大名菜饭店”。将从宜昌众多餐饮企业和酒店旅馆中，推荐评选一批健康酒店、美味餐馆和名菜饭店。

5.美容保健——评选“宜昌市民满意美容保健机构”。从宜昌现有的美容、保健、足疗、洗浴、健身、休闲会所等机构中，通过行业主管部门推荐和消费者推选，评选出一批从业规范、健康向上、环境良好、服务优质的美容保健机构。

6.环保用品——推选“最受宜昌家庭喜爱的经济型轿车”“宜昌市民最信赖的家居品牌”“最受宜昌市民欢迎的家电品牌”，推介一批有益于健康的环保生活用品，主要是家庭消费用品，环保节能的汽车、家电、家具、厨卫用品等。

7.旅游休闲——推选“宜昌最具魅力的旅游景区”“宜昌十佳休闲场所”“宜昌十佳运动健身场馆”。综合考虑自然环境、人文环境、旅游设施及服务水平等因素，联合读者调查及网民调查，推选一批具有魅力的旅游景区、运动场所、休闲农庄等，推介城区具有较大规模的体育运动场所和运动品牌。

【推广形式】

1.由相关职能部门、行业协会、消费者协会和三峡日报传媒集团联合授牌。

2.于5月下旬分期分行业隆重出版特刊《健康消费指南》，随《三峡日报》同步发行，同时出版单行本30000册，直投到各高档消费场所。

3.宜昌政府门户网、三峡宜昌网、三峡手机报等网络同步传播。

【活动效果】2012年5月29日，全省报纸首份《健康消费指南》在《三峡日报》连续出刊，以保健美酒、健康楼盘、品牌医疗、家居生活、名优特产、美容保健、健康餐饮、旅游美景等八卷陆续出版，创收超过200万元。为了满足读者需求，报社将特刊汇编成册，以杂志形式加印一万份，投放市场后受到广泛好评和欢迎。该项目获得当年中国地市报广告类重大策划一等奖。

（2012年5月）

文明的力量

——全省文明行业创建工作推进会特刊

创意点：宜昌在全省率先获得全国文明城市称号，文明创建工作具有引领示范作用，报纸用“文明的力量”为创建助力。

关键词：文明创建；推进工作；经验交流

【策划背景】9月下旬，省文明委将在宜昌隆重召开全省文明行业创建工作推进会。省委领导，省委宣传部、省文明委、省直各行业领导，各市州宣传部、文明办领导将来宜昌参加现场会。这是检验我市文明行业(单位)创建水平、展示我市各行各业文明创建成果的一个重要机遇。按照省文明委的要求，这次会议必须加强行业创建工作的宣传力度，总结推广文明行业(单位)的先进经验和成果。

根据省文明委统一部署，《三峡日报》在会议期间将隆重出版《文明的力量》大型会议特刊，全面宣传湖北省文明行业创建的整体情况，重点加强宜昌市文明行业创建的对外宣传，充分展示各行业的精神风采和文明形象，为会议在宜召开营造隆重热烈的会议氛围。

【指导思想】深入宣传文明行业创建工作，宣传推广典型经验，塑造文明行业、文明单位的良好形象，发挥文明行业、文明单位的示范作用，为宜昌创建全国文明城市做出更大贡献。

文明的力量

文明宜昌

文明创建 宜昌供电实现新跨越

打造坚强电网 推进科学发展

加强诚信建设 提升服务质量

强化责任意识 积极奉献社会

锻造宜昌铁军 彰显央企风采

文明促发展 共筑大城梦

——“十八大”以来宜昌精神文明建设成果巡礼

大美宜昌绘文明画卷

《三峡日报》关于文明创建工作的各种特刊版面。

【宣传对象】

1.已经获得全国、省级、市级文明单位荣誉的行业和单位。

2.正在积极争创文明单位的行业和单位。

3.在文明行业创建中做出积极探索和贡献的行业及相关企事业单位。

【宣传内容】全面宣传各行业、各单位为宜昌经济社会发展所做的贡献及典型经验。各行业(单位)在文明行业创建工作中取得的突出成绩、典型经验和成功做法。

【宣传媒体】市委机关报《三峡日报》全面负责此次活动的宣传报道，中国三峡传媒网、宜昌政府门户网同步传播。

【组稿方式】《三峡日报》组织记者深入重点行业(单位)采访，以深度报道、成果宣传、图片展示等多种方式组织宣传稿件，进行统一宣传报道。

【宣传时间】全省文明行业(单位)创建工作现场会议期间统一出版《文明的力量》大型新闻特刊。

【相关要求】

1.高度重视。这次会议在我市召开，是我市文明行业(单位)展示特色和亮点的重要机遇，各单位要高度重视，抓住机遇，做好这次宣传工作。

2.精心准备。各单位要围绕各自的重点和亮点工作，认真总结，精心准备，突出宣传文明创建的经验和成果，在9月下旬会议召开前确保完成宣传材料和稿件的相关准备工作。

3.突出重点。重点宣传好各行业(单位)在文明创建工作中的新探索、新经验、新做法和新成果。

【活动效果】2010年11月6日，全省文明行业创建推进会在宜昌召开。会议期间，《三峡日报》广告部隆重推出《文明的力量——全省文明行业创建推进会特刊》。特刊全面宣传了宜昌市文明行业创建的整体情况，充分展示各行业的精神风采和文明形象，当天发布广告达100多万元。

(2011年11月)

“矿”世伟业
——宜昌“十一五”矿业成果特刊

创意点: 国家高度重视矿产资源的开发整合利用,宜昌“十一五”期间矿业发展成果丰硕,堪称“矿”世伟业,绩效辉煌。

关键词: 矿产资源;成就展示;推广宣传

【策划背景】 根据《湖北省国土资源厅办公室关于认真做好矿产资源开发整合宣传工作的通知》(鄂土资办文〔2010〕113号)精神,宜昌市国土资源局要求加强矿产资源开发整合宣传工作,采取多种形式对整合工作进行正面宣传和引导。同时,结合“十一五”矿业发展成果,加大宣传工作的深度和广度。《三峡日报》借此机会与市国土资源局联合发文,开展一次“涉矿”企业大规模专题宣传。

【宣传内容】

1.资源开发整合宣传:⑴整合工作的重要意义。⑵各地贯彻落实国家及省对进一步推进整合工作的政策措施。⑶各地进一步推进整合工作进展情况和取得的成效。⑷剖析聚焦公众关心有关整合工作问题。⑸总结、宣传推进整合工作的典型做法和先进经验。⑹整合工作存在的问题及改进措施或建议等。

2.“十一五”矿业成果:⑴宣传在矿产资源开发利用与推动宜昌经济发展相结合方面具有突出贡献、创造了典型经验的先进企业。⑵报道在坚持开源与节流并举、开发与保护并重方面成绩突出的先进企业。⑶推介在经济效益、社会效益、资源效益与环境效益方面做到和谐统一的典型企业。⑷展示在坚持科技创新、机制创新、管理创新等方面有重要成果和经验的优秀企业。⑸介绍在安全生产、保障职工劳动权益等方面具有示范作用的重点企业。

【宣传媒体】在《三峡日报》开设专版，宣传全市整合工作以及“十一五”矿业成果。

【宣传要求】

1.2010年10月前，各单位在本部门门户网站设立整合工作专页，向社会介绍整合工作政策措施、进展和成效。

三峡日报
宜昌矿业“十一五”成果博览
典藏特刊
“矿”世伟业
宜昌市矿产资源整合及“十一五”矿业发展成果博览

三峡日报社策划的《“矿”世伟业》特刊。

2.在新闻媒体刊发对整合工作的报道。

3.制作整合工作宣传展板和宣传画册。

4.有条件的县市还应制作整合宣传短片。

【活动效果】12月15日，《三峡日报》以《“矿”世伟业》为题出版特刊，在全市选取了湖北宜化集团、兴发集团、柳树沟矿业、华新水泥(宜昌)公司、东圣化工集团、中科恒大集团、中孚化工等10个影响力较大的矿产企业，全面回顾了“十一五”以来宜昌市合理、高效利用国土资源所取得的成绩。特刊出版后，在宜昌企业界特别是化工企业界引起强烈反响，宜昌市委主要领导和省国土资源厅领导给予高度肯定。

(2010年12月)

宜昌新跨越

——全省建设省域副中心城市宜昌办公会特刊

创意点：湖北“十二五”规划提出，推进“一主两副”城市建设，把宜昌打造成省域副中心城市，这是宜昌实现新跨越的重大历史机遇。

关键词：宜昌发展；城市建设；省副中心

【策划背景】湖北省“十二五”规划明确提出，重视和支持宜昌建设省域副中心城市发展，提升省域副中心城市在区域协调发展中的支撑能力和辐射带动能力。省委、省政府拟于2011年4月上旬在宜昌召开省域副中心城市建设现场会。届时，省委、省政府主要领导、省直各厅局、各市州、各大型重点企业负责人将聚集宜昌，研究部署我市建设省域副中心城市的发展大计。省委书记、省长分别讲话，与会代表参观部分重点企业和单位。市委机关报《三峡日报》被指定为大会唯一能够进入会场的报纸，并授权独家出版《宜昌新跨越——全省建设省域副中心城市现场会特刊》。

【出版意义】省委、省政府决定推进“一主两副”（武汉为省域主中心、宜昌和襄阳为省域副中心）城市建设，是坚持统筹兼顾、推动科学发展的重大战略部署，把宜昌建设成省域副中心城市事关全省发展大局，对于全省推动鄂西生态文化旅游圈建设、带动鄂西南区域经济一体化、构建中部崛起重要战略支点、全面建设小康社会具有深远而重大的意义。即将召开的现场会，标志着宜昌建设

三峡日报社策划的特刊《宜昌新跨越》封面。

省域副中心城市进入了全面启动和加快发展阶段。这是一次重要的工作部署会和战前动员会。在这次重要会议上，将研究关于支持宜昌建立现代产业体系、完善宜昌城市功能、加快区域综合交通枢纽、发展现代特色农业、促进旅游业转型升级等一系列事项。《三峡日报》新闻特刊《宜昌新跨越》正是为了配合这次重要会议而精心准备的一份“见面礼”，既能利用这次机遇展示我市重要行业或企业在全省的领先地位，也能通过展示争取可能惠及的政策支持。

【组稿内容】

1.县域发展先锋：宜昌建设现代化特大城市，需要做好全区域规划和发展。

省委、省政府将全力支持宜昌拓展城市空间，加快县域经济发展。宜都、枝江、当阳将规划建成现代中等城市，夷陵、伍家岗、猇亭等新城区将加速现代化进程，武汉生物产业园、五峰民族工业园、白洋化工园、宜昌职教园、磁电子高科技产业园等园区建设进一步提档升级。特刊将全面展示全省县域经济发展的先进县市区，突出城区各园区的地域优势和发展贡献等方面的宣传。

2.重要产业标杆：市委、市政府提出，加快宜昌装备制造、化工、食品三个“千亿产业”发展。加快发展生物、新材料、电子信息、新能源和节能环保五大新兴产业。将重点推介我市新型产业及相关企业快速发展的经验和成果。

3.著名企业典范：宜昌有一批在全国、全省有影响的重点企业和品牌，堪称企业典范。同时有一批成长型企业和后备上市企业，将成为区域发展的重点。将对全市在全国全省同行业中最有竞争力和影响力的企业，进行一次成果展示。

4.区域行业特色：我市的旅游业、现代农业、金融业、餐饮业等，都在鄂西区域里具有鲜明的行业特色。根据鄂西生态文化旅游圈核心城市建设战略，宜昌将建成三峡旅游经济特区，平湖半岛旅游新区、三峡游轮中心、三峡人家风景区、清江画廊旅游度假区、远安县荷花镇、秭归县九畹溪镇、兴山县昭君镇、五峰县渔洋关镇等旅游名镇，都将迎来新的发展机遇。柑橘、茶叶、水产、食用油等六大百亿元农业产业，金融、证券、保险、餐饮等行业，将得到更大力度的扶持。特刊将围绕上述内容进行深度宣传。

【形式及传播】本次特刊是为了配合首次召开的省域副中心城市建设现场会而组织出版的，将于会议期间隆重推出，随《三峡日报》发行，同时增刊送入现场会会场。宜昌政府门户网、三峡宜昌网、三峡手机报等同步传播，《宜昌新跨越》新闻特刊出版后将出版同名书籍和光碟，因此具有多重社会效益。

【活动效果】2011年4月16日，全省建设省域副中心城市宜昌办公会召开。当天，《三峡日报》广告部推出名为《宜昌新跨越》的特刊，为省域副中心城市建设现场会营造了良好宣传氛围，同时吸引了众多县市区和著名品牌在报纸上进行形象展示，当天发布广告100多万元。

（2011年4月）

捷报献给党

——《三峡日报》庆祝建党90周年典藏特刊

创意点：中国共产党成立90周年华诞，举国共欢、全党同庆。机关报姓党，以百版特刊报道宜昌各地各行各业伟大成就，用捷报向党献礼。

关键词：建党庆典；成果展示；大型特刊

【策划背景】2011年是中国共产党成立90周年，也是我国实施“十二五”规划的开局之年。为了纪念和庆祝党的生日，充分展现宜昌各界在党的领导下取得的巨大成就，激励广大党员干部和群众进一步坚定信念、振奋精神、奋发进取，从而推动宜昌实现新的跨越，根据市委〔2011〕5号《关于中国共产党成立90周年纪念活动的通知》（以下简称《通知》）的有关精神和要求，市委机关报《三峡日报》拟在建党90周年庆典之际，隆重出版大型新闻特刊《捷报献给党》。

【出版目的】市委、市政府高度重视建党90周年宣传纪念活动。市委于3月底下发《通知》，要求重点抓好党的光荣历史和丰功伟绩、中国特色社会主义理论、加强和改进党的建设、基层党组织和党员突出贡献、重要建设成就和重大典型的宣传。各单位要深入系统地开展党的宣传教育活动，大力宣传改革开放和社会主义现代化建设新时期党的建设成果。市委、市政府将于6月底隆重召开庆祝大会，进行一系列纪念活动。作为党的喉舌，《三峡日报》是党建宣传的主阵地和权威媒体，是各级党委借助党报向党报捷的重要宣传平台。因此，出版

群鹰出岫 新凤飞天

——宜都一中创建湖北省一流名校纪实

《三峡日报》庆祝中国共产党成立90周年144版特刊封面。

《捷报献给党》具有党建活动的史料性和党建宣传的公信力，是用新闻记录党建成果的创新之举，是用发展成果证明党的伟大的献礼之作。

【宣传内容】这是一次全景式反映宜昌各地各界各行业中国共产党成立特别是改革开放以来，在党的领导下所取得的重大成就及变化的主题宣传，主要宣传内容是：礼赞中国共产党与时俱进的时代特征与精神风貌，讴歌优秀共产党员的先进性和模范带头作用，突出宣传各县市区党组织加强和改进党建工作的重大部署、重要活动和重点成果，突出宣传大中型企业在新时期创新发展的主要成就，突出宣传各行业实现科学发展的成果和案例，突出宣传全市各级优秀党代表中的先进典型和模范人物，突出宣传基层(乡镇、街办、居委会)党组织推动事业发展的典型经验。

【出版专题】辉煌成就——反映各县市区和各行业在党的领导下取得的巨大成就和变化。时代先锋——宣传受到全国、全省、全市各级表彰的优秀党员和优秀党务工作者。发展丰碑——报道各单位、各企业推进科学发展取得的重大成果。创先争优——推介各地开展“创先争优”活动的创新经验。

【出版时间】截稿日期6月25日，7月1日正式出版。

【组稿要求】1.把握政治导向。宣传要高举中国特色社会主义伟大旗帜，以毛泽东思想、邓小平理论和“三个代表”重要思想为指导，深入贯彻落实科学发展观，认真总结建党90周年的光荣历史、丰功伟绩、宝贵经验和重要成果。2.突出宣传主题。宣传要以“捷报献给党”为主题，突出宣传各地各行业各单位在党的领导下取得的重大成就，回顾和总结近年来改革发展的宝贵经验，展望“十二五”规划的美好愿景。3.创新宣传形式。这次全景式的成就报道，要充分发挥机关报、大报、权威主流日报的优势，从体裁、内容、手法等方面进行创新，力求内容清新、形式活泼、图文并茂、可读可藏。

【活动效果】2011年7月1日，中国共产党成立90周年纪念日。由《三峡日报》广告部和编辑部精心策划的庆祝建党90周年典藏特刊，以144版的巨量篇幅隆重出版，其中祝贺广告134版，当日创收400万元，相当于有的市州机关报大半年的广告收入。

特刊全方位、多角度热情讴歌了我党成立90年来的光辉历程和取得的伟大成就，充分展示了宜昌各级党组织带领人民群众科学发展的辉煌成果和历史风采。特刊设计大气、图文精美、资料翔实、内容全面、解读深刻，具有较高的史料价值和收藏价值。

本报建党90周年特刊的出版，刷新了宜昌乃至湖北报界采编业务、祝贺广告、印刷规模、投递发行等多个纪录，在全国地市级平面媒体中也不多见。读者评价称，一天推出上百版报纸，体现了机关报舆论引导力和影响力，反映了机关报的办报实力和创造力，是机关报在重大事件报道中的一大创举。新华网、中国记协网等全国数十家网络媒体对此进行了专项宣传推介，中国广告协会将此作为2011年经典案例，收入当年《中国广告年鉴》。

（2011年7月）

辉煌这五年 宜昌新跨越

——宜昌“十一五”大型建设成果展示特刊

创意点：以“十一五”期间重大成就为视角，展现宜昌推动科学发展的全景画面，全面、权威、前沿地反映这五年的发展变化和人民群众的精神风貌。

关键词：“十一五”规划；宜昌发展；成果展示

【策划背景】2010年是我国“十一五”规划的收官之年，也是谋划“十二五”开局的关键之年。从2005年至2010年的这五年，是宜昌全面建设小康社会、创建世界水电旅游名城的最佳发展机遇期，是宜昌改革开放进程加快步伐、区域经济协调发展、居民生活明显改善、综合经济实力显著增强的五年。宜昌提前一年实现了“十一五”规划的各项发展目标，成为全省跨越发展的排头兵。

触摸“十一五”的建设成果，每个数字都是沉甸甸的，每个地方和行业都是硕果累累的。在宜昌各界创造的“十一五”辉煌中，哪些成果最卓越？哪些人物最耀眼？哪些行业最领先？哪些创新最精彩？都值得大力总结宣传。市委主要领导最近在各地和企业调研“十二五”规划情况时指出，要总结好“十一五”开放发展、创新发展、跨越发展的经验，科学制定好“十二五”发展规划，全力推动经济发展方式转变，在新起点上实现发展新跨越。

【活动过程】为全面展示各地各行业各部门在“十一五”期间团结奋进、创造奇迹的发展成果，进一步增强“十二五”发展的信心，《三峡日报》陆续推出《辉煌“十一五”宜昌新跨越》大型成就宣传。综合2006年以来的重点成就报道和全市权威统计资料，对全市影响全国的重要品牌、影响全省的县域经济强县(市、区)、影响宜昌的重大建设项目、影响全行业的重要经验成果等，进行深度报道。

三峡日报社出版的《辉煌十一五、宜昌新跨越》大型特刊封面。

以“十一五”期间重大成就为视角，用生动翔实的成果报道，展现各单位推动科学发展的全景画面，全面、权威、前沿地反映“十一五”期间的发展变化和成就以及人民群众的精神风貌。《三峡日报》组成强有力的宣传专班，从2010年10月中旬起陆续以整版篇幅推出大型系列报道。

【活动效果】从2010年10月中旬开始，《三峡日报》整版推出“辉煌十一五、宜昌新跨越”大型系列成就报道。一个多月来，展示“十一五”期间宜昌各行各业所取得的巨大发展变化和成果，先后推出30多个专版，创收广告200多万元。

(2010年10月)

资信强 企业强

——2010年第六届宜昌资信20强房地产企业特刊

创意点： 打造优秀房地产企业品牌，以“资信”为尺度，以“责任”为核心，市委机关报联手主流金融机构进行权威定级评优。

关键词： 企业资信；房产经营；社会责任

【策划背景】 2010年，伴随国家宏观调控政策的频繁出台，加大了房地产市场的监管力度，尤其是央行提出防范信贷风险和系统性金融风险，严控新开工项目贷款，密切关注房地产市场变化，严格执行有关房地产信贷政策，促进房地产金融健康发展。房地产业永远是资信强者的舞台。资信和责任始终是房地产业可持续发展的坚实保证。金融机构只选择资信强的合作伙伴，消费者置业更看重房企的资信实力。为此，市委机关报《三峡日报》联合国有商业银行、市消费者协会，举办2010年宜昌第六届“房地产企业资信20强”评审，推介评选一批市场信誉好、社会责任强、开发实力优的房地产企业。

【组织机构】 中国工商银行三峡分行、中国农业银行三峡分行、中国银行三峡分行、中国建设银行三峡分行、交通银行宜昌分行、招商银行宜昌分行、宜昌市商业银行、宜昌市消费者协会、三峡日报社。

【活动宗旨】 行业协会、主流媒体与金融单位联手打造资信地产企业品牌，在宜昌创建“全国文明城市”的进程中，进一步推动宜昌房地产业的资信建设

三峡日报社连续举办十届“宜昌地产资信二十强企业”评审表彰，成为区域行业最权威的媒体活动。

和品牌建设，提高企业社会责任感。

【活动主题】资信·诚信·责任

【参评范围及资格条件】已取得房地产开发资质、房地产开发项目施工面积累计达到10万平方米以上且满足以下条件的全市各房地产开发企业。

1.企业实力雄厚，有良好的开发业绩，正在或准备开发大中型楼盘，在宜昌房地产市场具有较强的影响力。

2.遵纪守法，合法经营，在行业主管部门没有不良记录。

3.讲究诚信，在金融机构和单位财经往来中没有不良记录。

4.企业没有发生购房者重大投诉或产生重大投诉记录。

5.热心公益慈善事业，重视社会效益。

【企业报名和推荐办法】

1.企业自愿申报。

2.社会推荐。

3.金融机构或者房地产行业协会、消费者协会推荐。

【活动方法与步骤】

(一)推荐和报名阶段(12月1—15日)。主办单位、各相关部门可向活动组委会推荐20—30家房地产企业,各房地产企业可自荐(通过组委会报名或网上报名),组委会向房地产企业发出邀请。申报参评企业填写申报材料,上报评选组委会办公室。

(二)初选展示阶段(12月15—20日)。1.对所有的参评企业进行初评,按照一定比例遴选出入围企业。2.在此阶段,入围企业在《三峡日报》上进行资信建设、品牌建设、项目建设等内容的形象展示和社会公示。

(三)专家终审阶段(12月下旬)。12月下旬,组委会根据报纸投票和初审,评委会对入围企业进行终审(评审体系主要包括资、信、前景三方面,包含了政府相关部门的评价、银行合作机构的满意度、业主满意度等全方位的社会评价,具体囊括了六大评审指标),推评出宜昌房地产市场"资信"最强的前20家企业。评选结果将在《三峡日报》、中国宜昌政府门户网、中国三峡传媒网、搜房网、亿房网等媒体上公布。

(四)颁奖典礼阶段。颁奖典礼将在市房协举办的"2011年宜昌市房地产年会"上同台进行,邀请市领导及主办单位领导为资信20强企业颁奖授牌。同期出版《资信20强房地产企业获奖特刊》。

【活动效果】2010年1月8日,《三峡日报》推出"2009年三峡宜昌资信二十强房产企业特刊"。获得"资信二十强"的企业纷纷以整版或通版篇幅,对企业或项目一年来取得的成果进行了客观报道和展示。报社联合相关银行及职能部门举行了盛大颁奖大会,市领导出席为获奖单位颁授奖牌。此活动广告创收200万余元。

(2010年—2016年)

喜迎十八大　推动新跨越

——宜昌献礼党的十八大特刊

创意点：党的十八大是在关键时期召开的一次非常重要的会议，意义重大而深远，宜昌各地各界用跨越发展的成就向十八大献礼。

关键词：党的十八大；建设成就；报纸特刊

【策划背景】党的十八大是我们党在全面建设小康社会的关键时期和深化改革开放、加快转变经济发展方式的攻坚时期召开的一次非常重要的会议，对于加快推进社会主义现代化、开创中国特色社会主义事业新局面具有重大而深远的意义。中央要求，党的各级组织和全体共产党员要继续解放思想、坚持改革开放、推动科学发展、促进社会和谐，以优异成绩迎接党的十八大胜利召开。

当前，宜昌正处在前所未有的发展黄金机遇期。省十次党代会提出，宜昌要加快建设省域副中心城市、长江中上游区域性中心城市和世界水电旅游名城。省委书记李鸿忠强调，宜昌要营造发展的“大气场”，建设现代化特大城市，实现“第三次飞跃”。市委要求全市上下要紧紧围绕发展大局，拿出更大的担当，激发更大的干劲，实现更大的作为，创造更大的业绩，为加快构建现代化特大城市做出新贡献，向党的十八大献厚礼。为此，《三峡日报》决定出版《喜迎十八大，推动新跨越》大型特刊，以“喜报”形式向党的十八大献礼。

【出版形式】《喜迎十八大，推动新跨越》大型特刊拟分行业和区域出版，即市直各行业、各县市区分别分期出版。

【出版时间】特刊于2012年7月下旬至11月下旬陆续出版。

【组稿要求】

1.突出成就报道。主要是“喜迎十八大，争创新业绩，推动新跨越”活动的重要成果。

2.加强经验推介。推介各单位在“迎创推”活动中创造的具有鲜明特色的创新做法和典型经验。

3.注重图文宣传。以图文并茂的形式全面宣传各单位良好品牌形象和科学发展成果。

三峡日报社《喜迎十八大，推动新跨越》特刊封面。

【媒体支持】《三峡日报》、荆楚网宜昌频道、宜昌政府门户网、三峡宜昌网、三峡手机报、《好生活》杂志。

【活动效果】该主题广告从2012年8月底至11月6日党的十八大胜利召开，三个月陆续刊发120多版专题报道，全面反映了宜昌各地各级党组织认真落实党中央、省委和市委的一系列决策部署，积极围绕宜昌科学发展、跨越式发展主题，以“喜迎十八大、推动新跨越”活动为载体，争科学发展之先，创社会和谐之优，创造了许多宝贵的“宜昌经验”。报纸每天推出的专题宣传，充分展示了全市各地各行业的最新建设成果，营造了优秀的发展文化和“大气场”。活动特刊创收效益超过350万元。该专题获得中国地市报重大广告专题及广告案例策划一等奖和集团重大经营项目策划奖一等奖。

（2012年8月）

宜昌“中国梦”

——建设现代化特大城市的新篇章

创意点：习近平总书记首次提出“中国梦”，凝聚了全中国人民的夙愿，是每一个中华儿女的共同期盼。那么，宜昌人的“中国梦”呢？我们用报纸“圆梦”，以特刊呈现。

关键词：“中国梦”；跨越发展；成果展示

【策划背景】习近平总书记在第十二届全国人民代表大会第一次会议上九次提到“中国梦”。他说，“中国梦”归根结底是人民的梦，必须紧紧依靠人民来实现，必须不断为人民造福。作为正在向现代化特大城市实现跨越发展的宜昌和400万宜昌人民，正以“四个一流”的精神和开展“学创”的务实行动，着力推进伟大“中国梦”在宜昌的实践。

湖北省委常委、宜昌市委书记黄楚平指出，“建设现代化特大城市”这个大梦就是宜昌梦，也是宜昌的“中国梦”，是“中国梦”的重要组成部分。市委副书记、市委“学创”活动领导小组常务副组长王兴於强调，加快建设现代化特大城市，实现“宜昌梦”，要强化宣传引导，把舆论宣传贯穿“学创”活动全过程，挖掘推介先进典型经验，营造良好氛围。

作为市委机关报，《三峡日报》理应承担推介“学创”活动新经验、凝聚实现“中国梦”正能量的重要责任。基于此，《宜昌“中国梦”》特刊将以新闻专版或专题的视角，对宜昌建设现代化特大城市的进程、动态、经验和成就进行全面报道解读，以期谱写宜昌人民实现“中国梦”的新篇章。

【出版宗旨】实现“中国梦”，宜昌正当时。建设“既大又强、特优特美”的现代化特大城市，是宜昌和宜昌人民的“中国梦”。圆梦需要实干，实干需要鼓劲。一是有效营造“学创”活动的良好氛围，迅速掀起学习贯彻党的十八大精神和全国“两会”精神的热潮，为宜昌建设现代化特大城市提供精神支撑；二是真正凝聚实现“中国梦”的强大力量，动员全部力量紧紧围绕市委、市政府的重大战略部署，坚定科学发展、跨越发展的决心和勇气，推进各项工作的落实；三是努力探索实现“大城梦”的科学路径，把握发展大势，遵循发展规律，真正实现“大城梦”和“宜昌梦”；四是及时挖掘推介“圆梦”过程中的先进典型经验，强化指导督查，推动活动向纵深发展。

【出版内容】根据宜昌建设现代化特大城市的现实需要，结合市委领导对当前新闻宣传工作的有关要求，拟分五个篇目陆续出版。

第一篇：大城崛起。承载着400多万宜昌人民的“大城梦”，既是“宜昌梦”，也是宜昌和宜昌人民的“中国梦”。市委提出了宜昌特大城市建设要“一年见成效、三年出形象、五年成规模”的基本思路，就是要让一座特大城市迅速崛起。宜昌未来将形成以中心城区为主体，依托长江和香溪河、沮漳河、清江、渔洋河，分别形成一个长江城镇聚合带和四条主要城镇廊道的“一心一带四廊”市域城镇空间结构。因此，本报拟分区域宣传一批重点城市建设项目。

第二篇：品牌兴市。宜昌是一个品牌大市，是首批国家商标战略实施示范城市。近年来实施的“品牌兴市”战略，确定“一品一标”的品牌发展目标，建立起了全市知名、全省著名、中国驰名的商标创建体系，形成了一批具有自主知识产权的优势品牌群体。目前全市拥有中国驰名商标总量达到28件，位居全省首位。随着中国驰名商标数量的增长，其巨大的市场品牌效应日益显现，拥有中国驰名商标企业的工业产值已占全市工业产值的80%以上。本报将集中宣传中国驰名商标产品和企业。

第三篇：文明跨越。“文明”是一块金字招牌。宜昌的文明创建活动，承载着“传递文明精神，共建美好宜昌”的重任。作为全省第一个也是唯一的全国

三峡日报社出版的大型系列特刊《宜昌“中国梦”》封面。

文明城市的宜昌，近年来坚持以新理念指导文明城市创建工作，用新举措强化文明城市和文明单位建设，各地各单位积极探索并实施了一系列文明创建和管理相结合的新模式，使文明创建活动不断向规范化、常规化、制度化发展，取得了重大成果。全市涌现了一批全国文明单位、全国文明城镇(乡村)、全省最佳文明单位、全省文明单位。本报将集中宣传一批获得2012年度全国文明单位、全省最佳文明单位和全省文明单位的先进代表，推介其创建经验和创建成果。

第四篇：产业报国。产业是一个地方经济的重要支撑。没有产业的特大城市是空洞的，是“有城无市”的。宜昌要实现“中国梦”，需要突出产业第一，坚持产业发展。未来几年宜昌将打造包括化工、食品饮料、装备制造、新材料、文化旅游、现代物流等六大千亿产业，建立一批高效益的产业园区，以这些千亿产业和产业园区为支撑带动宜昌产业发展。本报将围绕以发电和输配电为特色的水电产业、以绿色健康食品和生物工程及新医药为特色的食品医药产业、以磷化工为特色的化工产业、以新型装备为特色的装备制造产业和新兴旅游产业，推出一批在全国全省同行中居于领先地位的重点产业领军企业。

第五篇：幸福宜昌。全面建成小康社会是“中国梦”的根本要求，实现人的全面发展是“中国梦”的终极价值追求。宜昌建设现代化特大城市，无论是产业发展还是载体建设都要把民生摆在中心位置上。劳动就业、住房保障、文化教育、卫生体育等这些民生工程，是建设“宜人之城、昌盛之地”的重要基础。近年来，宜昌各地各部门在民生建设上创造了众多具有影响力的经验和服务品牌。本报将推介一批在民生建设上有特色、有成效、有影响的单位，宣传其服务民生、保障民利的先进做法和经验。

【实施过程】项目采取了“整体策划、分块实施、各个击破、递进完成”的总思路。整体策划，就是把“宜昌中国梦”作为这个项目的大主题，围绕宜昌建设特大城市做文章，发出一个征集函，制作一个宣传册。分块实施，就是分五大板块，指定责任人，落在实处。各个击破，就是不搞笼统考核，而是分块督办，每个板块用半个月左右时间组织。递进完成，整个项目，用三个月时间，完成全部内容。

【活动效果】该特刊是全国地方报业第一个将“中国梦”植入报业经营的成功案例，项目创收300多万元，在业界引起强烈反响。宜昌市委、市政府领导高度评价，称“宜昌中国梦”特刊具有思想性、时代性、地域性，彰显了地方机关报的主流思想和价值。案例获得三峡日报传媒集团“重大经营项目策划”一等奖，被湖北省广告协会、宜昌市广告协会评为年度最佳案例和优秀案例，获中国报业协会评定的2013十佳优秀案例提名奖。

（2013年4月）

走在前列

——深化改革转型发展的“宜昌样本”

创意点：湖北省委提出“建成支点、走在前列”的战略定位，宜昌各地凝聚力量，深化改革发展，打造“干在实处、走在前列”的“宜昌样本”。

关键词：深化改革；转型发展；经验推广

【策划背景】近年来，宜昌经济社会发展稳中有进、进中向好，实现了现代化建设的良好开局。在宜昌发展的关键时期，省委书记李鸿忠于2014年4月上旬来宜昌进行调研。他指出，宜昌要深入实施“一主两副”战略，在深化改革、转型发展上走在全省前列，坚定不移地推进省域副中心城市和现代化特大城市建设。省委常委、市委书记黄楚平在市委常委扩大会上强调，全市上下要坚定信心，勇担使命，克难奋进，率先在全省开拓创新、先行先试，为全省“建成支点、走在前列”、为宜昌建成现代化城市做出新贡献。

为了进一步凝聚宜昌实现科学发展、跨越发展的力量，增强全市人民深化改革转型发展的信心和决心，《三峡日报》拟组织出版《走在前列——深化改革转型发展的“宜昌样本”》新闻特刊，用专题、专版、专刊的形式，深入报道宜昌各县市区、市直各部门和重点行业“走在前列”的创新做法与成功经验，为全市深化改革转型发展提神造势，为推动各地改革发展的火热实践提供借鉴。

【宣传主题】干在实处，走在前列。

【出版宗旨】以习近平总书记视察湖北重要讲话精神为指导，加快转变经济发展方式，提高自主创新能力，打造宜昌经济升级版。用“宜昌样本”进一步举旗子、引路子，让深化改革转型发展的“大气场”更加强大，让助推现代化特大城市建设的“好声音”更加响亮，让践行党的群众路线教育活动的“好风气”更加优良，从而用“走在前列”的良好成效和非凡业绩，推动宜昌经济社会全面建设。

三峡日报
走在前列
——献礼党的93周岁生日
激情世界杯 美的送清凉
美的空调凭什么抓住消费者的心
真金不怕火炼，全民见证“一晚1度电”

三峡日报社出版的《走在前列》特刊封面。

【宣传内容】

1.在加快转型和创新发展中走在前列的新经验。突出宣传各县市区和各行业转型发展中开拓创新、先行先试的最新经验。

2.在推进新型城镇化建设中走在前列的新做法。报道各地在加快中小城市和小城镇发展、推进城镇化提质增速方面的积极探索和最新做法。

3.在项目建设和企业发展上走在前列的新典型。重点宣传各地加强项目建设和扶持企业发展的典型事迹。

4.在城市管理和新区建设中走在前列的新动态。宣传各地城市建设有品位、有魅力、有特色的得意之作，突出宜昌新城、新区的城市风貌和建设动向。

5.在践行群众路线教育活动中走在前列的新成果。重点宣传各地各部门在党的群众路线教育实践活动中，保持党的先进性和纯洁性，树立为民务实清廉形象，弘扬优良作风、解决突出问题等方面的最新经验和成果。

【出版形式】《三峡日报》以特刊形式，分重点县市区域、重要行业系统、主要企事业单位，陆续分期出版。

【出版时间】从2014年6月至12月，在《三峡日报》连续推出。

【宣传推广】

1.主流媒体推介。《三峡日报》覆盖全市各级党政机关、企事业单位、白领阶层、公职人员和高中端读者群。

2.全媒体传播。三峡日报传媒集团拥有宜昌最强大的全媒体集群，此次宣传将运用各种现代传媒业态，包括宜昌政府门户网、三峡宜昌网、三峡日报官方微博、三峡日报官方微信、三峡手机报、户外联播网等，进行全面同步传播，放大宣传效应。

【活动效果】《三峡日报》历时近6个月推出的"走在前列"专版，先后有100多个部门、单位和企业参与，一度成为媒体宣传的"热搜"。连续用专版、通版、特刊的形式，全面报道宜昌各县市区、市直各部门和重点行业"走在前列"的创新做法与成功经验，共创收300多万元。市委主要领导对此给予高度评价，称从报纸上看到了地方各级各部门干在实处、走在前列的风貌，很提士气，很鼓人心。该项目获当年度三峡日报传媒集团"重大经营策划项目"一等奖。

（2014年6月）

大城梦 双拥情

——宜昌军民共建融合发展的绿色报告

创意点： 宜昌连续五届蝉联“全国双拥模范城”，成为宜昌拥军优属、拥政爱民的重要品牌。首次以“大城梦、双拥情”为主题，展现军民共建共享、融合发展的风采。

关键词： 拥军优属；拥政爱民；融合发展

【策划背景】 拥军优属、拥政爱民(简称“双拥”)工作，是以巩固和加强军政军民团结为主旨，组织发动全体军民为国家建设和改革开放事业而团结奋斗的一项社会活动，深刻反映了军民血肉相连的本质特征，生动体现了党的宗旨、国家性质和人民军队本色，是我们党、国家和军队的优良传统和特有的政治优势。近年来，宜昌市按照“军民融合、服务发展、以人为本、统筹协调”的双拥工作思路，不断深化双拥活动形式，丰富双拥内容，拓展双拥渠道，自1997年以来五次蝉联“全国双拥模范城”荣誉称号。驻宜部队广大官兵把驻地当故乡，和宜昌人民同呼吸、共命运、心连心，传承双拥的良好风尚，构建和谐融洽的军政军民关系，结下了深厚的军民鱼水情谊。

省委常委、市委书记、宜昌军分区党委第一书记黄楚平指出，要站在国家安全和发展战略全局高度，切实把双拥工作作为促进改革、发展、稳定和军政军民团结的大事来抓。要深入研究新形势下双拥工作军民融合式发展的特点和规律，更加注重促进经济建设与国防建设协调发展，更加注重拥军优属和拥政爱民整体推进，奋力夺取“全国双拥模范城”创建六连冠，不断开创宜昌双拥工作和国防建设新局面。

在第87个建军节到来之际，三峡日报社联合宜昌市双拥工作领导小组办公室、宜昌军分区政治部、宜昌市军队转业干部安置工作小组办公室，组织出版首份“双拥”特刊《大城梦、双拥情——宜昌军民共建融合发展的绿色报告》，以新闻综述、专题报道、专版宣传的形式，全面记录宜昌军民双拥事迹和共建成果，更好地促进全市广泛深入开展双拥创建和军民共建活动。

三峡日报社出版的《大城梦、双拥情》特刊封面。

【出版宗旨】认真贯彻党中央、国务院、中央军委和习近平总书记关于深入做好新形势下双拥工作的重要指示，扎实做好“八一”期间拥军优属、拥政爱民工作，巩固和发展军政军民团结，引导广大军民更加积极主动、富有创造性地做好双拥工作，广泛开展科技拥军、智力拥军和社会化拥军活动，加大军地相互支持力度，进一步营造双拥氛围，争创“全国双拥模范城”六连冠的目标，为全面实现党在新形势下的强军目标、建设现代化特大城市做出新贡献。

【出版内容】

1.双拥模范。重点推介各县市区和市直部门创建全国、全省双拥模范城的做法和经验，展示其创建过程中的先进典型和重要成果。推介一批在全国全省有影响的双拥模范人物。

2.爱民新曲。着重宣传驻宜解放军、武警部队、人民武装系统忠实履行人民军队的神圣职责，保卫大三峡，服务大宜昌，全力支持国家和地方重点工程建设，为国防建设和宜昌经济社会发展做出的突出贡献。

3.拥军赞歌。主要报道宜昌各地各级政府部门在支持军队建设以及涉军服务保障工作中的创新经验，在落实军队转业干部安置政策、协调解决退役士兵、随军家属就业、军人子女入学入托以及实施“情暖功臣”行动中的新事和实事。

4.军转风采。突出宣传宜昌各行各业涌现出的优秀军队转业退伍企业家和专业精英人才。浓墨重彩报道这些优秀退转军人择业、创业、立业的奋斗历程，彰显他们紧跟时代的勇气、百折不挠的精神、严于律己的本色、善抓机遇的智慧、追求成功的激情和奉献社会的品格。

【出版形式】1.新闻综述。2.成果展示。3.人物专访。

【出版时间】2014年8月1日。

【宣传推广】在《三峡日报》出版特刊的同时，宜昌政府门户网、三峡宜昌网、三峡日报官方微博、三峡日报官方微信、三峡手机报等全媒体同步免费传播。

【组稿要求】

1.突出主题。双拥模范城已成为宜昌的一个重要品牌，此特刊要紧紧围绕双拥主题，展现宜昌军民在发展中共建、在共建中共赢的成果，反映各级政府和各地各行业全面推进军民融合发展的经验。

2.创新形式。此特刊在宜昌属首次出版，是双拥创模和军民共建的一种新形式，因此要求在特刊内容上丰富多彩，设计上高端大气，成为报媒双拥的范本。

3.紧密协调。三峡日报社编辑部、专刊部、县市记者站将派出骨干记者，与相关单位联系，深入采访，精心写稿，落实版面。

【活动效果】这是三峡日报社首次将笔墨和版面聚焦驻军部队，在军地引起了强烈反响。32版《大城梦、双拥情》特刊出版后，宜昌军分区政治部门组织干部战士学习相关报道，专程到报社表示感谢。特刊创收160多万元。

（2014年8月）

以诚相报 共享荣耀

——《三峡日报》荣获“全国广告行业诚信经营单位”典藏特刊

创意点:诚信是一个金字招牌。全国广告行业诚信经营单位,离不开忠诚客户的长久支持。报纸以诚相“报”,以典藏特刊形式同客户共享荣耀。

关键词:诚信经营;报刊广告;行业自律

【策划背景】2013年8月,宜昌市召开颁奖大会,湖北省广告协会秘书长张锦妙为《三峡日报》颁发“全国广告行业诚信经营单位”奖牌。这项由中国广告协会、国家工商总局首次设立的全国大奖,是全国广告经营领域的最高荣誉。《三峡日报》是全省12家获此殊荣单位中唯一的市州报。

为了推动全国广告行业建立诚信经营评价体系,促进广告业持续健康发展,中国广告协会和国家工商总局首次在全国开展了广告行业诚信经营单位创建活动。2013年5月,首批全国广告行业诚信经营单位评定,当时的中央电视台、光明日报社等全国400家广告经营单位被授予荣誉称号。这项创建活动每四年开展一次,具有官方唯一性和国家级权威性。

作为宜昌市委机关报,《三峡日报》着力为宜昌高端客户群提供一系列优质诚信经营服务,赢得了广泛赞誉。近年来,报社充分发挥机关报的政治优势、政策优势和政府优势,坚持“客户至上、诚信经营”的服务理念,提出“创造客户

三峡日报社出版的《以诚相报》特刊封面。

价值、体现机关报价值”的经营价值观，始终坚持以高品质的广告产品彰显主流媒体的品牌价值和社会责任。为此，《三峡日报》连续三届获得全国广告行业文明单位称号，先后荣获中国报业经营管理创新成果奖、中国广告年度贡献奖等众多荣誉，成为全国市州报和机关报广告经营的一面旗帜。

良禽择木而栖。《三峡日报》的客户同样具有诚信务实的优秀品质。长期以来，三峡日报社与广告客户坦诚相交，携手同行，荣耀与共，结下了深厚的情谊。“诚信”这个金字招牌，是报社与客户共同精诚合作的结果，也是彼此互利互惠的见证。鉴于此，拟于11月中旬隆重出版《以诚相报 共享荣耀》庆祝特刊，邀请所有客户单位共享荣耀，再创未来！

【活动过程】报社广告部制作了邀请函，对全部广告客户进行分类，即重要客户、政务客户、商业客户、成长客户等，全员上门沟通，征求客户对宣传广告工作的意见，提出新的合作意向，得到了绝大多数客户的认同和支持。

【活动效果】2013年11月18日，《三峡日报》出版48版《以诚相报——三峡日报荣获全国广告行业诚信经营单位典藏特刊》，刊发了湖北省广告协会秘书长张锦妙专访《坚持行业诚信共铸中国梦》，以及宜昌市广告协会、消费者协会等权威专访，推出了解析三峡日报社广告品牌价值的系列报道，组织60多家大中型企业和重点客户以广告专版形式表示祝贺，当期创收200多万元，在业界产生强烈反响。

（2013年11月）

相聚水电城　共筑大城梦

——宜昌"三节"指定会刊

创意点： 宜昌办"三节"，市委机关报出"会刊"，全方位展示经济社会跨越发展的成就和亮点，打造文化旅游的形象和品牌。

关键词： 宜昌节庆；文化旅游；城市品牌

【策划背景】 第九届中国国际民间艺术节、第四届中国长江三峡国际旅游节、第三届中国宜昌长江钢琴音乐节(以下简称"三节")将于2013年9月在城区举办。市委、市政府提出了"宜昌特色、国家水平、世界影响"的办节目标和"全媒体、广覆盖、大影响"的宣传原则,"三节"活动筹备委员会指定市委机关报《三峡日报》为节庆会刊。

按照市委领导提出的"新闻宣传与专题专版相结合、节庆活动宣传与宜昌发展成就宣传相结合"要求,《三峡日报》拟在"三节"开幕当天隆重出版《相聚水电城、共筑大城梦——宜昌"三节"新闻特刊》,作为唯一指定会刊,向参加会议的各级领导和嘉宾现场赠送。

【宣传目的】 宜昌"三节"宣传以加快建设现代化特大城市、打造世界水电旅游名城和世界一流的旅游目的地城市为主题,向海内外营销宜昌城市形象,展示宜昌形象魅力,让世界了解宜昌,让宜昌走向世界,不断提升宜昌的知名度、美誉度和影响力。通过特刊,全方位展示全市经济社会跨越发展成就和亮点,着力打造文化旅游品牌，推动文化旅游产业的发展，加快建设现代化特大城市。

【宣传内容】

1.宣传各地各行业各部门的重要发展成果。借“三节”之力，宣传各地、各行业、各部门在推进宜昌跨越发展过程中的建设成就和成功经验。

2.宣传宜昌建设现代化特大城市品牌形象。重点宣传全市努力把宜昌建成经济发达、文化繁荣、环境优美、社会和谐、宜居宜业宜旅、具有较强影响力带动力的现代化特大城市和“宜人之城、昌盛之地”良好城市形象。

三峡日报社出版的《相聚水电城、共筑中国梦》“三节”特刊封面。

3.宣传全市六大千亿产业和各地著名企业。宣传全市战略性支柱产业、六大千亿产业和一批重点著名企业。

4.宣传各地的自然生态资源和历史文化资源。重点推介“中国顶级、世界精品”的长江三峡、清江画廊等自然资源以及屈原、昭君、三国等各地的历史文化资源。

5.宣传城市建设重点项目和文明创建成果。宣传推进城市项目建设、巩固“全国文明城市”创建成果的经验，以及全市人民以实际行动支持、迎接“三节”的重大活动。

【宣传形式】

1.专题专版专刊宣传与新闻宣传相结合。

2.宜昌发展成就报道与节庆宣传相结合。

3.产业品牌与城市建设品牌宣传相结合。

4.企业形象展示与产品推介营销相结合。

【组稿要求】

1.高度重视，精心组织。各单位要按照市委“三节”活动宣传组的统一部署，增强大局意识、责任意识。要高度重视，加强领导，通过“三节”宣传，推介单位品牌，树立良好形象。

2.统一部署，团结协作。各相关单位要做好协调工作，提供相关文字资料和图片，大力支持特刊组稿，加强沟通协作，为“三节”节庆活动营造良好的舆论氛围。

3.坚持导向，宣传出彩。把握正确的舆论导向，严格遵守节庆活动宣传组制定的宣传纪律和规定。坚持宣传创新，准确全面展示和报道宜昌经济社会发展的成果。

【报网传播】特刊拟在“三节”节庆活动开幕当天出版，宜昌政府门户网、三峡宜昌网、三峡手机报、三峡日报新浪官方微博同步传播。

【活动效果】9月17日，宜昌第九届中国国际民间艺术节、第四届中国长江三峡国际旅游节、第三届中国宜昌长江钢琴音乐节隆重开幕，《三峡日报》出版80版《相聚水电城、共筑中国梦》特刊，送到大会现场后产生强大的“特刊效应”。该特刊从策划组织、新闻执行、广告招商、版面设计、出版印刷、投递发行，都非常有序成功，打了一场重大活动广告经营的漂亮仗。特刊创收280万元，获得当年集团重大经营项目策划奖一等奖。

（2013年9月）

践行新理念 决胜“十三五”

——2016年宜昌“两会”特刊

创意点：贯彻落实五大新发展理念，适应经济发展新常态，抢抓新常态带来的新机遇，用机关报宣传凝聚和激发决胜“十三五”的新势能。

关键词：发展理念；凝聚力量；决战决胜

【策划背景】2016年是“十三五”开局之年，也是决胜全面小康社会的起步之年。宜昌“两会”将于1月20日至23日在城区召开，为激荡起决胜“十三五”的磅礴正能量，营造稳神定气、竞进作为、激昂奋进、狠抓落实的浓厚氛围，市委机关报《三峡日报》将隆重推出《践行新理念 决胜“十三五”——2016年宜昌“两会”特刊》，以动员全市上下深入推进“四个全面”战略布局在宜昌的实施，为奋力实现“两个率先、两个进位”，加快建设现代化特大城市营造良好舆论环境。《三峡日报》作为“两会”官方指定唯一的必读报纸，将全面覆盖“两会”会场和代表委员的酒店住所，各级党政领导和所有参会人员将在第一时间阅读这份权威机关报。

【指导思想】紧紧围绕中央“五大发展理念”“四个全面”的战略布局，围绕宜昌提出“135”的战略定位体系，最广泛、最充分地调动一切积极因素，鼓足拼搏的劲头，以更开阔的视野、更高的标准，齐心协力谋划大战略、大政策、大项目，更大力度地推进各项工作，形成全市人民共同奋斗求发展、团结一致促跨越的

三峡日报社出版的《践行新理念、决胜十三五》特刊版面。

强大合力，进一步凝聚共识、坚定信心，提振精神、激发斗志，为“十三五”开好头起好步，实现“在全省率先全面建成小康社会、率先实现精准脱贫，综合实力进入中西部和长江沿线同等城市前列、进入全国城市50强”目标。

【宣传主题】“两会”特刊宣传将围绕决胜“十三五”、全面建成小康这一主题展开，同时推出“十二五”成就报道，充分激发宜昌发展的新势能，激荡起决胜“十三五”的磅礴正能量，携手开辟现代化特大城市建设的新征程。

【宣传重点】

1.成就报道。集中展示“十二五”期间宜昌各行各业取得的新成就、新经验、新亮点、新特色、新突破、新面貌。加快转型和创新发展等科学发展的新经验。突出宣传各县市区、各行业、各部门抓好改革开放、创新创业、生态民生，着力推动供给侧结构性改革，构建发展新动力的经验成果。

2.项目建设。宣传加快项目建设和企业发展等实现良好开局的新典型，重点宣传各县市区和各行业拓展发展新优势，紧紧围绕十大千亿产业，培育战略性新兴产业，打造产业新优势。坚持绿色发展，推进城市和产业双升级，继续当好全省示范和标杆，打造城市新优势的做法与经验。

3.民生工程。宣传努力提升群众幸福指数等民生工程成果及亮点，反映各地各部门顺应人民群众对美好生活的新期待，在精准扶贫脱贫、食品安全、生态环境、医疗教育等民生工程改善方面，以及在建设“宜业、宜居、宜旅、宜学、宜养”的宜人之城方面的经验和做法。

【组稿要求】《决胜“十三五”——2016年宜昌“两会”特刊》计划于2016年1月21日市人大五届七次全会开幕当天出版。这是一个借助权威媒体、抓住高端读者、提升单位影响、实现品牌升值的良好宣传平台，请各地、各部门及各企事业单位做好组稿工作，加强与《三峡日报》采编人员的沟通联系，积极配合《三峡日报》完成特刊宣传任务。

【活动效果】整个项目从策划到执行只有10天时间，报社全体广告人员打了一场经营攻坚战。1月21日，《三峡日报》推出《践行新理念 决胜“十三五”》宜昌“两会特刊”，共出刊68版，广告创收200多万元。

（2016年1月）

致敬“最美宜昌人”

——2018—2019年宜昌大型媒体公益活动

创意点：用致敬的方式，寻找、选树、宣传“最美宜昌人”，推动精神文明建设常态化、长效化、社会化。

关键词：最美人物；传递温暖；弘扬精神

【策划背景】近年来，宜昌涌现出了一大批宜昌好人、宜昌楷模、道德模范、宜昌工匠和各级先进模范人物，他们成为全社会崇敬和学习的“最美宜昌人”。为扩大他们的社会影响力和感召力，引领各界深入贯彻落实党的十九大精神，培育和践行社会主义核心价值观，营造“务实、守信、崇学、向善”的社会氛围，推动全市精神文明的常态化、长效化和社会化，三峡日报传媒集团拟从4月中旬开始，启动2018“寻找最美宜昌人”大型公益活动，以全国文明城市的名义，寻找“最美宜昌人”，发动社会力量以致敬的方式，对他们表达感谢和敬意。

【活动宗旨】充分调动广大人民群众积极参与，吸引全城百姓推荐身边的先进典型和代表人物，在寻找“最美宜昌人”的过程中，弘扬雷锋精神、劳模精神和工匠精神，让“最美宜昌人”在奉献社会的同时也得到全社会的关怀和温暖，让更多的宜昌人学习“最美宜昌人”、成为“最美宜昌人”。

【主办单位】市委宣传部、市文明办、三峡日报传媒集团。

【活动安排】2018致敬“最美宜昌人”共举办6场，分别是5月启动仪式暨致

作者(后左五)与《致敬最美宜昌人》大型公益活动主创团队合影。

敬“劳动模范”、6月致敬“最美少年”、7月致敬“最美公仆”、8月致敬“可爱军人”、9月致敬“最美少年”、10月致敬“宜昌楷模”。三峡日报传媒集团自筹活动经费，发挥媒体优势，通过报纸、网络、视频、微信微博等进行全程报道，让社会主义核心价值观植根于宜昌大地，让文明之花在宜昌越开越艳。

【推荐方式】1.关注《三峡日报》微信公众号，或宜昌报广传媒微信公众号点击右下角服务栏《致敬最美宜昌人》，填好推荐对象的真实姓名、年龄、职业、简要事迹介绍或故事、家庭住址、联系电话以及推荐者本人的个人资料即可。2.通过电话推荐。电话：0717-6447028。3.经择优选取100名群众身边的“劳模”，并电话通知确认后，我们将鲜花和敬意，送给你心目中的“劳模”，同时将在《三峡日报》刊发其简要事迹，向全社会进行推介宣传。活动同步招募“致敬鲜花送给您”志愿者送花车队(20—30辆私家车，每车载5人)及送鲜花志愿者。

【征集时间】即日起至2018年4月26日。

【启动仪式】时间：2018年5月3日。地点：宜昌夷陵广场。

【公益合作】万科地产、市总工会、中国工商银行三峡分行。

【活动效果】2018致敬"最美宜昌人"大型系列活动，是宜昌首次由媒体发起的公益活动，也是三峡日报社广告人主动求变、转型发展的一次探索创新。

5月29日，启动仪式暨首场"致敬劳模"活动在夷陵广场成功举办。宜昌市委常委、宣传部部长王国斌致辞。6月30日，致敬"最美少年"事迹报告分享会，在夷陵中学新校区成功举行。之后连续举办了致敬"可爱军人"等活动，原计划当年举办6场，结果随着社会影响力的扩大，又增加"致敬最美农民工"等2个专场。

宜昌万科房地产总冠名了全程活动，市总工会、工行三峡分行等分别参与和支持活动，整个活动创造经济收入300多万元。

宜昌市委宣传部将此活动纳入了2019年度全市宣传文化战线重大活动项目，交由三峡日报社继续承办，分别举行致敬"最美职工""最美社区工作者""最美退役军人""最美医生""最美护士""最美环卫工人""最美的哥的姐""最美公交驾驶员"等8场活动，使"最美宜昌人"成为温暖一座城市的力量。

◆附

2019致敬"最美宜昌人"主题活动总执行方案

为落实市委宣传部《关于开展致敬"最美宜昌人"主题活动方案》，确保活动有序开展、扎实推进，取得预期效果，作为活动承办单位的三峡日报传媒集团，特制订此执行方案。

一、主承办单位

本活动由市委宣传部、市委精神文明指导委员会办公室主办，市直相关部门及三峡日报传媒集团承办，相关赞助企业协办。

二、活动时间安排

1."最美职工"评选致敬活动(2019年4月至5月)。4月上旬启动宣传和征集报名，5月底前公布评选结果并举行致敬仪式。具体承办单位：市总工会、三峡日报传媒集团。

三峡日报社新媒体关于“致敬最美宜昌人”的全媒体报道。

2.“最美社区工作者”评选致敬活动(2019年5月至6月)，5月1日启动宣传和征集报名，6月底前公布评选结果。具体承办单位：市民政局、市网格管理办公室、三峡日报传媒集团。

3.“最美退役军人”评选致敬活动(2019年6月至7月)。6月1日启动宣传和征集报名，7月底公布评选结果。具体承办单位：市退役军人事务局、三峡日报传媒集团。

4.“最美医生”“最美护士”评选致敬活动(2019年7月至8月)。7月1日启动宣传和征集报名，8月中下旬公布评选结果。具体承办单位：市卫健委、三峡日报传媒集团。

5.“最美环卫工人”评选致敬活动(2019年9月至10月)。9月1日启动宣传和征集报名，10月下旬公布评选结果。具体承办单位：市城管委、三峡日报传媒集团。

6.“最美的哥的姐”“最美公交驾驶员”评选致敬活动(2019年10月至11月)。10月1日启动宣传和征集报名，11月底公布评选结果。具体承办单位：市交通运输局、三峡日报传媒集团。

三、活动流程

(一)寻找展示"最美宜昌人"

1.活动筹备

(1)下发文件。责任单位下发关于开展致敬"最美宜昌人"选树活动的文件。

(2)典型报送。次日起,各部门各行业通过单位推荐、行业推荐,收集、挖掘"最美宜昌人"典型事迹材料(含800字事迹材料、两寸个人登记照、人物信息)。

(3)事迹整理。三峡日报社安排记者配合跟进,深入采访报送的典型人物,采写稿件储备量不少于5篇。

2.正式启动

媒体正式对外发布寻找"最美宜昌人"消息,活动进入正式强推期,广泛宣传发动群众,寻找"最美人物",挖掘一批先进事迹。

3.宣传安排

(1)启动消息。活动启动当天,三峡日报社全媒体(《三峡日报》、三峡宜昌网、三峡宜昌App、宜昌发布、三峡日报社微信微博)发布活动启动消息,全城寻找"最美宜昌人"。

(2)公众推荐。提前设计好推荐表,在《三峡日报》微信公众号、宜昌发布微信公众号、各部门官网或"双微"上开辟报名通道。

(3)开设专栏。次日起,三峡日报社开设致敬"最美宜昌人"固定专栏,首期发布开栏语,并固定栏花,按照每天展示一个典型人物的频率,专栏不少于10期。

(4)网上专题。次日起,三峡宜昌网、三峡宜昌App同步上线致敬"最美宜昌人"专题网页,网页共分为"寻找最美""评选最美""致敬最美"三个模块,并同步更新专栏内容。

(5)视频拍摄。启动前期,三峡日报社全网发布(户外大屏、BRT电视屏、机关单位电梯屏)致敬"最美宜昌人"预告片。同时三峡日报社星云影视启动典型人物视频拍摄,拍摄不少于5个典型人物视频,每个视频时长3分钟左右。

(二)推荐评选"最美宜昌人"

1.人物初选

活动进度：报名通道关闭，承办方汇总典型人物，对参选人物的资格和事迹材料进行审核、筛选后，遴选出一批候选人名单(具体名额由承办单位确定)，并报送市委宣传部审核。

宣传安排：

(1) 动态消息。三峡日报社发布活动进展(报名结束消息、报道前期报名情况及花絮故事)。三峡宜昌网、三峡宜昌App、宜昌发布同步转发。

(2) 视频推送。“最美宜昌人”视频资料在户外大屏、BRT电视屏、机关单位电梯屏全网滚动发布。同时典型人物视频拍摄继续。

2.集中送审及网络投票

活动进度：将候选人名单送相关部门集中审核，同时组织网络投票(是否组织网络投票以承办单位意见为准)。

宣传安排：(1) 网络投票。三峡日报社全媒体(报纸、三峡宜昌网、三峡宜昌App、宜昌发布、三峡日报社微信)报道网络投票开启消息，以及投票进度。同时在三峡日报社新媒体开辟“最美宜昌人”投票通道，展示候选人事迹(两寸个人照片、150字人物事迹)，投票时间为5天。

(2) 新闻报道。若不组织投票，三峡日报社全媒体报道活动进展，公布候选人情况。

(3) 视频推送。“最美宜昌人”视频资料持续全网发布，视频拍摄继续。

3.专家评审

活动进度：承办单位汇总候选人得分情况，报市委宣传部；主办单位组织专家评审，确定“最美宜昌人”最终入选名单。

宣传安排：

(1) 动态消息。《三峡日报》、三峡宜昌网报道专家评审会消息。

(2) 视频推送。“最美宜昌人”相关视频资料持续全网发布，视频拍摄继续。

4.媒体公示

活动进度：在《三峡日报》公示最终入选名单。

宣传安排：

(1) 公示名单。三峡日报社全媒体(报纸、三峡宜昌网、三峡宜昌App、宜昌发布、三峡日报社微信微博)公示最终入选名单。

(2)拍摄结束。视频拍摄工作结束,分片视频汇总,进入总视频剪辑合成,公示结束前一天出最终成品宣传片。

(三)表彰致敬“最美宜昌人”

活动进度:市委宣传部设立“宜昌楷模·最美宜昌人”专榜,面向全社会发布“最美宜昌人”榜单,颁发荣誉证书并进行通报表扬。根据各部门各行业选树情况,市委宣传部分别联合相关承办单位,重点举办2—3场致敬“最美宜昌人”颁奖仪式。相关部门如果有实力并且愿意举行致敬颁奖仪式的,可以按同等规模举行。

四、宣传安排

1.表彰通报

(1)专版专题推介。《三峡日报》发布整版“最美宜昌人”专版(人物照片,200字左右事迹简介,颁奖词),宜昌发布、三峡日报社微信微博同步推送表彰专题。

(2)人物推介。宜昌发布微信、三峡宜昌网、三峡宜昌App专题,按照每天一个典型人物视频推送“最美宜昌人”,详细刊登“最美宜昌人”的典型事迹。

(3)视频推送。各行业“最美宜昌人”最终人选视频(按照每天推送一个典型人物视频)及总视频(宣传片)全网滚动发布(户外大屏、BRT电视屏、机关单位电梯屏,以及三峡日报社微信、宜昌发布、三峡宜昌App)。

2.致敬仪式

(1)仪式安排。时间地点由承办单位协商待定。活动邀请市领导及相关部门负责人出席,或选取在全国全省有影响力的人物出席,分享个人典型事迹。

(2)现场直播。三峡日报社星云影视现场直播,三峡广电总台现场报道,将“最美宜昌人”的感人故事传播全城,感动全城,催人奋进。

(3)现场执行。每场活动现场协调、活动流程、搭台、布景、节目、安保等,由三峡日报社专刊部活动小组负责执行。

3.后续宣传

(1)总结报道。6项活动开展结束后,12月内做几期综述报道,总结整体活动的经验做法及成效。

(2) 典型挖掘。从"最美宜昌人"上榜人物中,《三峡日报》深入挖掘重大典型的感人事迹,精心策划系列报道,力争全年推出3—5个在全国、全省有影响力的典型人物。

(3) 扩大影响。协助市委宣传部做好"宜昌楷模·最美宜昌人"专榜发布的文字整理工作,积极协助向中省媒体推送"最美宜昌人"典型事迹。

(4) 爱心帮扶。开展"最美宜昌人"困难群体帮扶活动,针对"最美宜昌人"群体中家庭困难的人员,发起公益助力行动。

五、组织领导

三峡日报传媒集团成立专班,实行项目负责制,加强致敬"最美宜昌人"主题活动的组织领导工作。

总执行:罗文全(三峡日报传媒集团党委委员、副社长、副总经理)负责整个活动的组织执行和协调统筹。

专班成员:

覃燕妮(三峡日报传媒集团专刊部主任)负责活动具体执行和协调推进。

邓士德(三峡日报传媒集团编委)负责《三峡日报》版面统筹安排。

危微(三峡日报传媒集团新媒体常务副总编)负责各新媒体节目制作发布。

王莹(三峡日传媒集团采访中心副主任)负责活动新闻采访报道。

叶莉(三峡日报传媒集团三峡都市传媒总经理)负责机关媒体联播网全网发布。

郎少锋(三峡商报传媒公司广告中心常务副总经理)负责《三峡商报》宣传及活动组织协调。

六、媒体支持

本次活动三峡日报传媒集团将整合集团所有媒体资源,并协调中省媒体包括新华社、中新社、荆楚网、网易、今日头条、一点资讯、凤凰网等新媒体及网站,进行全媒体传播,形成正面宣传强势,扩大活动影响力,力争将致敬"最美宜昌人"做成我市公益活动品牌。

(2018年5月至2019年11月)

一路有灯 一路光明

——宜昌路灯管理中心企业文化策划提纲

创意点：企业文化是企业的魂。路灯公司承担着“人和、灯亮、城美”的企业使命，传递着“一路有灯、一路光明”的核心价值。

关键词：路灯企业；企业文化；企业价值

第一部分 企业基本情况(略)

第二部分 企业价值体系

1.核心价值观：人和、灯亮、城美

人和：“人和”是构建团结战斗集体的基本要素。我们这支队伍要打造成一支彼此协作、和谐与共的战斗队和服务队，形成全体人员各尽其能、各得其所而又和谐相处的团结集体。员工要为人谦和，与人和善相近、和睦相处、和谐相助。企业要实施各种积极的政策，促进人与人、人与企业、人与社会、人与自然的和谐发展。

灯亮：“有路必有灯，有灯必须亮”，是宜昌路灯人对社会的承诺，也是对自己的职业要求。点亮路灯，温暖人心。我们要以宜电文化“传送光明、传载文明”的企业使命为职业理念，用路灯人的聪明智慧和辛勤汗水，缔造光明的城市空间，点亮世界水电之都。

城美：路灯熠熠生辉，城市才能新美如画。我们是现代城市的建设者、管理者和美化师。一盏路灯虽然光亮微小，但一路有灯就会成为城市的风景。实现城市亮化美化，给人们营造优越的城市生活环境，是宜昌路灯人事业追求的全新境界。

2.企业形象用语：一路有灯，一路光明

企业形象是企业精神文化的外在表现形式，代表企业和全体人员在社会公众心目中的整体印象。优良的企业形象要靠过硬的企业内功。

“一路有灯、一路光明”，传达了宜昌路灯人积极向上、一路前行、奉献社会的精神风貌。宜昌路灯人始终把“路”“灯”和“光明”铭记在心，付诸行动，不辱使命。一路有灯，一路光明，象征人民生活和社会发展有更加美好的前景。

3.企业精神：努力超越，追求卓越

努力超越，追求卓越。这是国家电网和国家电力企业的总精神，也是宜昌路灯管理中心遵循的企业精神。我们要把这种精神当作企业持久不变的信仰，当作每个企业员工最根本的价值理想。

“努力超越”，是要敢于争先。要不断超越过去、超越自己、超越别人，超越现状，坚持与时俱进，实现个人价值和企业价值的最大化。

“追求卓越”，是要不甘平庸。要在任何时候永不懈怠，永不停步，永不满足。要把目标定在前方和未来，把行动落在脚下和实处。

4.企业理念：服务为本，责任以行

服务是我们路灯人的根本职能。没有服务便失去了企业存在的理由，路灯管理中心其实就是服务中心。为人民服务，为城市服务，为社会服务，体现了企业最根本的宗旨。

责任是我们践行服务的根本保证。没有责任就谈不上服务，我们要做一个有责任的企业和有责任的人，勇于担当，完成我们共同的服务使命。

5.管理思想：制度导向 结果导向 人本导向

科学的制度体系，是企业管理的基础。我们既定的制度是刚性的，执行起来不能打折扣。

实施管理的最终目的，是确保预期的业绩和效果。没有结果，意味着管理的过程失效或无效。结果是考核的重要依据。

我们的管理始终贯穿以人为本的理念。任何管理决策的出发点和落脚点，都能体现人心、人性和人情关怀。

6.安全警言：路灯要亮 事故要防 安全“红灯”不能闯

安全稳定是企业最大的政治、最大的利益和员工生活与工作的底线。安全发展才是最有效的科学发展。要坚决遏制“三麻”现象：即一线员工忽视安全怕麻烦，管理人员轻视安全麻木不仁，领导干部遗忘安全麻痹大意。要做到安全警钟长鸣，坚决杜绝各种习惯性违章行为。

7.集体意识：团队在前 团结为先

团队的力量无穷，团结的力量无穷。我们企业的发展总会面临各种挑战甚至困难，因此团结协作才能取得胜利，团队力量才是决定胜利的根本力量。

作为企业中的每一个人，在任何时候都要以团队的利益为重，在任何情况下，都要把团结的力量放在优先位置。这样，用团队精神和团结力量构建企业的凝聚力、向心力和战斗力。

8.员工理念：共进共荣 共建共享

员工是我们企业最大的财富，是企业的第一资源。

我们的企业以海纳百川的胸怀，充分尊重员工的个性、尊严和价值，为员工提供光明的职业发展路径，提供优良的工作生活环境。要鼓励员工与企业共同发展、共同进步、共享荣誉、共享发展成果。

9.行业作风：把事先定下来 让灯先亮起来

行风建设是企业建设的重要内容。这是我们的自律要求。

把事先定下来，是要有雷厉风行的工作作风。对国家的事、集体的事、群众的事，无论大小都不允许拖而不决或久拖不决，更不允许只拖不决。要多为群众和客户做好事、办实事、解难事。

让灯先亮起来，是要树立全局观念和大局意识。在国家、社会和客户利益可能遭受损失的时刻，必须采取特事特办、急事急办、常事快办的措施，首先解决灯亮问题，再做好后续工作。

10.企业标识(图画略)

以努力服务社会为天职，以价值创造最大化回馈社会的宜昌供电公司路灯管理中心，凭着优化与丰厚的人力及社会资源配置，为积极创建和谐社会，弘扬文明社会的主旋律，力求在本地区打造一个具有高度责任感的社会公众形象，塑造丰满完整而又富于亲和力的知性品牌。

本设计本着以上宗旨，以公司极力倡导的“人和·灯亮·城美”的丰富内涵为设计纲领，主要体现以下含义：视觉识别传达的外观为基本圆形。用放射构成来体现出灯的本质形态。采用知性而有感染力的“人”字，以12个人字环绕构成同心圆，象征年月日的基本意向和昼夜以12小时轮回的韵律，有效传达公司以人为本而形成巨大向心力和凝聚力。图形生动勾画出花一般美丽的世界级水电名城，以及这朵千色奇葩所绽放出的勃勃生机，进一步从抽象形象中寓意出企业健康强大的生命力和发展前景。

11.企业之歌：《路灯工人之歌》

一路花篮挂满锦绣峡江
点一簇希望温暖爱的故乡
采一片繁星撒向魅力城市
牵一道彩虹织成梦的衣裳
你看那银河在地上流淌
你看那心花在空中开放

发展宜昌
用文化“点亮”宜昌路灯
——宜昌供电公司路灯管理中心企业文化建设纪实
路灯下的母亲背影
山里的夜不寂静
“一路有灯”征文评奖揭晓
1件作品获得特别奖 30件作品分获一二三等奖和优秀奖
目录

作者为宜昌电力路灯公司策划的企业文化专题。

幸福的人儿恩恩爱爱
自由的心啊展翅飞翔
抓一片晚霞染红生命时光
挽一个太阳笑看岁月沧桑
捧一世心愿换来夜色阑珊
留一面背景抒写人生理想
你看那生活激情在飞扬
你看那梦里清香在飘荡
快乐的歌声缠缠绵绵
美好的日子越过越长

第三部分 企业文化要素

爱心平安文化：以心感心 以情传情

爱心是一份真情，平安是一种责任。“爱心平安”文化，就是要提倡全员献爱心，共筑平安路。

路灯管理中心以各种“爱心活动”如慈善捐赠、扶贫助残、公益事业等为载体，以心感心，以情传情，慈心献爱，襄助与共。应大力倡导“知恩图报、感恩敬业”的人文情怀，构建“我爱人人，人人爱我”的互助关系，灌输“安全第一，生命至上”的安全价值和平安理念，多管齐下构建安全文化网络，用友情抓安全，用制度抓违章，让职工切实领会安全与企业、安全与家庭、安全与自己的密切关系，自觉按章作业，最终形成人人想安全、人人保安全、人人能安全的文化氛围。

◎ 行为要求

1.热爱祖国。把国家利益看得高于一切。把自己融入充满真爱的社会，关爱身边人和事，关心各种社会公益事业。

2.热爱企业。自觉维护企业的形象和信誉，绝不损害企业和集体利益，用实际行动为企业增光添彩。

3.热爱事业。始终保持对事业的崇高追求，不断提高业务技能和服务水平，争创一流业绩。

4.热爱岗位。立足自己工作岗位，保持勤劳状态和本色，不畏艰难，恪尽职守，圆满完成工作任务。

社会服务文化：服务赢得尊重 服务创造价值

把社会服务当作企业行为的唯一的重要内容。以满足客户的要求、回报客户的期待为基础，努力完善服务机制，提供优质热情的服务，用人性化、个性化、亲情化的服务，赢得客户和社会的满意与信赖。精心塑造“路灯永耀直通车”服务品牌，严格执行95598供电服务考核制度，认真履行路灯管理服务承诺，快速抢修，文明服务，努力塑造“路灯永耀直通车”的社会公众形象和宜昌供电公司的社会窗口形象。

◎ 服务承诺

1.始终保持服务热情，绝不发生与客户争吵或停止服务的行为。

2.对客户的投诉和咨询绝不推诿塞责，保证在第一时间答复和处理。

3.路灯故障报修到达时间：主城区45分钟内到达，点军区、猇亭区90分钟内到达。

4.路灯故障修复时间：一般路灯缺陷1个工作日修复，需要开挖路面的路灯故障3个工作日修复。

5.不收受任何客户以答谢形式的礼品、礼金、有价证券。

6.任何人不准利用工作之便谋取其他不正当利益。

企业激励文化：激发更高热情 鼓励做得更好

激励是企业人力资源的重要战略，也是企业发展的重要因素。

我们意识到，激励能焕发更高热情，激励是能让人做得更好。我们着力建立完善的企业激励机制，在工资薪金、福利奖励、职业培训、职位晋升等方面实施有效激励，最大限度实现人的生理需求、安全需求、社交需求、尊重需求和自我实现需求，调动全员的主观能动性和创造性，从而为企业永续发展提供动力。

◎ 激励原则

1.与管理目标相结合的原则。管理目标是组织体系中考评单位和个人业绩的重要指标，激励是为了更好地鼓励先进和鞭策落后，因此管理目标是实施激励的基点。

2.物质和精神相结合的原则。物质激励是基础，精神激励是根本，以精神激励为主。

3.目的明确与过程公开原则。激励的目的是需要做什么、倡导做什么、应该怎么做。激励过程要全面公开，体现公平公正。

4.正激励与负激励相结合原则。正激励是对员工符合组织目标的期望行为进行奖励，负激励是对员工违背组织目的的非期望行为进行惩罚。我们要做到奖罚分明，正负激励有效使用。

第四部分　员工行为规范

员工守则

一、遵纪守法，尊荣弃耻，争做文明员工。

二、忠诚企业，奉献社会，共塑国网品牌。

三、爱岗敬业，令行禁止，切实履行职责。

四、团结协作，勤奋学习，勇于开拓创新。

五、以人为本，落实责任，确保安全生产。

六、弘扬宗旨，信守承诺，深化优质服务。

七、勤俭节约，精细管理，提高效率效益。

八、努力超越，追求卓越，建设一流企业。

遵纪守法，尊荣弃耻，争做文明员工。

倡导做事先做人，人人争做遵守党纪国法、弘扬社会主义荣辱观的文明员工。

忠诚企业，奉献社会，共塑国网品牌。

信赖忠诚企业的员工，员工应热爱企业，维护企业利益，奉献爱心，履行社会责任，共同塑造“国家电网”品牌，树立公司开放、进取、诚信、负责的良好社会形象。

爱岗敬业，令行禁止，切实履行职责。

倡导员工恪守职业道德，切实提高执行力，严格遵守各项规章制度，做到令行禁止，忠于职守，尽职尽责，全力以赴做好本职工作。

团结协作，勤奋学习，勇于开拓创新。

倡导员工发扬团队精神，精诚团结，相互协作，努力学习，重视知识更新，争做知识型员工，勇于开拓，锐意进取，不断推动工作创新，为公司发展做出新的贡献。

以人为本，落实责任，确保安全生产。

员工应树立安全理念，提高安全意识，贯彻安全要求，落实安全责任，完善安全措施，消除安全隐患，筑牢安全基础，以人员、时间、力量“三个百分之百”保安全，做到安全可控、能控、在控，确保人身安全、设备安全，确保电网安全稳定。

弘扬宗旨，信守承诺，深化优质服务。

认真践行“四个服务”，严格执行“三个十条”，切实履行服务承诺，落实长效机制，坚持高标准为客户提供优质服务。

勤俭节约，精细管理，提高效率效益。

应树立勤俭办企业的思想，按照建设节约型社会、节约型企业的要求，从一点一滴做起，实施精细化管理，精打细算，开源节流，向管理要效益。同时，要通过科学的、精细化的管理，切实提高工作效率。

努力超越，追求卓越，建设一流企业。

大力弘扬“努力超越，追求卓越”的企业精神，万众一心，众志成城，积极投身建设“一强三优”现代公司的各项工作之中。

第五部分 企业发展战略

为了深入落实科学发展观的总体目标，推进企业科学长远发展，根据宜昌供电公司总体发展战略规划及宜昌市城市道路建设发展规划，结合路灯管理中心实际，提出企业2010—2014年发展战略规划。

城市路灯建设发展规划

1.未来五年，随着城市道路建设和改造的推进，做到路建到哪里，灯就亮到哪里，即有路必有灯，有灯必须亮。主干道路灯装灯率达到100%。

2.未来五年，宜昌主城区各社区背街小巷路灯覆盖率达到90%。

3.完成路灯监控系统升级改造工程。

4.城区一类、二类街道路灯亮灯率达到99.8%，路灯开关正确率达到100%。

5.实施绿色照明，减少光源污染；推广使用节能设备，减少电能浪费。

6.依托城市道路照明协会，加强路灯行业统一管理，提升城市亮化水平。

多种经营发展规划

发展思路：坚持“三个有利于的原则”（有利于企业发展、有利于提高生产力、有利于增加企业效益)，以电力建安业为主导产业，积极发展广告经营，着力寻求新的经济增长点，努力把工程公司做大做强。

发展目标：1.安全生产责任事故为零。2.经济发展速度：年增长8%。

产业发展：1.电力建安业。2.输变电工程勘测设计。3.广告经营。

市场及市场开拓：1.电力建安市场：承担宜昌供电公司110kv及以下输变电工程建设，积极开拓宜昌周边地区电力建安市场。2.承揽宜昌供电公司110kv及以下输变电设施的检修业务，同时积极向宜昌地区以外的供电区域发展业务。

3.广告经营市场：

(1)承揽宜昌供电公司广告经营业务。

(2)由城市路灯广告经营向城市大型路牌广告、重要公共场所广告方向发展。

(3)由城区市场向各县、市发展，积极寻求与各县市路灯广告经营合作。

4.输变电工程设计：承揽城区35kv及以下输变电工程设计业务，积极拓展城市以外电力工程设计业务。

战略推进的具体措施

2010—2014年，要通过发挥优势、完善装备、培养人才、规范管理和加强企业文化建设等措施，加快企业发展，确保五年规划顺利实施。

发挥行业优势

路灯管理中心具备城市照明施工二级资质和广告发布资质，电力职工经过多年的工作实践和培训，积累了比较丰富的实践经验，业务技术比较过硬，要充分利用这些优势，加强路灯建设和管理，大力开拓市场，积极发展企业。

完善技术装备

在路灯建设和电力工程建设方面，要通过各种渠道筹集资金，力争每年添置、更换必需的电力施工生产器具，包括主网、配网检修设备，增强企业生产能力。

加强人才培养

1.深化用人用工制度改革。企业内部引入竞争机制，各类岗位实行公平竞争，择优上岗。

2.在引入内部竞争机制的基础上，有计划地对专业人员进行技术培训，重点培养一批技师、专业技术人员和企业发展急需的其他专业人才。

3.鼓励职工参加继续教育。对适合的继续教育合格人员给予适当奖励。

4.组织选拔企业生产经营管理骨干学习深造，培养一批懂经营、具有创新观念的企业生产经营管理骨干和职业经理人。

5.培养一批适应现代企业管理的经营队伍和适应现代企业生产的员工队伍，到2014年年末，职工队伍中大专学历达50%。

规范企业管理

建立适应市场经济要求的企业各项规章制度和工作标准，规范企业经营行为，依法管理企业。

(1)加强安全生产管理。坚持“安全第一，预防为主，综合治理”的方针，加强安全生产现场管理，纠正习惯性违章行为，教育引导职工增强安全意识，巩固安全生产局面。

(2)严格生产材料管理。严格执行生产材料计划、审批、采购、保管、领用登记制度，在物资材料采购过程中，实行招投标制度，做到物美价廉；施工过程中，加强施工现场管理，严格控制生产成本。

(3)加强财务管理，按照《会计法》的有关规定，严格企业内部核算，合理调度生产资金，提高资金使用效率，减少或避免企业资金流失，严格财务报销制度。

(4)加强收入分配制度改革。坚持“效率优先，兼顾公平”的原则，坚持职工收入分配向生产一线倾斜。逐步完善收入分配激励机制，加大绩效考核力度，全方位调动职工劳动积极性。

推进企业文化建设

加强企业文化建设。实施企业送温暖工程，培育职工文化生活理念，建立和完善企业文化活动阵地，适时开展各种有益的文体娱乐活动，陶冶职工思想情操，丰富职工文化生活，增强企业凝聚力。

第六部分 企业文化实践(内容略)

第七部分 后记

让“宜电文化”在路灯行业“落地”

随着世界水电旅游名城的建设，宜昌路灯书写了新的发展篇章。作为传播企业文化的载体，《宜昌供电公司路灯管理中心企业文化手册》(以下简称《手册》)应运而生。这本《手册》集中阐述了宜昌供电文化在路灯中心“落地”而形成的特色企业文化，展示了宜昌路灯人积极倡导的企业精神和行为方式，对企业精神价值体系、企业文化要素、员工行业规范、企业发展战略和企业文化实践等内容，进行了系统归纳和诠释。这路灯建设注入文化元素的一种新探索。

企业文化是企业赖以生存和发展的基石。对企业来说，无论是战略、制度、流程，还是领导者或组织者，都能在短期时间内进行不同调整。但真正不能轻易改变并且能深刻影响每一个人行为的，则是企业文化。正是在这一文化理念的指导下，宜昌路灯人克难奋进，负重前行，用文化“点亮”了城市路灯，为现代城市的亮丽秀美和人民群众的生活质量，写下了浓墨重彩的一笔。

“宜电文化”是在“国网文化”框架下继承和发扬起来的优秀企业文化。而我们的“路灯文化”，正是“宜电文化”在宜昌路灯行业“落地”的真实体现。而且，我们不仅要让它“落地”，还要让它在路灯人的心中“生根”，成为一种日常习惯和自觉行动。

这本《手册》虽然只用了两个多月时间汇编而成，但绝对不是应景之作，更不是草率之作。《手册》中倡导的每一种理念和要求，都是宜昌路灯中心成立八年来的文化积淀，是我们在生产经营实践中发掘和提炼的文化精髓。

初稿形成之后，我们反复征求了各方意见，得到了干部职工的广泛认同。因此，《手册》的内容将成为我们现在和今后一个时期共同执行的“文化纲要”。

我们的企业文化工作实践得到了上级领导和社会各界的关心与支持。宜昌供电公司总经理姚太和、党委书记王乐炎多次过问并指导路灯中心的企业文化建设，路灯管理中心经理吴昌林始终支持并组织一系列的企业文化实践活动，三峡日报社高级记者、湖北企业文化研究会学术委员罗文全应邀主持了《手册》的总撰稿，公司全体员工积极支持并自觉参与了这项系统的“文化工程”。如果说我们的企业文化有所成绩的话，那么这些成绩便是集体智慧的结晶。

“路灯文化”还是一个需要深入研究的新课题，我们只是探索性地开了一个头，还有许多工作要做。万事开头难，开个好头万事不再难。我相信，只要全体路灯人围绕既定的核心价值观，坚持服务为本，做到责任以行，宜昌的路灯事业会再创新的辉煌！

（2010年5月）

第四章

刊言序语

著名广告大师李奥·贝纳说:“文字是我们这一行的利器。文字在意念的表达中,注入热情和灵魂。”这些短文无论是特刊寄语,还是书评书议,或是临时感言,都是发自内心的真挚表述。可以说,每篇平常的短文,都有不寻常的奋斗故事,或关于广告,或关于广告人,或关于媒体,或关于其他。细细读来,也许能品味出文字背后的价值。

宜昌经济有力量

——2009年宜昌经济年度人物颁奖特刊刊首语

刚刚翻过去的2009年，注定要在历史的长河里激荡起一朵浪花。这朵浪花波澜壮阔，绚烂多彩。

2009年，是民心愉悦的一年。在共和国60华诞的特殊年份，全国人民同舟共济、共克时艰，写下了盛世和谐的华章。

2009年，也是危机深重的一年。在近70年来最严重的金融危机面前，全球信心随经济一起飘摇下跌。从世界到中国，从城市到乡村，从企业到家庭，危机无时无刻不强烈牵动着人们的神经。

谁也没有料到，祸起美国次贷危机的金融风暴，竟会如此深刻地释放到我们生活的各个角落。

于是，这一年，成了新中国首次在经济领域里的自我救赎之年。

我们宜昌，也同样面临着前所未有的危机考验。

在困境中，最能考验人的，是信心、意志、责任和力量。

一年过去了，让我们感受最为深切的，便是非常时期的信心与力量，在迅速聚集，在不断凝结，在向上升华。

就是在这样的一个非常的年份，奔着省域副中心城市前行的宜昌新区及四百多万勤劳智慧的宜昌人民，在危机中实现了"弯道超越"，在项目建设中创造宜昌速度，在统筹兼顾中促进协调发展，交了一份红色答卷。

"宜昌坚持科学发展，形成了一批重量级经济增长点，全国全省少有。"这是湖北省委联合调查组在宜昌调查研究时对全市经济工作做出的高度评价。

据统计资料显示，2009年宜昌GDP提前突破千亿大关，比上年同期增长15%，高于全国全省平均水平，在中部地区主要城市经济指标位次变化统计中，GDP总量位次由去年的第九位上升到第三位，增速位次排名第一。

这标志着宜昌经济步入发展快车道。

我们的经济，有方向，有速度，更有力量。在强大的经济力量中，有备受社会尊敬的杰出人物和卓越贡献者的智慧。

没有什么可以轻易让人尊敬，除了人格的魅力。

当你看到蔡宏柱带领一帮农民兄弟从三口水缸中崛起，献了青春献终身，让全国处处弥漫浓浓的“稻花香”时；当你看到宜化人只用了短短8年时间，将一个曾经负债经营的小厂“化”成了创造多个世界、亚洲、中国之最的“百年宜化”时；当你看到俞学锋矢志不渝23年领航安琪集团，让安琪“发酵”于世界各地时，你就明白了他们为什么如此受人敬重。

没有什么可以轻易把人打动，除了责任的震撼。

当你看到李国璋执掌兴发集团励精图治，出口创汇持续强势增长，打造了世界一流精细磷

三峡日报社出版的2009年度人物颁奖特刊封面。

化工基地时；当你看到王波把全国第一商业地产品牌大连万达的先进理念带到宜昌，让“万达速度”催生新的城市地标时；当你看到蒋红星带领枝江酒业连续8年跻身全国白酒十强，又在危机四伏的非常时期大手笔完成与维维集团的战略重组时；当你看到李杰把一个亏损企业盘活做强后，再将宜昌人福药业打造成中国最大的麻醉药品生产旗舰基地时；当你看到曾沫冰以非凡的魄力在全省首开先河，让工商银行三峡分行的数十亿资金激活地方企业和经济时，你就会感受到他们才是责任以行的真正楷模。

没有什么可以轻易令人惊叹，除了奋进的脚步。

当你看到董新利用做事不张扬、克难勇争先的优秀品质，带着宜昌交运集团连续4年跨入中国道路运输企业百强时；当你看到曾经是普通农民出身的肖勇，让萧氏茶叶连续4年入选中国茶叶百强而且彻底改变中国茶叶千年不清洗的历史时；当你看到80后的郑浩坚定地追逐创业梦想，引领长江高科电缆企业实现年销售总额25亿时；当你看到宜昌第一个办理工商执照的谢明万，用他30年屹立不倒的创业事迹书写商海传奇时，你就会知道他们创造了多么丰厚的社会价值。

是的，他们是这一年度商海里的胜利者，笑傲一切艰难险阻负重前行。他们是宜昌经济繁荣的亲历者，见证了城市乡村每一个成长瞬间。他们是宜昌社会发展的贡献者，成为人们推崇与学习的典范。

透过年度榜单，我们感受到一种力量正从心尖袭来。这种力量，让人抖擞精神，让人充满期待。

向宜昌经济年度杰出人物致敬！

向宜昌经济年度贡献奖获得者致敬！

（原载2010年1月6日《三峡日报》）

县域经济的春天

——全省县域经济现场会特刊刊首语

似乎和自然季节同步，全球与中国经济在震撼中苏醒，已经流露出浓浓春意。

经济暖春尽收眼底，湖北的县域经济也不例外。一组组喜人的经济数据显示，全省县域经济从容应对危机，借势发力，迎来了前所未有的发展机遇，取得了令人欢欣鼓舞的发展成就。

县域经济是国民经济的基本单元和组成部分。发展和壮大县域经济，是党中央提出的战略任务，是落实科学发展观的重要体现，也是构建社会主义和谐社会的必然选择。

早在2002年，省委、省政府就明确提出了“一主三化”的县域经济发展方针，强调以民营经济为主，突出工业的主导地位，以工业化带动农业产业化和城镇化。这些年来，全省县域经济像鼓满风帆的快船，破浪前行，为统筹城乡协调发展、促进工农结合、带动农民增收、农业增效、农村繁荣等发挥了巨大作用。

宜昌的县域经济，在这样的时代背景下得到了长足发展。即使是在金融危机蔓延全球的危机中，即使是在市场普遍充满悲观情绪的逆境里，全市人民在市委、市政府的正确决策和领导下，紧紧扭住发展这个第一要务不放松，应急谋远，大干快上，县域经济捷报频传。

从平原到丘陵，从山区到新城，从村落到乡镇，无处不显热火朝天的建设场景，到处可见特色鲜明的主导产业。磷化工、食品医药、建筑陶瓷等重要产业集群，快速扩张并形成产业优势和核心竞争力。宜都、夷陵、枝江、当阳等县市区，昂首阔步跨入全省县域经济的前列。

蜂拥而至的外来投资，成为全市县域经济高速发展的推动力。一个又一个大项目，一群又一群大客商，一笔又一笔大资金，在宜昌经济建设大潮中推波助澜，方兴未艾。

就这样，我们创造了经济增长过程中令人称奇的“宜昌速度”，写下了项目建设史上很多令人信服的“宜昌之最”，实现了危机和困境中经济发展的“弯道超越”。

各具特色的发展模式，诠释了极其丰富而宝贵的成功经验。

宜都尽显经济强势，一路高歌猛进，在转变发展方式上绽放出绚丽的创新之花，成为全省县域经济的排头兵。

夷陵虽为城区，实则地处山陵，但牢牢抓住了三峡工程和省域副中心城市建设机遇，成功实现了落后山区向经济强区的快速转变。

枝江曾是农业大县，却不囿于“农门”，而是大力发展农业产业化及特色工业，真正实现了农业大县向工业强市的跨越。

当阳千方百计破解发展瓶颈，用突破之举、创新之道和赶超之策，每年引进亿元以上项目上十个，创造了经济发展的“当阳速度”，增幅领跑全省。

还有很多发展的例子可举，但足可以窥一斑而知全貌。

春天孕育着新的希望。今天，迎着春风在宜昌召开的全省县域经济工作会议，注定会是一个新的开始。

让我们去分享县域经济的春天吧！

（原载2010年3月30日《三峡日报》）

跨越新高度

——2010年宜昌“两会”特刊刊首语

历史总是在不断演进中谱写新的篇章。

踏着春天的温暖节拍，随着“两会”的胜利召开，宜昌吹响了超越与跨越的嘹亮号角。当奔腾的长江用激越的浪花唤醒时令，当壮美的三峡用磅礴的气势昭示天下，宜昌人民仿佛向世界发出宣言：我们已超越，我们在跨越！

宜昌“两会”，是一次总结过去、审视现在、展望未来的新盛会，是宜昌实现了弯道超越之后向新的高度奋力跨越的一个新起点。

在发展关键时期，宜昌迈出了关键性的一大步。

过去的2009年，金融危机的阴霾笼罩全球，然而宜昌经济奇迹般地“逆势飘红”，实现了“弯道超越”。经济社会发展呈现增长速度较快、质量效益提升、发展后劲增强、社会和谐稳定的良好局面，GDP提前突破千亿大关达到1200亿元，比上年同期增长15%，高于全国全省平均水平，提前超额完成“十一五”规划目标。在长江沿线19个地市级城市经济总量排名中升至第四位，在中部77个地市级城市中升到第三位。

这一年，宜昌迎难而上，大力实施“工业强市”战略。新开工项目二千多个，过亿元的投资项目达二百多个。投资最大的三峡全通涂镀板项目初步建成投产，全国商业地产第一品牌万达广场项目火热推进，一大批重点产业项目成为经济社会发展的后劲支撑。全市呈现出经济发展速度加快、结构趋优、实力增强的良好格局，宜都、远安、夷陵、当阳、枝江县市区进入全省县域经济发展先进行列。

这一年，宜昌克难奋进，加快城市基础设施建设和交通投资。完成城建投资十多亿元，一批城市道路综合改造工程全面完成，省域副中心城市骨架初具雏形。火车东站片区、城东生态新区建设等重点项目加快推进。数十亿元资金投向交通基础设施建设，创历史新高。沪蓉西高速公路全线开通，三峡翻坝高速公路路基基本形成，宜巴高速公路等一批民生工程相继开工或完成。

这一年，宜昌协调发展，社会各项事业取得新成就。推动以创业带动就业、以发展促进就业工作，城镇新增大量就业人群，失业人员再就业安置赢得社会好评，农村劳动力转移就业、返乡农民工重新就业等问题得到妥善解决。改善数十万困难群众医疗待遇，城区两万多被征地农民纳入社会保障，众多农民参加新型农村社会养老保险。

宜昌人民奋斗的过程，恰是一种超越精神。当事件成为历史，当成绩成为现实，超越便成为永恒。在重要的发展契机面前，宜昌注定能够再赋新歌。

找准历史方位，才能把握发展未来。站在新的起点上，宜昌面临着前所未有的机遇和挑战。宏观经济形势总体向好，国际金融市场渐趋稳定，主要经济体出现复苏，国家扩大内需和改善民生政策效应不断显现，经济发展基础逐步巩固。促进中部地区崛起、沿海地区产业转移、三峡工程全面建成和全省“两圈一带”总体战略深入推进等众多机遇叠加集聚，成为推动宜昌发展的强大动力。区域经济格局发生深刻变化，中部地区和长江沿线同等城市百舸争流，呈现出日趋激烈的竞争态势。

这些，无疑给担负着加快建设省域副中心城市历史重任的宜昌，带来了新一轮发展契机。

一座城市，总是会在一次次跨越中实现新的发展。为此，市委号召全市人民，必须进一步增强忧患意识、危机意识和责任意识，坚定信心，始终坚持科学发展不动摇；科学理性，始终坚持锐意进取不自满；解放思想，始终坚持务实创新不懈怠；统筹兼顾，始终坚持应急谋远不折腾。

承载重托，凝聚厚望。可以预见，在这个春天的宜昌“两会”上，汇集的将是人心和智慧，收获的必定是发展创新的不竭动力。

我们已经看到，一次超越历史、超越现在、超越自我，实现更高目标的新跨越，从此拉开了波澜壮阔的序幕。

（原载2010年2月23日《三峡日报》）

她们的幸福听得见

——《宜昌"杰出女企业家"》刊首语

这是一个女性引领时尚风潮和财富势力的时代，叫"她时代"。

这个时代的"女性经济"，呼之欲出，备受瞩目。

当把目光瞄向那些被称为企业家的女性人物时，我们才真的认识到，在财商决定生活质量的今天，"她们"的财富生活很大程度上决定人们的生活走向。

在她们身上——无论是怀揣创业梦想的年轻女孩，还是处在创业时期的商业新秀，或是已经功成名就的杰出女性，都不同程度地给"她时代"赋予了更加丰富多彩的内涵。

当今，女性自主创业成为一种不可阻挡的趋势。她们在扮演传统角色的同时，用不懈的奋斗，实现自己的梦想，创造自己的事业。

于是，她们从家庭操业走向了广阔的社会创业舞台。越来越多的女性创业者的崛起，使企业家队伍蔚为壮观。

"全球创业观察"的一项权威调查显示，中国女性创业活动指数高达11.16%，远远高出全球平均指数。"中国企业家研究体系"数据表明，女性企业家比男性企业家更年轻和自信。最新"中国女企业家发展报告"称，女企业家掌管的企业中，盈利比例高出男性企业家7.8个百分点。

女企业家在创造财富和创造就业方面的贡献，令人心生敬意。很多原本由男人唱主角的企业，而今成了女性领军人物尽展风采的天地。而这样的企业和天地，因此也注入了更多感性、智慧、美丽和温情。

杰出女企业家的涌现，犹如绽放在财富时代里的一束束灿烂之花。

她们中，许多人曾经只是妻子、母亲或女儿。但如今，她们从依附走向独立，从家庭走向社会，从创业走向成功，从关心柴米油盐走向心怀社会责任。

她们用更多于男人的努力和付出，创造了同样甚至更胜于男人创造的财富和价值。而且，透过事业的光环，依然可见她们保留着那缕脂粉香气，可见她们保留着那种摇曳多姿，可见她们保留着那份从容淡定。

她们有家庭和亲情的幸福，更有创业和事业的幸福。她们超越了传统性格尊卑遗留下来的障碍，完美诠释了现代竞争“她时代”的刚柔相济。

她们的价值观念、领导风范以及特有的人格魅力，展示在全新的职业角色之中。

她们用行动“刻画”了竞争场上难得的慈善、宽容、爱心和更感性化的形象，确立了女性在这个变革时代所处的地位、挑战和应得的尊重。

她们的优异表现，再强悍的男人也无可替代。这不是小资风情与大家风范的比较问题，不是能不能赚钱或赚钱多少的问题，也不是经营规模或业绩大小的问题，而是贡献的力量决定了她们的“杰出”所在。

知性灵杰的女人是美的，创造财富的女人是美的，二者兼得者，无疑是成功女性的典范。

人灵女杰。

让我们向这些杰出女企业家致敬！

让我们分享和阅读她们！

（原载2010年4月12日《三峡日报》）

一身健康 一生快乐

——《百姓养生读本》刊首语

古语云："天地之大德曰生。"当看到一个个鲜活的生命倏忽飘逝的时候，我们不得不承认生命的脆弱。当人们度过各种灾难病魔之后，会更加懂得生命的珍贵。

人的生命只有一次，不可重现。人的生命不仅仅是一时一刻的喜怒哀乐，而是一个完整的活动过程。注重每一次的生活质量，才能保证生命过程的安康。敬畏生命，才能让生命过程有安全感、快乐感、幸福感和尊严感。

生命需要敬畏。当代著名思想家、诺贝尔奖得主史怀泽最早提出了"敬畏生命"理念，他认为对生命的敬畏或漠视，实质上就是人生的善意或邪恶。

他说："善是保持生命、促进生命，使可发展的生命实现其最高的价值。恶则是毁灭生命、伤害生命，压制生命的发展。"

珍惜生命，尊重生命，人生才更有价值。

而今，党和政府把保护民众生命放在了至高无上的位置。汶川大地震、玉树大地震、舟曲泥石流，这些自然灾害夺去了无数宝贵的生命，国家为此设立哀悼日，全国为死难者降半旗志哀，这是对生命崇高的敬畏与尊重。

生命需要教育。生命教育很早在西方社会得到了高度重视。可喜的是，我国也开始从家庭、学校、社会各方面认识到生命教育的重要性。

前不久，《生命教育公民读本》一书在成都问世，唤起了人们对正确的生命意识的觉醒。探索和理解生命的意义，尊重和珍惜生命的价值，热爱和发展每个生命的本质，成为当代社会一个新的课题。

生命教育的目的，是让大众树立科学、理性和客观的生命健康意识和保健理念，有效防止“伪养生理论”和“伪健康观点”，避免百姓身心遭受伤害。

生命需要呵护。呵护的重要法宝是健康。健康无论用多少钱都买不来，拥有的人不一定珍惜，失去的人会不惜一切代价去找回。身体是生命的本源，是生命的一切。轻率对待自己的身体，无疑就是任意草菅自己的生命。即使强健的身体，也要“养”、要“护”、要“善待”。这就是我们常说的“养生”。

养生正在成为一种文化，已经不是一个概念。

中国的养生理论与实践，有着古代哲学和中医基本理论为底蕴，汇集了世代相承的防病健身方法，糅合了诸子百家的思想精华。养生是遵循生命的变化规律，对人体进行科学调养，通过各种有效途径颐养生命、增强体质、预防疾病，从而保持生命健康活力。

这种养生文化正以前所未有的速度和规模，“养”进寻常百姓家，“养”成现代人的一种生活常态。

用敬畏的心理尊重生命，用科学的方法呵护健康，我们才能超越生命并享受生活，我们的爱才会充盈和温暖世界，我们的社会和家园才会更加和谐美好！

愿所有人，一身健康，一生快乐！

（原载2010年8月20日《三峡日报》）

再造一个新宜昌

——《宜昌新跨越》刊首语

一座城市的变迁，记载着一个区域的历史进程。宜昌，这个曾经因葛洲坝而兴、因三峡工程而名的美丽地方，如今又站在了一个新的跨越起点。

大建城市，建大城市，宜昌由一种憧憬变成了屏息以待，继而迎来了更为艰巨的挑战和冲刺。

“十二五”开局之年，正是宜昌宏伟蓝图着笔之际。推进“一主两副”，把宜昌建设成为省域副中心城市，这是省委、省政府的重大战略决策，成为415万宜昌人民决战“十二五”的新方向。

当这个机遇到来的时候，前进的力量锐不可当。宜昌曾经演绎了中国城市发展史上的传奇。葛洲坝水利枢纽的建设，给宜昌带来了第一次重大变化，使宜昌从一个小城镇发展为现代化的中等城市；三峡工程带来了宜昌的“第二次振兴”，使宜昌从中等城市发展为“世界水电之都”的大城市。“十一五”期间，宜昌面对复杂多变的发展环境和历史罕见的风险挑战，创造了惊人的“宜昌速度”，实现科学发展的“弯道超越”，谱写了宜昌改革发展的新篇章。

似乎只在弹指一挥间，宜昌完成了由滨江小城到中等城市、再到大城市的历史跨越，正昂首阔步迈向特大城市。

留在史册上的，是沧桑巨变的夷陵新姿。随之而来的，是一个崭新的战略机遇期和发展黄金期。

而宜昌的步伐，必将坚定不移地乘东风踏歌行，由破茧到羽化，由蝶变到展翅，由展翅到高翔，实现省域副中心城市的伟大梦想。

“峡尽天开朝日出，山平水阔大城浮”。天降大任，宜昌重任在肩。那么，我们准备好了吗？

答案是肯定的。但光有准备远远不够，关键在于行动。宜昌太看重这次难得的机遇，也一定能抓住这次机遇加快发展。而发展，是靠干起来的。

实干才能有实效，大干才能促大变。我们相信，纵然未来之旅并非坦途，但丝毫不能动摇宜昌人民干事创业的激情和高歌猛进的步伐。

宜昌的每一天都是新的，新到可以听见每一个细微变化的节奏。站在跨越的新起点，地灵的宜昌和智慧的宜昌人，整装待发，重新出发！

再造一个新宜昌，这是我们共同的幸福期盼！

（原载2011年4月8日《三峡日报》）

把"老大"礼遇送给企业家

——《2011宜昌经济年度人物》刊首语

风劲帆悬正可期，重任千钧再奋蹄。今天，我们把"产业第一、企业家老大"的礼遇，送给为宜昌经济做出杰出贡献的企业家们！

企业是市场的主体，是产业的基础，承载着推动经济社会发展的重任。而企业和产业的发展，要靠我们身边的每一位企业家。

湖北省委书记李鸿忠说，把创造社会财富、为人民带来利益的企业家奉为"老大"，是传统文化价值观和我党执政宗旨的生动体现。因此，我们要牢固树立"产业第一、企业家老大"的理念，营造尊重企业家、爱护企业家的良好氛围，推动宜昌经济跨越发展。

优秀企业和企业家，是创造社会财富的核心力量，是推动宜昌经济社会发展的中流砥柱。宜昌有一大批优秀企业家，创造了远近闻名的"本土企业家现象"。从他们身上，我们可以看到现代企业家精神闪耀的光芒。这些光芒中，有创新的灵魂，有冒险的天性，有执着的本色，有诚信的基石。他们承担重要的社会责任，创造显著的社会财富，成为社会尊崇的重要群体。

2011年，宜昌百亿产业不断发展壮大，化工、装备制造、食品医药、电力、建材、冶金产业成为宜昌经济的重要支撑。全市亿元企业达到420多家，其中7家企业过50亿元、28家企业过10亿元，稻花香集团成为全省首个产值突破百亿元的农产品加工企业。宜昌交运集团在深圳证券交易所挂牌上市，成为全国道路客运业第三家上市公司。

回首2010年宜昌经济的辉煌业绩，我们深切感受到了宜昌杰出企业的卓越贡献，感受到优秀企业家们开拓奋进的激情和运筹帷幄的智慧。

尊企业家为“老大”，是尊重企业的市场主体地位，尊重企业家的经营才能。让我们向年度经济人物致敬！

（原载2012年1月17日《三峡日报》）

让健康成为一种消费时尚

——《健康消费指南》刊首语

健康是生活的第一要素，是人的生活之基、事业之本、幸福之源。

随着经济的快速发展和人们物质生活水平的不断提高，百姓的生活已从温饱型转向健康型，健康消费就成为人们消费的首选，成为生活质量的重要指标。

健康也是一种人生智慧和境界。世界卫生组织的一项全球调查结果显示，中国有70%左右的人呈“亚健康”状态。人们围绕预防疾病、保养身心、增进健康，而选择、购买、使用有益于自身及家庭成员健康的消费产品，从而提高人们的健康水平，提升生活质量，成为人们生活的理性回归和必然选择。

但近年来不断出现的“食品安全”“消费安全”等问题，让百姓对很多生活必需品产生了信任危机。因此，健康产品、健康产业、健康消费成为时代和社会的关注点。

为了向广大市民传达崇尚健康的理念，提供系统、权威、实用的健康生活指南，本报联合市消费者协会等12家行业主管部门，独家推出全省首份大型健康生活读本《健康消费指南》，为百万名读者提供高端健康消费指南和实用健康生活读品。

倡导并推动健康消费，是落实以人为本科学发展观的内在要求，也是机关报关注民生、维护和保障群众健康消费权的具体行动。我们出版《健康消费指南》的主题是，引领宜昌健康产业，推介高端健康品牌，引导百姓健康消费。本报将精选集纳最新的科学实用、通俗易懂的优秀科普内容，倾情推出全新健康生活和健康消费理念，提高公众的健康知识素养，推进全民健康生活方式。

崇尚健康已不是一种孤立的个人行为，而成为现代生活的一种方式和重要部分，甚至开始演化成了一种消费时尚。

健康消费涉及吃、穿、用、住、行等居民生活消费的方方面面，其本质是优化消费与资源、环境、社会的关系，培育健康消费市场就是坚持和践行节约能源、保护环境的基本国策，使消费结构、消费模式有利于资源能源节约和生态环境保护，有利于改善人们的身体健康状况，提高人的健康水平和幸福指数。

在“消费危机”的社会背景下，企业和产品更需要让消费者重拾信任。我们将在各行业协会的指导下，推介一批优质健康消费产品。展示这些产品的主要目的不是促销，而是建立信任、口碑和品牌。

让健康成为一种消费时尚，我们的生活更健康、更快乐、更幸福！

（原载2012年5月29日《三峡日报》）

实干成就梦想

——《宜昌“中国梦”》刊首语

时间从来不能阻挡梦想的脚步。

实现中华民族伟大复兴的中国梦，在一代又一代华夏儿女的不懈奋斗中，演绎成中国近代史上最永恒的主题。

每个中国人梦想的追寻和实现，成就了这个国家的腾飞和光荣，这就是我们的中国梦。

中国梦，是亿万中国人民的梦。中国梦，是实现“国家富强、民族复兴、人民幸福”的共同期盼。

中共中央总书记、国家主席习近平说，中国梦归根结底是人民的梦，必须紧紧依靠人民来实现，必须不断为人民造福。

这个中国梦，把国家、民族和人民紧紧联系在了一起。

从来没有一个时期像现在这样，因为一个共同的伟大梦想，能给国家的富强和繁荣提供如此充足的动力，给人民的生活和幸福提供如此广阔的空间。

幸运的是，我们赶上了一个伟大的时代。

当一种梦想将整个民族的期盼与追求凝聚起来的时候，这种梦想就有了共同的愿景，这种梦想就有了深刻的内涵。

中国梦同宜昌梦融合在一起，使这个梦有了新的力量。四百万宜昌人民怀揣“建设现代化特大城市”的“大城梦”，展开了众志成城、实干兴城的奋斗画卷。

省委常委、市委书记黄楚平指出，“建设现代化特大城市”这个大城梦，就是宜昌梦，是中国梦的重要组成部分。他要求，要坚定科学发展、跨越发展的决心和勇气，把握发展大势，遵循发展规律，坚定发展信心，努力实现“大城梦”和“宜昌梦”。

梦想是奋发前行的精神动力。

实现梦想，就要用脚踏实地的干劲，用“四个一流”的精神，书写“宜人之城、昌盛之地”的神来之笔和精彩篇章。

我们坚信，实干兴邦，实干兴城，实干兴业，实干成就一切美好的梦想。

（原载2011年4月8日《三峡日报》）

用喜报献礼

——《喜迎十八大　推动新跨越》刊首语

这是一个收获果实的季节，是一个充满憧憬的季节。

就在今天，我们进入“十八大时间”，具有深远历史意义的中国共产党第十八次全国代表大会，在北京隆重开幕。

就在此时，我们迎来关键性的历史时刻，中国的发展及其未来走势吸引全国人民和国际社会关切的目光。

历史向世界证明，中国共产党是一个光荣而伟大的党。建党90多年来，党在领导中国人民实现民族复兴的伟大征程上取得了巨大成就。新中国成立60多年来，党在领导中国人民建设繁荣富强国家的道路上实现了历史跨越。改革开放30多年来，党在领导中国人民全面推进经济、政治、文化、社会和生态文明建设实践中创造了卓越功勋。新的历史时期，党领导下的中国人民在实现科学发展的强国蓝图中谱写了盛世华章。

党的光辉，永照千秋。正是这些历史坐标上的骄人业绩，构成了党的十八大胜利召开的重要背景。

透过历史的眼眸，我们站在未来的彼岸回望。在这个承前启后的时代，我们肩负着沉甸甸的嘱托，共创无限美好的未来。为了迎接这个继往开来历史时刻，宜昌各地广大党员和干部群众在市委、市政府正确领导下，以强烈的责任感和使命感，以饱满的激情和更大的干劲，真抓实干，奋勇争先，不断推进宜昌现代化特大城市建设和宜昌经济社会实现新的跨越。

这是一份辉煌的答卷，也是一份精彩的献礼！

我们谨以此“报喜”特刊，共同庆祝中国共产党第十八次全国代表大会的胜利召开！

（原载2011年11月8日《三峡日报》）

凝聚诚信正能量

——《以诚相报》刊首语

诚信，就是以真诚之心行信义之事，是社会文明的展示，是品行遵循的根本，是伟大“中国梦”的重要体现。

党中央提出全面建成小康社会，一个重要的价值目标，就是要重构社会的道德标准。

诚为天道，天道酬诚；人言为信，内诚于心。2012年8月，三峡日报社获得中国广告经营领域宝贵荣誉——全国广告行业诚信经营单位，在全省地方机关报中独家获得。这个金字招牌，再次展现了机关报以诚立信、诚信兴报、诚信强报的价值魅力。

中华民族从不缺乏诚信的基因。悠久历史长河中，留下了多少一诺千金的佳话。宜昌跨越发展的实践经验证明，在文明社会进程中，诚信永远是推动社会进步的最佳路径之一。诚信作为社会主义核心价值观的重要内容，不仅是公民基本道德规范，更是社会主义市场经济的坚实基础。褒扬诚信、惩戒失信，正成为全社会的风尚。

而推进诚信建设，需要全社会的共同担当。政府讲诚信，才能取信于民。

企业讲诚信，才能做大做强。媒体讲诚信，才能提升公信力。每个人讲诚信，整个社会才能充满希望和光明。

“人无信不立，业无信不兴”“诚信兴邦，厚德兴业”。今日的宜昌，正加快建设现代化特大城市，努力提升百姓幸福生活水平，需要各级政府、各个行业以及每个人的诚信行动，需要全社会广泛参与诚信体系建设。在媒体转型和挑战时期，三峡日报社始终将社会责任放在第一位，充分发挥机关媒体的政治优势，坚持诚信办报、诚信经营、诚信服务，彰显主流媒体的品牌价值。

机关报和机关报人将以此殊荣为契机，加强诚信文化建设，培育诚信经营理念，打造宜昌文化产业旗舰，争当区域“舆论领袖”，以强大的舆论引导力和产业推动力，树立媒体道德支撑，凝聚实现“宜昌梦”“中国梦”的强劲正能量。

（原载2013年11月18日《三峡日报》）

激情再跨越

——《筑梦大城》刊首语

大城崛起，楚天飞捷。

2013年，注定在宜昌历史上留下厚重非凡的篇章。

这一年，我们肩负使命，奋力在全省“建成支点，走在前列”中率先突破。

这一年，我们克难攻坚，坚定地朝着现代化特大城市建设目标激情跨越。

这一年，我们励精图治，用“四个一流”的铿锵足音，奏出了壮阔的发展交响。

顶层设计集众志，高挂云帆风正急。

站在历史高位，谋发展远局。在党的十八大和十八届三中全会精神指引下，我们构建“1+10”改革创新体系。在“既大又强、特优特美”的诗意化布局中，新区建设雄健起步，气势如虹，“产城共荣”如日中天。

以人为本率全局，文明创建惠民生。一大批民生问题的解决，激起市民爱城如家，参与创建热情似火。我们以优异成绩通过了中央文明委的测评，也让城市的品位与品质声名远播。

开放先导，创新驱动，产业聚优，企业图强。深圳南玻“国内超薄玻璃”在宜昌问世，广汽中兴C3轿车在宜昌下线，高铁联网让宜昌快速融入全国都市圈。“高速”与“高效”联袂，实力与魅力彰显。

落实“八项规定”雷厉风行，节俭之风劲吹城乡。“三节”同办，百姓同欢。中外艺术家进社区、进学校、进企业、进农村、进景区。“下里巴人”与“阳春白雪”相映成趣，构成宜昌人文新景观。

变化是看得见的。农村危房减少了，城市保障性住房增多了，与民生改善同步的网格化管理城乡全覆盖。我们首获“长安杯”，再获“中国最具投资吸引力城市”殊荣，生动诠释了何为“宜人之城、昌盛之地”。

县域经济全面发力，城乡统筹有序推进。绿化美化行动和亮化净化工程次第展开，山水宜人，城乡如画，我们宜昌的知名度和美誉度节节高升。

我们一直在躬身前行，无意间也成了奋斗的风景，足以做一次亮丽的回眸。我们有太多的喜悦，同时有太多的感动，足以在记忆深处留下精彩的永恒。我们还有困难和不足，更有挑战，足以在自豪中保持清醒。

放眼山水秀，极目尽朝晖。2014年，我们将以全面深化改革、转型发展方式为总揽，加快推进现代化特大城市建设，为实现“三年出形象、五年成规模”目标和全市人民的幸福梦，再创新辉煌。

（原载2014年1月12日《三峡日报》）

为生活所想 让生活更好

——《好生活》改版致读者

春天来了。21世纪第二个十年的第一个春天来了。

我们来了。全新改版的《好生活》来了。

带着对好生活的向往，更承载着三峡日报传媒人对广大读者的责任和爱。

为生活所想。这是新版刊物的全新定位。

中国人需要什么样的好生活？如何让人民有尊严和幸福地生活？生活在大城市的人还有多少幸福感？这样的讨论，已经成了追求幸福生活的亿万百姓的热议话题。

我们的生活在天天向上，这是不容置疑的事实。快速的经济发展给人们带来了覆盖生活方方面面的实惠，中国人的幸福指数节节高升。然而，生活中的诸多"不好"也迎面而来。物价高、房价高、交通堵、入托难、上学贵、就医贵，这些成了很多人欲罢不能的心结。

好生活到底"好"在哪里？有人说，好生活就是不再为简单的衣、食、住、行疲于奔命，而是能够无忧无虑地安居乐业；有人说，好生活就是富足的条件和尽情地享乐，就意味着住豪宅、开香车、买名牌；有人说，好生活就是平平淡淡与世无争的日子，不被外界纷繁扰乱平静的生存状态。

也许这些说法都有理。不过我倒认为，好生活也许只是一种感觉，一种只有自己心中才能掂量轻重的感觉。

最近一位朋友跟我说，人啊，要学会"想"受生活。他说，有钱人可以去享

三峡日报社广告传媒公司主办的《好生活》DM杂志。

受财富的快感，无钱人也可以开心“想受”苦中的快乐，只是一个享受者是拥有物质的，一个“想”受者是精神层面的。

这话恰与我们《好生活》倡导的理念相近。“为生活所想”，就是为了我们每个人心中有一份好生活的梦想。

因此，《好生活》要做的事情很多。但主要宗旨离不开这样几个方面：

倡导高尚生活。琴的风雅，棋的王气，书的飘逸，画的写意，既是人们怡情养性的一种生活方式，更是一种高尚精神表达。我们将在这方有限的纸媒空间里，向读者展现更多的高尚生活情致。那么，我们的杂志就不会是老气横秋的面孔，不会停顿在老生常谈的话题。我们要做高尚生活的倡导者和引领者。

提供高品资讯。引导高品位的生活潮流，一定得有高品质的资讯，这是《好生活》人所想的。我们会努力提供丰富、真实、时尚的生活信息，满足人们对新思想、新观念、新视野和新元素的渴求与期待。我们可能不去宏观阐述天下大事，但试图微观剖析生活中的细枝末节。我们可能不去追逐名人名家，但力求让更多的新人新锐点缀杂志空间。

服务高端受众。《好生活》是直投杂志，不是街头小刊，所以我们只能送给高端读者群。一类是社会精英，包括高收入群、高知分子、政府机关领导、成功专业人士、企业领导者、高档俱乐部会员等，他们在社会上拥有举足轻重的地位；另一类是年轻新锐族，他们中也许还有“月光族”，可能还不具备相应的经济实力，但他们总是用不同的方式提升自己的生活品质，而且保持着对好生活很深的向往。

2011年的第一场雪来得很早，银装素裹的世界预兆着又一个丰年。

新版《好生活》在这样一个美丽的瑞雪春天，送到了您温暖的手头。那么，让我们共同“给力”生活吧，我们共同的生活将会更好更精彩。

为生活所想，为读者所想，让生活更好，是《好生活》唯一的愿望！

（原载2011年1月《好生活》）

“动”在这个春天里

——《好生活·运动特刊》刊首语

世间万物，没有绝对的静态，只有永恒的运动。

生命亘古不变的规律，就是“动则不衰”。不衰的运动姿态，是我们崇尚“好生活”的一种健康姿态。

其实运动并不是一个新鲜话题。著名西方“医学之父”希波克拉底说：“阳光、空气、水和运动，是生命和健康的源泉。”毛泽东同志早在1952年就亲笔题写了“发展体育运动、增强人民体质”的著名论句。

那么，就让我们“动”在这个阳光明媚的春天里。

生命在于运动，养生莫于习动。运动和生命息息相关，运动和健康不离不分。当你看见长江边、公园里、广场上甚至社区小道旁，那些晨练的身影，当你看见户外匆匆行走的人群、球馆里激烈博弈的欢乐男女，便会感受到春天里运动的旋律和魅力。

全民健身运动正在风靡神州，而且已成为一种新的时尚和生活方式。也许普通人的体育运动，永远达不到也不需要达到竞技运动水平，因为这种运动不带任何功利目标。也许即使天天在运动，也不可能保佑远离病灾更不可能长命百岁，因为生老病死本身就是运动的规律。可是，劝你千万别怕“动”，劝你真正“动”起来。

如今人们的生活质量越来越高，随之而来的则是血压、血糖、血脂越来越高（俗称“三高”），而且这种“富贵病”年龄越来越小、范围越来越大。现代医学把“富贵病”列为“运动不足病”。这与不动或少动的生活方式有关。以车代步的人、以电梯代楼梯的人、动口不动手的人、桌上桌下转的人……也许不是“富贵族”，但难免不患“富贵病”。

运动有百利而无一害。坚持经常性的运动，可以强身健体、减少疾病，还能使人精神愉悦、焕发激情。面对各种竞争压力，面对繁杂的工作事务，抽些空闲，花点时间，做个“运动达人”。或远离城市喧嚣置身于山水之间，或背上器械活跃在各类运动球场上，受一些累，出一身汗，会让你的身心畅快，激情飞扬。

运动的青春不老。当有一天我们年华老去，或是当有一天我们老无所依，但至少还有一颗动力无限的年轻的心，还有一个健康无疾的身体。如果你运动或快乐，这比什么都重要。

一起来吧，让我们以一种运动的姿态，共迎这个芬芳的春天！

（原载2011年3月《好生活》）

在坚守中改变　或在改变中坚守

——2017年广告“收官”感言

一个年度的最后一天，往往是报业广告经营的“收官”之时。翻过一页，又是从头起步的新的开篇。

2017年，我们在新媒体、自媒体、多媒体的复杂环境中，坚守着这张心爱的传统大报《三峡日报》，坚守着异常艰苦的广告经营。

很多事情我们无法改变，就像传统媒体被互联网逼得无路可走，就像报业广告连续遭遇断崖式陷落，但我们依然保持着一种乐观和自信的心境，保持一种站立和行进的姿态。

对于日渐衰落的报业广告，我们能做的就是顽强坚守，哪怕是最后的坚守。或者，在坚守中做一些改变，哪怕真的对结果无法改变。

坚守或改变，或是在坚守中改变。是改变也是坚守，这是我们唯一正确的选择。

在年初上班的第一天，我说“除了广告，我们还能说些什么”。365天过去了，今天是这一年的最后一天，我想说的是：除了改变，我们还能做些什么。

改变是必需的。因为不变就没有出路。

我们的习惯在改变。过去经营活动中的那些随意、随性和随便，得到了较好的克服和改变。我们摒弃了“广告就是老大”思想，明白了广告必须要围绕中心、服务大局的道理，知道了既要做成事又要不出事，才是真本事。因此，讲规矩、守纪律，令行禁止，立说立行，已然成为广告人的一种好习惯。

我们的思维在改变。传统的广告思路和模式，曾经一统天下甚至战无不胜。但是靠关系、凭人脉，吃饭喝酒打牌“拉”广告的时代，已经一去不复返。因此我们不再一厢情愿地“强拉硬要”，学会了用思想拉动广告，用策划搅动市场，用服务感动客户。我们尝试着将心比心，换位思考，把“会服务、真服务”作为经营的法宝。我们尝试着同客户、同用户、同商家进行有效的沟通交流，除了谈报纸、谈版面，还谈新媒体、谈大数据、谈粉丝、谈流量，所以全媒体经营初尝胜果。而未来，我们广告人必须面向新媒体。

我们的心态在改变。以不同的精神状态对待生活，就会产生不同的生活现实。我们不回避报业经营的现实困难，即使身处“寒冬”，依然坚信机关报一定会有新的春天。我们不畏惧广告过程的种种艰苦，即使举步维艰，依然用不懈努力代替抱怨。我们不停止对既定目标的追逐，即使不再大步跨越，依然能脚踏实地撸袖实干。

广告人的未来，同这张大报紧紧地“报”在一起，同集团的明天紧紧地“团”在一起。在现代传媒技术日新月异的新时代，不进则退，不生则死，我们不能有懈怠，只能迎难而上，全力推进媒体转型和发展。

2018年，是新时代的开篇之年，是改革开放的不惑之年。我也希望，是三峡日报社广告经营转型的收获之年！

那么，过了今天，就让我们重整山河再出发吧！

（原载2018年2月6日中国广告网）

把水电文化融入“城市血脉”

——宜昌文旅融合苏州研讨班结业感言

文化是旅游的灵魂，旅游是文化的载体。这是我参加宜昌市文旅融合苏州研讨班培训学习后有了更为深刻的认识和理解。

宜昌有很多独特的旅游资源，也有很深的历史和传统文化底蕴，但需要切实做好融合的大文章。我认为，推进宜昌旅游产业高质量发展，必须抓住文化和旅游融合的内核。有一个重要的文化元素，在宜昌旅游中不可或缺，而且应当加以充分运用，这就是宜昌“水电文化”。

宜昌被称为“世界水电之都”，是因为有水有电，是中国乃至世界上水电资源最为丰富的城市。现有全省最大的水电站——清江隔河岩水电站，亚洲最大的水电站——葛洲坝水电站，举世闻名的三峡水利枢纽工程——三峡水电站。宜昌境内还有300多座星罗棋布的中小水电站。

如此丰富的水电资源，这在世界上绝无仅有，可谓“世界水电博物馆”，“水电之都”名副其实，当之无愧。

那么如何在宜昌全域旅游中充分融入独特的水电文化元素？我认为需要从顶层设计入手，用国际视野统筹规划，用创新思维精心打造。要把水电文化元素全面嵌入城市，就像园林文化始终成为苏州城市的瑰宝。

在苏州学习培训的这段时间，我们无处不在地感受到苏州园林文化的魅力。苏州城里无论是凿池堆山，还是营建亭榭，无论是栽花植木，还是曲径通幽，都是以自然山水林木为楷模，用种种造景手法构成引人入胜的景象，从而使游人同享美景。

过去很少有人知道宜昌，但很少有人不知道三峡工程。宜昌今天能“名声在外”，三峡工程是最大的功臣。因此，宜昌应加大三峡水电文化的挖掘和运用，打造真正的水电之都，让这座“来电的城市”叫响全世界。

当然，宜昌还有屈原、昭君这些历史文化名人，驰名中外，影响深远，也是城市旅游的“名片”。我们在叫响“屈原昭君故里”这个城市品牌的同时，要把“三峡水电名城”作为这个现代都市的旅游坐标。

我想，苏州“园林范式”值得学习借鉴。

把三峡水电元素植入“城市血脉”。宜昌可以建设一个体现水电特色的城市雕塑，展现宜昌的水电品牌。可以建设一座世界水电博物馆，集成全球著名水电站场景，让人到宜昌就能“游遍”世界水电工程。可以把西坝建设成独一无二的水电旅游岛，留住天下客人。可以在城区建成一批水电元素的主题公园，如三峡公园、葛洲坝公园、隔河岩公园、高坝洲公园等。这样，让水电文化成为城市旅游的底色，也成为其他城市无可替代的亮色。

让三峡工程旅游资源“为我所用”。把宜昌城市同三峡大坝融合为一个旅游目的地，研究争取将三峡坝区划为宜昌城市的一个行政区，即三峡大坝区，将其建成三峡旅游特区或专区。这样，每年到三峡大坝旅游的三百万人，便成为宜昌城市的游客，将极大推动宜昌全域旅游的深度融合和发展。

用三峡水电优势点亮“城市景色”。过去宜昌百万移民迁离家园为支持三峡工程，如今可以请求三峡集团公司给宜昌在用电上给予“特殊政策”。作为省域副中心城市，宜昌要实施全域城市亮化工程，特别是要“点亮”长江沿线，打造夜间十里“景灯长廊”。把城区4座跨江大桥装点成“夜灯桥”，把点军磨基山打造成“夜灯山”，把西坝环岛打造成“不夜城”，真正让“夜宜昌”彩起来、亮起来、美起来，向世界展示一个绚丽的水电之都。

（此文为作者2020年参加在新加坡国立大学苏州研究院举办的宜昌市文旅融合专题研讨班时主题发言）

我们做您美好生活的向导

——《三峡商报》改版致读者

早在2001年的春天,《三峡商报》迎着21世纪的曙光诞生。当时的报纸发刊词写道:“替政府分忧,为百姓解难。”承载了一张市民报纸的历史责任和民生情怀。

近20年来,三峡商报人努力履行自己写下的承诺,真诚服务广大百姓需要,同宜昌百万读者“报”在一起,结下君“纸”之交,创造了全省都市类报业史上的发展奇迹。

21世纪20年代的第一个春天,一场突如其来的新冠肺炎疫情,入侵和改变了所有人的正常生活。在封城和禁足的这段日子里,《三峡商报》一边以电子版的形式同读者见面,通过网络让报纸和读者“天涯若比邻”;一边酝酿改版转型,谋划未来呈现给读者什么样的“纸媒盛宴”。

诚者信达,使命必达。2020年的春天虽然有点迟,但终于还是到来。伴随春暖花开的,还有全新改版的《三峡商报》。

改变,是为了与您憧憬美好未来。这次疫情带给人们最多的就是“改变”。改变了繁华拥堵的街道,改变了喧嚣难静的夜场,改变了自由呼吸的笑脸,改变了人们的交往方式、上班方式、购物方式、聚会方式。这个冬天虽然异常寒冷,但全民战“疫”的力量汇聚成爱,因此变得无比温暖和感动。疫情过后,一切都将归于平静,人们依然会对未来生活抱有美好的向往。那么,《三峡商报》将陪伴您一起,去憧憬生活中的一切美好。

改变,是为了彼此相惜心贴更近。过去20年来,《三峡商报》秉承“与众不同、

三峡商报
美|好|生|活|向|导
2020年4月20日 星期一
6459110
我省对两类人员开展核酸检测
包括教师和医务人员 湖北全域进入低风险区
爱卫在行动
复工掀高潮
我们，做您美好生活de向导
——三峡商报改版致读者
本报今推
《战疫特刊》

2020年4月20日，《三峡商报》全新改版，定位“美好生活的向导”。

与心相通”的办报理念，赢得的不仅仅是读者的赞誉和口碑，更是始终保持着与读者的心手相牵和心心相印。关乎民生的每一点小事，对《三峡商报》来说都是大事。新的全媒时代，新的办报理念，《三峡商报》将把步伐和视角投向城市的大街小巷，融入社区的千家万户。让我们同您的心贴得更近、贴得更紧、贴得更暖。

改变，是为了做您美好生活向导。习近平总书记说：“人民对美好生活的向往，就是我们的奋斗目标。”作为市委机关报社的重要子报，《三峡商报》责无旁贷地要做美好生活的向导，引导和服务人民群众对美好生活的追求。

因此，《三峡商报》将坚持以受众为中心、以服务为根本，围绕人民群众期盼有更好的教育、更稳定的工作、更满意的收入、更可靠的社会保障、更高水平的医疗卫生服务、更舒适的居住条件、更优美的生活环境、更丰富的精神文化生活，做好专业文章，做活引导文章，做大服务文章，办一张专业化、实用性、服务型的现代报纸。城市社区、康养生活、文化旅游、教育民生等专刊，将成为《三峡商报》的主打产品。服务社区、服务居民、服务行业、服务读者一切所需，将成为每个商报人的转型选择。

每天，望到头顶第一缕阳光，您第一个最想见的人是谁？她，希望是向您问好的《三峡商报》！是做您美好生活向导的《三峡商报》！

且让我们伸出双手，张开双臂，给彼此一个深情的拥抱吧！

（原载2020年4月20日《三峡商报》）

并非神话的“神曲”

——《楚天神曲》后记

2008年的春天，冷暖两重天。

就在立春前后，一场50年不遇的特大雪灾，冰封了中国南方大地。水电断停，交通受阻，煤炭紧缺，生活必需品告急。

就在危急关头，党和政府的温暖穿透积压的冰雪。一场全民抗雪救灾的激战，融化了人们心里的寒流，谱写了一曲新时代的“抗天歌”。

就在这个时刻，我们完成了《楚天神曲》的最后写作。虽然大地还在冰冻着正待苏醒，可是我们的心里已充满了冬去春来的快意。

这本书汇集了枝江酒业的改革、创新和发展经验与成果。

枝江大曲是酒，是历史文化酿造的酒。从1817年湖北松滋商人张元楠创办“谦泰吉”，到2007年连续6年位居全国前十强，这个“曲”走过了190年的艰难历程。在数千年的中国酒的历史长河中，190年只是一个小小的波段，但枝江大曲奏出了盛事强音。

枝江大曲是曲，是回响在楚天大地的“神曲”。

历史是人创造的。枝江酒业10年发展胜过了上百年，这是它的神奇之处。

但我们并没有“神化”枝江大曲。在书稿征求意见时，我们听到了两种声音。一种是说，写得比较客观实在，是一个有意义有价值的企业文化读本，全方位、多侧面地透视了枝江大曲的发展历程；一种是说，写得有点高调，仿佛是枝江大曲的一支“赞歌”。

其实这个“调”不是人为定的，准确地说是市场和消费者定的“调”。关于酒的“定调”，有权威部门和专家的说法，作者不能说了算。关于书的“定调”，我们也做了大量深入的论证，应该是恰如其分的。不错，这个酒和企业包括书中的主要人物，包括蒋红星、曹生武、谭崇尧、薛传全等，或许还有这样那样的问题或不足，但本书的主题不是“揭短”，而是以一种正面的、积极的、发展的眼光，审视和探讨这个中国新名酒的成长之道。

而且，蒋红星和曹生武在本书的写作过程中一再要求：“宁可低调不能写过。”他们两人在本书最后定稿时，也不客气地删除了很多“高调论谈”和“溢美之词”。尽管我们认为并不“高调”，也还是尊重了他们的意见。

中国酿酒工业协会理事长王延才先生在对枝江大曲的评价中，也称他们“保持低调而一鸣惊人”。2007年国庆节，我们专程到北京采访了这位“酒界领袖”，他曾反复说：“用什么样的赞扬评价枝江大曲都不为过。”

在出版之前，我们将内容送给了每一位被采访的对象审看，枝江酒业的不少同志都认真研读了每篇文章。他们都是书中的当事人，是企业的见证人。我们根据各种意见作了精心修改，最终才定稿付印，所以内容的真实性是不容置疑的。

但“没有过之而有不及”的地方还很多。枝江酒业发展的内因和外延，远不止本书所涉及的，不论是人物或事件，还是成绩或经验，包括失误或教训，值得写的不少。然而限于篇幅和时间，有的只能忍痛割爱，有的也只能一带而过，因此留下许多遗憾。

这本书我们只是写手，但凝聚了众人的智慧和心血。

湖北省副省长、省振兴酒业领导小组组长任世茂亲自为本书作序，给枝江酒业送来了“傲立湖头、香溢四海”的祝愿。

湖北省人大常委会财经委员会副主任刘克毅、省政府办公厅金彪、省委办公厅吴巨鸿等为本书的写作出版做了大量协调工作。

中国酿酒工业协会和湖北酒业协会的领导和专家们，欣然接受我们的采访，客观而高度评价了枝江酒业的成绩。

湖北人民出版社对本书的编辑出版给予了鼎力支持。该社政治经济编辑部主任、编审张开群，责任编辑熊昕绘等放弃春节休息，加班审读书稿。三峡日报社的易志刚、陈燕、詹红君等，分别担任了本书的美术设计、文字校对和样稿打印工作。宜昌市金太阳印务有限公司的屈昶，为本书的排版制作付出了艰辛的努力，在此一并致谢！

（原载《楚天神曲——中国新名酒枝江大曲的崛起内幕》，罗文全、范长敏著，2008年2月湖北人民出版社出版发行）

不因创新“微小”而不为

——《策之有道》自序

在报业广告这个生物圈里，要生存下来很不容易，要生存得体面更不容易。

而宜昌报业广告又是一个特殊的生物圈。在这个圈子里，仅以“三峡”起头的报刊就有好几种，如《三峡日报》《三峡商报》《三峡晚报》《中国三峡工程报》《三峡周刊》《三峡文学》等，而且各有其主，各立门户，哪个生存都不易。这么多的报刊，在一个人口不足百万的地市级城市，居然都能活下来而且活得不错，也算得上是一个奇迹。

当然，奇迹的背后，难免有剑拔弩张的广告竞争。

2009年春天，我成了这个圈子里的一员。作为“湖北市州第一报”的广告部主任，我接收的第一个信息是，三峡日报社在全省保持了近30年的广告持续增长纪录，也就是说，改革开放以来报纸广告没有走过下坡路！

这个信息的弦外之音，无外乎是你没有退路，你只得向前、向前、向前！

让我对广告心生敬畏的，有两件事影响很大。

一是我上任之前有位最好的朋友送了我一本书。书名叫《广告战争》，是一部揭示媒体广告神秘真相的小说。我用了两个大半通宵读完，其中有两段特别标注的话我记忆犹新："考察一个人的魅力、能力和定力，测试一个人的忠诚、欲望和良心，再也没有比广告部更合适的地方。""如果说世界上有这么个地方，必须始终如一地跟从潮流、服从资本、屈从世故、顺从市场、敬从创意，那么它一定是媒体的广告部。"

这让我对广告油然而生敬畏之心。

再就是我上任之初的"就职演说"。当承担重任别无选择时，在干部交换会上我用"无坚而不胜"作为主题，表达了自己当时的思想：坚守阵地、坚定方向、坚持创新、坚决完成任务。我说，坚守阵地是一份责任，坚定方向是一个原则，坚持创新是一种力量，坚决完成任务是我的职业诺言。我是"半路出家"的广告人，虽然当时已具有新闻专业正高级职称，但过去从来没有做过专门的广告经营。内心里除了几分隐隐约约的忐忑，更有一种在新领域一试身手的冲动和豪情。

但我不知道前面将会是什么，或是一片广告的蓝海，或是拼杀后的万丈深渊，都无法预测。不过有一点是清楚的：就在这一年，受国际金融危机影响和各种新媒体的冲击，中国报业广告进入了大幅调整期，很多报纸广告出现下滑趋势。旺季不旺，淡季更淡，是当时报纸特别是地方机关报广告令人忧虑的现象。

中国广告业与中国经济同步起伏。报纸广告兼具商业和文化属性，是新型的创意产业。广告不仅传递商品服务信息，而且传递文化价值理念。因此在我看来，机关报广告必须有正确的价值观和先进的经营理念来统领。有什么样的广告理念，就会有什么样的广告思路和行动。

我和我的广告团队由此开始了探索性的广告实践。

传统意义上的报纸广告经营，是利用报纸的平面形态，为广告主组织、制作、发布广告。因此，"拉"广告、"发"广告，成为最原始层面的经营方式。我认为，机关报广告应该把视野放得更宽广，充分发挥机关报的品牌优势，打造一个超越广告本身的价值传播平台。以版面为载体，以服务为手段，以共赢为目的，通过营销报纸版面，把广告主的广告有效整合成更有价值的内容，为广告主建立与客户和市场互为沟通、融合和信任的关系，使广告获得强烈的影响力、穿透力和竞争力。这才是报纸广告的新境界。

我认为，做广告不是"做生意"，不能一手交钱一手交货，不能做一锤子买卖。

虽然报纸广告也要讲求效益，但可持续赢利能力更重要。因此，我们不能局限在给广告主有限的版面上，而要拓展和延伸更大的服务空间，给客户构建更有价值的营销宣传平台。超越客户期望，创造客户价值，是广告的真正内涵和魅力。我坚持主张这个观念，坚持认为这要成为机关报广告的核心价值走向。

把握和实现这个走向，需要莫大的努力。努力不仅包含着敬业和勤奋，更多的还是智慧和创新。面对e时代、微时代、融媒体时代，报纸广告要想重生或嬗变，要铸造价值传播平台，唯一的出路就是创新。

虽然我不敢奢求波澜壮阔的大创新、大改革、大颠覆，但我必须坚定不移地进行创新，包括新观念的转变，还有新路径的实现，都要走出新路来。我知道，创新不在大小，只要方向正确，哪怕是一个小小的创意，一个细微的变化，一个枝节的调整，都可能产生意想不到的效果。因此，我注重把“微创新”运用到了自己的广告经营和管理实践中。

其实，微创新已经成为一种“微革命”浪潮。比如，140字的微博，掀起了空前的博客风暴，甚至成为现代时尚的文化现象。比如著名的苹果公司，以iPhone手机和iPad平板电脑卓越的用户体验，创造了全球企业“微创新”成功范例。可见，“微创新”甚至可以带来决定性的力量。

我想，作为从事创意产业的广告人，如果因创新“微小”而不为，广告必将会在无为中死去。如果创意枯竭，碌碌无为，那么广告部主任必将被淘汰出局。

我觉得，机关报广告创新策略的关键点，一是体现在广告理念上，要有全新而深刻的认识和理解；二是体现在广告内容上，要真正根除庸俗化、低质化、模式化的通病，树立媒体的优秀形象；三是体现在经营管理方式上，要坚持服务为主，从小处着眼，单点突破，自成体系。

因此，我们在不改变经营方向和经营模式的情况下，从经营理念、队伍管理、项目策划、客户服务和广告制度等方面进行了一些微小探索。通过不断优化广告理念，提升经营管理水平，打造职业广告队伍，强化服务客户职能，使报纸广告的平面优势逐步扩展为传播的平台优势。利用机关报独有的媒体资源，深度挖掘增值潜能，留下了许多“版面广告+地面活动+互动营销”的成功案例，使《三峡日报》成为区域高端品牌和重点客户推广与营销的首选媒体和重要平台。

这种创新探索的实践得到了市场的初步检验。

近两年来,《三峡日报》广告增幅超过50%,广告经营总额、增长幅度等均以数倍领先而傲居全省市州报首位。很多重要广告项目取得社会效益和经济效益的双丰收,有的在全国同类报纸中独树一帜。

2011年策划组织的建党90周年庆祝特刊,以144版的巨量篇幅创造全国地市机关报广告规模的新纪录。广告团队先后获得全国广告行业精神文明先进单位、全省广告自律先进单位等荣誉,十余次获得全国地市报广告专题策划、设计和论文论著大奖,中国广告协会主办的《中国广告通讯》和《中国广告年鉴》连续两年推介了我们优化经营管理的经验。

当然我们的探索仍然是狭隘的。机关报广告需要大智慧,更离不开"微创新"。也唯有如此,机关报广告才能够拓展更大的平台,开掘更大的价值能量。

如可能,我将继续为之努力。

(原载《策之有道——党报广告创新策略微探》,罗文全著,2011年12月长江出版社、三峡电子音像出版社出版发行)

敬仰英雄

——《遍地英雄》再版寄语

这是一个英雄辈出的时代。用真情讴歌时代英雄,记录英雄留给人们的感动,是每个优秀作家的社会责任。

年轻军旅作家夏宗长用一本名为《遍地英雄》(人民武警出版社2009年1月再版)的新书,以一种文字探究真实心灵的方式,表达并传递了对时代英雄的崇高敬仰。

2008年5月12日，是中国人民的殇恸日。在四川汶川特大地震中，数以万计的生命被群埋在大片的废墟里，夭折在匆匆的行途中，安息在崩塌的群山下。国难兴邦，大爱无限。与这场灾难不屈挣扎的生命同样伟大的，还有关键时刻同人民生死不离的抗灾英雄，以及英雄群体在这场没有硝烟的战场上留下的可歌可泣的故事。

虽然灾难离我们远去了很长日子，可是读了夏宗长的《遍地英雄》，我们的心灵再次受到更为强烈的震撼。

震撼来自对生命的敬重。天灾是对生命的无情打击，而灾难中的每一次拯救，是对生命的最大敬重。济南部队在汶川大地震发生后的第一时间，迅速执行党中央、国务院和中央军委的战略部署，率先开始了历史上执行非战争时期规模最大、人员最多、时间最长的一次军事行动。数万官兵先后以空中运送、铁路开进和摩托化机动方式赶到现场，打响了一场特别的生死保卫战。在军人的心目中，普通百姓的生命同样弥足珍贵，因此他们不顾一切地把人民的生命举过头顶。

震撼来自对英雄的敬仰。英雄不在于形象的高大，而在于心灵的高尚。英雄不仅是关键时刻惊天动地的壮举，更是生死关头的无悔选择。罗曼·罗兰说，称为英雄的，并非以强力称雄的人，而只是靠心灵而伟大的人。在抗震救灾的绿色阵营中，我们看到了一个又一个普通战士最为壮美的“士兵突击”场面，看到了像徐洪刚这样老典型的本色再现过程，看到了一大批脱下军装即将转业复员的官兵重返前线的感人镜头，看到了无数失去亲人和家园的灾区籍官兵坚强的崇高风范，看到了一群群救死扶伤的女兵在废墟上流动的亮丽风景。灾难面前的军人，承担了更加沉重的使命和责任。他们创造了一个个生命的奇迹，谱写了一曲曲人间有爱的华章。

在这样的特殊背景下“拜读”英雄，是思考生命与检验灵魂的一次机会。我们或许并不能悟透生命的玄机，或许不能找到生命的真谛，但仍然会增添许多对人生的感慨与敬畏。享受是物质的，感受才是精神的。在“遍地英雄”的时代，只要我们打开感受的触角，汲取英雄的养分，就会让灵魂得到雨露般的滋润。

以调查手记形式出版的这部纪实作品，同样是作家感受英雄的真实再现。全书看不到丁点儿“创作”的痕迹，却能处处打动人心。虽然没有轰轰烈烈的“现场直播”，但从“后方”军队政治思想工作访谈的独特视角，更加客观地歌颂了部队官兵义无反顾拯救生命的壮举，向读者展示了现代军人在灾难面前极其纯粹的心路历程。虽然没有太过华丽的文学描写和煽情细节，可是字里行间无不闪烁着深刻的英雄主义思想火花。

宗长是我最要好的战友、朋友和文友。他比我小一岁多，后两年入伍，但他成就却很大。不仅本职工作干得出色，而且各类著作接连问世。在我的记忆中，他是一个重事业如山、淡名利似水的人，可谓德才兼备，人品文品皆优。回想二十多年前，我们同在太行山脚下那片绿色军营里，为了追逐新闻梦想而艰苦地爬格子、写稿子，闲暇时又总是开心愉悦地纵谈国事、家事、天下事，不禁觉得落英纷飞过，日月如水流。然而友情却像陈年老酒，岁月越长越浓烈。

得知《遍地英雄》即将再版，非常高兴，写下这段文字，以志祝贺！

（原载2009年12月13日《三峡日报》,《遍地英雄——济南军区部队抗震救灾政治工作调查手记》，夏宗长著，2008年12月人民武警出版社出版发行）

散落的红星 不落的精神

——《千里征战人未还》简评

汤华明50万字红色新著《千里征战人未还——长征，散落的红星》摆在我的桌上，就像一块“磁石”，吸引我用连续几天的时间认真品读。读后大为震撼，仿佛跟着作者走了一回长征路，受了一次爱国主义与英雄主义再教育。

关于长征，关于红军，我只是从书本和影视中得到的一些认知。行程约二万五千里的中国红军长征，是人类历史上的伟大奇迹和壮举，涌现过无数可歌可泣的英雄人物。长征共转战14个省、翻越18座大山、跨过24条大河，冲破数十万国民党军的围追堵截，走过荒草地，翻过大雪山，历时两年多，红军三大主力胜利会师，完成了战略转移，为开展抗日战争的新局面创造了重要条件。

长征有多苦？我们不知道。红军有多难？我们不知道。长征途中散落了多少红军战士？我们不知道。但为了解答这些“不知道”，我的老战友汤华明用了十多年时间，在“重走长征路”上记录了一个个鲜为人知的历史画面。

记得十多年前，华明兄到我这里做客，他谈到了“重走长征路”的想法，我当时以为他只是说说罢了，没想到这些年他一直坚持“走在路上”。从2005年至2018年，他行程6万多公里，重走了中央红军、红二方面军、红四方面军走过的长征路，沿途进行现场采访、寻找、调研、学习和报道。

汤华明说：“重走长征路，不是重复过去，而是面对今天和未来。”

在他的笔下，这些散落在长征路上的战士，堪称无名之辈、草根英雄，有的根本就不为人知，有的早就被人们遗忘，有的已被剥落的岁月封存。长征路上每三百米就会牺牲一名红军，可以说是一条鲜血染色的远征路，大批战士都成为散落者，而能够名垂于世的毕竟只是极少数。这就是红军长征悲壮的现实。

但作为退役军人和职业记者的汤华明，用长达13年的艰苦寻访，用饱含职业使命和家国情怀的战斗笔墨，完成了中国新闻史上的又一次“新的长征”。

他记录那些千里征战人未还的英灵，他讴歌那些散落长征路上的红星。拾珠成串，聚散成宝。他把160多个红军散落者的艰难困苦遭遇和不屈战斗精神，写成了历史的永恒，为后人留下了珍贵史料。

每一个散落的红军，都有不同的人生际遇、不同的战斗故事。他们中有的没有迎来红军长征的胜利，有的没有看到新中国成立的曙光，有的甚至没有留下自己的姓名，但他们的不朽功勋，注定要载入中国革命的伟大史册。

如果说，长征是一部伟大史诗的话，那么这些散落红星的故事，便是壮丽史诗中动人的音符。

书写是为了铭记，铭记是为了更好地传承。中国红军长征已经过去了80多年，散落或幸存下来的红军战士绝大多数已经离世。但是，红军不怕远征难，万水千山只等闲，这样伟大的长征精神永不落。

2016年10月21日，习近平总书记在纪念红军长征胜利80周年大会上指出：“弘扬伟大长征精神，走好今天的长征路，是新的时代条件下我们面临的一个重大课题。伟大长征精神，是党和人民付出巨大代价、进行伟大斗争获得的宝贵精神财富，我们世世代代都要牢记伟大长征精神、学习伟大长征精神、弘扬伟大长征精神，使之成为我们党、我们国家、我们人民、我们军队、我们民族不断走向未来的强大精神动力。”

我们这一代或更多的后代人，都是幸福生活的享用者，更应是伟大长征精神的坚定信仰者和忠实践行者。不忘初心，秉承传统，牢记使命，才能接续奋斗，走好新时代的长征路。

感谢华明和他率领的“重走长征路”志愿者们，为此付出的“一笔之力”！

（原载2019年7月16日《搜狐新闻》，《千里征战人未还——长征，散落的红星》，汤华明著，2019年1月武汉出版社出版发行）

深耕书苑笔墨飘香

——《马尚武书法作品集》赏析

欣赏书法艺术作品，其实就是享受书法的艺术之美。细品马尚武先生的书法作品集，我被其作品美的点画、美的章法、美的结构和美的气势所吸引，为其作品深邃的艺术思想和飘香的墨迹韵味所陶醉。

读帖犹同作者对话，见字如见其人。

马尚武先生曾是一位20世纪60年代初入伍的军人，从战士到团政委，把青春献给了祖国的国防事业。1985年转业后任湖北省工商行政管理局副局长。马尚武先生爱上书法这门中国特有的艺术，并不是一时冲动和一种偶然。在早年的军旅生涯中，他就把书法习字当作一种抒情寄趣的工具，当作一件修身养性的乐事。

古人说：“书为心画”，那时他用书法来抒时代之情，发时代之感，为火热的军队生活服务，表现积极向上的生活主题。

但他真正潜心于研究书法，且有众多经典力作参加全国全省展出并获奖，还是近几年的事。有人说“人过三十不学艺”，可马尚武先生直到“知天命”的年龄，才有了较为充裕的自由时间和活动空间，才开始名正言顺的“学书”。

他说，自己痴迷于墨海，勤学苦练，不求名也不为谋利，一是有利于健身，二是有益于陶冶情趣，三是能够体现老有所为的人生价值。他在繁重的领导工作岗位上敬业尽职，把不多的业余时间和爱好放在练笔习字上，静坐陋室，深耕书苑，不被外界各种名利所惑所累。

这是学者和书者的一种至高境界。

任何有艺术感染力的优秀书法作品，都是借助神化般线条的舞动，反映书者独特的精神品格和内心世界。

巴尔扎克说过：“艺术作品就是最小的面积，惊人地集中了最大量的思想。”从书艺的思想角度，我们对马尚武先生书法作品的审美特点和价值进行分析，不难看出他锲而不舍的艺术追求。仔细研究和琢磨他的用笔、结字及韵趣之妙，每一帖精美的或隶，或行，或草之作，都令人产生许多美的联想，若饮香醇美酒，醉在其中。

气韵生动，才能趣味无穷。马尚武先生的作品，不仅有现代精品的外形，更有与时俱进的内涵。细赏这些装帧精美的字帖，大都像奔腾不息的长江之水，一泻千里，气度宏伟，风采飞扬。或起伏跌宕，或变幻莫测，或纵情洒脱，或苍劲雄健，显现出无比丰富的艺术个性。

从他的书法作品中，似乎可以看出马尚武先生与众不同的思想境界、生活阅历和艺术修养，都化作了一幅幅栩栩如生的字帖，入于眼际，融于心间，出于巧手。

书法创作起于点画，系于结字，成于章法。马尚武先生的书法有深厚扎实的功底，正如专家点评的那样：点画成形，圆满精到；结字严谨，生动多变；章法和谐，疏密匀称；墨色适中，浓淡适宜。他的作品有正大气象，有撼人力度，追求“力量之美”，如“雄视今古”“积学储宝”等，寓刚健于婀娜之中，行遒劲于婉媚之内，有力透纸背之感。

马尚武先生的作品，在内容上也给人以奋发向上的力量，他多选取历史民族英雄人物的诗句篇章加以临摹，如《出师表》《赤壁赋》《大风歌》等，意境深远，引人入胜。因此他的作品追求那种“大江东去浪淘尽”的豪迈气概，所书所言都出自肺腑，表露心声。

(原载2003年6月16日《三峡日报》,《马尚武书法作品集》，马尚武著，2003年2月中国工商出版社出版)

用心用情用功书写三峡华章

——《大国重器》读后随笔

人对事物的认识，无外乎有两个渠道，一个是“他人授之”，另一个是“亲身感知”。我们“认识”三峡和三峡工程，也是如此，或通过媒介的宣传，或身临其境地了解。由宜昌市委宣传部策划、著名媒体人范长敏撰著的《大国重器——三峡工程的历史记忆》便是一个让人重拾“三峡印象”的好书。

我“先睹为快”这本电子书稿，后又细读了飘着墨香的新书，脑子里立马跳出一个闪念：这简直就是一个用心用情用功书写三峡工程的宝贵史料！

说是史料，不仅仅因为这是范长敏先生所著的“新闻纪实”，更让我感到惊艳的是，这是书写三峡和讴歌三峡的一个“鲜活读本”，是一段关于三峡建设的“历史笔记”。

这本新闻作品集，以世界最大水利枢纽工程三峡工程为内容，以一个新闻人的视角，用纪实的笔墨和镜头，客观记录了三峡工程建设阶段的主要历史。称为波澜壮阔的三峡建设史并不为过，至少是这个建设史中的重要片段。我们可以从中读出一个伟大工程的前世今生，更可以看出一个中国奇迹的成长脉络。

这本书让人“读懂”三峡工程

如果没有到过三峡，没有领略过三峡工程的壮观与豪迈，完全可以从这本书里“窥一斑而知全豹”。

三峡工程是承载着中华民族复兴大业的“国之重器”。从孙中山先生在《建国方略》中首次提出构想，到几代历史伟人倾注心血做出决策；从全国人大通过兴建三峡工程的决议，到正式动工建设；从实现大江截流，到首批机组并网发电；从世纪大坝封顶，到整个工程竣工，是一个梦幻般的历史画卷。这个画卷的构成是漫长而宏伟的，实现的过程是复杂而艰巨的。

对普通国人来说，更多的是从文字上读到，或是从视频里看到。建成的三峡工程对外开放后，成为首批国家重要旅游景区，成为国内外游人向往的胜地。由此可见，人们“阅读”三峡工程的兴致从来没有停止过。

但是人们对三峡工程的争议也从来没有停止。争议既是因为有异议而发出不同的声音，也有的是因为不懂而提出的不同看法。这本书通过对众多国内顶级水电专家学者，如至今耳熟能详的陆佑楣、李永安、贺恭、张光斗等专家的专访，针对性、权威性地回应了各种疑惑和关切。

三峡工程建设在政治、经济、社会、民生等领域里重大而深远的历史意义，已经载入了中国和世界发展的史册。

“三峡梦”的实现，证明了“中国梦”理论具有巨大的现实性，更加坚定了新时代中国特色社会主义思想的伟大和正确。这样一个宏伟的跨世纪工程，从论证决策到顺利竣工，只用了不到20年时间，充分展示了巨大的中国智慧和中国力量。这个“全球一号工程”，破解了很多世界难题，如大江筑坝、移民搬迁、生态修复等，而且积累了许多成功经验。

三峡工程对我国经济建设、社会建设、生态文明建设等都具有重要的战略价值，在防洪、发电、航运、移民、对口支援等领域创造了无数“世界之最”。有专家评价说，三峡工程是中国人民坚持自力更生、以人为本、全面协调可持续发展的一次重要实践，是向世界展示“大国重器”的标志性工程。

这本书教人“写好”三峡建设

三峡工程始终吸引着世界关注的目光，始终是一个新闻的“战场”。

范长敏先生不忘初心，一直把自己当作一名笔耕不辍的“新闻战士”。即使是担任三峡日报传媒集团总编辑，他自始至终是一个穿行在三峡工地上的“新闻兵”，是一名扎在长江坝区库区的记者、行者、访者和拍客。他常年把三峡挂在心上，有时一连几天吃住在环境艰苦的三峡工地上。曾有几个大年除夕，他都是在三峡建设现场和三峡移民家里度过的。可以说，他作品的每一个字里行间，都饱含着他的职业情怀和三峡情结。

好新闻必定来自第一现场。三峡工程建设期间实行封闭管理，因此采访现场不同于一般的新闻现场能够“来去自由”，而是受到很多限制。在国内外大牌媒体云集的三峡工地，地方媒体有时不受“待见”甚至被“拒之坝外”，采访的难度大。没有可靠的资料，甚至没有一点儿新闻线索，范长敏先生和他的同伴们却坚持“钻天拱地”，到现场去，到工地去，穿着工装“混”在建设者中间。

他曾经这样叙述过自己在三峡坝区采访的感受：“盛夏八月，气温酷热。工程开工初期，施工区域几乎是雨天一片泥浆，晴天一片灰尘。走进尘土飞扬的工地，一眨眼的工夫，头发、眉毛、脸庞和衣服几乎就变成了灰白色，加上烈日照射，汗水流淌，那种像掉进蒸笼里的滋味实在是难受极了。就是在这种特殊环境里，我们翻山涉水，爬坡上岭，住工棚，吃盒饭，在沸腾的工地上辛勤采访了将近20天。”采访虽然艰苦甚至还有危险，但他始终乐此不疲。他多次笑谈：“我愿意去现场采访，不是觉悟高，而是喜欢。”

他的作品里既有山沟泥巴土的芬芳，也有钢筋混凝土的温度。他有跟随共和国总理考察三峡的随行记录，也有获过奖励产生过一定影响的深度报道，更有凭双脚“走”出来的库区坝区采访纪实。他报道过三峡工程中的很多“世界第一”“亚洲第一”和“全国第一”，也写过很多的独家新闻。比如，他在全国最早向外界报道了三峡工程“大江截流时间表”，在全国地方媒体中最早采访了中国三峡总公司首任总经理陆佑楣，在众多媒体中率先报道了“三峡模式”，他首次与经济日报记者联手共同报道三峡截流，等等。

好新闻必定出自工匠之手。有时候新闻是“抢”来的，需要快之又快，但是“快中求好”则更能显示写作者的智慧和水平。范长敏先生是我新闻事业上的领导和老师，言传身教给我很多宝贵知识。他从不轻视每一次采访，从不将就任何一篇稿件，哪怕是一篇三两百字的小消息，都会认真推敲直到满意。他总是用工匠精神"打磨"新闻事业，真正践行习近平总书记提出的"用心用情用功书写伟大时代"。

有人说新闻"易碎"，不能保鲜，放不久远。但是真正有生命力的新闻，不仅当时读起来鲜活，更能成为珍贵的事件或人物史料。我觉得，这本书无疑是具有这种史料价值的。美国著名新闻家梅尔文·门彻教授曾说："新闻是易碎品，但要把它当成艺术品去雕琢。"在我看来，范长敏先生在他的职业新闻生涯中，没有停止过用其"雕琢之功"。他对新闻的敬业和精业精神，在业界有口皆碑，在他的一系列新闻作品里也体现得淋漓尽致。就像他的这本书中，不仅仅有"高峡出平湖"的秀美，也有"当惊世界殊"的壮观，而更多的是与众不同新闻视角和方式表达。

好新闻必定有其思想深度。思想是作品的基石，新闻思想是新闻作品的核心魅力所在。当今是一个海量信息时代，每天展现我们眼前的，几乎就是"开水白菜"式的"快餐"，让人食之无味。

习近平总书记在党的新闻舆论工作座谈会上，要求新闻工作者"转作风、改文风，俯下身、沉下心，察实情、说实话、动真情，努力推出有思想、有温度、有品质的作品"。

新闻的思想往往体现在作品的温度和品质上，也隐含在对新闻事实的客观性、真实性的报道背后，源于写作的态度和思考的角度。在这方面，范长敏先生做出了很好的示范。他笔下的三峡工程，不仅仅是一个举世瞩目的重大工程、重点建设和重要事件，而透过纸背折射出来的，更多的是三峡工程文化价值和三峡建设者的精神内涵。

这本书中的很多新闻稿件成为三峡工程宣传的优秀作品。比如他策划组织的"三峡工程备忘录"系列报道，当时在社会上产生了强烈反响，三峡施工企业曾破例第一次召开研讨座谈会。三峡总公司主管工程建设的副总经理贺恭称赞他的报道"有深度、有分量、有见解"，"开创了三峡工程宣传的新局面，为三峡工程宣传树立了榜样"。

这本书令人“点赞”三峡精神

《大国重器》大部分写的是火热三峡建设中极其平凡的人和事，但传递的却是三峡工程决策者、设计者、建设者、支持者和坝库区移民共同缔造的伟大“三峡精神”，而且是一座世代传颂的“精神大坝”！

“三峡精神”内涵丰富，是民族精神、时代精神、爱国精神、奉献精神、奋斗精神的薪火传承和生动体现。这本书虽然很少提及“三峡精神”之类的字眼，但无论是抓取普通建设者削山劈岭的劳动场面，还是报道科技工作者攻克世界难题的工程奇迹，或是描写百万移民“为国家、舍小家”离乡迁徙的感人事迹，或是宣传“三峡模式”“三峡标准”“三峡样板”等重要建设成就，都无不蕴含了这个伟大水利工程背后的精神境界。

这也是我读完此书后，最值得珍藏心间的“精神财富”。

虽然这本“新闻汇编”的不是“三峡全书”，很多内容只是“点到为止”，让人读起来有些意犹未尽。但瑕不掩瑜，《大国重器》仍是一个深受读者喜欢、具有宝贵史料价值的好作品！

（原载《大国重器——三峡工程的历史记忆》，范长敏著，2019年9月三峡电子音像出版社出版发行）

用文化“点亮”路灯

——《宜昌路灯文化》序

我们的生活被时代改变着。

我们的生活被环境改变着。

宜昌从一个江边小镇发展成举世闻名的世界水电之都，我们亲历并见证了这一历史性的改变。放眼环顾今天的宜昌城，依山傍水，高楼群立。每当夜幕降临时，灯火阑珊，五彩缤纷。路灯——被誉为道路卫士、行人监护和城市精灵的光明使者，在改变城市生态环境的同时，也在改变人们的现代生活。

一路有灯，一路光明。

有一首诗这样写道：“我以独特的高度，俯瞰这座城市，俯首匆匆而过的人群。我孤独地站立，渐渐地，美丽成了这个城市的风景。”

这是一首写给路灯的诗，也是一支唱给路灯的歌。

路灯，见证着现代城市的变迁，改变着现代人的生活。

在世界电都宜昌，有一群忠诚服务于城市路灯的人，他们和路灯一样无私奉献着光明。他们很平凡，但很高尚；他们很单调，但很精彩。这群人叫“宜昌路灯人”。

2001年，宜昌供电公司路灯管理中心应“路灯”而生。从此，这个以服务城市路灯为唯一生存理由的“中心”，围绕城市建设和民生大计，忠实履行社会职能，与路为径，与灯相伴，服务为本，责任以行。

于是，有了一些故事，需要与大家分享。

于是，有了一种感情，需要与大家分享。

所以，也有了一本书，需要与大家分享。

因为，这本书里，有我有你。

路灯是道路的卫士、行人的监护和城市的精灵。每当夜幕降临，路灯便放射光芒，既方便行人和车辆出行，又为城市夜空增添缤纷色彩。

路灯成为现代城市和现代人不可或缺的生活元素。

人类最早使用路灯始于15世纪初。资料记载，1417年，英国伦敦市长亨利·巴顿为了让城市漆黑的夜晚明亮起来，发布命令要求在室外悬挂灯具照明。他的命令很快在国内执行，伦敦街头便出现了各种不同的人工照明路灯。

法国人后来随之效仿，16世纪初，巴黎居民住宅临街的窗户外开始安装照明灯具。1667年，被称为“太阳王”的路易十四正式颁布城市道路照明法令。

据传，正是因为这部法令的颁布，路易十四的统治才被称为法国历史上的“光明时代”。

天地一瞬间，沧桑数百年。路灯从最初的蜡烛、煤油到后来的汽灯、电灯直至现代的太阳能、智能灯，也和人类一样见证了历史的变迁和时代的进步。

路灯是有生命和灵魂的。它的生命，在于闪耀的运动光电。它的灵魂，在于为人类和世界带来光明。或许黑暗才是真正意义上的指路的灯。

这种生命和灵魂，也为我们留下了许多关于路灯的趣闻逸事。

北京故宫旧称紫禁城，据说有近200年时间不设一盏路灯。这个明清两代的皇宫，富丽堂皇，宛若迷宫，拥有院落九千九百九十九间。明代紫禁城原本有路灯，天启时到魏忠贤当权，暗害忠良。为方便深夜出入，便下令废除路灯。以至于“戊夜赴朝，皆暗行而入，相遇非审视不辨”。清代因袭明制，紫禁城内仍不设路灯。

可见，路灯驱逐阴暗和黑暗。它不仅照亮夜间的街头角落，也能透视人的内心世界。

有生命和灵魂的物体自然有其文化内涵。作为一家与路灯朝夕相伴的企业，我们首次提出“路灯文化”这一命题。

我们所指的“路灯文化”，不是对路灯实物主体、技术形态、功能定位等内容的纯粹研究，而是基于路灯企业在路灯建设与服务方面的文化诉求。

宜昌路灯中心的服务主体是路灯，那些布满城市的形形色色的道路灯、景观灯、庭院灯、高杆灯、球场灯、草坪灯等，都是路灯人时刻牵挂的“伙伴”。所以我们让“宜电文化”在路灯企业“落地”，实际上就是以“路灯文化”为特色的企业文化的拓展与延伸。

任何一个有核心竞争力的企业，总是需要鲜活的企业文化的滋润。我们是国家电网公司和宜昌供电公司系统的最基层的服务单位，已经感受到了“国电文化”和“宜电文化”对人们思想行为所产生的深刻影响。

显而易见的，是企业发生的巨大变化。更重要的是，人们拥有了共同的价值观和精神取向。企业文化不是抽象的几句话，而是人们内心深处的一种信念。它的本质是价值观，体现企业的核心追求。

宜昌路灯管理中心成立只有八年多时间，但我们始终在探寻一种支撑企业发展的文化力量。这种文化力量，就是源于实践并在实践中不断完善的“路灯文化”。

我们倡导的“路灯文化”，包含全员认同的企业精神和价值观念和谐统一的经营战略及管理思想，员工自觉遵循的行业准则和行为规范，全员绘制的企业愿景目标和战略共识。

这是企业增强队伍凝聚力的意识形态基础，也是提升企业形象和综合实力的精神保障。我们力求把企业文化落在“路上”和“灯下”，始终坚持继承和创新相结合、共性和个性相统一、企业文化规划与员工职业生涯规划共同发展的原则，让先进文化引领企业的经营服务和管理活动。

“人和、灯亮、城美”，是宜昌路灯管理中心的核心价值观。

宜昌有着“世界电都”和“中国电力心脏”之称，正迈向省域副中心城市。为了这座美丽的城，我们要点亮城里所有的灯。为了城里所有的灯都亮，我们要形成和谐与共的战斗集体。“人和、灯亮、城美”六个字看似简约，实则寓意深远。

我们将企业文化当作一种“引路灯”，发挥其在路灯建设与服务中的有效辐射力，用共同的价值观统一思想行为，用特色文化“点亮”千万盏城市路灯。

宜昌路灯，因为有我们这些路灯人而精彩纷呈。宜昌路灯人，因为有企业文化的养分而精神富有。

一路有灯，一路光明。这是我们的服务理念，更是我们追求的事业理想和目标。

（原载《宜昌路灯文化》，吴昌林、罗文全著，2010年5月三峡电子音像出版社出版发行）

附　录

法国著名哲学家帕斯卡说:“你要人们称赞吗?那么不要称赞自己。”这些记录本人十年广告经营工作心路历程的文字,均是业界的称赞,有些溢美之词,但整体客观真实可信。当然,我永远不会用他人的评价来定义自己。但作为一个事业的追求者,始终在内心保留一份骄傲和自信,那是对自己的尊重和鼓励。

连创“逆势飘红”奇迹的报业精英

——记全市先进工作者、三峡日报传媒集团高级记者罗文全

文/胡兴军

2010年，罗文全“接手”三峡日报广告经营时，是全省第一个具有高级记者职称的广告部主任。这七年间，全国报业广告“风云突变”，遭遇连续断崖式下滑困境。但罗文全带领的团队克难奋进，滚石上坡，创造了连年“逆势飘红”经营奇迹，创收总额、经营效益、增长幅度等指标均居全省地市机关报首位和中部省份同行前列。他因此获得中国报业十佳广告工作者提名奖、中国报刊广告卓越贡献奖、中国地方报业广告十大杰出贡献奖等荣誉。

构建诚信自律的广告文化体系，在全国同行业有影响

报纸广告不是简单地“卖版面”和庸俗地“拉关系”，而是通过诚信自律的优秀广告文化，为客户创造有效的市场需求和传播价值。这是罗文全早在2009年就独创性提出的广告价值理念和构建优秀机关报广告文化体系的核心内容。

他倡导鲜明的“广告价值观”，提出并实践机关报必须做“干净广告”的思想。他坚决“封杀”各种违规、低俗、不良广告，把防范的重点锁定在医疗药品、食品、化妆品、美容服务和金融类等最容易出现虚假违法问题的广告上，做到不为“利”所惑，不为“病”所困，不唯“钱”所图，全面实现了虚假违法不良广告的零刊发。每年被“拿下”的各类违规广告价值在百万元以上，而免费刊发的公益广告价值达200多万元。《三峡日报》成为全省唯一保持“零违法记录”的报纸，广告部先

后被评为“全国广告行业文明单位”“全国广告行业诚信经营单位”“中国报刊广告经营管理优秀团队”。2015年9月，《三峡日报》在全省地市机关报中首次进入全国报刊广告投放价值排行百强榜，荣获“全国最具创新活力城市报社”。

组织策划的报业经营项目，围绕中心服务大局效果好

在报业经营思想上，罗文全坚持“围绕中心、服务大局”，坚持“把握大势、着眼大事”，策划和组织的各种经营项目独树一帜，产生了良好的社会影响。

宜昌“两会”是市委、市政府和全市人民重要的政治活动。他逢“会”必出“金点子”，精心策划专题宣传，先后组织出版了一系列“两会”特刊，为“两会”营造良好的舆论氛围。在建党90周年之际，他策划并组织的“捷报献给党”主题宣传，当期出版对开报纸144版，出版规模、发行数量、经营业绩等创造全省业界多项纪录。2013年，他围绕“美丽中国梦、宜昌大城梦”主题策划的大型系列特刊《宜昌中国梦》，全面展示了宜昌人民追逐的大城梦和中国梦。2015年，他根据市委提出的“新常态、新作为、新业绩”策划了《宜昌新作为》项目，系统宣传全市“三新”成果，引起了良好的社会反响。他因此连续四年获三峡日报传媒集团重大经营项目策划一等奖。

报业经营管理实践和理论成果突出，堪称业界佼佼者

罗文全注重创新内部管理，激发人员经营活力，实行“目标激励”制，探索出“以结果为导向、以人本为中心、以激励为机制、以业绩为标准”的绩效考核办法。他创造的团队管理“五好经验”，即建设一个好支部、打造一支好队伍、培养一种好精神、组织一些好策划、推行一切好服务，受到省内地市机关报同行的好评和借鉴，近五年来全国各地30多家媒体先后前来学习考察。

他的报业经营管理理论研究成果丰硕，在业界堪称佼佼者。2013年，他出版的论著《策之有道》，填补了全省地市机关报广告实践案例专著的空白。中国广告协会报刊分会主任梁勤俭称该书“对地方报业广告经营具有重要指导意义”。他近年来还先后发表了十多篇专业学术论文，其中部分被《中国广告年鉴》收录，多篇论文获得中国报业经营管理创新成果奖、中国报刊广告优秀论文奖。

（原载2016年5月21日《三峡日报》）

书写地方机关报广告传奇的人

——记中国地方报业十大广告杰出贡献奖获得者罗文全

文/吕道宁

2012年9月，在山东潍坊召开的全国地方报业优秀广告人物表彰大会上，三峡日报社广告部主任、高级记者罗文全获得"十大广告杰出贡献奖"。评委给他的颁奖词是——

他是一名高级记者，深谙文字之中的大智慧；他是一名营销强者，"策之有道"讲透微创新。他策划的项目每年创收超过千万元，操刀运作的百版广告特刊当创造全国地方机关报多项纪录。

创造中国地方机关报广告的"宜昌经验"

2013年是罗文全担任湖北三峡日报社广告部主任的第四年。1—9月，《三峡日报》实现广告收入同比增长18%，三年来累计实现广告增幅超过65%，经营总额、增长幅度、经济效益等各项指标遥居湖北省各市州报和中部省份市州机关报之首，以超出全省其他市州机关报平均广告数倍的骄人业绩，成为机关报广告行业学习的典范，创造了中国地市机关报广告的"宜昌经验"——优秀的职业团队、独创的文化体系、成功的经营案例、不倒的广告奇迹。

他带领的广告部团队再次获得殊荣，被中国广告协会、国家工商总局授予首批"全国广告行业诚信经营单位"称号，是全省唯一获此殊荣的机关报广告经营单位。他个人被称为"书写中国地市机关报广告传奇的人"。

正是由于在业界的突出贡献，他被中国新闻史学会、清华大学新闻学院等10单位联合授予“中国广告年度贡献人物奖”。2012年5月，他获得中国报业协会评定的“中国报业经营管理创新成果奖”。2012年9月，他被中国地市报研究会授予“中国地市报业广告十大杰出贡献奖”。三峡日报社广告部连续两届被中国广告协会评为“全国广告行业文明单位”，连续四年被评为湖北省和宜昌市“行业自律先进单位”，连续四年被宜昌市表彰为“全市新闻工作先进集体”。

构建优秀的机关报广告文化体系

报纸广告不是简单地“卖版面”，也不是庸俗地“拉关系”，而是通过广告人提出的新概念、新思想、新项目，为客户创造有效的市场需求。这是罗文全提出的全新广告价值理念。

他结合地方机关报自身特点，根据不同时期报业广告的不同发展要求，在湖北省独创性地提出构建机关报广告文化体系，倡导鲜明的“广告价值观”，不断突破广告经营的传统观念，真正从理念、意识、思路上实现转变，把广告人的智慧和力量变成广告财富。这种“广告价值观”，包括广告人价值观、广告客户价值观和广告产品价值观。“广告人价值观”就是广告人要从单纯“拉广告”的低层次争夺，转变到“做广告”的高层次服务，在服务中体现机关报广告人的价值；“广告客户价值观”是要让广告承担起提高引导力和影响力的社会责任，用物超所值的更高回报体现广告的客户价值；“广告产品价值观”是指广告产品要达到主流、高端、独特的品质，用优秀广告产品创造机关报的品牌价值。

他认为，在这三个价值观中，客户价值是广告的核心价值。广告经营活动想到的不仅仅是报社能收取多少广告费，而是客户的广告到底能不能通过报纸传播而产生相应的市场效果。这样才能用开放的视野做广告，才能运用价值的规律做广告。因此，他着力培育广告人的新闻素养，锻炼广告人的社交能力，提升广告人的服务水平，增强广告人的诚信意识和活动意识。

有了鲜明的广告价值观，三峡日报社的广告经营真正摆脱了单纯报纸广告的限制，跳出了版面做品牌，跳出了广告做策划，跳出了策划做经营，让广告更多地走向参与社会、影响社会、活跃经济、融入文化的广阔空间。近年来，联合有关政府职能部门先后开展的“宜昌经济年度人物暨贡献奖”“宜昌首届杰出女企业家”“宜昌市十大杰出青年”评选表彰等系列重大主题活动，每一次活动都成为一个关注的话题，甚至成为一种文化现象，产生了积极而深远的社会影响。

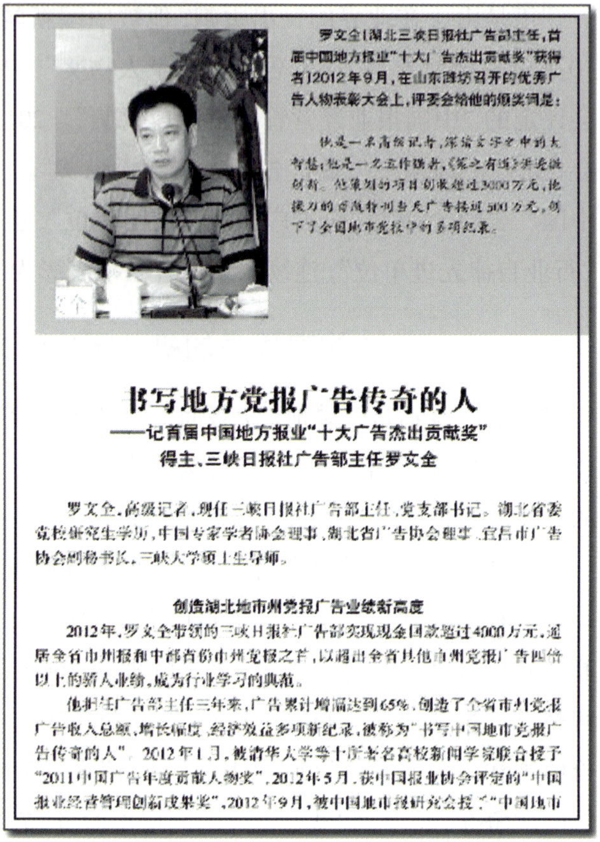

罗文全(湖北三峡日报社广告部主任，首届中国地方报业“十大广告杰出贡献奖”获得者)2012年9月，在山东潍坊召开的优秀广告人物表彰大会上，评委会给他的颁奖词是：

他是一名高级记者，深谙文字之中的大智慧；他是一名主作者，《策之有道》开拓创新。他策划的项目创收超过3000万元，他操刀的专版特刊当天广告揽进500万元，创下了全国地市党报中的多项纪录。

书写地方党报广告传奇的人

——记首届中国地方报业“十大广告杰出贡献奖”得主、三峡日报社广告部主任罗文全

罗文全，高级记者，现任三峡日报社广告部主任，党支部书记。湖北省委党校研究生学历，中国专家学者协会理事，湖北省广告协会理事，宜昌市广告协会副秘书长，三峡大学硕士生导师。

创造湖北地市州党报广告业绩新高度

2012年，罗文全带领的三峡日报社广告部实现现金回款超过4000万元，远居全省市州报和中部省份市州党报之首，以超出全省其他市州党报广告四倍以上的骄人业绩，成为行业学习的典范。

他担任广告部主任三年来，广告累计增幅达到65%，创造了全省市州党报广告收入总额、增长幅度、经济效益多项新纪录，被称为“书写中国地市党报广告传奇的人”。2012年1月，被清华大学等十所著名高校新闻学院联合授予“2011中国广告年度贡献人物奖”，2012年5月，获中国报业协会评定的“中国报业经营管理创新成果奖”，2012年9月，被中国地市报研究会授予“中国地市

2012年9月，中国地市报研究会评选全国十大广告杰出贡献奖，罗文全获此殊荣，中国地市报人杂志主编、高级编辑吕道宁对作者进行了专访报道。

他大胆提出做“最干净广告”思想并努力实践。他认为，广告宣传必须坚持优秀的文化导向，坚守先进的文化阵地，做到守“土”有责。他担任广告部主任后，坚决“封杀”各种违规、低俗、不良广告，坚持高端广告取向，使《三峡日报》成为全省“最干净广告”的报纸。把各类“问题广告”拒之门外后，虽然表面上减少了广告收入，但实际上品牌客户更加忠诚，消费者对报纸广告更加接受和认同，报纸的品牌形象和公信力得到更加有效提升，创造了更大的广告效益。因此《三峡日报》被誉为“最干净的报纸”。他提出的机关报“干净广告”理念和实践，被中国报业协会向全国报业界推广。2012年5月，他主持的构筑机关报“干净广告”有效防线项目，获得中国报业经营管理创新成果奖。近三年来，《中国记者》《中国广告年鉴》先后5次推介他探索并实践的优秀广告文化经验，全国20多家地市报慕名前来学习“取经”。

独具智慧的重大广告策划

罗文全在广告项目策划上独具智慧，独树一帜，创造高额经济效益，走在了全国报业同行前列。近四年来，他亲自策划的报业广告经营项目达30多个，仅此一项每年创收就超过千万元。

他策划的“捷报献给党”主题广告，当期纪念特刊达到144版，单日广告创收近400万元。这个出版规模和经营业绩，在全省报业界是第一次，在全国地市报中不多见，创造了多项纪录，堪称报业广告策划的经典之作。新华网、中国记协网等众多媒体对此进行了报道，被中国广告协会、《中国广告年鉴》列为经典广告案例，获得中国地市报优秀广告作品案例一等奖。

近年来，他策划的宜昌经济年度人物评选成为一项重要的品牌活动。每年不仅能创造数百万元的广告收益，还得到了社会的广泛好评，形成了宜昌经济年度人物评选的品牌效应。2012年，他策划的“喜迎十八大、推进新跨越”大型广告专题，获中国地市报2012年度重大广告专题及广告案例策划一等奖。策划的《健康消费指南》，成为地市机关报开发商业市场类广告的有益探索。2013年9月，第九届中国国际民间艺术节、第四届中国长江三峡国际旅游节、第三届中国宜昌长江钢琴音乐节(简称“三节”)在宜昌举办，他据此策划的重大广告项目《相聚水电城、共筑中国梦——宜昌“三节”特刊》当天出版对开大报80版，特刊在新浪微博点击量超过30万人次。

在报业广告持续低迷的背景下，罗文全用独特的策划智慧，把机关报广告做得有声有色。他因此连续三年获得三峡日报传媒集团“突出贡献奖”，连续四年获得重大广告经营项目策划奖唯一的一等奖。

丰硕的广告经营管理实践与理论成果

罗文全注重创新内部管理，优化绩效考核，激发广告经营活力。近年来，他实行“目标激励”制，设立“业绩递增奖”“项目策划奖”和“服务质量奖”，完善20多项管理制度，开展“双改”(改进文风、改善作风)、“三基”(抓基本道德修养、抓基本业务规范、抓基本能力培训)活动，培养了一批高级记者、高级经济师、高级工艺师等高端人才，一支"有思想、有秩序、有业绩"的优秀职业团队快速成长。他有效规范广告市场行为，加强组织领导，严把广告审核、设计和发布关口，保证了三峡日报社广告健康、有序、和谐发展。多年来《三峡日报》没有出现一起广告违规违法事件，成为全省唯一零违规广告记录的媒体，自觉维护了机关报的良好形象，从而有效促进了机关报广告经营社会效益和经济效益的同步增长。

他在广告经营管理理论研究上成果丰硕。2012年，他出版的20万字广告论著《策之有道》，分别在理念创新、策划创新、服务创新、管理创新等方面进行了有益探索，独家提出了营造"干净广告"的文化氛围、创造"借题发挥"的广告价值、再造超越期待的服务流程、打造"报"在一起的职业团队，填补了全国地市机关报广告实践专著的空白，被湖北省广告协会称为"源于实践而超越实践的广告经营指南"，被中国地质大学、三峡大学列为广告学辅导书籍。

他善于把广告经营和管理的实践变成指导行动的理论成果。近三年他发表了十多篇极具价值的广告专业论文，其中论文《用优秀广告文化提升党报广告竞争力》《地方党报在重大新闻事件中的广告突破》分别被收录于《中国广告年鉴》2011年卷和2012年卷；论文《用优秀的广告文化构筑党报"干净广告"的有效防线》荣获"中国报业经营管理创新成果"论文二等奖。2012年9月，他撰写的论文《不卖版面卖创意——〈三峡日报〉用诚信和自律的广告文化推动广告经营发展》在《中国记者》杂志刊发后，引得全国同行业极大关注，获中国地市报广告论文一等奖。他作为三峡大学传媒学院硕士研究生导师，今年主讲的《让党报广告更简单——党报广告的创意与实践》专题课，受到业界的广泛好评。

（原载2013年4月长江出版社出版《营销正能量：纸媒广告成功案例与报业发展新论选编》）

跨界成“名”

——记湖北首届十大“荆楚广告名师”罗文全

文/覃燕妮　袁满

跨界，是思想观念的融合和行为能力的延展，是一种向上的探索精神和新锐的生活态度。

——题记

2018年1月24日，湖北首次评选表彰十位“荆楚广告名师”。三峡日报社广告部主任罗文全获此殊荣。

在十大“名师”中，他是全省市州中唯一的人，是全省报刊业界唯一的人，是唯一既有广告实战经验又有丰硕理论成果的人，是从事广告经营时间最短的人。

追访这位“广告名师”的“成名”之路，可谓非同寻常，耐人寻味。

1.笃学精业　扬名荆楚

湖北省广告协会“荆楚广告名师”评委会给罗文全的推荐评语是：

“他从新闻岗位跨界转入广告行业时，正值全国报业广告出现断崖式下滑的困境，下行趋势至今未止。但他带领团队创造了连续多年逆势增长并屡创新高的奇迹，把一张地方机关报的广告做成了一面行业旗帜。他的广告自信、广告自律和广告智慧，产生了显著的经济效益和社会效应。他是优秀的广告实践者和出色的广告创新者，堪称全省报业广告界的影响力人物。”

八年前，受命接管三峡日报社广告经营时，他是一名具有高级记者职称的新闻人。跨界执业的这八年，正处在当今媒介变革和融合的时代背景下，他初心为继，打马山河，以对报业广告的专业专注和探索精神，以脚踏实地的勤勉奋斗和不凡业绩，诠释了他笃学精业的职业信仰和广告情怀。

他因此屡屡占据广告行业的“先进榜”，多次受到中国广告协会、中国报业协会的褒奖。2010年至2017年，先后获得“中国报业十佳广告工作者提名奖”“中国广告年度人物奖”“全国报刊广告卓越贡献奖”和首届“全国地方报业十大广告杰出贡献奖”“宜昌市先进工作者”等称号。

“报业转型不是转身就走的旅行，而是一种思想观念和行为方式的转变。用互联共享的思路深耕广告，也能拼出一条‘活路’。”指尖打下这样一行字，罗文全的内心像是酿了一坛二月的酒，虽是寒冬凛冽，却有梅香悠悠。

2018年新春伊始，宜昌“两会”如期而至，他组织策划的50多版广告在《三峡日报》惊艳亮相，再写机关报广告“开门红”。

顿坐回望，在全国报业广告遭遇连续“寒冷”之际，三峡日报社广告却不惧风霜，逆势飘红，连续多年创收总额、经营效益、增长幅度均居中部省份地市机关报最前列。

往来贺声未断绝，滚水沏茶，芽尖浮腾间，自知前路不易。

初心与使命，引领着他们砥砺前行。积累成塔的广告报样和广告荣誉，见证着罗文全和他带领的团队，从“半路出家”到行业领先，从创造“中部第一”到呈现“三峡现象”，在行业寒冬中闯出一片盎然生机。

笑谈往昔坎坷，清茶入口，涩始觉甜。“广告名师”名扬荆楚的背后，是他这些年来承受和应对着圈内竞争的残酷与冰冷，是他对传统报业广告在互联网巨浪中的坚守和打拼。

2.半路改行　知难而上

“不知道前面将会是什么，或是一片广告的蓝海，或是拼杀后的万丈深渊，都无法预测。”这是罗文全在他的广告专著《策之有道》自序中写的。冷静而自

2018年1月24日，湖北省广告协会举行颁奖大会，授予武汉大学新闻与传播学院教授姚曦等10人为首届“荆楚广告名师”称号，作者(右三)名列其中，图为领奖现场。

持的文字里，蕴藏着深沉的忧虑，却也有着放手一搏的豪气。

他曾是一名军人，骨子里深藏着一种不败的傲气。那时的新闻理想，在他青春年少的心中和直线加方块的军营生活中生长。1996年年底，他从部队转业开始了他的职业新闻生涯。他孜孜以求，铁肩担当，无论是在新闻事件的现场，还是在追逐新闻的路上，他的一次次采写都充满了温度，传递着人性。深夜伏案疾书，手下一笔一画，指尖一字一句，满腔新闻热血。

此后十年间，他参与了很多重大新闻事件的报道，采写了一系列较有影响的新闻作品。他曾与同事第一个走过合龙锁江的巍巍三峡大坝，曾随“猪贩子”史光权跨越三省南下卖猪，曾独家采访北大女科考队员与神农架金丝猴的情缘，曾用“把一切献给党”的刘恨钱的故事感动社会。他因此3次获得湖北新闻奖一等奖，5次获得中国地市报新闻奖一等奖，出版9本专著论著。35岁那年，他担任《三峡商报》副总编。40岁时，他成为全省最年轻的高级记者之一。

2009年年初，由于他的勤勉踏实和写作才华，有政府部门向他伸出橄榄枝，拟调任他进机关工作。而正在这时，报社领导从众人中挑选，拟调任他挑起广告经营的重担。

广告对他来说，是一个全新的领域，也是一个未知的地带。面对选择，他曾犹豫不决。一方面是政府机关的“看好”，自己走出去或许人生从此安定而体面；另一方面是接受新的重任，“半路出家”却不知未涉的前途。

几经徘徊，他最终还是选择了留下。

2010年春天，罗文全正式履职三峡日报社广告部主任、三峡广告传媒公司总经理。但此时报业已开始“唱衰”。寒冬不缺风雨，受国际金融危机影响和各种新媒体的冲击，全国报业广告进入了调整期。旺季不旺，淡季更淡，报纸广告人的眉头，藏着忧虑的寒意。

明知路有虎，偏向虎山行。他决定做一次跨界博弈，把自己卷入了一个生死未卜的“广告战争”。

他在“就职演说”时，用“无坚不胜”作为主题表达了自己的广告理想。他说，第一是坚定方向，在广告经营的导向和目标上坚定不移；第二是坚守阵地，把机关报广告这一主阵地坚守好；第三是坚持创新，用创新赢得广告经营的主动；第四是坚决完成任务，不负领导和同人的重托。他认为，坚定方向是一个媒体原则，坚守阵地是一份职业责任，坚持创新是一种前进力量，坚决完成任务是一份职业承诺。

这个“半路出家”的广告人，出言不凡。

3.心有苍翠　报纸自净

“报纸广告不是简单地‘卖版面’和庸俗地‘拉关系’，而是通过诚信自律的优秀广告文化，为客户创造有效的市场需求和传播价值。”

罗文全对报纸广告的认识和理解不同于一般的广告人。或是党性早已植根于骨髓，他提出广告也必须坚持“洁身自好”的机关报品质，倡导鲜明的“广告价值观”，构筑“干净广告”的有效防线，打造属于机关报广告的“苍松翠竹园”。

广告有价，品格无价。2012年，有一家广州知名饮料企业要在《三峡日报》刊登广告。罗文全审读广告内容后，察觉其隐含恶性商业竞争之嫌。对方以其他城市报纸已有刊登为劝，并承诺后期加大广告投入，但仍被他断然拒绝。

有深陷纠纷的企业，愿以重金购得一版公示，罗文全却是很礼貌地将其拒之门外。他认为，如果广告唯利是图，报纸就会成为利益纠纷的受害者。面对精美的礼盒，极具诱惑的条件，他的眼睛却总能看见繁华背后隐匿的阴暗，理智而清晰地守护机关报一方净土。

在他看来，一纸广告，社会效益远大于经济效益。广告同新闻一样承载着社会责任，对受众特别是消费者具有重要的引导效应。

为此，他制订了广告活动和广告产品的三条标准：一是不以单纯创收赚钱为目的，要着眼于可持续发展，把客户做强做大做优；二是不以损害机关报品牌形象为代价，要坚持广告的正确导向和高端取向，提升报纸广告品位；三是不以个人某种私利为广告借口，要以客户满意和为客户创造价值为准则，实现合作多赢。

一个时期，各种违法医疗广告一度成为报纸的"重灾区"。但他不为利所惑，坚决对那些品位低下、粗制滥造、消极庸俗、内容虚假的不良广告"痛下狠手"。八年多来，《三峡日报》成为全省所有媒体中唯一保持广告"零违法记录"的报纸，维护了机关报的品牌形象和公信力。

即使报业遭遇再大困境，他也不放弃底线和标准。他认为机关报和机关报广告人，必须把党性放在第一位。他每年都会拿出价值两百万元以上的黄金版面做公益，以社会主义核心价值观为内容的各类公益广告，绿色环保、尊老爱幼、饮食安全、公正司法……通过一纸图文，传递至读者心坎。

2012年9月，中国广告协会报刊分会和《中国记者》杂志，分别推介了《三峡日报》用诚信自律的广告文化推动广告经营发展的经验。2013年5月，中国报业协会向全国推介了他们用优秀广告文化构筑机关报"干净广告"有效防线的做法。2015年9月，湖北省新闻工作者协会向全省推介三峡日报提升广告传播价值的成果。

寒冬育林，坎坷固然，却独有一分苍翠傲骨，成就"干净报纸"。

4.暖心善行　策之有道

一纸油墨，承载着世态万象，传播着人间冷暖。罗文全认为，报纸从业者要有暖心善行，才能办好贴近人民群众的报纸，做好切合新时代需求的广告。

他是一个内心有光、言行有爱的人。他常年资助长阳山区3名贫困学子，从小学到大学毕业。他坚持每月从工资中捐献150元给联合国儿童基金会，帮助贫困地区失学儿童。他还无偿助养一名贵州贫困孤儿，坚持每天做“益行家”，把走路的步数兑换成钱捐给社会。他觉得这些都是自己力所能及而一定要做的事，没有丝毫功名色彩。而他正是将这种善行暖意，倾注在了报纸的广告经营当中。

2010年，社会兴起“养生”热。当时他敏锐地发现，由于人们对“养生”片面理解，很多人一味盲从，有些“养生大师”便带着另类观点登陆各个卫视媒体“传经送宝”，然后以各种方式敛财。从靠“祖传秘方”打天下的张悟本，到推行“道家养生”的李一，都借“养生”之名而暴得名利。他思考，要用机关报传递正确的“养生观”，推介健康的保健产品。于是他相继策划了全省首份“百姓养生读本”“健康消费指南”特刊，亲自写了两篇刊首寄语，总共80多版的报纸特刊风行一时，引领广大群众理智消费。

“机关报广告要顺应新时势，传递正能量，体现大担当”。罗文全说，责任是媒体广告人内在的血液、外在的光芒，任何时候都要如影相随。

2011年7月1日，是中国共产党建党90周年的纪念日。这一天，《三峡日报》以“捷报献给党”为主题，隆重推出纪念特刊144版，当期组织祝贺单位超过200家。这一天相当于出版了半个月的报纸，刷新了全国地市报业界采编业务、广告经营、印刷规模、投递发行等多个纪录。新华网、中国记协网等全国数十家网络媒体对此进行了宣传，中国广告协会将此作为2011年经典案例收入《中国广告年鉴》，称其为“机关报在重大事件报道中的一次广告突破和创举”。

中国梦，是党的十八大以来习近平总书记提出的重要指导思想和执政理念，全国人民发自内心地拥护，各地相继掀起了“梦想热潮”。2013年4月，罗文全把这一具有时代特色的“中国梦”落实到媒体经营上，率先策划推出《宜昌的“中国梦”》，以“梦”为题，一线串珠，组织出版80多版报纸特刊，引导宜昌人民把个人梦想融入民族梦，以“我的梦”托起中国梦，产生了良好社会影响和显著效益。这个策划是全国报业界第一个把“中国梦”融入报纸经营的成功案例，获得中国报业广告优秀案例提名奖和中国地市报优秀广告案例一等奖。

欲行山路，必有良驹。经营报纸，必行良策。他坚持“把握大势、着眼大事”“围绕中心、服务大局”的策划思路，近八年来成功策划了“宜昌经济年度人物”“喜迎十八大、推动新跨越”“宜人之城、昌盛之地”“践行新理念、决胜十三五”等30多个重大经营项目，产生了显著社会效应和经济效益。

而这一系列广告活动和经营案例，打造了中国地方报业广告的“三峡现象”和一路高歌的独特风景，对缓解传统媒体日益深重的危机具有重要经济价值和借鉴意义。

5.英雄团队　独树芳华

“风雨之路，单丝不成线，独木不成林。”罗文全深情地说，伴随自己磨砺前行的，正是三峡日报社优秀的广告团队。

他着力构建广告团队的核心价值和竞争力体系，树立“责任、忠诚、智慧、创新”的职业理念，打造“有思想、有秩序、有业绩”的队伍。三峡日报社广告部先后获得“全国广告行业文明单位”“全国广告行业诚信经营单位”“全国报刊广告经营管理优秀团队”等。

万里之船，成于罗盘。作为一个团队的领头雁，罗文全总是极力培养简洁和谐、互助互信、充满正气的人际关系，用自己的管理智慧和人格魅力，激发团队最大的事业潜能。

有一位女同事，由于丈夫长年在外工作，自己独自陪伴女儿，感觉身心疲惫，精神不济，工作状态十分消沉。罗文全没有简单对她一“批”了之，而是通过谈心、邮件通信等方式帮助她打开心结，调整情绪。

“其实，人和人在属性上都是相同的，不同的只是境界的高下。这个‘境界’是心境和眼界。心情由心而定，眼界随心而生。我们常说‘把心放宽些、把事看开些’，就包含了从容淡定的生活哲理。就像中秋看夜景，你看月圆是一首醉人的诗，我看月缺也是一幅仙美的画……自己永远是生活的主宰。而三峡日报社广告部，永远是你们温暖的家。”

这样温和而细腻的文字化解了心头坚冰，于无声处散发关怀的暖意。从此，这名员工变得心情豁达，生活乐观自信，工作洋溢激情。

罗文全认为，只有大家都“做最好的自己”，才能形成一个“最好的团队”，所以他创造一切“成为最好自己”的条件。他鼓励全员学习成才，设立学习激励奖；他不让任何一个人轻易掉队，设立绩效进步奖；他不让每一个干事创业的人吃亏，设立突出贡献奖；他善待员工性格上的差异，尊重每一个人自我发展的合理要求，因此这个团队形成了“报在一起”的强大凝聚力和战斗力。

三峡日报传媒集团党委书记、董事长、社长罗春烺称赞“三峡日报社广告部是一个英雄团队”，归纳团队的“四有特质”是：有争创一流的团队精神，有科学管理下过硬的团队作风，有高人一等的策划水平，有咬钢嚼铁的执行能力。

如此“特质”形成的团队力量，成就了三峡日报社广告连续逆势而上的经营奇迹。

2016年，罗文全被中国广告协会报刊分会授予“全国报刊广告经营管理卓越贡献奖”，这是我国报刊广告行业对管理者的最高奖赏。

当下传统报纸媒体与新媒体的融合成为发展趋势，实行经营转型便是报业广告人的一种新使命。在罗文全看来，延伸和跨界注定成为一种新的方向，过去那张承载自己新闻理想的报纸，或许不会“天长地久”，但他那颗火热的进取之心，依然伴随他的事业情怀奋斗前行。

（原载2018年3月《中国传媒经营》）

名扬荆楚的“广告工匠”
——记宜昌市先进工作者、三峡日报社广告部主任罗文全

文/胡华东　覃燕妮

湖北省广告圈的人应该对罗文全这个名字不陌生。他是三峡日报社广告部主任，同时也是湖北省首先评选出的十位“荆楚广告名师”之一。所谓“名师”，必有一番“手段”。罗文全的“手段”不单包括广告实战经验，还有丰硕理论成果。而这位名扬荆楚的“广告名师”，职业生涯的起步和广告无关。

“半路出家”

“不知道前面将会是什么，或是一片广告的蓝海，或是拼杀后的万丈深渊，都无法预测。”这是罗文全在他的广告专著《策之有道》里的自序，也是他半路改行的内心波动。

1996年，罗文全从部队转业，跨入了新闻圈。此后十年间，他参与了很多重大新闻事件的报道。他曾与同事第一个走过合龙锁江的巍巍三峡大坝，曾独家采访北大女科考队员与神农架金丝猴的情缘……因此3次获得湖北新闻奖一等奖，5次获得中国地市报新闻奖一等奖，出版9本专著论著。35岁那年，他担任《三峡商报》副总编辑。40岁时，成为全省最年轻的高级记者之一。

2009年年初，由于工作勤勉踏实和写作才华出色，宜昌某政府部门向他伸出橄榄枝，拟调任他进机关担任领导职务。而正在这时，报社领导拟调任他挑起广告经营的重担。广告对他来说，是一个全新的领域，也是一个未知的地带。

面对选择，他曾犹豫不决。几经徘徊，他最终还是选择了留下。

2010年春天，罗文全正式履职三峡日报社广告部主任、三峡广告传媒公司总经理。但此时报业已开始被“唱衰”，受国际金融危机影响和各种新媒体的冲击，全国报业广告进入了调整期，报纸广告人的眉头藏着忧虑的寒意。

罗文全把自己跨界博弈的主题定为“无坚不胜”。他在“就职演说”时表达了自己的广告理想：第一是坚定方向，在广告经营的导向和目标上坚定不移；第二是坚守阵地，把机关报广告这一主阵地坚守好；第三是坚持创新，用创新赢得广告经营的主动；第四是坚决完成任务，不负领导和同人的重托。他认为，坚定方向是一个媒体原则，坚守阵地是一份职业责任，坚持创新是一种前进力量，坚决完成任务是一份职业承诺。这个“半路出家”的广告人，出言不凡。

“洁身自好”

“报纸广告不是简单地‘卖版面’和庸俗地‘拉关系’，而是通过诚信自律的优秀广告文化，为客户创造有效的市场需求和传播价值。”罗文全一上任就提出，广告也必须坚持“洁身自好”的机关报品质，倡导鲜明的广告价值观，构筑“干净广告”的有效防线，打造属于机关报广告的“苍松翠竹园”。

2012年，广州一家知名饮料企业要在《三峡日报》刊登广告。罗文全审读广告内容后，察觉其隐含恶性商业竞争之嫌。对方以其他城市报纸已有刊登为劝，并承诺后期加大广告投入，但仍被他断然拒绝。他认为，如果广告唯利是图，报纸就会成为利益纠纷的受害者。

在罗文全看来，一纸广告，社会效益远大于经济效益。广告同新闻一样承载着社会责任，对受众特别是消费者具有重要的引导效应。为此，他制订了广告活动和广告产品的“三不标准”：不以单纯创收赚钱为目的，要着眼于可持续发展；不以损害机关报品牌形象为代价，要坚持广告的正确导向和高端取向；不以个人某种私利为借口，要以客户满意和为客户创造价值为准则。八年多来，《三峡日报》成为全省所有媒体中唯一保持广告“零违法”的报纸，维护了机关报的品牌形象和公信力。

罗文全：名扬荆楚的“广告工匠”

2018年5月湖北《工友》杂志刊发的报道。

策之有道

罗文全认为，报纸从业者要有暖心善行，才能办好贴近人民群众的报纸，做好切合新时代需求的广告。

2010年，社会兴起“养生”热。罗文全敏锐地发现，由于人们对“养生”理解片面，很多人一味盲从。于是他决定用机关报传递正确的“养生观”，推介健康的保健产品，相继策划了全省首份“百姓养生读本”“健康消费指南”特刊，亲自写了两篇刊首寄语。总共80多版的报纸特刊风行一时，引领广大群众理智消费。

中国梦，是党的十八大以来习近平总书记提出的重要指导思想和执政理念。2013年4月，罗文全把这一具有时代特色的“中国梦”落实到媒体经营上，率先策划推出《宜昌的“中国梦”》，以“梦”为题，组织出版80多版报纸特刊，引导宜昌人民把个人梦想融入民族梦，以“我的梦”托起中国梦，获得中国地市报优秀广告案例一等奖。

欲行山路，必有良驹。经营报纸，必行良策。罗文全坚持“把握大势、着眼大事""围绕中心、服务大局"的策划思路，近八年来成功策划了"宜昌经济年度人物""喜迎十八大、推进新跨越""宜人之城、昌盛之地""践行新理念、决胜十三五"等30多个重大经营项目，产生了显著社会效应和经济效益。

团队共进

"风雨之路，单丝不成线，独木不成林。"罗文全说，伴随自己磨砺前行的，正是三峡日报社优秀的广告团队。他着力构建广告团队的核心价值和竞争力体系，树立"责任、忠诚、智慧、创新"的职业理念，打造"有思想、有秩序、有业绩"的队伍。先后有30多人次获得全国全省各种奖励表彰，三峡日报社广告部相继获得"全国广告行业文明单位""全国报刊广告经营管理优秀团队"等十多项荣誉。

罗文全认为，只有大家都"做最好的自己"，才能形成一个"最好的团队"。他鼓励全员学习成才，设立学习激励奖；他不让任何一个人轻易掉队，设立绩效进步奖；他不让每一个干事创业的人吃亏，设立突出贡献奖；他善待员工性格上的差异，尊重每一个人自我发展的合理要求，因此这个团队形成了强大凝聚力和战斗力。

当下传统报纸媒体与新媒体的融合成为发展趋势，实行经营转型是报业广告人的一种新使命。在罗文全看来，延伸和跨界注定成为一种新的方向，过去那张承载自己新闻理想的报纸，或许不会"天长地久"，但他那颗火热的"匠心"，依然伴随他的事业情怀奋斗前行。

（原载2018年5月《工友》）

罗文全的职业信仰与事业情怀

文/高蕙芬

从新闻爱好者到获得上百个奖项的职业新闻工作者，从“战士记者”到全省最年轻的高级记者，从业余通讯员到地方党委机关报社领导班子成员，从“半路出家”跨界报业经营到全省首届十大“广告名师”，他用自己的勤奋、笃学、敬业和奉献，书写了一个新闻人和广告人的“事业传奇”。

——题记

2018年1月24日，武汉。湖北广告界首次表彰十位“荆楚广告名师”。

湖北省广告协会对“广告名师”的赞语是：“他们是全省有突出成果和行业贡献的名师，增强了全省广告人的社会影响力和美誉度。他们积极发挥笃学精业的引领作用，志存高远，为促进湖北广告产业在‘十三五’期间做大做强做出了重要贡献。”

三峡日报传媒集团罗文全获此殊荣。他是全省市州和全省报业界唯一获得者。

组委会对罗文全的评语是：“他带领团队创造了连续多年逆势增长并屡创新高的奇迹，把一份地方机关报的广告事业做成了一面行业的旗帜。他的广告自信、广告自律和广告智慧，产生了显著的经济效益和社会效应。”

早在2010年，他受命负责报纸广告经营。八年来，他以其对报业广告的专业与专注精神，以其脚踏实地的行动和不凡业绩，诠释了他笃学精业的职业信仰和广告情怀。

他因此屡屡占据广告行业的“荣誉榜”，多次受到中国广告协会、中国报业协会的褒奖。虽然罗文全已被提拔担任三峡日报社(传媒集团)党委委员、副社长、副总经理，但他依然深耕在时代巨变的新闻事业中。而报业广告，也扎根在他不屈不挠的灵魂里，驻守在他无限忠诚的职业使命里。

对职业的敬畏

我国的报纸广告，有过一个辉煌的“黄金时代”。从20世纪80年代初直到2010年，各种报纸几乎无一例外地享受着丰厚的改革红利。但此后风云突变，互联网对传统报业的影响和冲击，开始从传播、渠道层面渗透到媒体价值链和整个产业。

2010年春天，正是中国报业广告开始“喊冷”的时候，罗文全受命从一位新闻工作者变成了广告经营者。上任伊始，他接收的第一个信息是，报纸广告走过了从改革开放以来持续30年的高速增长之路，正面临一个回头向下的调整当口。这对他来说，是一个严峻的考验。

其实他内心的忐忑，还来自对这个未知领域的完全陌生。新来的集团党委书记、董事长、社长罗春烺找他谈话时，他先是犹豫，然后是推辞了。他清楚，广告是报社、报纸和报人的支柱甚至命脉。他担心自己“半路出家”，能力不够，担负不起那份沉甸甸的信任和重托。

领导最终还是认定了他，他也最终选择了广告。这个选择，意味着承担和挑战。

他告诉自己，新的考验摆在面前，没有退路，只能向前！向前！向前！

他在“就职演说”时用“无坚而不胜”作为主题，表达了自己“坚守阵地、坚定方向、坚持创新、坚决完成任务”的思想和决心。

他带着新闻人的敏锐嗅觉，对报纸广告做了一番跨界思考和探索。

他明白，任何一个时代，都有一种或几种潮流，背后潜藏的，是精神的主流和潜流。而精神的潮流主导着人们面对人生、事业的内在态度。中国广告业与中国经济同步起伏。报纸广告兼具商业和文化属性，是新型的创意产业，不仅传递商品服务信息，而且传递文化价值理念。

因此在他看来，机关报广告必须用正确的价值观和先进的经营理念来统领。他认为正确的价值观和理念的建立，都蕴藏在这个无比丰富的时代之中。

他要用自身的头脑、认知和学识，去观察、感知、捕捉和打理报业广告。而更重要的是，他要“改变”广告，确切地说是改变广告人对广告的态度和行为。

广告是一种付费的宣传方式，但它同新闻一样承载着社会责任。他认为，广告对受众特别是消费者具有重要的引导效应。广告有价，但不能开口就讲钱，更不能“唯利是图”。作为机关报广告，正确宣传导向和价值取向必须放在第一位。

他认为，在越是物化的浮躁年代，人们越是渴望一种恒定不变的东西，来求得精神世界的平衡。人心的原野里，唯有“诚信”两个字熠熠闪光，能够给人心以滋养和稳定感。他认定，诚信应当成为广告中最为珍贵的精神元素。就像真实是新闻的生命一样，诚信便是广告的灵魂。

他提出，构建“诚信自律广告文化”，做“干净广告”，让这张报纸一尘不染。

这是需要勇气的，也是需要做出牺牲的。

因为在那个时期，很多广告除了明显的政治导向外，几乎是没有多少禁区的。他还在担任群工部主任时，曾接到过不少读者来信，质问有些小报小刊“内容不干净”“办报没底线”，称“很多下流庸俗广告”“不敢拿给小孩子看”。

他觉得把报纸“变干净”，首先让“广告干净”，这是自己的一种责任。一张报纸就像一个人的脸面一样，要保持干净体面，要满纸清风正气。

2010年，他制订了广告活动和广告产品的三条标准：一是不以单纯创收赚钱为目的，要着眼于可持续发展，把客户做强做大做优；二是不以损害机关报品牌形象为代价，要坚持广告的正确导向和高端取向，提升报纸广告品位；三是不以个人某种私利为广告借口，要以客户满意和为客户创造价值为准则，实现合作多赢。

他大胆尝试先做“减法”，再做“加法”。“减”什么？他决定全部“拿下”各种违规私人诊所、民办医疗、药品保健品、街头美容等“不干净”广告。业内人都清楚，这些广告几乎就是有些报纸广告的大半壁河山。“封杀”了这一块儿，就赶走了这些客户，无疑损失了报纸广告利益。

在当时，各种违法医疗广告一度成为报纸的“重灾区”。但他不为利所惑，坚决对那些品位低下、粗制滥造、消极庸俗、内容虚假的不良广告“痛下狠手”。三峡日报社成为全省唯一保持连年“零记录”违法医疗药品广告的报纸。

德不高则行不远。罗文全始终认为，任何形式的商业广告，都不同程度地传达着一定的价值观、生活观、道德观等内在倾向。

因此，他注重防止各种带有宣扬物欲、渲染奢侈、贬低人格等不良内容的广告。“砍掉”低品质广告，虽然效益也有暂时的减少，但“干净报纸”却赢得了更多高端品牌和客户的青睐，品牌客户更加忠诚，读者和消费者对报纸广告更加接受和认同，报纸的品牌形象和公信力得到更加有效提升，《三峡日报》成为区域品牌广告的首选媒体。

这就是“减法”和“加法”的辩证法。

他着力打造的“诚信自律机关报广告文化”，得到了中国广告协会和中国报业协会的肯定，获得中国报业经营管理创新成果奖。三峡日报社的广告价值首次入选全国百强榜，成为全国最具创新活力城市报，在全省报业界唯一获得“全国广告行业诚信经营单位”。

对事业的追求

瑞士心理学家荣格说：“道路的力量是庞大的。天堂与地狱在它里面一起成长，上与下的力量在它里面团结一致。神奇是道路的本质。”

每个人脚下的道路与他的内心需求互为关联。梦想在何方，脚下的道路就会向着梦想的方向起航。而人生的旅程，不论是平坦还是坎坷，只要你坚持理想、保持奋斗，神奇的道路就会一直在脚下延伸。

童年时的罗文全，是一个内向寡言的孩子，除了爱看书，没有什么其他特别爱好。在懵懂年少时，他并没有明确的理想。只是感觉到自己喜欢读书，如果将来“做事”，能一直与书为伴就好了。

1982年10月，不到17岁的他参军到部队，是连队里年纪最小的“新兵蛋子”。每天除了训练，还是训练，似乎不知道外面的世界。操枪弄炮、摸爬滚打、风雨无阻。苦和累、严肃和紧张、单调和枯燥，是军旅生活的常态。这样艰苦的生活，教会了他很多军事本领，领会了很多“革命道理”。

新兵训练结束后，他被作为新兵尖子调到师军事教导队。那个叫古子涧的山里小村，过去称作“窑洞大学”，是师级机关专门培养军事指挥员的地方。除了一门心思的训练，就是盼着哥哥的来信和邮包，因为他能从哥哥的信里知道家里的情况，哥哥的邮包里总有他最喜欢的书本。

每到星期天闲暇时，战友们结伴外出玩耍，他却常常坐在窑洞里的床前写写画画。他每个月有七元钱的津贴费，除了购买生活日用品之外，剩余的钱全部用来买书。那一年，他不知不觉看了30多本书，涂画了六七本读书笔记。

后来，罗文全的这些“小本儿”被班长发现，班长汇报给了大队长。大队长本来是要给他“训话”的，一翻他写的笔记本，大为惊讶，称赞他是“笔杆子”，鼓励他向报社投稿。从那时起，他开始向武汉军区《战斗报》投寄自己写的稿件。没想到，真有一天，他自己的文章变成了铅字。

从此，他一写不可收拾，一发不可收拾。教导队的窑洞，成为罗文全新闻梦想生长的地方。

君既爱之更纵情。当年年底回到连队，因为报上有名，他被抽调到团部新闻报道培训班学习。这是他正式知道什么叫新闻，怎样写新闻。从此，无论条件多么艰苦，工作多么繁重，他都不放弃学习和写作，当时作为战士，他却比一般义务兵看得更远，做得更好。他自费参加了西北新闻刊授学院、解放军报社新闻培训班、前卫报社特约通讯员培训班、郑州大学新闻大专班的培训和学习，这为他未来的新闻生涯打下了坚实的基础。

当兵第三年，他从师司机训练队毕业后报考军校，成绩远远超过录取分数线，解放军汽车管理学院也下发了预录通知书，他甚至连行李都打好准备托运到军校，但最终没有跨进军校的大门。

当时军队干部制度刚刚实行改革，提拔军官必须通过军校培训，上不了军校也就意味着即使再优秀也只能是一个兵。部队干部部门为此还找到军校查找原因，但最后仍无缘军校。

再后来，他因为新闻宣传成绩突出拟保送到陆军学校新闻班深造，上级通知了，他填表了，结果又是意料之外的“落榜”。

但这些不如意并没有让他消沉或抱怨，而是更加坚定了自我奋斗、自学成才、自立成功的决心。在部队期间，他坚持"挑灯夜战"写稿子，在军内外报刊发表了500多篇新闻和文学作品，因此4次荣立三等功。

军旅生涯和军人本色，为他的梦想插上了飞翔的翅膀。

1996年年底，罗文全退役后被安排在本县一家企业，但他觉得那个县办小厂没有自己的"用武之地"，便拿着厚厚的几本见报剪贴和军功章，找到宜昌市委机关报社毛遂自荐，当即被宜昌日报社破格录用，从此真正吃上了"新闻饭"。

在后来的新闻工作中，他无不显现了与其他人非同一般的"特别"之处：特别能吃苦、特别能战斗、特别能奉献。

1998年，长江遭受百年罕见的特大洪水。这是罗文全进入报社工作的第二年。他主动请缨，到抗洪形势最危急的枝江市当驻站记者。当年的洪水百年不遇，持续长达三个多月。他坚守在抗洪抢险的最前沿，白天来回不停地奔波在险象环生的长江大堤上、哨棚里、险段中，晚上干脆把被子搬到办公室，用木沙发当临时床铺，三个多月几乎没睡过一个完整觉。最紧张时曾连续三个昼夜未眠，唯一休息的机会就是在输液打针时短暂时候打个盹。

当年，《中国新闻出版报》记者王同英报道他的事迹时称："三天三夜不睡觉，边打吊针边写稿。"

抗洪期间他采写100多篇现场新闻，推出了邹开清、舒德才等一批抗洪抢险模范，他因此被表彰为全市抗洪抢险先进个人、宜昌宣传战线十大杰出青年。

相信梦想，那是道路延伸的方向；相信道路，那里具备了神奇力量。

2001年，宜昌创办新的市民生活类报纸《三峡商报》。他被从记者站长破格提拔为《三峡商报》副总编辑，分管报纸发行工作。他组建发行队伍，创新营销理念，让报纸从零起步到一纸风行，成为全省发展速度最快的都市报。他因此获得湖北省报业经营管理先进工作者，经验被全国自办发行协会总结推介。

2005年秋，他担任宜昌日报记者部主任。上任不久，一个卖猪的农民闯进了他的新闻视野。"猪贩子"史光权一年对外销售生猪40多万头，引发了作为新闻人的敏锐思考。当时，他同副总编辑范长敏成功策划实施了"史光权南下卖猪记"连续报道，跟随史光权一路南下广东卖猪。他们日夜兼程七天七夜，行程三千多公里，现场采写新闻100多篇20多万字，国内外100多家媒体转载，成为“现象级”新闻，中国记协称其为全国“三农”报道模式的创新案例。主人公史光权因此成为全国农民闯市场的典型，被评为全国劳动模范。

成功者不见得有过人的才智，但一定有其独特的气质。而这种气质，便是对事业的坚定追求，以及追求过程所散发的夺目光亮。

十年磨一剑，剑自磨砺出。从进入报社到2007年晋升为正高级职称，罗文全仅用了十年时间，每一步都因业绩突出而“破格”。他连续获得100多次专业奖项，其中湖北新闻奖、中国地市报新闻奖一等奖作品20多件，出版《感应传媒》《落地成真》等8本新闻论著专著，40岁时成为全省最年轻的高纪记者之一。这在地方新闻界算得上一个传奇。

他深爱着新闻这份职业。他心无旁骛，乐在其中。他说，写作是一种修炼，可以修人、修心、修行。写作是一种境界，可以让人情不自禁。而境界继而升华为一种追求，这就是对事业和职业的追求。

在他心里，深刻着一个“将军与士兵”的故事。

比他年长24岁的岳宣义将军，原在某集团军政治部当主任时，罗文全就在所属某师做新闻报道员，由于见报频率高、宣传影响大而深得岳主任赏识。后来岳宣义调任济南军区副政委，便多次问及“战士记者”罗文全的情况，意欲“重用”，可当得知他已退役回到地方时深感遗憾。

这位非常惜才的将军竟然找到了罗文全，并长期保持着通信联系。

2003年，担任中央纪委委员、国家司法部纪检书记、党组成员的岳宣义，知道罗文全在地方新闻事业上取得不小成绩时，非常高兴。他亲笔写信鼓励罗文全：“是金子在哪里都会发光，是马儿在哪里都会奔腾。志存高远，就会不甘平庸。脱下军装，奋斗本色更浓，这尤其难能可贵。”

2006年，罗文全出版随笔专著《从心所语》，岳宣义读后评价说：“我细读了每篇文章，都散发着时代芬芳，文笔清新，很有看头。”

当年年底，岳宣义亲笔为罗文全的新闻论著《落地成真》写序。在题为《不断追求新境界》的序言中称：“那段当兵的历史证明，他志存高远，不甘平庸，显示出不同凡响的事业追求和新闻才华。他抱以追求知识为乐、追求事业为重的信念，淡泊名利得失，脚踏实地奋斗，走出了一条退役军人的成功之路。”

他把将军的鼓励铭记于心。总是不断积累和珍惜生命里点点滴滴的难能可贵，总是能静心体会这个时代所蕴藏的精神力量，悉心倾听喧嚣的潮流之下所潜藏的智慧之语。他因此深深地懂得了时代的主流和生命的华章。

对温暖的传递

罗文全是一个从骨子里懂得珍惜的人，就像他从灵魂里懂得生命的可贵和存在的意义。

在今天这个时代，如果问“人生的意义是什么？”有不少人可能哑口无言。忙碌而浮躁的人根本不会思考这个问题，或试图寻求答案。如果积极而专注地观察人的行为，就会发现，任何人都有自己的意义，而且所有观点、态度、行为、抱负等都与这一意义吻合无疑。人的一切言行都暗含着自己对这个世界的看法。

他一直顺乎自然天性，将生活放在当下，一心一意让自身的生命力和创造力尽情发挥。在他的内心深处，早已和这个世界缔结了心灵的契约。

在他6岁那年的夏天，他和同村里一位小伙伴在堰塘边玩耍，不慎落入池中，并沉入水底。幸好被村里一位路过的蒋姓村民救起。而那位好心村民，当时已经走过了他落水的地方，不经意回头发现水中有人挣扎卷起的浪花，才又返身回来跳进水中，从水底捞起了他，让他捡回了一条生命。

那次“死里逃生”，永远刻在他记忆深处。

多少次，在夜深人静时，他悟到：若是没有好心人的“回头一望”，自己哪会有生的希望。如果没有好心人的善良搭救，自己便没有了生命。这次生死险关后，他仿佛突然长大了，懂事了。这是一种温暖的力量。善良、感恩、敏锐，对其他生命的积极关注和关怀，逐渐化入他的血液，融入他的骨骼，成为他一生最重要、最珍贵的内在品格。

他的父母是简单而淳朴的农民。在那个清贫的年代，父母亲最朴素的愿望是能把他们兄妹三个孩子养活、养大，将来能有一口自己的饭吃。若是能跳出“农门”，做出一番事业，当然是阿弥陀佛、老天有眼了！

他的母亲勤劳、本分、任劳任怨。父亲有些个性，但从内心深爱子女，欣赏自己的孩子。从小时候起，他对母亲的感情最深。他的母亲一生都在为家庭、为子女活着，一生付出，不求回报。直到离开人世的前几天，还记挂着“城里的孩子”吃不上农家的菜、农家的猪肉，还在琢磨着种些菜、养几头猪，好待些时日给孩子们送去。母亲的爱如涓涓细流，在不知不觉中，温暖和滋润着他的生命。

这件事情一直停留在罗文全的记忆深处。在他日后的人生道路上，母亲的话语不时袭上心头，在他的心头发酵，并逐渐转化成一种精神力量和内在品格。

有人说，一个人童年和青少年的经历，覆盖了人生的大部或全部体验，人生的其他岁月不过是在继续观察、咀嚼这些体验而已。每个人形成自己内在重要的品格和情感模式的机会，是在童年和青少年阶段。这个阶段的体验构成了人的精神上的“故乡”。从这个角度来说，他的年少时代虽然贫苦，但“精神故乡”极为富饶。在这样的“故乡”里，他用自己的心和这个世界缔结了坚定的契约：内心永远有光，心中永远有爱，对这个世界永远善良以待。

他一直觉得愧对自己的亲人，因为他认为自己没有尽到赡养的义务。1989年，最疼爱他的爷爷去世时，家里怕影响他在部队的生活，没有让他知道。1990年，他父亲去世时只有53岁，当时他在部队执行任务没有回家见上最后一面。后来他的奶奶、母亲相继离开人世，他体验到的不仅仅是亲人离别的伤痛，更有一种发自心里的内疚。

他有一位勤劳、能干、善良、慈爱的爷爷。爷爷是一位铁匠，也是村里小有名气的“医生”。小时候，他喜欢跟着爷爷，看爷爷打铁，看爷爷为村里小孩把脉看病。

他和哥哥、妹妹读书都很用功，常常拿好成绩回家报喜。但是因为贫困，哥哥和妹妹都在初中后辍学了。

他们家是真的贫穷到了家。1981年，他为高考备考，需要购买一套七元钱的复习资料。可是，他家硬是拿不出钱来，向左邻右村借了个遍都没借到。这事他至今铭刻在心。

他15岁高中毕业，预考成绩不错，但高考最终没有考上理想大学。据说，1981年高考录取率不足百分之五。原本准备复读一年再考，可是1981年夏天，长江突发特大洪水，靠近江边的村子江堤决口，洪水淹没了整个村庄。房屋倒塌，农田淹没，村民住着帐篷，直到第二年春天才灾后重建。他家土房地势高，没有被淹倒，但门前就是“汪洋大海”，大水直到年底才退尽。

第二年，他的复读重考大学计划也因这场洪水而“泡汤”。年底，他自己跑到乡人武部报名参军了。临走时，母亲说：“去吧，那是为国当兵，你走到哪都要好好干，你走多远都不要后悔。”

在罗文全的心里，他是贫苦农家子弟。很长时间，他填写各类表格时的家庭成分都是“贫农”。他理解，所谓贫农就是贫穷而劳苦的农民。他最不缺的是贫穷，而最缺的就是温暖。因此他长大后，最愿意付出的也是温暖。

赠人玫瑰，手留余香。他用手中的笔传递正能量，讴歌真善美。他更用自己点点滴滴的行动传递温暖，感同身受地把温暖和力量传递给社会。

他长期资助山区贫困学生，关怀农村孤寡老人，救济残疾人群体，热心社会公益事业，坚持为国际贫困儿童基金会月捐。但这些，他从不张扬，却从不间断。

他的善行义举的感人故事有很多很多，可以写很长很长，但他坚持不做宣传。他说，做好事做善事是自己的本能，如果拿这个“说事”，就失去了本来的初衷。

“因为懂得，所以珍惜。”他坦言，贫困的家庭和缺爱的童年，是他磨砺心智的囚场；火热的军旅和生活的挫折，是他锻造坚强意志的战场；热爱的事业和奋斗的经历，是他一生最为珍贵的财富。

在伟大的新时代，他用自认为微薄的力量，坚定地向上、向前、向善，奋力打造出一片事业蓝海！用一颗赤子之心，为温暖、善良、正义和灵魂坚守。这样的坚守，永远屹立不倒！

（原载2018年2月15日广告人网）

后 记

在2023年这个久违的清凉夏天里，在自己和身边人普遍“阳康”过后恢复正常生活时，书样终于完成了“三审三校”即将付梓。这是我从事职业新闻工作26年来出版的第11本书，也算是献给新时代新征程踏上新的赶考之路的同行的一份薄礼。

我是一个“半路出家”的新闻人，又是一个“半路跨界”的广告人。1996年从部队退役进入媒体后，当记者、做编辑，搞发行、管广告，参与创办新报纸，一路走来尝遍了媒体行业的苦辣酸甜咸。而在媒体“五味”中，最“有味”的莫过于广告这一块儿。

正因为是半路“出家”和“跨界”，我便始终抱着学习态度和探索精神，全身心投入报纸广告经营的事业中。我把学习当作工作的前置条件，让学习成为一种生活习惯和工作方法。我把探索当作工作创新的常规武器，也成为取得成果和成功的重要法宝。2010年至2019年，我在担任三峡日报社广告部主任和分管广告经营的副总经理、副社长期间，策划了一些广告项目，组织了一些经营活动，创新了一些管理办法，撰写了一些体验文章，发表过数十篇业务论文，出版过《策之有道》等专著，个人和团队因此获得过不少荣誉。我把这些都归结于不断学习和勇于探索的收获。

报业广告作为传统经营，是报社赖以生存和发展的经济支撑。这些年来，虽然互联网对传统媒体带来了很大冲击，但我们始终坚持集中优势抓报业，心无旁骛抓主业，深耕市场抓产业，以市委机关报为阵地的广告经营一直做得“风生水起”。在这期间，报纸“寒冬论”“消亡论”甚嚣尘上，报纸广告经营也确实遇到诸多困难。有不少人认为，我们是报纸广告的“最后坚守者”，也是“最后挣扎者”。新媒体、全媒体、融媒体的风头正劲，这种大势不可逆转。或许正是基于这个因素的考虑，加上三年多的疫情影响，我早想出版的这本书也就停了下来。

2021年冬天，我应邀参加在哈尔滨举办的全国报刊广告经营总结大会。当时北方的天气特别寒冷，但参加会议的全国各地报刊界同人却热情高涨，似乎报业广告“寒冬”已然过去，正在迎接美好的大海星辰。组织这次会议的是中国广告协会报刊分会会长梁勤俭先生，他既是行业的最高领导，也是资深媒体人和著名报业经营专家。我们有过一些交往，他对我和我们报社有一些了解。当我给他介绍了这本书的内容后，他给予了极大肯定和鼓励。他说，我国广告行业确实受到各种新媒体的轮番冲击，不同媒体争相分割广告蛋糕，传统纸媒日子确实“不太好过”。但世界百年未有之大变局加速演变，报业广告在承受困难和压力的同时，也注定要担当起更重要的使命与责任。传统媒体特别是机关报媒体，其权威性、公信力、影响力优势仍是其他媒体无可替代的。他说，任何时候，报业的经营发展，靠的是从业人员的智慧，靠的是管理者的能力。报业广告要正确认清和充分发挥自身优势，深度挖掘和优化整合资源，做好要素配置，这才是经营制胜的法宝。他认为我写的这个“广告样本”，道出了报业广告经营中令人叹服的战略战术，讲了很多广告之外的事理情由，很有借鉴意义和推广价值。

更让我感动的是，梁会长欣然答应了我的请求，为书作序。他在序言中对这本书和三峡日报社广告经营守正创新的做法给予了高度赞赏，并主动向业界同人推荐。更重要的是，他站在中国报业广告未来发展的高度，分析了全媒体时代报业广告的大势，提出了中国报业广告新的期待和方向。

于是，我决定整理出版这个“三峡样本”。

其实我也只是“三峡样本”的“写作者”，而真正的“创作者”是我们三峡日报社的全体同人。我在与梁勤俭会长交流时也说过，我们的广告经营不惧风雨不断创造新业绩，并不是我个人能力，而是团队合力。

我认为这个合力来自三个方面：

一是有一个好环境，是全员全力支持广告经营的结果。历届报社党委和主要领导高度重视，把广告产业经营当作事业发展的重要组成部分，杨尚聘、罗春烺、覃进等几位社长，熊庆文、范长敏、黄昌荣、刘紫荣等几任总编辑，始终在坚持新闻与经营“两分开”的同时，做到“两手抓”“两手硬”。全体采编人员和驻站记者长期关心关注，做到人尽其力，为广告经营添砖加瓦。

二是有一个好基础，是几代几茬广告人接力奋斗的延续。现任三峡日报社党委书记、社长覃进，党委委员、总经理潘旺雄，都是我的前任广告部主任，还有熊飞、覃培安等退休老主任，以及不同时期轮流到广告部门工作的同人，他们创造和积累了丰富的经验成果，让我们赢在起点，让报社广告事业得以持续健康发展。

三是有一个好团队，是最核心最重要的决定因素。这个被称为“英雄团队”里的每一位同人，都是我事业的合伙人，是“带我跑”“带我飞”的亲密小伙伴。覃燕妮、梅云雄、陈芳、向腾蛟、袁雪梅、方勇华、杨帆、胡兴军、王海益、郑江、姚定安等众多优秀骨干，袁满、朱鸿、郑璐、肖创权、邓福翠、严晓莉、伏芸等众多小将，黄本军、刘劲松、何宝华、管红娃、丛桂玲、闫玉玲、李玲、王瑛、吴大清等众多广告老兵，都给了我极大信任、呵护和帮助。应该说，他们都是三峡日报社广告成绩单的优秀“答卷人”。

我很庆幸生长在这个国泰民安的伟大时代，很感激工作在报社这个成就梦想的事业平台，很珍惜相聚在这个同事共事圈里的每一份战友情谊。

书名叫《一纸光芒》，是因为我认为，纸媒广告作为报纸内容生产的重要组成部分，必须坚持守正创新，向阳生长。而每一个守正创新的广告，就是闪烁在字里行间的一道亮丽风景，都能散发出耀眼的智慧之光、财富之光和价值之光。这种光芒，不会因为时代的变迁和媒体业态的变化而改变或消失。

全书分五个部分，写作时间跨度在十年左右，各有侧重，分篇独立。“广而论道”精选了部分我撰写的报纸广告经营业务论文，先后刊发于《中国报业》《中国记者》《新闻战线》等核心期刊；“守正笔谈”选取了我撰写的部分经营管理随笔，有些在过去讲话中用到，有些在内部交流时讲过，大多是以事说理、有感而发，这是首次对外公开；“创意案例”选用了我主持的部分广告策划项目，这些案例从创意到文案、从组织到执行我都是“第一人”；“刊言序语”选录了我在各类专刊特刊或书刊书籍出版时撰写的一些短小文章；“附录”选用了几篇关于“我和广告”的故事。全书保持了记录的“原汁原味”，少量图片是新近的但都“图文相关”。

由衷感谢中国报业协会秘书长袁永军先生的高度肯定并亲笔作序。感谢他称赞这本书“一纸风行、尽显光芒”，是“实践出真知、出人才、出成果”的生动例证，并向全国报业同仁特别是报业广告经营者倾情推荐。

诚挚感谢身边朋友为此书出版付出的辛劳和智慧，特别是易志刚、沈静、陈燕、冯文芳等朋友的真情帮助。感谢中国广播影视出版社对此书的认可和支持。

如果这本书能像袁永军秘书长所祝愿“为报业同仁带来一些惊喜和收获”的话，能像梁勤俭会长所希望“对报业广告人有所启迪和帮助”的话，那便是我最满心的欢喜了。

2023年8月28日